うかる！

行政書士

必修項目
120

志水晋介
伊藤塾 編

日本経済新聞出版

はじめに

行政書士試験の本質は記憶量と正確性です。

特に記憶の正確性については、難しい試験であればあるほど要求されます。現在の行政書士試験は難関な国家試験ですから、正確性を高めなければ、合格することは困難です。

記憶とはあまり関係ないと思われがちな時間配分の失敗なども、実は記憶の不正確さが大きな影響を与えています。なぜ時間配分に失敗するのかというと、それは問題を読むスピードが遅いからではなく、記憶が正確でないために考える時間を余分に費やしてしまっているからです。

そこで、本書は、記憶に焦点を当てて制作しました。

近年の行政書士試験の分析をもとに、試験合格にとって重要なテーマの知識に絞り込みました。そして、それらの知識をしっかりと覚えることができるように表形式に整理し、かつ記憶すべき部分を色や太字にするという工夫をしています。2024年度の試験から適用される試験科目にも対応しています。掲載内容を確実に記憶することができれば、自信をもって試験に臨むことができるでしょう。

もちろん、一度にすべてを記憶することなどできません。おそらく、本書を何度も読み、覚える努力を繰り返すという大変な思いをされることでしょう。少しでもその大変な思いを緩和するため、本書では長年の講師経験をもとに随所にコメントを入れています。このコメントも参考にして効率よく記憶するように心掛けてください。

本書を書店で見て、情報量の多さや情報の集約方法に惹かれたのであれば、これまでに記憶をする勉強にチャレンジして苦労をされているからだと思います。また1つずつ記憶しないといけないのかと後ろ向きに考えたりせずに、ここまで頑張ってきたのですから、後はこれまで勉強してきたことをしっかりと覚えるのみです。

記憶作業をしない言い訳を考えるのではなく、泣きながらでもグチを言いながらでも構わないので、1つひとつ記憶し、クリアしていきましょう。

　試験合格に続く道には、正確な記憶という最後にそびえる高い壁があります。登るのは苦しいことは間違いありません。しかし、その壁を登り切ったときの達成感は最高です。苦しかったからこそ、喜びを感じ、感動するのです。

　もし本書に書かれている内容が半分もわからないのであれば、それは基本が理解できていないということです。初学者がいきなり本書だけで知識を入れ込む勉強をするのは難しいと思います。その場合は、本シリーズの『うかる！ 行政書士 総合テキスト』（日本経済新聞出版）やご自身が使用しているテキストまたは基本書に戻り、勉強してください。その上で、本書を利用してください。

　私は、仕事、家庭、学校と様々なものを抱えながら、行政書士試験の受験勉強を継続している皆さんの姿に敬意を覚えます。苦しくても許された環境の中で勉強を続けるだけでもすごいと思います。だからこそ、合格してほしいと本気で思っています。

　もう一度言います。本書を手に取り、中を見て、「お、これいいな！」と思えるところまできたら、もう少しです。最後まで諦めずに頑張って覚えていきましょう。ファイト！

2024年4月

伊藤塾行政書士試験科主任講師

特定行政書士

志水　晋介

目 次

憲 法

民 法

民法総則

物 権

債権総論

債権各論

親 族

相 続

基礎知識

・本書は2024年4月15日までに成立した法令に準じて作成されています。
・刊行後の法改正などの新情報は、伊藤塾ホームページ上に掲載します。
https://www.itojuku.co.jp/shiken/gyosei/index.html

本書の使い方

本書を有効活用するために、以下を読んでから、学習を始めましょう。

1

78 **行政立法**

2 📖Chapter 3⑤①

重要度 **AA** ◄───3

4 ──► **基礎** **行政立法**

定　義	行政立法とは、行政機関が一般的・抽象的法規範を定立すること、又はそのような作用によって定立された定めをいう。
種　類	1　法規命令 　→　国民の権利義務を規律する法規たる性質を有する行政立法 　→　**法律の根拠必要** 　　　政令・内閣府令・省令・規則 　　　法規命令の分類 　　　委任命令：**国民の権利義務を規制する命令**をいう。委任命令を作るには、**法律によって個別的かつ具体的な委任**がなされていなければならない。 　　　執行命令：**法律を執行するために必要な手続について定める命令**をいう。執行命令を定めるには、**法律による個別的・具体的な委任は不要**である。 2　行政規則 　→　**国民の権利義務を規律する法規たる性質を有しない**（行政機関の内部組織のあり方や事務処理手続に関する**行政組織内部**での）定め 　→　**法律の根拠不要** 　　　告示・訓令・通達・審査基準・処分基準など 　　※　告示の中には、法規命令としての性質を有するものもある。例えば、**学習指導要領**は、文部大臣（当時）が**告示**として、普通教育である高等学校の教育及び方法についての基準を定めたもので**法規としての性質を有するもの**ということができる（伝習館高校事件　最判平2.1.18）。

5

行政立法には、政令・内閣府令・省令などの法形式による分類もあります。この分類では、制定権者が重要で、政令は内閣が、内閣府令は内閣総理大臣が、省令は各省大臣がそれぞれ定めます。なお、通常、政令は「○○法施行令」、省令は「○○法施行規則」という名称になります。 ◄───6

1　行政書士試験合格のために必要な120の学習テーマを厳選しました。この120のテーマにおいて記憶するべきことを更に項目ごとに分け、見やすく表にして整理しています。

2　『うかる！ 行政書士 総合テキスト』とのリンクを示しています。知識が足りなかったり、内容がよく理解できなかったりした場合は、該当する『総合テキスト』のChapterを参照しましょう。

3　重要度が高いほうから、ＡＡ、Ａ、Ｂと、３段階のランク付けを行っています。まずは最重要のＡＡからしっかり記憶し、最終的には本書で扱うものすべてを自分の知識にするよう心掛けましょう。

4　「基礎」と「応用」のレベル分けをしています。「基礎」は覚えていて当たり前、「応用」は合否を分けるような問題を落とさないという意識で、積極的に取り組みましょう。

5　繰り返し記憶する場合や時間がないときなどに備えて、太字のところを中心に拾い読みができるようにしてあります。効率よく勉強したい場合は、太字のところを中心に読んでいきましょう。
　　また、記憶すべきキーワードは、赤文字にしてあります。付属の赤シートを使って、正確に覚えましょう。

6　記憶の助けになるゴロ合わせや勉強方法、それぞれのテーマに対する取り組み方など、志水講師が実際に伊藤塾の講義でお話ししていることをもとにアドバイスしています。効率よく学習を進めていくには、必ずや役立つことでしょう。

もっと**合格力**をつけたい人のための
学習ガイド

1 合格に役立つ講義を聴いてみよう!

➤ YouTube 伊藤塾チャンネル

科目別の学習テクニックや重要な論点の解説、本試験の出題ポイントなど、定期的に伊藤塾講師陣が合格に役立つ講義を配信しています。また、伊藤塾出身の合格者や行政書士実務家のインタビューを多数掲載していますので、受験期間中のモチベーションアップやその維持にもお役立ていただけます。知識補充、理解力の向上、モチベーションコントロールのために、どうぞ有効活用してください。

➤ 2024(令和6)年度からの 行政書士試験改正に対応

令和6年度試験より、従来の一般知識等科目が基礎知識科目へ変更され、出題内容が見直されることになりました。

伊藤塾ではこの試験改正についてもいち早く対応し、最新の情報を随時動画などで公開します。

※画像はイメージです。

今すぐチェック ▶▶▶

2 合格に役立つ情報を手に入れよう！

➤ 伊藤塾行政書士試験科 公式メールマガジン 「かなえ～る」

全国の行政書士試験受験生の夢を"かなえる"ために"エール"を贈る。それが、メールマガジン「かなえ～る」です。

毎回、伊藤塾講師陣が、合格に役立つ学習テクニックや弱点克服法、問題の解き方から科目別対策、勉強のやり方まで、持てるノウハウを出し惜しみせずお届けしています。

合格者や受験生から大変好評をいただいているメールマガジンです。登録は無料です。どうぞ、この機会にご登録ください。

随時配信

今すぐチェック ▶▶▶

➤ X（旧Twitter）

X（旧Twitter）でも、学習に役立つ内容から試験情報、イベント情報など、役立つ情報を随時発信しています。本書で学習を開始したら、ぜひフォローしてください！

今すぐチェック ▶▶▶

➤ note

noteにも行政書士試験の有益な情報をアップしています。随時新しい情報を更新していますので、活用してください！

今すぐチェック ▶▶▶

➤ Instagram

Instagramでは、講師の普段見られない素顔や試験の各種情報を、動画を中心にお届けしています。

今すぐチェック ▶▶▶

3 ▶ 行政書士試験対策の無料イベントを体験してみよう！

▶ 無料公開講座等

　伊藤塾では、その時期に応じたガイダンスや公開講座等を、伊藤塾Webサイト、YouTube Live等で随時開催し、行政書士受験生の学習をサポートしています。最新情報を手に入れて、学習に弾みをつけましょう！

無料公開動画・イベントの一例	
随時	体験講義・オンライン質問会
9月〜	行政書士試験突破！ 必勝講義、一問一答動画
11月	行政書士本試験速報会、分析会、相談会
随時	明日の行政書士講座 （活躍中の実務家による"行政書士の今"を伝える講演会）

今すぐチェック ▶▶▶

4 ▶ あなたに合った合格プランを相談しよう！

▶ 講師等によるカウンセリング制度

　伊藤塾は、良質な講義に加えて、一人ひとりの学習進度に合わせて行う個別指導を大切にしています。

　その1つとして、講師、合格者、実務家によるカウンセリング制度があります。あなたの学習環境や可処分時間に合わせて具体的で明確な解決方法を提案しています。

　受講生以外（※）でもご利用いただけますので、勉強方法などお悩みのときはお気軽にご活用ください。

※受講生以外の方のご利用は1回となります。　今すぐチェック ▶▶▶

伊藤塾Webサイトをチェック
https://www.itojuku.co.jp/

伊藤塾 行政書士　🔍 検索

憲法

基礎 **重要条文**

13条		すべて国民は、個人として**尊重**される。**生命、自由及び幸福追求に対する国民の権利**については、**公共の福祉**に反しない限り、立法その他の国政の上で、最大の尊重を必要とする。
14条	1項	すべて国民は、**法の下に**平等であつて、**人種、信条、性別、社会的身分**又は**門地**により、政治的、経済的又は**社会的関係**において、**差別されない**。
15条	1項	**公務員**を選定し、及びこれを**罷免**することは、国民固有の権利である。
	2項	すべて公務員は、**全体の奉仕者**であつて、一部の奉仕者ではない。
	3項	公務員の選挙については、**成年者による**普通選挙を保障する。
	4項	すべて選挙における投票の秘密は、これを侵してはならない。選挙人は、その選択に関し**公的にも私的にも責任**を問はれない。
17条		何人も、公務員の**不法行為**により、損害を受けたときは、法律の定めるところにより、国又は公共団体に、その賠償を求めることができる。
18条		何人も、いかなる奴隷的拘束も受けない。又、**犯罪に因る処罰**の場合を除いては、その**意に反する苦役**に服させられない。
20条	1項	信教の自由は、何人に対してもこれを保障する。いかなる宗教団体も、国から特権を受け、又は**政治上の権力**を行使してはならない。
	2項	何人も、**宗教上の行為**、祝典、儀式又は行事に参加することを**強制**されない。
	3項	国及びその機関は、**宗教教育**その他いかなる宗教的活動もしてはならない。
21条	1項	**集会、結社及び言論、出版その他一切の表現の自由**は、これを保障する。
	2項	検閲は、これをしてはならない。**通信の秘密**は、これを侵してはならない。
22条	1項	何人も、**公共の福祉**に反しない限り、**居住、移転及び職業選択の自由**を有する。
25条	1項	すべて国民は、健康で文化的な最低限度の生活**を営む権利**を有する。
	2項	国は、すべての生活部面について、**社会福祉、社会保障及び公衆衛生**の向上及び増進に努めなければならない。

28条	勤労者の団結する権利及び団体交渉その他の団体行動をする権利は、これを保障する。	
31条	何人も、法律の定める手続によらなければ、その**生命**若しくは**自由**を奪はれ、又はその他の刑罰を科せられない。	
33条	何人も、現行犯**として逮捕**される場合を除いては、権限を有する**司法官憲**が発し、且つ理由となつてゐる**犯罪を明示**する令状によらなければ、逮捕されない。	
34条	何人も、**理由**を直ちに告げられ、且つ、直ちに**弁護人に依頼する権利**を与へられなければ、抑留又は拘禁されない。又、何人も、**正当な理由**がなければ、拘禁されず、要求があれば、その**理由**は、直ちに**本人**及びその**弁護人**の出席する**公開の法廷**で示されなければならない。	
35条	1項	何人も、その住居、書類及び所持品について、**侵入、捜索及び押収を受けることのない権利**は、第33条の場合を除いては、**正当な理由**に基いて発せられ、且つ**捜索する場所及び押収する物を明示**する令状がなければ、侵されない。
	2項	捜索又は押収は、権限を有する**司法官憲**が発する各別の令状により、これを行ふ。
36条	公務員による**拷問及び残虐な刑罰**は、**絶対**にこれを禁ずる。	
37条	1項	すべて刑事事件においては、被告人は、**公平な裁判所の迅速な公開裁判を受ける権利**を有する。
	2項	刑事被告人は、すべての**証人**に対して**審問する機会**を充分に与へられ、又、**公費**で自己のために**強制**的手続により**証人を求める権利**を有する。
	3項	刑事被告人は、いかなる場合にも、資格を有する**弁護人を依頼する**ことができる。被告人が自らこれを依頼することができないときは、**国で**これを附する。
38条	1項	何人も、**自己に不利益な供述**を強要されない。
	2項	**強制、拷問若しくは脅迫による**自白又は**不当に長く抑留若しくは拘禁された後**の自白は、これを証拠とすることができない。
	3項	何人も、自己に不利益な唯一の証拠が**本人の自白**である場合には、有罪とされ、又は刑罰を科せられない。
39条	何人も、**実行の時に適法**であつた行為又は**既に無罪**とされた行為については、刑事上の責任を問はれない。又、同一の犯罪について、**重ねて刑事上の責任**を問はれない。	
40条	何人も、**抑留又は拘禁された後、無罪の裁判**を受けたときは、法律の定めるところにより、国にその補償を求めることができる。	

法人の人権享有主体性

📖 Chapter 2 ③ ①

重要度 **A**

基礎 八幡製鉄事件 （最大判昭45.6.24）

事案	八幡製鉄（現在の日本製鉄）の代表取締役が、政党に対して会社名で政治献金をした行為の責任を追求して、同社の株主が訴えを提起した。
判旨概要	1　憲法は政党について規定するところがなく、これに特別の地位を与えてはいないのであるが、憲法の定める議会制民主主義は政党を無視しては到底その円滑な運用を期待することはできないのであるから、**憲法は、政党の存在を当然に予定しているものというべきであり、政党は議会制民主主義を支える不可欠の要素なのである。** 2　会社による**政治資金の寄附**は、会社の定款所定の**目的の範囲内**の行為である。 3　憲法第3章に定める国民の権利及び義務の各条項は、性質上可能な限り、**内国の法人にも適用される**ものと解すべきである。 4　**会社は**、自然人たる国民と同様、国や政党の特定の政策を支持、推進し又は反対するなどの**政治的行為をなす自由を有する。** 5　**政治資金の寄附もまさにその自由の一環であり、会社によってそれがなされた場合、これを自然人たる国民による寄附と別異に扱うべき憲法上の要請があるものではない。**

基礎 南九州税理士会事件 （最判平8.3.19）

事案	南九州税理士会Yの会員である税理士Xは、日本税理士会連合会の方針の下に政治工作資金として、使途を南九州各県税理士政治連盟へ配布する旨明示した特別会費5,000円の徴収決議に反対して、その納入を拒否したところ、Yは、その会則で定められた会費滞納者に対する役員の選挙権及び被選挙権の停止条項に基づいて、Xの選挙権、被選挙権を停止したまま役員選挙を実施した。そこでXは、当該決議に基づく特別会費納入義務の不存在確認などを求めて出訴した。
判旨概要	1　**税理士会は、いわゆる強制加入団体**であって、その会員には、実質的には脱退の自由が保障されていない。 2　税理士会は、法人として、多数原理により決定された団体の意思に基づいて活動し、その構成員である会員は、これに従い協力する義務を負っている。 3　しかし、多数決原理により決定した意思に基づいてする**税理士会の活動にも、**そのために要請される会員の協力義務にも、**限界がある。** 4　特に、政党など政治資金規正法上の**政治団体に対して金員の寄附をするかどうかは、選挙における投票の自由と表裏をなすものとして、会員各自が市民としての個人的な政治的思想、見解、判断等に基づいて自主的に決定すべき事柄**

である。

5　**税理士会が政治資金規正法上の政治団体に対して金員を寄附することは**、たとえ税理士に係る法令の制定改廃に関する要求を実現するためであっても、法の定める税理士会の**目的の範囲外**の行為といわざるを得ない。

基礎 群馬司法書士会事件（最判平14.4.25）

事案	群馬司法書士会は、阪神大震災により被災した兵庫県司法書士会に3,000万円の復興支援拠出金を寄附するために、その資金の一部として会員から登記申請事件1件あたり50円の復興支援特別負担金の徴収を行う旨の総会決議を行った。
判旨概要	1　司法書士会は、その目的を遂行する上で直接又は間接に必要な範囲で、他の司法書士会との間で業務その他について提携、協力、援助等をすることもその活動範囲に含まれる。 2　兵庫県**司法書士会に本件拠出金を寄附することは**、群馬司法書士会の**権利能力の範囲内**にある。 3　そうすると、群馬司法書士会は、本件拠出金の調達方法についても、特段の事情がある場合を除き、多数決原理に基づき自ら決定することができる。本件についてみると特段の事情があるとは認められず、**本件決議の効力は会員に対して及ぶ**ものというべきである。

外国人の人権享有主体性

📖 Chapter 2 ③ ②

重要度 **AA**

基礎 ## 外国人の出国の自由 (最大判昭32.12.25)

事案	朝鮮国籍の外国人である被告人らが、本邦より不法に出国しようとしたところ、出入国管理令（現出入国管理及び難民認定法）及び関税法違反の現行犯として逮捕され、起訴された。
判旨概要	1　憲法22条2項は「何人も、外国に移住し、又は国籍を離脱する自由を侵されない」と規定しており、ここにいう**外国移住の自由は、その権利の性質上外国人に限って保障しないという理由はない**。 2　出入国管理令25条の規定は、出国それ自体を法律上制限するものではなく、単に、出国の手続に関する措置を定めたものであり、事実上かかる手続的措置のために外国移住の自由が制限される結果を招来するような場合があるにしても、公共の福祉のため設けられたものであって、合憲性を有する。

基礎 ## マクリーン事件 (最大判昭53.10.4)

事案	アメリカ人マクリーン氏が、在留期間を1年として我が国に入国し、1年後にその延長を求めて、在留期間更新の申請をした。これに対して法務大臣は、マクリーン氏が在留中に政治活動を行ったことを理由に、更新を拒否した。
判旨概要	1　憲法第3章の諸規定による基本的人権の保障は、**権利の性質上日本国民のみをその対象としていると解されるものを除き、我が国に在留する外国人に対しても等しく及ぶ**。 2　**政治活動の自由**についても、我が国の政治的意思決定又はその実施に影響を及ぼす活動等外国人の地位に鑑みこれを認めることが相当でないと解されるものを除き、**その保障が及ぶ**。 3　しかし、我が国に在留する外国人は、憲法上我が国に**在留する権利**ないし引き続き在留することを要求することができる権利**を保障されているものではない**。 4　外国人に対する憲法の基本的人権の保障は、外国人在留制度のわく内で与えられているにすぎない。 5　在留の許否を決する**国の裁量を拘束するまでの保障**、すなわち、在留期間中の憲法の基本的人権の保障を受ける行為を在留期間の更新の際に消極的な事情としてしん酌されないことまでの保障**が与えられているものと解することはできない**。

基礎　塩見訴訟 （最判平元.3.2）

事案	重度の障害を持つXは、帰化によって日本国籍を取得したため、府知事に対して障害福祉年金裁定を請求したが、障害の認定日に日本国民でない者については障害福祉年金を支給しない旨を定めていた国民年金法（昭和56年法律第86号による改正前のもの）の規定により、当該請求の却下処分を受けた。
判旨概要	1　社会保障上の施策において在留外国人をどのように処遇するかについては、国は、特別の条約の存しない限り、その政治的判断によりこれを決定することができるのであり、その限られた財源の下で**福祉的給付**を行うにあたり、**自国民を在留外国人より優先的に扱うことも、許される**べきことと解される。 2　したがって、障害福祉年金の支給対象者から在留外国人を除外することは、**立法府の裁量の範囲**に属する事柄とみるべきである。

基礎　森川キャサリーン事件 （最判平4.11.16）

事案	日本人男性を夫とするアメリカ人女性が韓国旅行のために再入国申請をしたところ、指紋押捺を拒否していることを理由に申請不許可とされたので、その取消しと国家賠償を請求した。
判旨概要	我が国に在留する外国人は、憲法上、**外国へ一時旅行する自由を保障されているものでない**ことは、昭和32年と昭和53年の最大判の趣旨に徴して明らかである。したがって、外国人の再入国の自由は、憲法22条により保護されない。

基礎　東京都管理職選考受験訴訟 （最大判平17.1.26）

事案	特別永住者である東京都の保健婦が、都の管理職選考試験の受験を拒否されたので、受験資格の確認等を求めて出訴した。
判旨概要	1　普通地方公共団体が職員に採用した在留外国人の処遇につき合理的な理由に基づく限り日本国民と異なる取扱いをすることは、憲法14条1項に違反するものではない。 2　原則として**日本の国籍を有する者**が**公権力行使等地方公務員**に就任することが想定されているとみるべきである。 3　普通地方公共団体が、公務員制度を構築するにあたって、公権力行使等地方公務員の職とこれに昇任するのに必要な職務経験を積むために経るべき職とを包含する一体的な管理職の任用制度を構築して人事の適正な運用を図ることも、その判断により行うことができるものというべきであるので、日本国民である職員に限って管理職に昇任することができることとする措置を執ることは、合理的な理由に基づいており、上記の措置は、労働基準法3条にも、**憲法14条1項にも違反するものではない**。 4　そして、この理は、特別永住者についても異なるものではない。

事案	日本に永住資格を有する在日韓国人である原告らが、居住地の各選挙管理委員会に対して、選挙人名簿に登録することを求めたが却下されたため、この却下決定の取消しを求めて提訴した。
判旨概要	1　憲法第3章の諸規定による基本的人権の保障は、権利の性質上日本国民のみをその対象としていると解されるものを除き、我が国に在留する外国人に対しても等しく及ぶものである。 2　**憲法15条1項**にいう**公務員を選定・罷免する権利**の保障は、**我が国に在留する外国人には及ばない。** 3　**憲法93条2項**は、地方公共団体の長、その議会の議員等は、その地方公共団体の住民が直接これを選挙するものと規定しているが、ここにいう「住民」とは、地方公共団体の区域内に住所を有する日本国民を意味するものと解するのが相当であり、**我が国に在留する外国人に対して、選挙の権利を保障したものということはできない。** 4　我が国に在留する外国人のうちでも**永住者等であってその居住する区域の地方公共団体と特段に緊密な関係を持つに至ったと認められる者**について、法律をもって、**地方公共団体の長、その議会の議員等に対する選挙権を付与する**措置を講ずることは、**憲法上禁止されているものではない。** 5　しかしながら、このような措置を講じないからといって違憲の問題を生ずるものではない。

事案	旧外国人登録法（廃止）によって要求される指紋押捺の義務付けが、憲法13条、14条などに反するとして争われた。
判旨概要	1　採取された指紋の利用方法次第では個人の私生活あるいはプライバシーが侵害される危険性がある。このような意味で、指紋の押捺制度は、国民の私生活上の自由と密接な関連を持つものと考えられる。 2　**憲法13条**は、国民の私生活上の自由が国家権力の行使に対して保護されるべきことを規定していると解されるので、個人の私生活上の自由の1つとして、**何人もみだりに指紋の押捺を強制されない自由を有する**ものというべきであり、国家機関が正当な理由もなく指紋の押捺を強制することは、同条の趣旨に反して許されない。 3　**この自由の保障は我が国に在留する外国人にも等しく及ぶ。** 4　しかし、この自由も、国家権力の行使に対して無制限に保護されるものではなく、公共の福祉のため必要がある場合には相当の制限を受ける。 5　旧外国人登録法が定める在留外国人についての**指紋押捺制度**についてみると、その立法目的には十分な合理性があり、かつ、必要性も肯定できる。方法としても、一般的に許容される限度を超えない相当なものであったと認められる。

4 公務員に対する人権制限（政治活動の自由）

Chapter 2④②

重要度 A

基礎 堀越事件（最判平24.12.7）

事案	管理職的地位になく、その職務の内容や権限に裁量の余地のない一般職国家公務員が、政党の機関紙及び政治的目的を有する文書を配布したところ、国家公務員法に違反するとして起訴された。
判旨概要	1　本件罰則規定の目的は、公務員の職務の遂行の政治的中立性を保持することによって行政の中立的運営を確保し、これに対する国民の信頼を維持することにあるところ、これは、議会制民主主義に基づく統治機構の仕組みを定める憲法の要請にかなう**国民全体の重要な利益**というべきであり、公務員の職務の遂行の政治的中立性を損なうおそれが実質的に認められる政治的行為を禁止することは、国民全体の上記利益の保護のためであって、その規制の目的は合理的であり正当なものといえる。 2　他方、本件罰則規定により禁止されるのは、**公務員の職務の遂行の政治的中立性を損なうおそれが実質的に認められる政治的行為に限られ**、前記の目的を達成するために必要かつ合理的な範囲のものというべきである。 3　また、上記の解釈の下における本件罰則規定は、不明確なものとも、過度に広汎な規制であるともいえない。以上の諸点に鑑みれば、**本件罰則規定は憲法21条1項、31条に違反しない。** 4　**管理職的地位になく**、職務の内容や権限に裁量の余地のない一般職国家公務員が、職務と全く無関係に行った政党の機関紙及び政治的目的を有する文書の配布は、公務員の職務の遂行の政治的中立性を損なうおそれが実質的に認められるものとはいえず、**本件罰則規定により禁止された行為にあたらない。**

基礎 国家公務員法違反被告事件（最判平24.12.7）

事案	管理職的地位にあり、その職務の内容や権限に裁量権のある一般職国家公務員が、政党の機関紙を配布したところ、国家公務員法に違反するとして起訴された。
判旨概要	1　（堀越事件〔最判平24.12.7〕判旨概要1～3に加えて）国家公務員法102条1項が人事院規則に委任しているのは、憲法上禁止される**白紙委任にあたらない**ことは明らかである。 2　**管理職的地位にあり**、職務の内容や権限に裁量権のある一般職国家公務員が行った政党の機関紙の配布は、それが勤務時間外に、国ないし職場の施設を利用せず、公務員としての地位を利用することなく、公務員により組織される団体の活動としての性格を有さず、公務員による行為と認識し得る態様によることなく行われたものであるとしても、当該公務員及びその属する行政組織の職務の遂行の政治的中立性が損なわれるおそれが実質的に認められ、**国家公務員法102条1項、人事院規則14－7第6項7号により禁止された行為にあたる。**

5 公務員に対する人権制限（労働基本権）

📖 Chapter 2 ④ ②

重要度　**B**

基礎 公務員の労働基本権に対する制限

	団結権	団体交渉権	団体行動権
警察職員・消防職員・自衛隊員など	制限される	制限される	制限される
非現業の一般公務員	制限されない	制限される	制限される
現業公務員（林野など）	制限されない	制限されない	制限される

基礎 公務員の労働基本権の制限に関する判例

全農林警職法事件（最大判昭48.4.25）

1　**憲法28条の労働基本権の保障は公務員に対しても及ぶ。**ただ、この労働基本権は、勤労者の経済的地位の向上のための手段として認められたものであって、それ自体が目的とされる絶対的なものではないから、おのずから**勤労者を含めた国民全体の共同利益の見地からする制約を免れない**ものである。

2　非現業の国家公務員の従事する職務には公共性がある一方、法律によりその主要な勤務条件が定められ、身分が保障されているほか、適切な代償措置が講じられているのであるから、**国公法がかかる公務員の争議行為及びそのあおり行為等を禁止するのは、やむを得ない制約というべきであって、憲法28条に違反するものではない。**

3　国公法の解釈に関して、公務員の行う争議行為のうち、違法とされるものとそうでないものとの区別を認め、さらに、違法とされる争議行為にも違法性の強いものと弱いものとの区別を立て、あおり行為等の罪として刑事制裁を科されるのはそのうち違法性の強い争議行為に対するものに限るとし、あるいは又、あおり等の行為自体の違法性の強弱又は社会的許容性の有無を論ずることは、いずれも、到底是認することができない。

4　私企業の労働者たると、公務員を含むその他の勤労者たるとを問わず、使用者に対する経済的地位の向上の要請とは直接関係があるとはいえない**政治的目的のために争議行為を行うがごときは、もともと憲法28条の保障とは無関係な**ものというべきである。

全農林人勧処分事件（最判平12.3.17）

人事院勧告の不実施を契機としてその完全実施等の要求を掲げて行われたストライキに関与したことを理由としてされた職員らに対する懲戒処分は、著しく妥当性を欠くものとはいえず、**懲戒権者の裁量権の範囲を逸脱したものとはいえない。**

6 私人間効力（間接適用説）

📖Chapter 2 ④ ③

重要度 **B**

基礎 三菱樹脂事件（最大判昭48.12.12）

事案	原告は、大学在学中に学生運動に参加していたにもかかわらず、採用試験に際して提出した身上書にその事実を記載しなかったことを理由に、試用期間終了後本採用を拒否された。
判旨概要	1　憲法19条、14条の規定は、国又は公共団体の統治行動に対して個人の基本的な自由や平等を保障する目的に出たもので、**専ら国又は公共団体と個人との関係を規律**するものであり、私人相互間の関係を直接規律することを予定するものではない。 2　**私的支配関係においては**、個人の基本的な自由や平等に対する具体的な侵害又はそのおそれがあり、その態様、程度が社会的に許容し得る限度を超えるときは、これに対する立法措置によってその是正を図ることが可能であるし、また場合によっては、私的自治に対する一般的制限規定である**民法1条、90条や不法行為に関する諸規定等の適切な運用**によって、一面で私的自治の原則を尊重しながら、他面で社会的許容性の限度を超える侵害に対して基本的な自由や平等の利益を保護し、その間の適切な調整を図る方途も存する。

基礎 昭和女子大事件（最判昭49.7.19）

事案	昭和女子大（Y）の学生らが、学則の具体的な細則である「生活要録」に反して、署名活動を行ったり、学外の政治団体に加入したとして、退学処分にされた。学生らは、「生活要録」が憲法19条、21条に違反することを理由に学生たる身分の確認訴訟を提起した。
判旨概要	1　憲法19条、21条、23条等のいわゆる自由権的基本権の保障規定は、専ら国又は公共団体と個人との関係を規律するものであり、**私人相互間の関係について当然に適用ないし類推適用されるものでない**ことは、当裁判所大法廷判決（三菱樹脂事件判決）の示すところである。 2　私立学校であるYの学則の細則としての性質を持つ生活要録の規定について直接憲法の当該基本権保障規定に違反するかどうかを論ずる余地はない。

日産自動車事件 (最判昭56.3.24)

事案	自動車メーカーの就業規則に、定年年齢が男子60歳、女子55歳と規定されていた。そこで、この年齢を迎えた女性が、当該就業規則が憲法14条1項に違反し無効であると主張した。
判旨概要	就業規則中女子の定年年齢を男子より低く定めた部分は、専ら女子であることを理由として差別したことに帰着するものであり、**性別のみによる不合理な差別を定めたものとして民法90条の規定により無効**であると解するのが相当である。

応用 **校則違反と自主退学勧告** (最判平3.9.3)

事案	バイクについて「免許をとらない、乗らない、買わない」という三ない原則を定めた校則に違反したことを理由としてされた私立高校の生徒に対する自主退学の勧告が違法であると主張して、慰謝料の請求を求めた。
判旨概要	憲法上のいわゆる自由権的基本権の保障規定は、国又は公共団体の統治行動に対して個人の基本的な自由と平等を保障することを目的とした規定であって、**専ら国又は公共団体と個人との関係を規律**するものであり、**私人相互間の関係について当然に適用ないし類推適用されるものでない**。したがって、その趣旨に徴すれば、私立学校の本件校則及び本件自主退学勧告について、それが直接憲法の基本権保障規定に違反するかどうかを論ずる余地はないものというべきである。

基礎 **入会権者の資格要件と平等原則** (最判平18.3.17)

事案	A部落の住民で入会権者であった者の女子孫が、入会権者の資格を原則として世帯主及び男子孫に限定する旨のA部落の慣習は公序良俗に反し無効であるとして、入会権者の地位確認と補償金の支払を求めた。
判旨概要	1　入会部落の慣習に基づく入会集団の会則のうち、入会権者の資格要件を一家の代表者としての世帯主に限定する部分は、現在においても、公序良俗に反するものということはできない。 2　入会部落の慣習に基づく入会集団の会則のうち、入会権者の資格を原則として男子孫に限定し、同入会部落の部落民以外の男性と婚姻した女子孫は離婚して旧姓に復しない限り入会権者の資格を認めないとする部分は、遅くとも平成4年以降においては、**性別のみによる不合理な差別として、民法90条の規定により無効**である。

7 新しい人権（13条）

📖 Chapter 3 ① ②

重要度 **AA**

基礎 前科照会事件 （最判昭56.4.14）

事案	自動車教習所の教官Xが解雇され、この解雇が有効かどうかが争われていた。そこで、自動車教習所側の弁護士が、所属する京都弁護士会を介して、中央労働委員会、京都地方裁判所に提出するために必要だとして、弁護士法の規定に基づき、Xの前科、犯罪歴について京都市伏見区役所に照会した。同区役所はこれを同市中京区役所に回付し、この結果、京都市中京区役所が京都弁護士会に対し、Xには道路交通法違反11犯、業務上過失傷害1犯、暴行1犯の前科がある旨の回答を行った。
判旨概要	1　前科及び犯罪経歴は人の名誉、信用に直接にかかわる事項であり、前科等のある者もこれを**みだりに公開されないという法律上の保護に値する利益**を有する。 2　**漫然**と弁護士会の照会に応じ、犯罪の種類、軽重を問わず、前科等の**すべてを報告することは、公権力の違法な行使にあたる**と解するのが相当である。

基礎 早稲田大学講演会名簿提出事件 （最判平15.9.12）

事案	A大学は、平成10年、中華人民共和国のB国家主席の講演会を開催することを決定し、同大学の学生に対し参加を募ることにした。同大学の学生Cらは、本件講演会への参加を申し込み、名簿にその氏名等を記入して、参加証の交付を受けた。A大学は、警視庁から、警備のため、本件講演会に出席する者の名簿を提出するよう要請された。このような要請を受けて、A大学は、Cらの同意を得ずに、本件名簿を提出した。
判旨概要	1　大学が講演会の主催者として学生から参加者を募る際に収集した参加申込者の学籍番号、氏名、住所及び電話番号は、参加申込者のプライバシーに**係る情報として法的保護の対象**となる。 2　大学が講演会の主催者として学生から参加者を募る際に収集した参加申込者の学籍番号、氏名、住所及び電話番号を参加申込者に**無断で警察に開示した行為**は、特別の事情がうかがわれないという事実関係の下では、参加申込者の**プライバシーを侵害するものとして不法行為を構成する**。

「石に泳ぐ魚」事件 (最判平14.9.24)

事案	Ｙ（作家）が執筆し、被告出版社の発行する雑誌に掲載された小説のモデルとされたＸが、本件小説の記述によって名誉、プライバシー及び名誉感情が侵害されたとして、Ｙ及び出版社に不法行為に基づく慰謝料の請求、謝罪広告、本件小説の修正版の出版差止め等を求めた。
判旨概要	1　本件小説中の『朴里花』とＸとは容易に同定可能であり、本件小説の公表により、Ｘの**名誉が毀損**され、**プライバシー及び名誉感情が侵害**されたものと認められる。 2　人格的価値を侵害された者は、**人格権に基づき**、加害者に対し、現に行われている**侵害行為を排除**し、又は将来生ずべき侵害を予防するため、**侵害行為の差止めを求めることができる**。 3　どのような場合に侵害行為の差止めが認められるかは、侵害行為の対象となった人物の社会的地位や侵害行為の性質に留意しつつ、予想される侵害行為によって受ける被害者側の不利益と侵害行為を差し止めることによって受ける侵害者側の不利益とを**比較衡量**して決すべきである。 4　そして、侵害行為が**明らかに予想**され、その侵害行為によって**被害者が重大な損失を受けるおそれ**があり、かつ、その**回復を事後に図るのが不可能ないし著しく困難**になると認められるときは侵害行為の差止めを肯定すべきである。 5　本件では、公共の利益にかかわらないＸのプライバシーにわたる事項を表現内容に含む本件小説の公表により公的立場にないＸの名誉、プライバシー、名誉感情が侵害されたものであって、本件小説の出版等によりＸに重大で回復困難な損害を被らせるおそれがあるというべきである。

住基ネット訴訟 (最判平20.3.6)

事案	行政機関が住民基本台帳ネットワークシステムにより個人情報を収集、管理又は利用することは、憲法13条の保障するプライバシー権その他の人格権を違法に侵害するものであると主張し、人格権に基づく妨害排除請求として、住民基本台帳から住民票コードの削除を求めた。
判旨概要	1　個人の私生活上の自由の1つとして、何人も**個人に関する情報をみだりに第三者に開示又は公表されない自由**を有する。 2　しかし、住民基本台帳ネットワークによって管理、利用等される**本人確認情報は個人の内面にかかわるような秘匿性の高い情報ではなく**、それが法令等の根拠に基づかずに又は正当な行政目的の範囲を逸脱して開示又は公表される**具体的な危険がない**ので、行政機関が住基ネットにより住民の本人確認情報を管理、利用する行為は、当該個人がこれに同意していないとしても、**憲法13条の保障する個人に関する情報をみだりに第三者に開示又は公表されない自由を侵害するものではない**。

基礎 京都府学連事件 （最大判昭44.12.24）

事案	デモ行進が違法な状態で行われていたため、警察官が、捜査活動の一環として犯罪の証拠とするために、この違法な行進の状況を写真撮影した。これに抗議して、警察官に暴行を加えた学生が起訴された。
判旨概要	1　憲法13条は、国民の私生活上の自由が、警察権等の国家権力の行使に対しても保護されるべきことを規定しているものということができる。そして、個人の私生活上の自由の1つとして、何人も、**その承諾なしに、みだりにその容ぼう・姿態を撮影されない自由を有する**ものというべきである。 2　これを**肖像権と称するかどうかは別として**、少なくとも、警察官が、**正当な理由もないのに**、個人の容ぼう等を撮影することは、許されない。 3　しかし、個人の有する当該自由も、公共の福祉のため必要のある場合には相当の制限を受けることは同条の規定に照らして明らかである。 4　警察官が犯罪捜査の必要上写真を撮影する際、その対象の中に犯人のみならず第三者である個人の容ぼう等が含まれても、これが許容される場合があり得るものといわなければならない。 5　現に犯罪が行われ若しくは行われたのち間がないと認められる場合であって、しかも証拠保全の必要性及び緊急性があり、かつその撮影が一般的に許容される限度を超えない相当な方法をもって行われるときには、撮影される本人の同意がなく、また裁判官の令状がなくても、警察官による個人の容ぼう等の撮影が許容される。

基礎 自動速度監視装置による写真撮影の合憲性 （最判昭61.2.14）

事案	自動速度監視装置による速度違反車両運転者及び同乗者の容ぼうの写真撮影の合憲性
判旨概要	1　速度違反車両の自動撮影を行う自動速度監視装置による運転者の容ぼうの写真撮影は、現に犯罪が行われている場合になされ、犯罪の性質、態様からいって緊急に証拠保全をする必要性があり、その方法も一般的に許容される限度を超えない相当なものであるから、**憲法13条に違反しない**。 2　また、当該写真撮影の際、運転者の近くにいるため除外できない状況にある同乗者の容ぼうを撮影することになっても、**憲法13条に違反しない**。

憲法の判例問題は、文中に誤った記述を入れて出題されることがあります。そこで、憲法の判例知識は、結論だけを覚えるのではなく、結論に至る理由まで理解しておくようにしましょう。

「北方ジャーナル」事件（最大判昭61.6.11）

事案	北海道知事選の立候補予定者Yが、かねて原告Xの発行する「北方ジャーナル」がYを誹謗する名誉毀損の記事を掲載するたびに雑誌の販売禁止の仮処分を申請し、認められてきたが、札幌地裁は、昭和54年4月号に関する仮処分申請について、無審尋で認めたため、Xが損害賠償請求を提訴した。
判旨概要	1　人の品性、徳行、名声、信用等の人格的価値について社会から受ける客観的評価である**名誉を違法に侵害された者**は、損害賠償（民法710条）又は名誉回復のための処分（同法723条）を求めることができるほか、**人格権としての名誉権に基づき**、加害者に対し、現に行われている**侵害行為を排除**し、又は将来生ずべき侵害を予防するため、**侵害行為の差止めを求めることができる。** 2　なぜならば、名誉は生命、身体とともに極めて重大な保護法益であり、人格権としての名誉権は、物権の場合と同様に排他性を有する権利というべきであるからである。

基礎 **「エホバの証人」信者輸血拒否事件**（最判平12.2.29）

事案	輸血拒否の信念を有する「エホバの証人」の信者Xは、医師Yらに対し、生命の危険が生じても絶対に輸血を拒否する旨の信念を伝えた上で手術に臨んだ。しかし、Yは手術中に生命の危険が生じたため、病院の方針にのっとり、救命のための輸血をした。
判旨概要	1　患者が、輸血を受けることは自己の宗教上の信念に反するとして、輸血を伴う医療行為を拒否するとの明確な意思を有している場合、このような**意思決定をする権利は、人格権の一内容として尊重されなければならない。** 2　本件においては、Yらは、Xが輸血を伴う可能性のあった本件手術を受けるか否かについて意思決定をする権利を奪ったものといわざるを得ず、この点において同人の人格権を侵害したものとして、同人がこれによって被った**精神的苦痛を慰謝すべき責任を負うものというべきである。**

「北方ジャーナル」事件は、表現の自由にも出てくる重要判例です。44ページを参照してください。

8 法の下の平等（14条）

📖Chapter 3 ②

重要度 **AA**

憲 法

基礎 尊属殺重罰規定違憲判決 （最大判昭48.4.4）

事案	実父に夫婦同様の関係を強いられてきた被告人が、虐待にたまりかねて実父を殺害し、自首した。
判旨概要	1　旧刑法200条の立法目的は、尊属を卑属又はその配偶者が殺害することをもって一般に高度の社会的道義的非難に値するものとし、かかる所為を通常の殺人の場合より厳重に処罰し、もって特に強くこれを禁圧しようとするにあった。このような差別的取扱いをもって、**ただちに合理的な根拠を欠くものと断ずることはできない**。 2　しかし、加重の程度が極端であって、立法目的達成手段として甚だしく均衡を失し、これを正当化し得るべき根拠を見出し得ないときは、その差別は著しく不合理なものとして違憲となる。 3　旧刑法200条は、尊属殺の法定刑を死刑又は無期懲役刑のみに限っている点において、その**立法目的達成のため必要な限度を遥かに超え**、普通殺に関する刑法199条の法定刑に比し著しく不合理な差別的取扱いをするものと認められ、**憲法14条1項に違反して無効である**。

基礎 国籍法違憲訴訟判決 （最大判平20.6.4）

事案	法律上の婚姻関係にない日本国民である父とフィリピン共和国籍を有する母との間に本邦において出生した上告人らが、出生後父から認知を受けたことを理由として平成17年に法務大臣あてに国籍取得届を提出したところ、国籍取得の条件を備えておらず、日本国籍を取得していないものとされたことから、被上告人に対し、日本国籍を有することの確認を求めた。
判旨概要	1　旧国籍法3条1項の規定は、**日本国民である父から出生後認知された非嫡出子のうち、父母が法律上の婚姻をしていない者のみが日本国籍を取得できない**という区別を生じさせている。 2　血統主義を基調としつつ、我が国との密接な結び付きの指標となる一定の要件を設けて、これらを満たす場合に限り出生後における日本国籍の取得を認めることとした**立法目的自体には、合理的な根拠がある**というべきであるが、**立法目的との間における合理的関連性は**、内外における社会環境の変化等によって**失われており**、今日において同項の規定が本件区別を生じさせていることは、**憲法14条1項に違反する**。

基礎 非嫡出子相続分規定違憲決定 （最大決平25.9.4）

事案	非嫡出子である申立人が、家庭裁判所の遺産分割審判において、嫡出子と均等な相続を主張した。
判旨概要	1　家族という共同体の中における**個人の尊重**がより明確に認識されてきたことは明らかであるといえる。そして、法律婚という制度自体は我が国に定着しているとしても、上記のような認識の変化に伴い、上記制度の下で父母が婚姻関係になかったという、子にとっては自ら選択ないし修正する余地のない事柄を理由としてその子に不利益を及ぼすことは許されず、子を個人として尊重し、その権利を保障すべきであるという考えが確立されてきているものということができる。 2　上記の事情を総合すれば、遅くとも被相続人の相続が開始した平成13年7月当時においては、立法府の裁量権を考慮しても、**嫡出子と嫡出でない子の法定相続分を区別する合理的な根拠は失われていた**というべきであるから、旧民法900条4号ただし書前段の規定は、**憲法14条1項に違反**していたものというべきである。

基礎 「嫡出子又は嫡出でない子の別」を記載させる戸籍法の規定 （最判平25.9.26）

事案	父X1が、母X2との間の子であるX3に係る出生の届出をしたが、戸籍法49条2項1号所定の届書の記載事項である嫡出子又は嫡出でない子の別を記載しなかったため、世田谷区長により上記届出が受理されず、X3に係る戸籍及び住民票の記載がされなかったところ、X1・2が、同号の規定のうち届書に嫡出子又は嫡出でない子の別を記載すべきものと定める部分（以下、この部分を「本件規定」という）は憲法14条1項に違反するものであるなどと主張して、国に対し本件規定を撤廃しない立法不作為の違法を理由に、世田谷区に対しX3に係る住民票の記載をしない不作為の違法を理由に、それぞれ国家賠償法1条1項に基づき慰謝料の支払を求めた。
判旨概要	1　出生の届出は、子の出生の事実を報告するものであって、その届出によって身分関係の発生等の法的効果を生じさせるものではない。 2　民法及び戸籍法において法律上の父子関係等や子に係る戸籍上の取扱いについて定められている規律が父母の婚姻関係の有無によって異なるのは、法律婚主義の制度の下における身分関係上の差異及びこれを前提とする戸籍処理上の差異であって、本件規定は、上記のような身分関係上及び戸籍処理上の差異を踏まえ、戸籍事務を管掌する市町村長の事務処理の便宜に資するものとして、出生の届出に係る届書に嫡出子又は嫡出でない子の別を記載すべきことを定めているにとどまる。そして、届書にこれが記載されない場合、当該届出に係る子が嫡出子又は嫡出でない子のいずれであっても、その記載の欠缺により届出が不受理の理由となり得る瑕疵のあるものとなる一方で、届出の受理や職権による戸籍の記載も可能である。 3　以上に鑑みると、本件規定それ自体によって、**嫡出でない子について嫡出子との間で子又はその父母の法的地位に差異がもたらされるものとはいえない**。

18

基礎 **女子再婚禁止期間事件** (最大判平27.12.16)

事案	再婚したX（女性）は、女性について6か月の再婚禁止期間を定める旧民法733条1項の規定（以下「本件規定」という）があるために望んだ時期から遅れて再婚をした。そこで、本件規定は憲法14条1項及び24条2項に違反すると主張し、本件規定を改廃する立法措置をとらなかった立法不作為の違法を理由に、国家賠償法1条1項に基づき損害賠償を求めた。
判旨 概要	1　本件規定のような区別をすることが事柄の性質に応じた合理的な根拠に基づくものと認められない場合には、本件規定は憲法14条1項に違反することになると解するのが相当である。 2　本件規定が再婚をする際の要件に関し男女の区別をしていることにつき、そのような区別をすることの立法目的に合理的な根拠があり、かつ、その区別の具体的内容が上記の立法目的との関連において合理性を有するものであるかどうかという観点から憲法適合性の審査を行うのが相当である。 3　**本件規定の立法目的は**、女性の再婚後に生まれた子につき父性の推定の重複を回避し、もって父子関係をめぐる紛争の発生を未然に防ぐことにあると解するのが相当であり、**合理性を認めることができる**。 4　次に、女性についてのみ6か月の再婚禁止期間を設けている本件規定が立法目的との関連において合理性を有すると評価できるものであるか否かが問題となる。 ①　女性の再婚後に生まれる子については、計算上100日の再婚禁止期間を設けることによって、父性の推定の重複が回避されることになるため、**100日について一律に女性の再婚を制約することは**、国会に認められる合理的な立法裁量の範囲を超えるものではなく、上記立法目的との関連において**合理性を有するものということができる**。 ②　これに対し、本件規定のうち100日超過部分については、旧民法772条の定める父性の推定の重複を回避するために必要な期間ということはできない。 5　本件規定のうち**100日超過部分は**、遅くとも上告人が前婚を解消した日（平成20年3月）から100日を経過した時点までには、国会に認められる合理的な立法裁量の範囲を超えるものとして、その**立法目的との関連において合理性を欠くもの**になっていたと解される。

基礎 **サラリーマン税金訴訟** (最大判昭60.3.27)

事案	雑所得があるのに確定申告をしなかったために、雑所得分を加算した決定処分と無申告加算税の賦課決定処分を受けた者が取消しを求めて出訴した。
判旨 概要	租税は、今日では、国家の財政需要を充足するという本来の機能に加え、所得の再分配、資源の適正配分、景気の調整等の諸機能をも有しており、国民の租税負担を定めるについて、財政・経済・社会政策等の国政全般からの総合的な政策判断を必要とするばかりでなく、課税要件等を定めるについて、極めて専門技術的な判断を必要とすることも明らかである。したがって、租税法の定立については、

国家財政、社会経済、国民所得、国民生活等の実態についての正確な資料を基礎とする立法府の政策的、技術的な判断に委ねるほかはなく、裁判所は、基本的にはその裁量的判断を尊重せざるを得ないものというべきである。そうであるとすれば、租税法の分野における所得の性質の違い等を理由とする取扱いの区別は、その立法目的が正当なものであり、かつ、当該立法において具体的に採用された区別の態様が当該目的との関連で著しく不合理であることが明らかでない限り、その合理性を否定することができず、これを**憲法14条1項の規定に違反するものということはできない**ものと解する。

所得税法が必要経費の控除について事業所得者等と給与所得者との間に設けた前記の区別は、合理的なものであり、憲法14条1項の規定に違反するものではない。

応用 戦後補償に関する判例

	判旨概要
最判平 4.4.28	1　戦争犠牲ないし戦争損害は、国の存亡にかかわる非常事態の下では、国民の等しく受忍しなければならなかったところであって、これに対する補償は**憲法の全く予想しないところ**というべきであり、戦争犠牲ないし戦争損害に対しては単に政策的見地からの配慮が考えられるにすぎない。したがって、憲法29条3項等の規定を適用してその補償を求める上告人らの主張は、この規定の意義・性質等について判断するまでもなく、その前提を欠くに帰するというべきである。 2　台湾住民である軍人軍属が援護法及び恩給法の適用から除外されたのは、台湾住民の請求権の処理は日本国との平和条約及び日華平和条約により日本国政府と中華民国政府との特別取極の主題とされたことから、台湾住民である軍人軍属に対する補償問題もまた両国政府の外交交渉によって解決されることが予定されたことに基づくものと解されるのであり、そのことには十分な合理的根拠があるというべきである。したがって、本件国籍条項により、**日本の国籍を有する軍人軍属と台湾住民である軍人軍属との間に差別が生じているとしても**、それは先のような根拠に基づくものである以上、**本件国籍条項は、憲法14条に違反するものとはいえない。**
最判平 16.11.29	1　軍属関係の上告人らが被った損失は、第2次世界大戦及びその敗戦によって生じた戦争犠牲ないし戦争損害に属するものであって、これに対する補償は、**憲法の全く予想しないところ**というべきであり、このような戦争犠牲ないし戦争損害に対しては、単に政策的見地からの配慮をするかどうかが考えられるにすぎない。 2　財産及び請求権に関する問題の解決並びに経済協力に関する日本国と大韓民国との間の協定の締結後、旧日本軍の軍人軍属又はその遺族であったが日本国との平和条約により**日本国籍を喪失した大韓民国に在住する韓国人に対して何らかの措置を講ずることなく**戦傷病者戦没者遺族等援護法附則2項、恩給法9条1項3号の各規定を存置したことが**憲法14条1項に違反するということはできない。**

投票価値の平等	憲法14条1項に定める法の下の平等は、選挙権に関しては、国民はすべて政治的価値において平等であるべきであるとする徹底した平等化を志向するものであり、15条1項等の各規定の文言上は単に選挙人資格における差別の禁止が定められているにすぎないけれども、単にそれだけにとどまらず、選挙権の内容、すなわち各選挙人の**投票の価値の平等**もまた、**憲法の要求するところ**であると解するのが相当である（最大判昭51.4.14）。
最高裁の考え方	1　まず、投票価値の較差が違憲な状態に達しているか否かを判断する。 　　ここで、違憲な状態に達していなければ、議員定数配分規定は**合憲**であると結論を出す。 　　例えば、衆議院議員総選挙が争われた事案では、1対2.30（最大判平23.3.23。なお、同判例では1人別枠方式について合理性が失われていたとしている）、2.43（最大判平25.11.20）、2.13（最大判平27.11.25）についてそれぞれ違憲状態と判断している。そして、1.98（最大判平30.12.19）については合憲と判断した。また、参議院議員通常選挙が争われた事案では、1対5.00（最大判平24.10.17）、4.77（最大判平26.11.26）についてそれぞれ違憲状態と判断している。そして、3.08（最大判平29.9.27）については合憲と判断した。 2　次に、較差が違憲状態に達している場合、国会が議員定数配分規定を修正するために必要な憲法上要求される合理的期間が経過しているかどうかを判断する（**合理的期間論**）。 　　ここで合理的期間がいまだ経過していないと判断したときは、議員定数配分規定は**合憲**であると結論を出す。この判決は社会的には「**違憲状態判決**」と表現されることがある。なお、上記較差が違憲状態と判断した事例については、最高裁は、いずれも合理的期間を経過していないと判断している。 　　一方で、合理的期間が経過していると判断したときは、議員定数配分規定は（較差が違憲状態に達している選挙区だけでなく）**全体として違憲**であると結論を出す。 3　最後に、違憲な議員定数配分規定に基づいてなされた選挙は無効であるかどうかが問題となる。 　　これについて、最高裁は、事情判決の法理を理由に、**選挙は無効ではない**という判断をする。

憲法

法の下の平等（14条）は憲法のテーマとしては最頻出の1つです。中でも、**議員定数不均衡問題**はよく出題されます。合理的期間論や事情判決の法理という言葉を知っているだけでは解けませんので、しっかりと理解するようにしましょう。

思想・良心の自由（19条）

📖Chapter 4 ①

重要度　**B**

基礎 **謝罪広告事件**（最大判昭31.7.4）

事案	候補者Ｙ（被告）は、衆議院議員総選挙に際して、対立候補である他の候補者Ｘ（原告）が県副知事在職中、某発電所の建設にからんで汚職をなした事実を公表した。ＹはＸの名誉を毀損したとして、裁判所から、民法723条の処分として、謝罪広告をＹの名で新聞紙上に掲載することを命ずる判決を受けた。そこで、Ｙは上告し、謝罪を強制することは憲法19条の保障する思想・良心の自由の侵害であると主張した。
判旨概要	謝罪広告であっても、本件の場合のように**単に事態の真相を告白し陳謝の意を表明するにとどまる**程度であれば、これを代替執行によって強制しても合憲である。 ※　代替執行とは、債権者が裁判所に請求し、その裁判に基づいて、第三者（債権者でも可）の手により、債務者に代わって債権の内容を実現させ、その費用は債務者から強制的に徴収するという方法のことである。

基礎 **麹町中学内申書事件**（最判昭63.7.15）

事案	高等学校進学を希望していた東京都麹町中学校のある生徒Ｘの内申書に、学校内でのビラ配り等政治的活動が記載され、そのために高校入試が不合格になったとして、Ｘが千代田区及び東京都を相手取り国家賠償法に基づく損害賠償請求訴訟を提起した。
判旨概要	1　いずれの記載も、Ｘの思想、信条そのものを記載したものでないことは明らかであり、当該記載に係る外部的行為によってはＸの思想、信条を了知し得るものではない。 2　また、Ｘの思想、信条自体を高等学校の入学者選抜の資料に供したものとは到底解することができない。 3　したがって、**違憲の主張は**、その前提を欠き、**採用できない**。

基礎 ピアノ伴奏拒否事件 （最判平19.2.27）

事案	市立小学校の入学式の「君が代」斉唱に際し、校長からピアノ伴奏を行うよう職務上の命令を受けたが、これを拒否して伴奏を行わなかった音楽教諭が、教育委員会より戒告処分を受けた。
判旨概要	1　入学式の国歌斉唱の際に「君が代」のピアノ伴奏をする行為を当該教諭等が特定の思想を有するということを外部に表明する行為であると評価することは困難であって、**職務命令は教諭に対し特定の思想を持つことを強制したりこれを禁止したりするものではない。** 2　また、教諭は地方公務員として法令等や上司の職務上の命令に従わなければならない立場にあり、本件の職務命令は、その目的及び内容が不合理であるとはいえない。 3　「君が代」のピアノ伴奏を命じる職務命令は、音楽教諭の思想及び良心の自由を侵すものとして**憲法19条に違反するということはできない。**

基礎 「君が代」起立斉唱の職務命令 （最判平23.5.30）

事案	公立高等学校の教諭であるXは、卒業式において、国歌斉唱の際に国旗に向かって起立し国歌を斉唱することを命ずる校長の職務命令に従わなかったため、教育委員会から戒告処分を受けた。
判旨概要	1　本件職務命令は、当該教諭の歴史観ないし世界観それ自体を否定するものとはいえない。 2　本件の**起立斉唱行為は**、学校の儀式的行事における慣例上の儀礼的な所作として外部からも認識されるものであって、特定の思想又はこれに反する思想の表明として外部から認識されるものと評価することは困難であり、本件職務命令は、当該教諭に特定の思想を持つことを強制したり、これに反する思想を持つことを禁止したりするものではなく、**特定の思想の有無について告白することを強要するものともいえない。** 3　本件職務命令については、外部的行動の制限を介して当該教諭の思想及び良心の自由についての間接的な制約となる面はあるものの、職務命令の目的及び内容並びに制限を介して生ずる制約の態様等を総合的に較量すれば、上記の**制約を許容し得る程度の必要性及び合理性が認められる**ものというべきである。 4　以上の諸点に鑑みると、本件職務命令は、上告人の思想及び良心の自由を侵すものとして**憲法19条に違反するとはいえない**と解するのが相当である。

> 「君が代」起立斉唱の職務命令の判例は、判旨概要1と2の部分はピアノ伴奏拒否事件と基本的に同じ展開をします。1と2は2つの判例で共通のイメージ、3が「君が代」起立斉唱判例ならではの部分というイメージを持っておきましょう。

基礎 宗教法人オウム真理教解散事件 （最決平8.1.30）

事案	大量殺人を目的として計画的、組織的にサリンを生成した宗教法人について、宗教法人法81条1項1号及び2号前段に規定する事由があるとして解散命令が出された。
判旨概要	1　解散命令は、信者の宗教上の行為を禁止したり制限したりする**法的効果を一切伴わない。** 2　もっとも、宗教法人の解散命令が確定したときはその清算手続が行われ、その結果、宗教法人に帰属する財産で礼拝施設その他の宗教上の行為の用に供していたものも処分されることになるから、これらの財産を用いて信者らが行っていた宗教上の行為を継続するのに**何らかの支障を生ずることがあり得る。** 3　このように、宗教法人に関する法的規制が、信者の宗教上の行為を法的に制約する効果を伴わないとしても、これに何らかの支障を生じさせることがあるとするならば、憲法の保障する精神的自由の1つとしての信教の自由の重要性に思いを致し、憲法がそのような規制を許容するものであるかどうかを慎重に吟味しなければならない。 4　このような観点から本件解散命令についてみると、解散命令の制度は、専ら宗教法人の世俗的側面を対象とし、かつ、専ら世俗的目的によるものであって、宗教団体や信者の精神的・宗教的側面に容かいする意図によるものではなく、その制度の目的も合理的であるということができる。 5　そして、抗告人が、法令に違反して、著しく公共の福祉を害すると明らかに認められ、宗教団体の目的を著しく逸脱した行為をしたことが明らかである。抗告人のこのような行為に対処するには、抗告人を解散し、その法人格を失わせることが必要かつ適切である。 6　解散命令によって宗教団体であるオウム真理教やその信者らが行う宗教上の行為に何らかの支障を生ずることが避けられないとしても、その支障は、解散命令に伴う間接的で事実上のものであるにとどまる。 7　したがって、**本件解散命令は、抗告人の行為に対処するのに必要でやむを得ない法的規制である**ということができる。

基礎 剣道実技拒否事件 （最判平8.3.8）

事案	信仰上の理由により剣道実技の履修を拒否した市立高等専門学校の学生に対する原級留置処分及び退学処分がなされた。
判旨概要	1　剣道実技の履修が必須のものとまではいい難く、体育科目による教育目的の達成は、他の代替的方法によっても性質上可能というべきである。 2　他方、学生の剣道実技への参加を拒否する理由は、信仰の核心部分と密接に関連する真なもので、その被る不利益は極めて大きいことも明らかである。 3　自らの自由意思により、必修である体育科目の種目として剣道の授業を採用している学校を選択したことを理由に、著しい不利益を与えることが当然に許容されることになるものでもない。 4　他の学生に不公平感を生じさせないような適切な方法、態様による代替措置をとることが、その目的において宗教的意義を有し、特定の宗教を援助、助長、促進する効果を有するものということはできず、他の宗教者又は無宗教者に圧迫、干渉を加える効果があるともいえないのであって、およそ代替措置をとることが、その方法、態様のいかんを問わず、憲法20条3項に違反するということができないことは明らかである。 5　当事者の説明する宗教上の信条と履修拒否との合理的関連性が認められるかどうかを確認する程度の調査をすることが公教育の宗教的中立性に反するとはいえないものと解される。 6　以上によれば、信仰上の理由による剣道実技の履修拒否を、正当な理由のない履修拒否と区別することなく、代替措置が不可能というわけでもないのに、代替措置について何ら検討することもなく、原級留置処分・退学処分をしたという**校長の措置は、社会観念上著しく妥当を欠く処分をしたものと評するほかはなく、本件各処分は、裁量権の範囲を超える違法なものといわざるを得ない。**

> **剣道実技拒否事件**の判旨概要4は、後述する政教分離原則の目的効果基準を論じています（次の項目参照）。

基礎 加持祈祷事件 （最大判昭38.5.15）

事案	被害者が異常な言動を示すようになったので、この母親らが僧侶に加持祈祷を依頼し、僧侶がこれを行った結果、被害者は全身に熱傷及び皮下出血を負い、これによる2次性ショック並びに疲労等に基づく急性心臓麻痺により、死亡した。
判旨概要	被告人の本件行為は、一種の宗教行為としてなされたものであったとしても、それが他人の生命、身体等に危害を及ぼす違法な有形力の行使にあたるものであり、これにより被害者を死に致したものである以上、被告人のこの行為が著しく反社会的なものであることは否定し得ないところであって、**憲法20条1項の信教の自由の保障の限界を逸脱した**ものというほかはなく、これを刑法205条（傷害致死罪）に該当するものとして処罰したことは、何ら憲法20条1項に反するものではない。

政教分離原則（20条1項後段、3項、89条前段）

📖Chapter 4②③

重要度 **A**

基礎 **津地鎮祭事件** （最大判昭52.7.13）

事案	三重県津市が、市体育館の建設起工式を神式の地鎮祭として挙行し、それに公金を支出したことが20条及び89条に反するのではないかが争われた。
判旨 概要	1 政教分離規定は、いわゆる制度的保障の規定であって、信教の自由そのものを直接保障するものではなく、国家と宗教との分離を制度として保障することにより、間接的に信教の自由の保障を確保しようとするものである。 2 政教分離原則は、国家が宗教的に中立であることを要求するものではあるが、国家が宗教とのかかわり合いを持つことを全く許さないとするものではない。 3 20条3項により禁止される宗教的活動とは、宗教とのかかわり合いが我が国の社会的・文化的諸条件に照らし信教の自由の保障の確保という制度の根本目的との関係で、相当とされる程度を超えるもの、すなわち、その行為の目的が宗教的意義を持ち、その効果が宗教に対する援助、助長、促進又は圧迫、干渉等になるような行為に限られる。 4 市が主催し神式に則り挙行された市体育館の起工式は、その目的は世俗的で、効果も神道を援助、助長したり、他の宗教に圧迫、干渉を加えるものではないから、宗教的活動とはいえず、政教分離原則に反しない。

基礎 **箕面忠魂碑・慰霊祭訴訟** （最判平5.2.16）

事案	箕面市が小学校増改築のため、遺族会所有の忠魂碑を別の市有地に移転再建したところ、その費用及び市有地の使用貸借行為等が政教分離原則に反するとして住民訴訟が提起された。
判旨 概要	1 市が行った土地の買受け、遺族会への敷地の無償貸与等も、その目的は、専ら世俗的なものと認められ、特定の宗教を援助、助長、促進又は他の宗教に圧迫、干渉を加えるものとは認められず、憲法20条3項により禁止される宗教的活動にはあたらない。 2 憲法20条1項後段にいう「宗教団体」、憲法89条にいう「宗教上の組織若しくは団体」とは、特定の宗教の信仰、礼拝又は普及等の宗教的活動を行うことを本来の目的とする組織ないし団体を指す。遺族会は、「宗教団体」、「宗教上の組織若しくは団体」には該当しない。 3 教育長の慰霊祭参列は、専ら世俗的なものであり、特定の宗教に対する援助、助長、促進又は圧迫、干渉等になるような行為とは認められない。したがって、政教分離原則及びそれに基づく政教分離規定に違反するものではない。

基礎 自衛官合祀拒否訴訟 (最大判昭63.6.1)

事案	殉職自衛官の夫を自己の信仰に反して山口県護国神社に合祀されたキリスト教信者が、合祀を推進し申請した自衛隊山口地方連絡部（地連）と社団法人隊友会山口県支部連合会（隊友会）の行為は政教分離原則違反ではないかを争った。
判旨概要	1　本件合祀申請に至る過程において県隊友会に協力してした地連職員の具体的行為は、その宗教とのかかわり合いは間接的であり、その意図、目的も、合祀実現により自衛隊員の社会的地位の向上と士気の高揚を図ることにあった。その行為の態様からして、国又はその機関として特定の宗教への関心を呼び起こし、あるいはこれを援助、助長、促進し、又は他の宗教に圧迫、干渉を加えるような効果を持つものと一般人から評価される行為とは認め難い。地連職員の行為が宗教とかかわり合いを持つものであることは否定できないが、これをもって**宗教的活動とまではいうことはできないもの**といわなければならない。 2　**静ひつな宗教的環境の下で信仰生活を送るべき利益なるものは、これを直ちに法的利益として認めることができない**性質のものである。

基礎 愛媛県玉串料訴訟 (最大判平9.4.2)

事案	愛媛県の住民らが、愛媛県知事らの靖国神社又は護国神社が各神社の境内において挙行した恒例の宗教上の祭祀に際して玉串料等を奉納するために行った公金支出の違法性を争った。
判旨概要	1　県が特定の宗教団体の挙行する重要な宗教上の祭祀にかかわり合いを持ったということが明らかである。 2　そして、一般に、神社自体がその境内において挙行する恒例の重要な祭祀に際してこのような玉串料等を奉納することは、建築主が主催して建築現場において土地の平安堅固、工事の無事安全等を祈願するために行う儀式である起工式の場合とは異なり、時代の推移によって既にその宗教的意義が希薄化し、慣習化した社会的儀礼にすぎないものになっているとまでは到底いうことができず、一般人が本件の玉串料等の奉納を社会的儀礼の1つにすぎないと評価しているとは考え難い。 3　地方公共団体が特定の宗教団体に対してのみ本件のような形で特別のかかわり合いを持つことは、一般人に対して、県が当該特定の宗教団体を特別に支援しており、それらの宗教団体が他の宗教団体とは異なる特別のものであるとの印象を与え、特定の宗教への関心を呼び起こすものといわざるを得ない。 4　**県が本件玉串料等靖国神社又は護国神社に前記のとおり奉納したことは、その目的が宗教的意義を持つことを免れず、その効果が特定の宗教に対する援助、助長、促進になると認めるべきであり、これによってもたらされる県と靖国神社等とのかかわり合いが我が国の社会的・文化的諸条件に照らし相当とされる限度を超えるものであって、憲法20条3項の禁止する宗教的活動にあたると**解するのが相当である。

憲

法

砂川政教分離訴訟 （最大判平22.1.20）

事案	北海道砂川市がその所有する土地を神社施設の敷地として無償提供していることが住民訴訟（違法確認）で争われた。
判旨 概要	1　国家と宗教とのかかわり合いには種々の形態があり、およそ国又は地方公共団体が宗教との一切の関係を持つことが許されないというものではなく、憲法89条も、公の財産の利用提供等における宗教とのかかわり合いが、我が国の社会的、文化的諸条件に照らし、信教の自由の保障の確保という制度の根本目的との関係で**相当とされる限度を超えるものと認められる場合に、これを許さない**とするものと解される。 2　国又は地方公共団体が**国公有地を無償で宗教的施設の敷地としての用に供する行為**は、一般的には、当該宗教的施設を設置する宗教団体等に対する便宜の供与として、憲法89条との抵触が問題となる行為であるといわなければならない。 3　もっとも、当該施設の性格や来歴、無償提供に至る経緯、利用の態様等には様々なものがあり得ることが容易に想定される。 4　そうすると、国公有地が無償で宗教的施設の敷地としての用に供されている状態が、信教の自由の保障の確保という制度の根本目的との関係で相当とされる限度を超えて憲法89条に違反するか否かを判断するにあたっては、当該宗教的施設の性格、当該土地が無償で当該施設の敷地としての用に供されるに至った経緯、当該無償提供の態様、これらに対する一般人の評価等、**諸般の事情を考慮し、社会通念に照らして総合的に判断すべき**ものと解するのが相当である。 5　社会通念に照らして総合的に判断すると、本件利用提供行為は、市と本件神社ないし神道とのかかわり合いが、我が国の社会的、文化的諸条件に照らし、信教の自由の保障の確保という制度の根本目的との関係で**相当とされる限度を超えるものとして、憲法89条の禁止する公の財産の利用提供にあたり、ひいては憲法20条1項後段の禁止する宗教団体に対する特権の付与にも該当する**と解するのが相当である。

憲
法

事案	那覇市（以下「市」という）の管理する都市公園内に儒教の祖である孔子等を祀った久米至聖廟（以下「本件施設」という）を設置することをＸ（本件施設、道教の神等を祀る天尊廟及び航海安全の守護神を祀る天妃宮の公開、久米三十六姓（約600年前から約300年間にわたり、現在の中国福建省又はその周辺地域から琉球に渡来してきた人々）の歴史研究、論語を中心とする東洋文化の普及等を目的とする一般社団法人）に許可した上で、その敷地の使用料（以下「公園使用料」という）の全額を免除（以下「本件免除」という）した市長の行為は、憲法の定める政教分離原則に違反し、無効であり、Ｘに対して公園使用料を請求しないことが違法に財産の管理を怠るものであるとして、市の住民によって、地方自治法242条の2第1項3号に基づき上記怠る事実の違法確認を求めて住民訴訟が提起された。
判旨概要	1　国家と宗教とのかかわり合いには種々の形態があり、およそ国家が宗教との一切の関係を持つことが許されないというものではなく、**政教分離規定は、そのかかわり合いが我が国の社会的、文化的諸条件に照らし、信教の自由の保障の確保という制度の根本目的との関係で相当とされる限度を超えるものと認められる場合に、これを許さないとするものである**と解される。 2　国又は地方公共団体が、国公有地上にある施設の敷地の使用料の免除をする場合においては、当該施設の性格や当該免除をすることとした経緯等には様々なものがあり得る。これらの事情のいかんは、当該免除が、一般人の目から見て特定の宗教に対する援助等と評価されるか否かに影響するものと考えられるから、政教分離原則との関係を考えるにあたっても、重要な考慮要素とされるべきものといえる。 3　そうすると、**当該免除が、前記諸条件に照らし、信教の自由の保障の確保という制度の根本目的との関係で相当とされる限度を超えて、政教分離規定に違反するか否かを判断するにあたっては、当該施設の性格、当該免除をすることとした経緯、当該免除に伴う当該国公有地の無償提供の態様、これらに対する一般人の評価等、諸般の事情を考慮し、社会通念に照らして総合的に判断すべきものと解する**のが相当である。 4　本件施設の観光資源等としての意義や歴史的価値を考慮しても、本件免除は、一般人の目から見て、市がＸの上記活動に係る特定の宗教に対して特別の便益を提供し、これを援助していると評価されてもやむを得ないものといえる。以上のような事情を考慮し、社会通念に照らして総合的に判断すると、**本件免除は、市と宗教とのかかわり合いが、我が国の社会的、文化的諸条件に照らし、信教の自由の保障の確保という制度の根本目的との関係で相当とされる限度を超えるものとして、憲法20条3項の禁止する宗教的活動に該当する**と解するのが相当である。

判例には、知事が皇室行事「大嘗祭（だいじょうさい）」に参列したことが違憲であるか争われた事件において、目的効果基準に照らし、政教分離原則に違反するものではないとしたものもあります（最判平14.7.11）。

12 学問の自由（23条）

📖Chapter 4 ③

重要度 **B**

基礎 **東大ポポロ事件**（最大判昭38.5.22）

事案	東大の学生団体「ポポロ劇団」主催の演劇発表会が東大構内の教室で行われている途中で、学生が、観客の中に警備公安活動中の私服の警察官を発見し、警察官に対して暴行をしたとして、暴力行為等処罰法違反により起訴された。
判旨概要	1 **大学において教授その他の研究者がその専門の研究の結果を教授する自由は、これを保障される**と解する。 2 大学における学問の自由を保障するために、伝統的に**大学の自治**が認められている。この自治は、特に大学の教授その他の研究者の**人事**に関して認められる。また、大学の**施設**と**学生の管理**についてもある程度で認められ、これらについてある程度で大学に自主的な秩序維持の権能が認められている。 3 このように、大学の学問の自由と自治は、直接には**教授その他の研究者**の研究、その結果の発表、研究結果の教授の自由とこれらを保障するための自治とを意味すると解される。大学の施設と学生は、これらの自由と自治の効果として、施設が大学当局によって自治的に管理され、学生も学問の自由と施設の利用を認められるのである。 4 大学における学生の集会も、当該範囲において自由と自治を認められるものである。学生の集会が真に学問的な研究又はその結果の発表のためのものでなく、**実社会の政治的社会的活動にあたる行為をする場合には、大学の有する特別の学問の自由と自治は享有しない**といわなければならない。

基礎 **旭川学力テスト事件**（最大判昭51.5.21）

事案	被告人4名は、全国中学校一斉学力調査に対し、実力阻止行為に赴き、建造物侵入罪、共同暴行罪及び公務執行妨害罪で起訴された。
判旨概要	1 憲法の保障する学問の自由は、単に学問研究の自由ばかりでなく、その結果を教授する自由も含むと解される。**普通教育の場においても、一定の範囲における教授の自由が保障される**べきことを肯定できないではない。 2 しかし、児童生徒に教授内容を批判する能力がなく、教師が児童生徒に対して強い影響力、支配力を有することを考え、また、子どもの側に学校や教師を選択する余地が乏しく、教育の機会均等を図る上からも全国的に一定の水準を確保すべき強い要請があること等に思いをいたすときは、**普通教育における教師に完全な教授の自由を認めることは、到底許されない**。

13 表現の自由（21条）の内容

📖 Chapter 5 ②

重要度 **A**

基礎 博多駅テレビフィルム提出命令事件（最大決昭44.11.26）

事案	米原子力空母寄港反対闘争に参加した学生と機動隊員とが博多駅付近で衝突し、機動隊側に過剰警備があったとして付審判請求がなされた。福岡地裁は、テレビ放送会社に、衝突の模様を撮影したテレビフィルムを証拠として提出することを命じたが、放送会社はその命令が報道の自由を侵害するとして争った。
判旨概要	1　報道機関の**報道は、国民の「知る権利」に奉仕**するものであり、思想の表明の自由と並んで**事実の報道の自由**は表現の自由を規定した**憲法21条**の保障の下にあることはいうまでもない。 2　また、報道機関の報道が正しい内容を持つためには、報道のための**取材の自由も憲法21条**の精神に照らし十分尊重に値するものといわなければならない。 3　しかし、取材の自由といってももとより何らの制約を受けないものではなく、ある程度の制約を受けることのあることも否定することができない。 4　報道機関の取材活動によって得られたものが、**証拠として必要**と認められるような場合には、**取材の自由がある程度の制約を被ることとなってもやむを得ない。** 5　しかしながら、このような場合においても、①審判の対象とされている犯罪の性質、態様、軽重及び②取材したものの証拠としての価値、ひいては、公正な刑事裁判を実現するにあたっての必要性の有無を考慮するとともに、③取材したものを証拠として提出させられることによって報道機関の取材の自由が妨げられる程度及び④これが報道の自由に及ぼす影響の度合その他諸般の事情を**比較衡量**して決せられるべきであり、これを刑事裁判の証拠として使用することがやむを得ないと認められる場合においても、それによって受ける**報道機関の不利益が必要な限度を超えない**ように配慮されなければならない。 6　本件の場合、報道機関が被る不利益は、報道機関の立場を十分尊重すべきものとの見地に立っても、**なお忍受されなければならない程度のもの**というべきである。

基礎 日本テレビ・ビデオテープ押収事件（最決平元.1.30）

事案	R社の社長室長が、衆議院議員に贈賄の供与を申し込み、その模様を日本テレビが撮影した。そのビデオテープを検察事務官が贈賄事件の捜査の一環として押収した。

判旨 概要	1　報道機関の報道は、表現の自由を保障した憲法21条の保障の下にあり、したがって報道のための取材の自由もまた憲法21条の趣旨に照らし、十分尊重されるべきものであること、しかし他方、ある程度の制約を受けることのあることも否定できないことは、いずれも博多駅事件決定が判示するとおりである。 2　もっとも同決定は、裁判所の提出命令に関する事案であるのに対し、本件は、検察事務官が行った差押処分に関する事案であるが、国家の基本的要請である**公正な刑事裁判を実現**するためには、**適正迅速な捜査が不可欠の前提**であり、報道の自由ないし取材の自由に対する制約の許否に関しては**両者の間に本質的な差異がない**ことは多言を要しないところである。 3　同決定の趣旨に徴し、取材の自由が適正迅速な捜査のためにある程度の制約を受けることのあることも、またやむを得ないものというべきである。 4　当該見地から本件を検討すると、諸般の事情を総合して考えれば、報道機関の報道の自由、取材の自由が十分に尊重すべきものであるとしても、**申立人の受ける不利益は、適正迅速な捜査を遂げるためになお忍受されなければならないものというべきであり、本件差押処分は、やむを得ないものと認められる。**

基礎 TBSビデオテープ差押事件 (最決平2.7.9)

事案	TBSが暴力団の債権取立ての模様を放送したことが発端となって、当該取立てを行った組員が逮捕された。それに関して、警視庁が、取立て場面を取材した未編集テープを押収した。
判旨 概要	博多駅事件決定の趣旨から、公正な刑事裁判を実現するために不可欠である適正迅速な捜査の遂行という要請がある場合にも、取材の自由がある程度の制約を受ける場合があること、また、このような要請から報道機関の取材結果に対して差押えをする場合において、差押えの可否を決するにあたっては諸般の事情を比較衡量すべきであることは明らかであるとした上で、**報道機関の取材ビデオテープに対する捜査機関の差押処分は、憲法21条に違反しない**とした。

応用 その他取材の自由と公正な裁判実現の要請との調整

北海タイムス事件 (最大決昭33.2.17)	1　たとえ公判廷の状況を一般に報道するための取材活動であっても、その活動が公判廷における審判の秩序を乱し、被告人その他訴訟関係人の正当な利益を不当に害するが如きものは、許されない。 2　刑事訴訟規則215条(**公判廷の写真撮影等の制限**)は憲法21条に**違反しない。**
石井記者事件 (最大判昭27.8.6)	1　新聞記者は、記事の取材源に関するという理由によっては、**刑事訴訟法上証言拒絶権を有しない。** 2　憲法21条は、新聞記者に対し、その取材源に関する証言を拒絶し得る特別の権利までも保障したものではない。
	1　取材源の秘密は、取材の自由を確保するために必要なものとして、重要な社会的価値を有するというべきである。

民事事件における取材源に係る証言拒絶 (最決平18.10.3)	2 **民事事件において**、取材源の秘密は保護に値すると解すべきであり、証人は、原則として当該取材源に係る**証言を拒絶することができる**と解するのが相当である。

基礎 知る権利・アクセス権

知る権利 (21条1項)	
定　義	情報を保持する主体に対して、情報の公開を求める権利をいう。
背　景	①　マス・メディアの集中化・独占化（情報の送り手と受け手の分離） ②　国家機能の増大・行政国家現象による情報の集中管理
法的性格	1　自由権的性格 　→　国民が情報を収集することを国家により妨げられない権利 2　請求権的性格 　→　国家に対して積極的に情報の公開を要求する権利 　　cf. 情報公開法
アクセス権（反論権）	
定　義	情報の受け手である一般国民が情報の送り手であるマス・メディアに対して自己の意見の発表の場を提供することを要求する権利をいう。
憲法上の保障	マス・メディアに対する具体的なアクセス権（反論権）を**憲法21条1項から直接導くことはできない**。 　→　**不法行為**が成立する場合は別論として、**具体的権利となるためには、特別の法律の制定が必要**（サンケイ新聞事件（最判昭62.4.24）参照）

基礎 レペタ事件 (最大判平元.3.8)

事案	アメリカ人弁護士レペタ氏が裁判を傍聴した際にメモ採取の許可を求めたが、許可されなかったので、国家賠償請求訴訟を提起し、憲法21条、82条等違反を争った。
判旨概要	1　裁判の公開が制度として保障されていることに伴い、各人は、裁判を傍聴することができるが、それは各人が裁判所に対して傍聴することを権利として要求できることまでを認めたものではないし、傍聴人に対して法廷においてメモを取ることを権利として保障しているものでもない。 2　しかし、**メモを取る自由は憲法21条の精神に照らして尊重される**べきであり、公正かつ円滑な訴訟の運営を妨げるという特段の事情のない限り、妨げられてはならない。 3　もっとも、筆記行為の自由といえども、一定の合理的制限を受けることがあることはやむを得ない。しかも、当該筆記行為の自由は、憲法21条1項の規定によって直接保障されている表現の自由そのものとは異なるものであるから、その制限又は禁止には、表現の自由に制約を加える場合に一般に必要とされる厳格な基準が要求されるものではない。

外務省秘密漏洩事件 （最決昭53.5.31）

事案	昭和46年6月調印された沖縄返還協定に関する外務省の極秘電文を毎日新聞の記者が外務省女性事務官から入手し、社会党議員に流したため、事務官は国家公務員法100条1項違反、記者は同111条（秘密漏示そそのかし罪）違反に問われた。
判旨概要	1　取材が国家公務員法の禁ずる秘密漏示のそそのかしにあたるとしても、**真に報道の目的であり、手段・方法が法秩序全体の精神に照らし相当なものとして社会観念上是認されるものであれば**、正当な業務行為といえる。 2　しかし、本件はこれにあたらず、違法である。

チャタレイ事件 （最大判昭32.3.13）

事案	「チャタレイ夫人の恋人」の翻訳者と出版社社長が、刑法175条違反で起訴された。
判旨概要	1　わいせつ文書とは、①徒らに性欲を興奮又は刺激せしめ、②普通人の正常な性的羞恥心を害し、③善良な性的道義観念に反するものをいう。 2　出版その他表現の自由は極めて重要なものではあるが、しかしやはり公共の福祉によって制限されるものと認めなければならない。そして性的秩序を守り、最少限度の性道徳を維持することが公共の福祉の内容をなすことについて疑問の余地がないのであるから、**本件訳書をわいせつ文書と認めその出版を公共の福祉に違反するものとなした原判決は正当**である。

岐阜県青少年保護育成条例違反 （最判平元.9.19）

事案	自動販売機により雑誌等を販売しているところ、岐阜県青少年保護育成条例に違反して、知事指定の有害図書に該当する雑誌等を収納したとして起訴された。
判旨概要	1　本条例の定めるような有害図書が一般に思慮分別の未熟な青少年の性に関する価値観に悪い影響を及ぼし、性的な逸脱行為や残虐な行為を容認する風潮の助長につながるものであって、青少年の健全な育成に有害であることは、既に社会共通の認識になっているといってよい。さらに、自動販売機による有害図書の販売は、売手と対面しないため心理的に購入が容易であること、昼夜を問わず購入ができること、収納された有害図書が街頭にさらされているため購入意欲を刺激しやすいことなどの点において、書店等における販売よりもその弊害が一段と大きいといわざるを得ない。 2　本条例による指定方式は必要性があり、かつ、合理的であるというべきである。 3　そうすると、**有害図書の自動販売機への収納の禁止は、青少年に対する関係において、憲法21条1項に違反しない**ことはもとより、**成人に対する関係においても**、有害図書の流通を幾分制約することにはなるものの、青少年の健全な育成を阻害する有害環境を浄化するための規制に伴う必要やむを得ない制約であるから、**憲法21条1項に違反するものではない**。

刑法の条文知識	第230条（名誉毀損） 1項　公然と事実を摘示し、人の名誉を毀損した者は、その事実の有無にかかわらず、3年以下の拘禁刑又は50万円以下の罰金に処する。 第230条の2（公共の利害に関する場合の特例） 1項　前条第1項の行為が**公共**の**利害**に関する事実に係り、かつ、その目的が専ら**公益**を図ることにあったと認める場合には、事実の真否を判断し、**真実であることの証明**があったときは、これを罰しない。

判　例	判旨概要
「月刊ペン」事件 （最判昭56.4.16）	**私人の私生活上の行状**であっても、その携わる社会的活動の性質及びこれを通じて社会に及ぼす影響力の程度いかんによっては、その社会的活動に対する批判ないし評価の一資料として、刑法230条の2第1項にいう**「公共の利害に関する事実」にあたる場合がある**と解すべきである。
「夕刊和歌山時事」事件 （最大判昭44.6.25）	刑法230条の2の規定は、人格権としての個人の名誉の保護と、憲法21条による正当な言論の保障との調和を図ったものというべきであり、これら両者間の調和と均衡を考慮するならば、たとえ刑法230条の2第1項にいう事実が真実であることの証明がない場合でも、行為者がその**事実を真実であると誤信し、その誤信したことについて、確実な資料、根拠に照らし相当の理由があるときは、犯罪の故意がなく、名誉毀損の罪は成立しない**ものと解するのが相当である。
長崎教師批判ビラ事件 （最判平元.12.21）	1　公共の利害に関する事項について自由に批判、論評を行うことは、もとより表現の自由の行使として尊重されるべきものであり、その対象が公務員の地位における行動である場合には、先の批判等により当該公務員の社会的評価が低下することがあっても、その目的が専ら公益を図るものであり、かつ、その前提としている事実が主要な点において真実であることの証明があったときは、人身攻撃に及ぶなど論評としての域を逸脱したものでない限り、**名誉侵害の不法行為の違法性を欠く**ものというべきである。 2　そして、本件ビラの性格及び内容に照らすと、直ちに本件配布行為が専ら公益を図る目的に出たものにあたらないということはできず、さらに、本件ビラの主題が前提としている客観的事実については、その主要な点において真実であることの証明があったものとみて差し支えないから、**本件配布行為は、名誉侵害の不法行為の違法性を欠く**ものというべきである。

憲法

ノンフィクション「逆転」事件 (最判平6.2.8)

事案	ある刑事裁判の陪審員であった者が、その体験に基づき執筆した作品の中で、有罪判決を受け服役した者の実名を使用したため、その者の前科にかかわる事実が公表され、プライバシーの権利を侵害されたとして、慰謝料の支払を請求する訴訟が提起された。
判旨概要	1　ある者が刑事事件につき被疑者とされ、更には被告人として公訴を提起されて判決を受け、とりわけ有罪判決を受け、服役したという事実は、その者の名誉あるいは信用に直接にかかわる事項であるから、その者は、**みだりに当該前科等にかかわる事実を公表されないことにつき、法的保護に値する利益を有する**。 2　そして、その者が有罪判決を受けた後あるいは服役を終えた後においては、その者は、前科等にかかわる事実の公表によって、**新しく形成している社会生活の平穏を害されその更生を妨げられない利益を有する**というべきである。 3　もっとも、ある者の前科等にかかわる事実は、他面、それが刑事事件ないし刑事裁判という社会一般の関心あるいは批判の対象となるべき事項にかかわるものである。 4　ある者の前科等にかかわる事実を実名を使用して著作物で公表したことが不法行為を構成するか否かは、①その者のその後の生活状況、②事件それ自体の歴史的又は社会的な意義、③その当事者の公職性、④その者の社会的活動及びその影響力、⑤その著作物の目的、性格等に照らした実名使用の意義及び必要性をも併せて判断すべきもので、その結果、**前科等にかかわる事実を公表されない法的利益が優越するとされる場合には、その公表によって被った精神的苦痛の賠償を求めることができる**。

忘れられる権利 (最決平29.1.31)

事案	Xは、児童買春、児童ポルノに係る行為等の処罰及び児童の保護等に関する法律違反の罪により罰金刑に処せられた。Xが逮捕された事実（以下「本件事実」という）は逮捕当日に報道され、その内容の全部又は一部がインターネット上のウェブサイトの電子掲示板に多数回書き込まれた。 Gは、インターネットの検索事業者である。利用者が、Xの居住する県の名称及びXの氏名を条件として検索すると、当該利用者に対し、検索結果一覧記載のウェブサイトにつき、URL並びに当該ウェブサイトの表題及び抜粋（以下「URL等情報」という）が提供されるが、この中には、本件事実等が書き込まれたウェブサイトのURL等情報（以下「本件検索結果」という）が含まれる。 そこで、Xは、Gに対し、人格権ないし人格的利益に基づき、本件検索結果の削除を求める仮処分命令の申立てをした。
判旨概要	1　**個人のプライバシーに属する事実をみだりに公表されない利益は、法的保護の対象となる**というべきである。 2　他方、**検索結果の提供は検索事業者自身による表現行為という側面を有する**。 また、検索事業者による検索結果の提供は、現代社会においてインターネット上の情報流通の基盤として大きな役割を果たしている。そして、検索事業者に

よる特定の検索結果の提供行為が違法とされ、その削除を余儀なくされるということは、上記表現行為の制約であることはもとより、検索結果の提供を通じて果たされている上記役割に対する制約でもあるといえる。

3　以上のような検索事業者による検索結果の提供行為の性質等を踏まえると、検索事業者が、ある者に関する条件による検索の求めに応じ、その者のプライバシーに属する事実を含む記事等が掲載されたウェブサイトのURL等情報を検索結果の一部として提供する行為が違法となるか否かは、当該事実の性質及び内容、当該URL等情報が提供されることによってその者のプライバシーに属する事実が伝達される範囲とその者が被る具体的被害の程度、その者の社会的地位や影響力、上記記事等の目的や意義、上記記事等が掲載されたときの社会的状況とその後の変化、上記記事等において当該事実を記載する必要性など、当該事実を公表されない法的利益と当該URL等情報を検索結果として提供する理由に関する諸事情を比較衡量して判断すべきもので、その結果、**当該事実を公表されない法的利益が優越することが明らかな場合**には、検索事業者に対し、当該URL等情報を検索結果から削除することを求めることができるものと解するのが相当である。

4　これを本件についてみると、Xが妻子と共に生活し、罰金刑に処せられた後は一定期間犯罪を犯すことなく民間企業で稼働していることがうかがわれることなどの事情を考慮しても、本件事実を公表されない法的利益が優越することが明らかであるとはいえない。

応用 長良川事件推知報道 （最判平15.3.14）

事案	殺人・強盗殺人・死体遺棄等により起訴された少年について、出版社が週刊誌に記事を掲載したところ、その少年が、本件記事を少年法61条で禁止される推知報道とし、名誉毀損・プライバシー侵害を理由に出版社に損害賠償を求めた。
判旨 概要	1　本件記事に記載された犯人情報及び履歴情報は、いずれも被上告人（少年）の名誉を毀損する情報であり、また、他人にみだりに知られたくない被上告人のプライバシーに属する情報であるというべきである。そして、被上告人と面識があり、又は犯人情報あるいは被上告人の履歴情報を知る者は、その知識を手がかりに本件記事が被上告人に関する記事であると推知することが可能であり、本件記事の読者の中にこれらの者が存在した可能性を否定することはできない。そして、これらの読者の中に、本件記事を読んで初めて、被上告人についてのそれまで知っていた以上の犯人情報や履歴情報を知った者がいた可能性も否定することはできない。したがって、上告人（出版社）の本件記事の**掲載行為は、被上告人の名誉を毀損し、プライバシーを侵害する**ものである。 2　少年法61条に違反する**推知報道**かどうかは、その記事等により、**不特定多数の一般人**がその者を当該事件の本人であると推知することができるかどうかを**基準**にして判断すべきところ、被上告人と面識等のない不特定多数の一般人が、本件記事により、被上告人が当該事件の本人であることを推知することができるとはいえない。したがって、**本件記事は、少年法61条の規定に違反するものではない**。

3 記事が被上告人の名誉を毀損し、プライバシーを侵害する内容を含むものとしても、本件記事の掲載によって上告人に不法行為が成立するか否かは、被侵害利益ごとに違法性阻却事由の有無等を審理し、個別具体的に判断すべきものである。すなわち、**名誉毀損**については、その行為が**公共の利害に関する事実**に係り、その**目的が専ら公益を図る**ものである場合において、摘示された事実がその重要な部分において**真実であることの証明**があるとき、又は真実であることの証明がなくても、行為者がそれを**真実と信ずるについて相当の理由**があるときは、不法行為は成立しないのであるから、本件においても、これらの点を個別具体的に検討することが必要である。また、**プライバシーの侵害**については、その事実を**公表されない法的利益とこれを公表する理由とを比較衡量**し、**前者が後者に優越**する場合に不法行為が成立するのであるから、本件記事が週刊誌に掲載された当時の被上告人の年齢や社会的地位、当該犯罪行為の内容、これらが公表されることによって被上告人のプライバシーに属する情報が伝達される範囲と被上告人が被る具体的被害の程度、本件記事の目的や意義、公表時の社会的状況、本件記事において当該情報を公表する必要性など、その事実を公表されない法的利益とこれを公表する理由に関する諸事情を個別具体的に審理し、これらを比較衡量して判断することが必要である。

基礎 戸別訪問禁止規定違反事件 （最判昭56.6.15）

事案	衆議院議員に立候補予定の被告人が選挙人宅を個々に訪問し投票を依頼した行為が、公職選挙法違反にあたるとして起訴された。
判旨概要	1 戸別訪問の禁止は、**意見表明そのものの制約を目的とするものではなく**、意見表明の手段方法のもたらす弊害を防止し、もって選挙の自由と公正を確保することを目的としているところ、当該目的は正当であり、それらの弊害を総体としてみるときには、戸別訪問を一律に禁止することと禁止目的との間に合理的な関連性があるということができる。 2 そして、戸別訪問の禁止によって失われる利益は、それにより戸別訪問という手段方法による意見表明の自由が制約されることではあるが、それは、もとより戸別訪問以外の手段方法による意見表明の自由を制約するものではなく、単に手段方法の禁止に伴う限度での**間接的、付随的な制約にすぎない**反面、禁止により得られる利益は、戸別訪問という手段方法のもたらす弊害を防止することによる選挙の自由と公正の確保であるから、**得られる利益は失われる利益に比してはるかに大きい**ということができる。 3 以上によれば、**戸別訪問を一律に禁止している公職選挙法138条1項の規定は、合理的で必要やむを得ない限度を超えるものとは認められず、憲法21条に違反するものではない。**

基礎　吉祥寺駅構内ビラ配布事件（最判昭59.12.18）

事案	被告人らは、吉祥寺駅において、同駅員の許諾を得ないで、乗降客らに対しビラ多数を配布し携帯用拡声器を用いて集会への参加を呼びかける演説を繰り返した。その上、同駅管理者からの退去要求を無視して滞留したため、鉄道営業法35条及び刑法130条後段（不退去罪）の規定により起訴された。
判旨概要	1　憲法21条1項は、表現の自由を絶対無制約に保障したものではなく、公共の福祉のため必要かつ合理的な制限を是認するものであって、たとえ思想を外部に発表するための手段であっても、その**手段が他人の財産権、管理権を不当に害するごときものは許されない**といわなければならない。 2　本件各行為につき、鉄道営業法35条及び刑法130条後段の各規定を適用してこれを処罰しても**憲法21条1項に違反するものではない**。
伊藤正己裁判官補足意見	一般公衆が自由に出入りできる場所は、表現のための場として役立つことが少なくない。道路、公園、広場などがその例で、これを**パブリック・フォーラム**と呼ぶことができよう。このパブリック・フォーラムが表現の場所として用いられるときには、所有権や、本来の利用目的のための管理権に基づく制約を受けざるを得ないとしても、その機能に鑑み、表現の自由の保障を可能な限り配慮する必要がある。

応用　立川反戦ビラ配布事件（最判平20.4.11）

事案	被告人3名は、共謀の上、東京都立川市所在の防衛庁立川宿舎の各号棟の各室玄関ドアの新聞受けに投かんする目的で、立川宿舎の敷地内に立ち入った上、分担して、各室玄関ドアの新聞受けに上記ビラを投かんするなどして、当該立入りについて刑法130条前段（邸宅侵入罪）の罪に問われた。
判旨概要	1　憲法21条1項も、表現の自由を絶対無制限に保障したものではなく、公共の福祉のため必要かつ合理的な制限を是認するものであって、たとえ思想を外部に発表するための手段であっても、その**手段が他人の権利を不当に害するようなものは許されない**というべきである。 2　本件では、表現の手段すなわちビラの配布のために「人の看守する邸宅」に管理権者の承諾なく立ち入ったことを処罰することの憲法適合性が問われているところ、本件で被告人らが立ち入った場所は、一般に人が自由に出入りすることのできる場所ではない。たとえ表現の自由の行使のためとはいっても、このような場所に**管理権者の意思に反して立ち入ることは、管理権者の管理権を侵害するのみならず、そこで私的生活を営む者の私生活の平穏を侵害するもの**といわざるを得ない。 3　したがって、本件被告人らの行為をもって刑法130条前段の罪に問うことは、**憲法21条1項に違反するものではない**。

事案	北海道警の警察官が検証許可状（刑事訴訟法222条の2の追加前）に基づき、電話傍受を行い、これによって3名が逮捕・起訴された。
判旨概要	1　電話傍受は、通信の秘密を侵害し、ひいては、個人のプライバシーを侵害する強制処分であるが、一定の要件の下では、捜査の手段として**憲法上全く許されないものではない**と解すべきである。そして、重大な犯罪に係る被疑事件について、被疑者が罪を犯したと疑うに足りる十分な理由があり、かつ、当該電話により被疑事実に関連する通話の行われる蓋然性があるとともに、電話傍受以外の方法によってはその罪に関する重要かつ必要な証拠を得ることが著しく困難であるなどの事情が存する場合において、電話傍受により侵害される利益の内容、程度を慎重に考慮した上で、なお**電話傍受を行うことが犯罪の捜査上真にやむを得ないと認められるときには、法律の定める手続に従ってこれを行うことも憲法上許される**と解する。 2　電話傍受は本件当時捜査の手段として法律上認められていなかったということはできず、また、本件検証許可状による電話傍受は法律の定める手続に従って行われたものと認められる。

事案	「関西新空港反対集会」開催のための市民会館の利用申請を不許可とした処分を受けて、不許可処分を受けた者が、国家賠償法による損害賠償を請求した。
判旨概要	1　集会の用に供される公共施設の管理者が、利用を不相当とする事由が認められないにもかかわらずその利用を拒否し得るのは、利用の希望が競合する場合のほかは、**他の基本的人権が侵害され、公共の福祉が損なわれる危険がある場合に限られる**ものというべきである。 2　このような場合には、その危険を回避し、防止するために、その施設における集会の開催が必要かつ合理的な範囲で制限を受けることがあるといわなければならない。 3　本件条例は、「公の秩序をみだすおそれがある場合」を本件会館の使用を許可してはならない事由として規定しているが、**本件会館における集会の自由を保障することの重要性よりも、本件会館で集会が開かれることによって、人の生命、身体又は財産が侵害され、公共の安全が損なわれる危険を回避し、防止することの必要性が優越する場合**をいうものと限定して解すべきである。 4　その危険性の程度としては、**単に危険な事態を生ずる蓋然性があるというだけでは足りず、明らかな差し迫った危険の発生が具体的に予見されることが必要**であると解するのが相当である。 5　そう解する限り、このような規制は、他の基本的人権に対する侵害を回避し、防止するために必要かつ合理的なものとして、憲法21条及び地方自治法244条に違反するものではないというべきである。 6　そして、当該事由の存在を肯認することができるのは、そのような事態の発生が許可権者の主観により予測されるだけではなく、**客観的な事実に照らして具体的に明らかに予測される場合**でなければならない。

応用 上尾市福祉会館使用不許可処分事件 (最判平8.3.15)

事案	Xが市の福祉会館の使用許可を申請したところ、①Xに反対する者が合同葬儀を妨害して混乱が生じるおそれがあり、②同会館内の結婚式場その他の施設の利用にも支障が生じるという理由から、これを不許可処分とされたため、市に対して国家賠償を求めた。
判旨概要	1　上尾市福祉会館設置及び管理条例は「会館の管理上支障があると認められるとき」を本件会館の使用を許可しない事由として規定しているが、この規定は、会館の管理上支障が生ずるとの事態が、許可権者の主観により予測されるだけでなく、**客観的な事実に照らして具体的に明らかに予想される場合に初めて**、本件会館の使用を許可しないことができることを定めたものと解するべきである。 2　主催者が集会を平穏に行おうとしているのに、その集会の目的や主催者の思想、信条等に反対する者らが、これを実力で阻止し、妨害しようとして紛争を起こすおそれがあることを理由に公の施設の利用を拒むことができるのは、**警察の警備等によってもなお混乱を防止することができないなど特別な事情がある場合に限られる。** 3　しかし、本件ではこのような特別な事情があるということはできないから、**本件不許可処分は、本件条例の解釈適用を誤った違法なもの**というべきである。

応用 渋谷暴動事件 (最判平2.9.28)

事案	昭和44年の沖縄デー事件と昭和46年の渋谷暴動事件で事前の集会で行ったせん動演説について、破壊活動防止法39条、40条のせん動罪に問われた。
判旨概要	1　表現活動といえども、絶対無制限に許容されるものではなく、公共の福祉に反し、表現の自由の限界を逸脱するときには、制限を受けるのはやむを得ない。 2　せん動は、公共の安全を脅かす現住建造物等放火罪、騒乱罪等の重大犯罪をひき起こす可能性のある社会的に危険な行為であるから、公共の福祉に反し、表現の自由の保護を受けるに値しないものとして、**制限を受けるのはやむを得ないもの**というべきである。 3　また、その犯罪構成要件が曖昧であり、漠然としているものとはいい難い。

新潟県公安条例事件（最大判昭29.11.24）

事案	被告人らは、酒の密造容疑者30数名の一斉検挙に抗議し、釈放要求を掲げて、無許可で警察署前に集まった200～300名の集団示威運動を指導し、拘禁刑に処された。被告人らは、憲法21条の保障する表現の自由は絶対的であり、憲法上保障された「行列行進又は集団示威運動」を公安委員会の許可がなければ行えないというのは矛盾であると主張して上告した。
判旨概要	1　集団行進又は公衆の集団示威運動は、本来国民の自由とするところであるから、**集団行動を一般的な許可制を定めて事前に抑制することは許されない**。 2　本件条例は許可の語を用いてはいるが、これらの行動そのものを一般的に許可制によって抑制する趣旨ではなく、特定の場所又は方法についてのみ制限する場合があることを定めたものにすぎない。

東京都公安条例事件（最大判昭35.7.20）

事案	東京都公安委員会の許可を受けていないにもかかわらず、警職法改正反対等のための集会及び集団行動を指導し、また公安委員会が提示した許可条件に反する集団行動を指導した者が東京都公安条例に違反するとして起訴された。
判旨概要	1　集団行動には、表現の自由として憲法によって保障さるべき要素が存在することはもちろんである。 2　集団行動による思想等の表現は、現在する多数人の集合体自体の力、つまり潜在する一種の物理的力によって支持されていることを特徴とする。このような潜在的な力は、あるいは予定された計画に従い、あるいは突発的に内外からの刺激、せん動等によって極めて容易に動員され得る性質のものである。この場合に平穏静粛な集団であっても、時に昂奮、激昂の渦中に巻き込まれ、甚だしい場合には一瞬にして暴徒と化し、勢いの赴くところ実力によって法と秩序をじゅうりんし、集団行動の指揮者はもちろん警察力をもってしても如何ともし得ないような事態に発展する危険が存在すること、群集心理の法則と現実の経験に徴して明らかである。 3　したがって、地方公共団体が、公安条例をもって、地方的情況その他諸般の事情を十分考慮に入れ、不測の事態に備え、法と秩序を維持するに必要かつ最小限度の措置を事前に講ずることは、やむを得ない。 4　本条例は規定の文面上では許可制を採用しているが、**この許可制はその実質において届出制と異なるところがない**。

14 表現の自由（21条）の限界

📖Chapter 5 ③

重要度 **A**

基礎 二重の基準の法理

定義	二重の基準の法理とは、精神的自由規制立法の合憲性は、厳格な基準によって判断されなければならず、他方、経済的自由の規制立法の合憲性については、**緩やかな基準**（合理性の基準）によって判断してよいという考え方をいう。
根拠	① 民主政の過程論 ② 裁判所の審査能力
審査基準	1 精神的自由の規制 　① 検閲・事前抑制 → 事前抑制禁止の理論 　② 漠然不明確又は過度に広汎な規制 → 明確性の理論 　③ 表現内容規制 → 明白かつ現在の危険の基準 　④ 表現内容中立規制 → LRA（「より制限的でない他の選び得る手段」）の基準 2 経済的自由の規制 　① 消極目的による規制 → 厳格な合理性の基準 　② 積極目的による規制 → 明白性の原則

基礎 税関検査合憲判決 （最大判昭59.12.12）

事案	欧米の商社に注文した映画フィルムや雑誌・書籍が、税関検査の結果、輸入禁制品にあたるとされた処分について、税関検査が検閲にあたり、違憲であるとして争った。
判旨概要	1 **検閲とは、行政権が主体となって、思想内容等の表現物を対象とし、その全部又は一部の発表の禁止を目的として、対象とされる一定の表現物につき網羅的一般的に、発表前にその内容を審査した上、不適当と認めるものの発表を禁止すること**と定義する。 2 税関検査の場合は、①表現物は**国外で発表済み**であり、輸入を禁止されても発表の機会が全面的に奪われるわけではない、②関税徴収手続の一環として付随的に、容易に判定し得る限りで行われるもので、**思想内容等の網羅的審査・規制を目的とせず**、③輸入禁止処分には**司法審査の機会**が与えられている。したがって、**税関検査は検閲にあたらない。**

事案	元東京教育大学の家永三郎教授が、教科書「新日本史」の検定不合格処分に対して損害賠償を求め、訴訟を提起した。
判旨概要	（検閲の定義を述べた後で）本件検定は、**一般図書としての発行を何ら妨げるものではなく**、発表禁止目的や発表前の審査などの特質がないから、**検閲にあたらず、憲法21条2項前段の規定に違反するものではない。**

基礎 **「北方ジャーナル」事件** （最大判昭61.6.11）

事案	北海道知事選の立候補予定者Yが、かねて原告Xの発行する「北方ジャーナル」がYを誹謗する名誉毀損の記事を掲載するたびに雑誌の販売禁止の仮処分を申請し、認められてきたが、札幌地方裁判所は、昭和54年4月号に関する仮処分申請について、無審尋で認めたため、Xが損害賠償請求を提訴した。
判旨概要	1　本件事前差止めは、表現物の内容の網羅的一般的な審査に基づく事前規制が**行政機関によりそれ自体を目的として行われる場合とは異なるから「検閲」に**はあたらない。 2　**本件事前差止めは事前抑制にあたる**が、（一般論として）表現行為に対する事前抑制は、表現の自由を保障し検閲を禁止する憲法21条の趣旨に照らし、**厳格かつ明確な要件の下においてのみ許容され得る。** 3　さらに、一般にそれが**公共の利害に関する事項**であるということができ、その表現が私人の名誉権に優先する社会的価値を含み憲法上特に保護されるべきである場合には、当該表現行為に対する**事前差止めは原則として許されない**ものといわなければならない。 4　上記3のような場合においても、①**その表現内容が真実でなく、又はそれが専ら公益を図る目的のものでないことが明白**であって、かつ、②**被害者が重大にして著しく回復困難な損害を被るおそれがあるとき**は、例外的に事前差止めが許される（実体的要件）。 5　また、**原則として、口頭弁論又は出版社の尋問を行い、表現内容の真実性等の主張立証の機会を与えるべきである**（形式的要件）。

表現の自由は学習範囲も広く、毎年のように出題される非常に重要なテーマです。また、出題形式も多肢選択式で扱われることも多いです。準備の仕方としては、ヤマを張って絞り込みをするような勉強ではなく、穴を作らないような勉強をしておくことをお勧めします。

基礎 徳島市公安条例事件 （最大判昭50.9.10）

事案	反戦青年委員会主催のデモ行進において、蛇行進を煽動した者が、徳島市公安条例の定める「交通秩序を維持すること」という許可条件などに違反するとして、起訴された。
判旨概要	1　ある刑罰法規が曖昧不明確のゆえに憲法31条に違反するものと認めるべきかどうかは、**通常の判断能力を有する一般人の理解において**、具体的場合に当該行為がその適用を受けるものかどうかの判断を可能ならしめるような基準が読みとれるかどうかによってこれを決定すべきである。 2　本条例は、確かにその文言が抽象的であるとのそしりを免れないとはいえ、集団行進等における道路交通の秩序遵守についての基準を読みとることが可能であり、犯罪構成要件の内容をなすものとして**明確性を欠き憲法31条に違反するものとはいえない**。

基礎 広島市暴走族追放条例違反事件 （最判平19.9.18）

事案	広島市暴走族追放条例に基づく中止・退去命令を受けた者がこれに従わなかったために、命令違反で逮捕・起訴された。
判旨概要	1　本条例の全体から読み取ることができる趣旨、更には本条例施行規則の規定等を総合すれば、本条例が規制の対象としている「暴走族」は、本条例の定義にもかかわらず、暴走行為を目的として結成された集団である本来的な意味における暴走族の外には、服装、旗、言動などにおいてこのような暴走族に類似し社会通念上これと同視することができる集団に限られるものと解され、したがって、市長において本条例による中止・退去命令を発し得る対象も、被告人に適用されている「集会」との関係では、本来的な意味における暴走族及び上記のようなその類似集団による集会が、本条例所定の場所及び態様で行われている場合に限定されると解される。 2　そして、このように**限定的に解釈すれば**、本条例の規定による規制は、広島市内の公共の場所における暴走族による集会等が公衆の平穏を害してきたこと、規制に係る集会であっても、これを行うことを直ちに犯罪として処罰するのではなく、市長による中止命令等の対象とするにとどめ、この命令に違反した場合に初めて処罰すべきものとするという事後的かつ段階的規制によっていること等に鑑みると、その弊害を防止しようとする規制目的の正当性、弊害防止手段としての合理性、この規制により得られる利益と失われる利益との均衡の観点に照らし、いまだ**憲法21条1項、31条に違反するとまではいえない**。

公立図書館による図書廃棄と表現の自由 （最判平17.7.14）

事案	B市西図書館のある職員は、新しい歴史・公民教科書を児童・生徒の手に渡すことを目的とする団体であるA会等に対する否定的評価と反感から、その独断で、同図書館の蔵書のうちA会等の執筆又は編集に係る書籍を、B市図書館資料除籍基準に定められた「除籍対象資料」に該当しないにもかかわらず、廃棄した。
判旨概要	1　公立図書館が、住民に図書館資料を提供するための公的な場であるということは、そこで閲覧に供された図書の**著作者にとって、その思想、意見等を公衆に伝達する公的な場**でもあるということができる。したがって、公立図書館の職員が閲覧に供されている図書を著作者の思想や信条を理由とするなど不公正な取扱いによって廃棄することは、当該著作者が著作物によってその思想、意見等を公衆に伝達する利益を不当に損なうものといわなければならない。 2　そして、著作者の思想の自由、表現の自由が憲法により保障された基本的人権であることにも鑑みると、公立図書館において、その著作物が閲覧に供されている著作者が有する上記利益は、**法的保護に値する人格的利益**であると解するのが相当であり、公立図書館の職員である公務員が、図書の廃棄について、基本的な職務上の義務に反し、**著作者又は著作物に対する独断的な評価や個人的な好みによって不公正な取扱いをしたときは、当該図書の著作者の上記人格的利益を侵害するものとして国家賠償法上違法となる**というべきである。

屋外広告物条例の合憲性 （最大判昭43.12.18）

事案	屋外広告物法に基づき制定された大阪市屋外広告物条例に違反したとされた者が罰金刑に処せられたため、何ら営利に関係のない純粋な思想・政治・社会運動を対象として条例を適用することは違憲であると主張した。
判旨概要	大阪市屋外広告物条例は、屋外広告物法に基づいて制定されたもので、この法律と条例の両者相まって、大阪市における美観風致を維持し、及び公衆に対する危害を防止するために、屋外広告物の表示の場所及び方法並びに屋外広告物を掲出する物件の設置及び維持について必要な規制をしているのであり、**本件印刷物の貼付が営利と関係のないものであるとしても、この法律及び条例の規制の対象とされている**ものと解すべきところ、被告人らのした橋柱、電柱、電信柱にビラを貼り付けた本件各所為のごときは、都市の美観風致を害するものとして規制の対象とされているものと認めるのを相当とする。そして、国民の文化的生活の向上を目途とする憲法の下においては、都市の美観風致を維持することは、公共の福祉を保持する所以であるから、**この程度の規制は、公共の福祉のため、表現の自由に対し許された必要かつ合理的な制限と解する**ことができる。

基礎 消極目的規制と積極目的規制

消極目的規制	厳格な合理性の基準	裁判所が、①規制目的の必要性、合理性及び②同じ目的を達成できる、より緩やかな規制手段の有無を、立法事実に基づいて審査する。 → 薬局距離制限事件（最大判昭50.4.30）
積極目的規制	明白性の原則	当該規制が著しく不合理であることの明白である場合に限って違憲とする。 → 小売市場距離制限事件（最大判昭47.11.22）

基礎 小売市場距離制限事件（最大判昭47.11.22）

事案	小売商業調整特別措置法が小売市場の開設を許可する条件として適正配置の規制を課していることの合憲性が争われた。
判旨概要	1 　職業選択の自由を保障するという中には、広く一般に、いわゆる営業の自由**を保障する趣旨を包含している**ものと解すべきである。 2 　個人の経済活動に対する法的規制は、個人の自由な経済活動からもたらされる諸々の弊害が社会公共の安全と秩序の維持の見地から看過することができないような場合に、消極的に、かような弊害を除去ないし緩和するために必要かつ合理的な規制である限りにおいて許されるべきことはいうまでもない。 3 　のみならず、国は、積極的に国民経済の健全な発達と国民生活の安定を期し、もって**社会経済全体の均衡のとれた調和的発展を図るために**、立法により、個人の経済活動に対し、一定の規制措置を講ずることも、許される。そして、このような個人の経済活動に対する法的規制措置については、立法府の政策的技術的な裁量に委ねるほかはなく、裁判所は、立法府の当該裁量的判断を尊重するのを建前とし、ただ、立法府がその裁量権を逸脱し、**当該法的規制措置が著しく不合理であることの明白である場合に限って、これを違憲として、その効力を否定することができる**ものと解する。 4 　本件についてみると、**本法所定の小売市場の許可規制は、国が社会経済の調和的発展を企図するという観点から**中小企業保護政策の一方策としてとった措置ということができ、その目的において、一応の合理性を認めることができないわけではなく、また、その規制の手段・態様においても、**それが著しく不合理であることが明白であるとは認められない**。そうすると、本法所定の小売市場の許可規制が**憲法22条1項に違反するものとすることができない**。

事案	薬局の開設に適正配置を要求する旧薬事法6条2項、4項（これらを準用する同法26条2項）及び広島県条例の規制の合憲性が争われた。
判旨 概要	1　憲法22条1項の職業選択の自由と許可制 ①　職業の許可制は、職業の自由に対する公権力による制限の一態様である。 ②　一般に**許可制は**、単なる職業活動の内容及び態様に対する規制を超えて、狭義における**職業の選択の自由そのものに制約を課するもの**で、職業の自由に対する**強力な制限**である。 ③　その合憲性を肯定し得るためには、原則として、重要な公共の利益のために必要かつ合理的な措置であることを要し、また、それが自由な職業活動が社会公共に対してもたらす弊害を防止するための**消極的、警察的措置である場合**には、**許可制に比べて職業の自由に対するよりゆるやかな制限である職業活動の内容及び態様に対する規制によっては当該目的を十分に達成することができないと認められることを要する**もの、というべきである。 2　薬事法における許可制について 　薬事法が不良医薬品の供給（不良調剤を含む。以下同じ）から国民の健康と安全とを守るために、業務の内容の規制のみならず、供給業者を一定の資格要件を具備する者に限定し、それ以外の者による開業を禁止する**許可制を採用したことは、それ自体としては公共の福祉に適合する目的のための必要かつ合理的措置として肯認することができる**。そこで、許可条件に関する基準をみる。 3　適正配置規制について ①　薬局の開設等の許可条件として地域的な配置基準を定めた**目的は**、いずれも**公共の福祉に合致**するものであり、かつ、それ自体としては重要な公共の利益ということができる。 ②　配置規制がこれらの目的のために必要かつ合理的であり、薬局等の業務執行に対する規制によるだけでは目的を達することができないとすれば、許可条件の1つとして地域的な適正配置基準を定めることは、憲法22条1項に違反するものとはいえない。問題は、はたして、このような必要性と合理性の存在を認めることができるかどうか、である。 ③　薬局等の設置場所の地域的制限の必要性と合理性を裏づける理由として、薬局等の偏在→競争激化→一部薬局等の経営の不安定→不良医薬品の供給の危険又は医薬品乱用の助長の弊害という事由は、いずれもいまだそれによって当該**必要性と合理性を肯定するに足りない**。 ④　また、無薬局地域等の解消を促進する目的のために設置場所の地域的制限のような強力な職業の自由の制限措置をとることは、目的と手段の均衡を著しく失するものであって、到底その**合理性を認めることができない**。 ⑤　薬局の開設等の許可基準の1つとして地域的制限を定めた薬事法6条2項等は、**不良医薬品の供給の防止等の目的のために必要かつ合理的な規制を定めたものということができないから、憲法22条1項に違反し、無効**である。

基礎　公衆浴場距離制限事件

事　案	公衆浴場の開設に適正配置（距離制限）を要求する公衆浴場法2条の合憲性が争われた。
最大判昭30.1.26 判旨概要	設立を業者の自由に任せると、偏在による利用不便のおそれと、濫立による過当競争、経営の不合理化、衛生設備低下のおそれがあるとし、それを国民保健及び環境衛生を保持する上から防止するための当該規定は、憲法22条1項に違反しない（**消極目的に立った上で合憲**）。
最判平元.1.20 判旨概要	公衆浴場業者が経営の困難から廃業や転業をすることを防止し、健全で安定した経営を行えるように種々の立法上の手段をとり、国民の保健福祉を維持することは、まさに公共の福祉に適合するところであり、当該適正配置規制及び距離制限も、その手段として十分の必要性と合理性を有していると認められる。もともと、このような積極的、社会経済政策的な規制目的に出た立法については、立法府のとった手段がその裁量権を逸脱し、著しく不合理であることの明白な場合に限り、これを違憲とすべきであるところ、当該適正配置規制及び距離制限がその場合にあたらないことは、多言を要しない（**積極目的に立った上で合憲**）。

基礎　酒類販売免許制事件 （最判平4.12.15）

事案	酒類販売業の免許を申請したところ、経営の基礎が薄弱であることを理由に拒否されたので（酒税法）、免許制と免許要件を定める酒税法の規定の合憲性が争われた。
判旨概要	租税の適正かつ確実な賦課徴収を図るという**国家の財政目的のための**の職業の許可制による規制については、その必要性と合理性についての立法府の判断が、当該政策的、技術的な裁量の範囲を逸脱するもので、**著しく不合理なものでない限り、これを憲法22条1項の規定に違反するものということはできない。**

基礎　司法書士法違反事件 （最判平12.2.8）

事案	行政書士が、司法書士法に違反して登記申請代理を行ったため、起訴された。
判旨概要	1　司法書士法の各規定は、登記制度が国民の権利義務等社会生活上の利益に重大な影響を及ぼすものであることなどに鑑み、法律に別段の定めがある場合を除き、司法書士及び公共嘱託登記司法書士協会以外の者が、他人の嘱託を受けて、登記に関する手続について代理する業務及び登記申請書類を作成する業務を行うことを禁止し、これに違反した者を処罰することにしたものであって、この規制が公共の福祉に合致した合理的なもので**憲法22条1項に違反するものではない。** 2　行政書士が代理人として登記申請手続をすることは、**行政書士の正当な業務に付随する行為にあたらない**から、行政書士である被告人が業として登記申請手続について代理した本件各行為が司法書士法に違反する。

| 基礎 | **森林法共有林事件**（最大判昭62.4.22） |

| 事案 | 父親から山林を2分の1ずつ生前贈与され共有になっていた兄弟のうち、弟が兄に分割請求したところ、旧森林法186条の分割制限に該当するとして、認められなかった。 |
| 判旨概要 | 1　財産権に対して加えられる規制が憲法29条2項にいう公共の福祉に適合するものとして是認されるべきものであるかどうかについて、裁判所としては、①立法目的が公共の福祉に合致しないことが明らかであるか、又は②合致するものであっても**規制手段が当該目的を達成するための手段として必要性若しくは合理性に欠けていることが明らか**であって、そのため立法府の判断が合理的裁量の範囲を超えるものとなる場合に限り、その効力を否定することができるものと解するのが相当である。
2　これを本件についてみると、**旧森林法186条の立法目的は**、森林の細分化を防止することによって森林経営の安定を図り、ひいては森林の保続培養と森林の生産力の増進を図り、もって国民経済の発展に資することにあると解すべきであるから、**公共の福祉に合致しないことが明らかであるとはいえない。**
3　しかし、①共有森林の共有者間の権利義務についての規制は、森林経営の安定を直接的目的とする旧森林法186条の**立法目的と関連性が全くないとはいえないまでも、合理的関連性があるとはいえない。**旧森林法186条が共有森林につき持分価額2分の1以下の共有者に民法の256条1項の適用を排除した結果は、森林荒廃の事態の永続化を招くだけであって、当該森林の経営の安定化に資することにはならず、旧森林法186条の立法目的と同条が共有森林につき持分価額2分の1以下の共有者に分割請求権を否定したこととの間に**合理的関連性のないことが明らか**である。②当該共有森林を分割した場合に、分割後の各森林面積が必要最小限度の面積を下回るか否かを問うことなく、一律に現物分割を認めないとすることは、同条の**立法目的を達成する規制手段として合理性に欠け、必要な限度を超える**ものというべきである。また、当該森林の伐採期あるいは計画植林の完了時期等を何ら考慮することなく無期限に分割請求を禁止することも、同条の**立法目的の点からは必要な限度を超えた不必要な規制というべき**である。さらに、旧森林法186条が共有森林につき持分価額2分の1以下の共有者に一律に分割請求権を否定しているのは、同条の**立法目的を達成するについて必要な限度を超えた不必要な規制というべき**である。
4　以上のとおり、**旧森林法186条が共有森林につき持分価額2分の1以下の共有者に民法256条1項所定の分割請求権を否定しているのは、旧森林法186条の立法目的との関係において、合理性と必要性のいずれをも肯定することのできないことが明らか**であって、この点に関する立法府の判断は、その合理的裁量の範囲を超えるものであるといわなければならない。したがって、**同条は、憲法29条2項に違反し、無効**というべきであるから、共有森林につき持分価額2分の1以下の共有者についても民法256条1項本文の適用があるものというべきである。 |

16 生存権（25条）

📖Chapter 7 2 ②

重要度 **A**

基礎 朝日訴訟（最大判昭42.5.24）

事案	昭和31年当時の生活扶助費月額600円が、健康で文化的な最低限度の生活水準を維持するに足りるかどうかが争われた。
判旨概要	1　憲法25条1項は、すべての国民が健康で文化的な最低限度の生活を営み得るように国政を運営すべきことを国の責務として宣言したにとどまり、**直接個々の国民に具体的権利を賦与したものではない。** 2　**具体的権利としては、**憲法の規定の趣旨を実現するために制定された生活保護法によって、**初めて与えられている**というべきである。 3　何が健康で文化的な最低限度の生活であるかの認定判断は、**厚生大臣（当時）の合目的的な裁量**に委ねられており、その判断は、当不当の問題として政府の政治責任が問われることはあっても、**直ちに違法の問題を生ずることはない。** 4　ただ、現実の生活条件を無視して著しく低い基準を設定する等憲法及び生活保護法の趣旨・目的に反し、法律によって与えられた**裁量権の限界を超えた場合、又は裁量権を濫用した場合は、違法な行為として司法審査の対象となる。**

基礎 堀木訴訟（最大判昭57.7.7）

事案	全盲で障害福祉年金を受給していた女性が、離婚し母子家庭となったため、児童扶養手当の支給を請求したところ、併給禁止規定にあたるとして拒否された。
判旨概要	1　本件併給調整条項が憲法25条に違反するものであるかどうかについて検討する。 　①　**憲法25条1項の規定が、**いわゆる福祉国家の理念に基づき、すべての国民が健康で文化的な最低限度の生活を営み得るよう国政を運営すべきことを**国の責務として宣言**したものであること、また、**同条2項の規定が、同じく**福祉国家の理念に基づき、社会的立法及び社会的施設の創造拡充に努力すべきことを**国の責務として宣言**したものであること、そして、同条1項は、国が個々の国民に対して具体的・現実的に義務を有することを規定したものではなく、同条2項によって国の責務であるとされている社会的立法及び社会的施設の創造拡充により個々の国民の具体的・現実的な生活権が設定充実されてゆくものであると解すべきである。 　②　憲法25条の規定の趣旨にこたえて具体的にどのような立法措置を講ずるかの選択決定は、立法府の**広い裁量**に委ねられており、それが著しく合理性を欠き明らかに**裁量の逸脱・濫用とみざるを得ないような場合を除き、裁判所が審査判断するのに適しない事柄であるといわなければならない。**

③ 社会保障給付の全般的公平を図るため公的年金相互間における併給調整を行うかどうかは、立法府の裁量の範囲に属する事柄とみるべきである。また、この種の立法における給付額の決定も、立法政策上の裁量事項であり、それが低額であるからといって当然に憲法25条違反に結びつくものということはできない。

2 次に、本件併給調整条項が上告人のような地位にある者に対してその受給する障害福祉年金と児童扶養手当との併給を禁じたことが憲法14条及び13条に違反するかどうかについてみるのに、本件併給調整条項の適用により、障害福祉年金を受けることができる地位にある者とそのような地位にない者との間に児童扶養手当の受給に関して差別を生ずることになるとしても、総合的に判断すると、この**差別が何ら合理的理由のない不当なものであるとはいえない**。また、本件併給調整条項が児童の個人としての尊厳を害し、**憲法13条に違反する恣意的かつ不合理な立法であるといえない**。

応用 学生無年金障害者訴訟 (最判平19.9.28)

事案	原告Xらは、大学在学中に障害を負ったため、障害基礎年金の支給を求めたが、Xらが国民年金に任意加入しておらず、被保険者資格がないとして不支給処分を受けたため、不支給処分の取消しと国家賠償を求めて訴訟を提起した。
判旨概要	国民年金制度は、憲法25条の趣旨を実現するために設けられた社会保障上の制度であり、同条の趣旨にこたえて具体的にどのような立法措置を講じるかの選択決定は、**立法府の広い裁量**に委ねられており、**それが著しく合理性を欠き明らかに裁量の逸脱、濫用とみざるを得ないような場合を除き、裁判所が審査判断するのに適しない**事柄であるといわなければならない。

17 教育の自由（26条）

📖Chapter 7 ②③

重要度 **B**

基礎 旭川学力テスト事件 （最大判昭51.5.21）

事案	本件は、昭和31年度から10年間、文部省（当時）の指示に基づいて行われた全国学力テストに対する反対運動の一環をなすものである。被告人4名は、全国中学校一斉学力調査に対し、実力阻止行為に赴き、建造物侵入罪、共同暴行罪及び公務執行妨害罪で起訴された。
判旨概要	学テの実施は適法であると判示するとともに、26条について、以下のように述べている。 1　この規定の背後には、国民各自が、一個の人間として、また、一市民として、成長、発達し、自己の人格を完成、実現するために必要な**学習をする固有の権利**を有すること、特に、自ら学習することのできない**子どもは、その学習要求を充足するための教育を自己に施すことを大人一般に対して要求する権利を有する**との観念が存在していると考えられる。 2　**親の教育の自由**は、主として家庭教育等学校外における教育や学校選択の自由にあらわれるものと考えられるし、また、**私学教育における自由や教師の教授の自由**も、それぞれ限られた一定の範囲においてこれを肯定するのが相当であるが、それ以外の領域においては、**国は、国政の一部として広く適切な教育政策を樹立、実施すべく、また、し得る者として、必要かつ相当と認められる範囲において、教育内容についてもこれを決定する権能を有する**。

基礎 教科書費国庫負担請求事件 （最大判昭39.2.26）

事案	公立小学校の2年に在学する児童の保護者は、憲法26条2項が「義務教育は、これを無償とする。」と規定していることを根拠に、教科書代金の徴収行為の取消しと当該金額の返還を請求する訴えを提起した。
判旨概要	憲法26条2項後段の「義務教育は、これを無償とする。」という意義は、国が義務教育を提供するにつき有償としないことを定めたものであり、教育提供に対する対価とは授業料を意味するものと認められるから、同条項の**無償とは授業料不徴収の意味**と解する。

> **旭川学力テスト事件**は、学問の自由（p.30）でも取り扱っています。
> そちらでは、それまで大学の教授を対象に認めてきた「教授の自由」を
> （一定の範囲で）初等中等教育機関の教師にも認めるという内容です。
> 26条と分けて覚えましょう。

基礎 三井美唄炭鉱労組事件 （最大判昭43.12.4）

事案	北海道三井美唄炭鉱労働組合の役員である被告人らは、美唄市議会議員選挙に際し、従来の方策に従い、組合として統一候補者を選出してこれを支持することを決定した。ところが、組合員の１人が独自の立場で立候補しようとしたので、立候補を取りやめさせようと威迫した。
判旨概要	1 憲法上、団結権を保障されている労働組合においては、その**組合員に対する組合の統制権は、一般の組織的団体のそれと異なり、**労働組合の団結権を確保するために必要であり、かつ、合理的な範囲内においては、労働者の団結権保障の一環として、**憲法28条の精神に由来する**ものということができる。 2 統一候補以外の組合員で立候補しようとする者に対し、組合が立候補を思いとどまるよう、**勧告又は説得をすることは、組合としても、当然なし得る**ところである。しかし、当該組合員に対し、**勧告又は説得の域を超え**、立候補を取りやめることを要求し、これに従わないことを理由に当該組合員を統制違反者として処分するがごときは、組合の統制権の限界を超えるものとして、**違法**といわなければならない。

基礎 生産管理・山田鋼業事件 （最大判昭25.11.15）

事案	労働協約交渉が決裂し、生産管理に入った状況の中で、被告人等は、設備復旧、賃金等の一切の企業経費を得るため、会社所有の鉄板を売却した。この鉄板売却の事実が業務上横領だとして訴追された。
判旨概要	同盟罷業も財産権の侵害を生ずるけれども、**それは労働力の給付が債務不履行となるにすぎない。**しかるに本件のようないわゆる生産管理においては、**企業経営の権能を権利者の意思を排除して非権利者が行う**のである。それゆえに同盟罷業も生産管理も財産権の侵害である点においては同様であるからとて、その相違点を無視するわけにはいかない。**前者において違法性が阻却されるからとて、後者においてもそうだという理由はない。**

応用 三井倉庫港運事件（最判平元.12.14）

事案	Ａ社は、Ｂ労働組合との間に「Ａ社に所属する海上コンテナトレーラー運転手は、双方が協議して認めた者を除き、すべてＢ組合の組合員でなければならない。Ａ社は、Ａ社に所属する海上コンテナトレーラー運転手で、Ｂ組合に加入しない者及びＢ組合を除名された者を解雇する。」とのユニオン・ショップ協定を締結していた。ＣらはＡ社に勤務する海上コンテナトレーラー運転手であったが、Ｂ組合に対して脱退届を提出して同組合を脱退し、即刻Ｄ労働組合に加入した。Ｂ組合は、Ａ社に対し本件ユニオン・ショップ協定に基づく解雇を要求し、Ａ社は、Ｃらを解雇した。
判旨概要	1　**ユニオン・ショップ協定**によって、労働者に対し、解雇の威嚇の下に特定の労働組合への加入を強制することは、それが**労働者の組合選択の自由及び他の労働組合の団結権を侵害する場合には許されない**ものというべきである。 2　したがって、ユニオン・ショップ協定のうち、**締結組合以外の他の労働組合に加入している者及び締結組合から脱退し又は除名されたが、他の労働組合に加入し又は新たな労働組合を結成した者について使用者の解雇義務を定める部分**は、当該観点からして、**民法90条の規定により、これを無効**と解すべきである（憲法28条参照）。

憲法28条の労働基本権を受けて、「労働組合法」が定められています。労働組合法2条柱書では、「労働組合」とは、労働者が主体となって自主的に労働条件の維持改善その他経済的地位の向上を図ることを主たる目的として組織する団体又はその連合団体をいうとされています。また、労働組合の団体交渉その他の行為に対する刑事免責（1条2項）や、同盟罷業その他の争議行為に対する民事免責（8条）なども規定されています。

国労広島地本事件（最判昭50.11.28）

事案	国鉄労働組合が同労組広島地方本部から脱退した組合員に対して、未払いの組合費及び臨時組合費の支払を求めた。
判旨概要	1　労働組合の活動の範囲が広く、かつ弾力的であるとしても、そのことから、労働組合がその目的の範囲内においてするすべての活動につき当然かつ一様に組合員に対して統制力を及ぼし、組合員の協力を強制することができるものと速断することはできない。**労働組合の活動として許されたものであるというだけで、そのことから直ちにこれに対する組合員の協力義務を無条件で肯定することは、相当でない**というべきである。 　それゆえ、この点に関して格別の立法上の規制が加えられていない場合でも、問題とされている具体的な組合活動の内容・性質、これについて組合員に求められる協力の内容・程度・態様等を比較考量し、多数決原理に基づく組合活動の実効性と組合員個人の基本的利益の調和という観点から、組合の統制力とその反面としての組合員の協力義務の範囲に合理的な限定を加えることが必要である。 2　そこで、以上のような見地から本件の各臨時組合費の納付義務の有無について判断する。 ①　労働組合が他の労働組合の闘争支援資金として徴収する臨時組合費と組合員の納付義務　→　あり ②　労働組合がいわゆる安保反対闘争の実施費用（安保資金Ⅰ）として徴収する臨時組合費と組合員の納付義務　→　なし ③　労働組合がいわゆる安保反対闘争により不利益処分を受けた組合員の救援費用（安保資金Ⅱ）として徴収する臨時組合費と組合員の納付義務　→　あり ④　労働組合が特定の公職選挙立候補者の選挙運動の支援資金（政治意識昂揚資金）として徴収する臨時組合費と組合員の納付義務　→　なし

19 参政権（15条）

📖Chapter 7 ③

重要度 **B**

基礎 連座制訴訟 （最判平9.3.13）

事案	代表取締役Aは、Yを県議会議員に当選させる目的で、本件選挙に際し、会社を挙げて選挙運動を行うことを企て、また、同選挙区の選挙人に対し選挙運動を依頼し、報酬として約5,705円相当の供応接待をした罪により禁錮以上の刑に処せられた。そこで検察官Xは本件選挙におけるYの当選無効及び立候補禁止を請求した。
判旨概要	1　（連座制を定める）公職選挙法251条の3第1項の規定は、民主主義の根幹をなす公職選挙の公明、適正を厳粛に保持するという極めて重要な法益を実現するために定められたものであって、その**立法目的は合理的**である。 2　また、その規制は、これを全体としてみれば、**前記立法目的を達成するための手段として必要かつ合理的なもの**というべきである。したがって、公職選挙法251条の3の規定は、憲法前文、1条、15条、21条及び31条に違反するものではない。

基礎 参議院議員選挙無効請求事件 （最大判平16.1.14）

事案	平成12年の公職選挙法改正によって導入された非拘束名簿式比例代表制が違憲であるとして、上記選挙における比例代表選挙の無効が主張された。
判旨概要	1　**憲法は、政党について規定するところがないが、政党の存在を当然に予定している**ものであり、**政党は、議会制民主主義を支える不可欠の要素**であって、国会が、参議院議員の選挙制度の仕組みを決定するにあたり、政党の上記のような国政上の重要な役割に鑑みて、政党を媒体として国民の政治意思を国政に反映させる**名簿式比例代表制を採用することは、その裁量の範囲に属すること**が明らかであるといわなければならない。 2　本件非拘束名簿式比例代表制の下において、参議院名簿登載者個人には投票したいが、その者の所属する参議院名簿届出政党等には投票したくないという投票意思が認められないことをもって、**国民の選挙権を侵害し、憲法15条に違反するものとまでいうことはできない。** 3　本制度における当選人決定の方式は、当選人の決定に選挙人以外の者の意思が介在するものではないから、**比例代表選挙が直接選挙にあたらないということはできず、憲法43条1項に違反するとはいえない。**

事案	公職選挙法（平成10年法律第47号による改正前のもの）は、在外国民の国政選挙における投票を平成8年10月20日に施行された衆議院議員の総選挙当時全く認めていなかった。その後、平成10年法律第47号によって公職選挙法が改正され、在外国民に国政選挙における選挙権の行使を認められたものの、改正後の公職選挙法附則8項の規定は、在外国民に国政選挙における選挙権の行使を認める制度の対象となる選挙を当分の間両議院の比例代表選出議員の選挙に限定することとしていた。
判旨 概要	1　平成10年改正前の公職選挙法が、本件選挙当時、**在外国民であった上告人らの投票を全く認めていなかったことは、憲法15条1項及び3項、43条1項並びに44条但書に違反**する。 2　遅くとも、本判決言渡し後に初めて行われる衆議院議員の総選挙又は参議院議員の通常選挙の時点においては、衆議院小選挙区選出議員の選挙及び参議院選挙区選出議員の選挙について在外国民に投票をすることを認めないことについて、やむを得ない事由があるということはできず、公職選挙法附則8項の規定のうち、国外に居住していて国内の市町村の区域内に住所を有していない日本国民に国政選挙における選挙権の行使を認める制度の対象となる選挙を**当分の間両議院の比例代表選出議員の選挙に限定する部分は、憲法15条1項、3項、43条1項、44条但書に違反**する。

20 統治総論

📖 Chapter 8 ～ 10

重要度 **B**

基礎 各国家機関の指名・任命・認証

	指　名	任　命	任命の条件	認　証
内閣総理大臣	国　会	天　皇	国会議員であること	
国務大臣		内閣総理大臣	過半数が国会議員であること	天　皇
最高裁判所長官	内　閣	天　皇		
最高裁判所裁判官		内　閣		天　皇
下級裁判所裁判官	最高裁判所	内　閣	最高裁判所の**指名**した者の名簿	高等裁判所長官**のみ**天皇が**認証**

憲法の勉強は、「人権判例、統治条文」といわれることがあります。行政書士試験対策についてもこの言葉は当てはまります。統治についての条文知識は正確なものにしていくようにしましょう。条文知識を正確にしていくための方法として、「素読」があります。素読の際のポイントは、①声に出して読む、②（深く考えながらゆっくりではなく、むしろ）リズム感をもってテンポよく読む、③1日（何条読むという「量」ではなく）10～15分間と時間を決めて読む、です。素読は、憲法以外にも行政手続法、行政不服審査法、行政事件訴訟法でも取り入れていくとよいでしょう。なお、「人権判例、統治条文」という言葉は、決して「人権は条文をおろそかにしてもよい」という意味ではありません。

基礎 **重要条文**

41条		国会は、国権の最高機関であつて、国の唯一の立法機関である。
43条	1項	両議院は、全国民を代表する選挙された議員でこれを組織する。
44条		両議院の議員及びその選挙人の資格は、法律でこれを定める。但し、**人種**、**信条**、**性別**、**社会的身分**、**門地**、**教育**、**財産**又は**収入**によつて差別してはならない。
48条		何人も、**同時に**両議院の議員たることはできない。
49条		両議院の議員は、法律の定めるところにより、国庫から**相当額の歳費**を受ける。
50条		両議院の議員は、**法律**の定める場合を除いては、国会の会期中**逮捕されず**、会期前に逮捕された議員は、その議院の**要求**があれば、会期中これを釈放しなければならない。
51条		両議院の議員は、議院で行つた演説、討論又は表決について、**院外で責任を問はれない**。
54条	1項	衆議院が解散されたときは、**解散の日から40日以内**に、衆議院議員の総選挙を行ひ、その**選挙の日から30日以内**に、国会を召集しなければならない。
	2項	衆議院が解散されたときは、参議院は、**同時に閉会**となる。但し、**内閣**は、国に**緊急の必要**があるときは、参議院の緊急集会を求めることができる。
	3項	前項但書の緊急集会において採られた措置は、**臨時のものであつて、次の国会開会の後10日以内**に、**衆議院の同意**がない場合には、その効力を失ふ。
55条		**両議院**は、各々その議員の**資格に関する争訟**を裁判する。但し、議員の議席を失はせるには、出席議員の3分の2以上の多数による議決を必要とする。
58条	2項	**両議院**は、各々その会議その他の手続及び内部の規律に関する**規則**を定め、又、院内の秩序をみだした議員を**懲罰**することができる。但し、**議員を除名するには**、出席議員の**3分の2以上**の多数による議決を必要とする。
59条	1項	法律案は、この憲法に特別の定のある場合を除いては、**両議院で可決**したとき法律となる。
	2項	衆議院で可決し、参議院でこれと**異なつた議決**をした法律案は、衆議院で出席議員の**3分の2以上の多数で再び可決**したときは、法律となる。
	3項	前項の規定は、法律の定めるところにより、衆議院が、**両議院の協議会**を開くことを求めることを妨げない。
	4項	参議院が、衆議院の可決した法律案を受け取つた後、国会休会中の期間を除いて**60日以内**に、**議決しないとき**は、衆議院は、**参議院がその法律案を否決したものとみなす**ことができる。

60条	1項	予算は、さきに衆議院に提出しなければならない。
	2項	予算について、参議院で衆議院と異なった議決をした場合に、法律の定めるところにより、両院の協議会を開いても意見が一致しないとき、又は参議院が、衆議院の可決した予算を受け取った後、国会休会中の期間を除いて30日以内に、議決しないときは、衆議院の議決を国会の議決とする。
61条		条約の締結に必要な国会の承認については、前条第2項の規定を準用する。
62条		両議院は、各々国政に関する調査を行ひ、これに関して、証人の出頭及び証言並びに記録の提出を要求することができる。
63条		内閣総理大臣その他の国務大臣は、両議院の一に議席を有すると有しないとにかかはらず、何時でも議案について発言するため議院に出席することができる。又、答弁又は説明のため出席を求められたときは、出席しなければならない。
64条	1項	国会は、罷免の訴追を受けた裁判官を裁判するため、両議院の議員で組織する弾劾裁判所を設ける。

憲

法

基礎 唯一の立法機関 (41条)

国会中心立法の原則	国の行う立法は、憲法に特別の定めがある場合を除いて、常に、**国会を通して**なされなくてはならないことをいう。 → 例 外 ① 議院規則制定権に基づく議院規則 (58条2項) ② 裁判所の規則制定権に基づく裁判所規則 (77条1項)
国会単独立法の原則	国会による立法は、国会以外の機関の関与なしに、**国会の議決のみで**成立することをいう。 → 例 外 一の地方公共団体にのみ適用される地方自治特別法 (95条)

基礎 国会の権能と議院の権能

国会の権能	議院の権能
① 憲法改正の発議 (96条1項)	① 会期前に逮捕された議員の釈放要求 (50条)
② 法律の議決 (59条)	② **議員の資格争訟の裁判** (55条)
③ 条約の承認 (73条3号、61条)	③ 役員選任 (58条1項)
④ 内閣総理大臣の指名 (6条1項、67条1項前段)	④ 議院規則制定・議員懲罰 (58条2項)
⑤ 内閣の報告を受ける権能 (72条、91条)	⑤ **国政調査権** (62条)
⑥ **弾劾裁判所**の設置 (64条1項)	⑥ 請願の受理・議決 (国会法79条等)
⑦ 財政の統制 (第7章等)	⑦ 秘密会の開催 (57条1項但書)
⑧ 皇室財産の授受の決議 (8条)	⑧ 国務大臣の出席要求 (63条)
⑨ 予算の議決 (86条、60条)	

	法律案	予算案	条 約	内閣総理大臣の指名
衆議院の先議権	な し	あ り	な し	な し
参議院が議決しない日数の要件	60日	30日	30日	10日
議決しない場合の効果	否決とみなすことができる	衆議院の議決を優先	衆議院の議決を優先	衆議院の議決を優先
再議決	出席議員の3分の2以上の多数決	不 要	不 要	不 要
両院協議会	任意的	必要的	必要的	必要的

基礎 国会の種類等

種類	性 質	召集の要件等	召集権者等	備 考
常会	**毎年1回定期的**に召集される。	会期制	天 皇	会期とは、国会が活動能力を有する一定の限られた期間をいう。
臨時会	① 臨時の必要に応じて召集される。 ② 衆議院の任期満了による総選挙後・参議院の通常選挙後に召集される。	召集の決定権は内閣にあり、いずれかの議院の総議員の4分の1以上の要求があれば、必ず召集の決定をしなければならない。	天 皇	
特別会	衆議院が解散され総選挙が行われた後に、召集される。	選挙の日から30日以内に召集される。	天 皇	
緊急集会	衆議院が解散されて総選挙が施行され、特別会が召集されるまでの間に、国会の開会を要する緊急の事態が生じたとき、それにこたえて参議院が国会を代行する制度	①衆議院の解散中で、②国に緊急の必要がある場合、③内閣の求めによって行われる。	内 閣 （緊急集会は、国会ではないので、天皇による召集によらない）	緊急集会でとられた措置は、**臨時**のもので、次の国会開会の後10日以内に、衆議院の同意がない場合には、将来に向かってその効力を失う。

基礎 会議の原則

定足数	定足数とは、会議体において、議事を開き、審議を行い、議決をなすために必要とされる最小限度の出席者数をいう。 → 議事及び議決の定足数は、総議員の3分の1（56条1項）
表決数	表決数とは、会議体において意思決定を行うに必要な賛成表決の数をいう。 → 両議院の議事は、憲法に特別の定めのある場合を除いては、出席議員の過半数で決する（56条2項前段）。 　※ 可否同数のときは、議長が決する（56条2項後段）。 → 憲法に特別の定めのある場合 〈出席議員の3分の2以上〉 ① 資格争訟裁判で議員の議席を失わせる場合（55条但書） ② 秘密会を開く場合（57条1項但書） ③ 懲罰により議員を除名する場合（58条2項但書） ④ 衆議院で法律案を再議決する場合（59条2項） 〈総議員の3分の2以上〉 ⑤ 憲法改正の発議（96条1項）
公　開	原　則 → 両議院の会議は、**公開**とする（57条1項本文）。 → 両議院は、各々その会議の記録を**保存**し、**秘密会の記録の中で特に秘密を要すると認められるもの**以外は、これを**公表**し、かつ一般に**頒布**しなければならない（同条2項）。なお、出席議員の5分の1以上の要求があれば、各議員の**表決**は、これを会議録に記載しなければならない（同条3項）。 例　外 → 出席議員の3分の2以上の多数で議決したときは、秘密会を開くことができる（57条1項但書）。

基礎 議員の特権

不逮捕 特権 (50条)	原則	両議院の議員には**会期中**の不逮捕特権が認められており、これは、行政権による逮捕権の濫用を防ぎ、①議員の職務遂行、②議院の審議権を確保する趣旨である。
	例外	逮捕権の濫用を防ぐというのが目的だから、院外での現行犯や、議院の許諾がある場合には、逮捕権の濫用は考え難いので、例外として国会法33条で会期中でも逮捕が許容されている。 → 会期前に逮捕された議員については、**議院は釈放を要求する**ことができる。
免責特権 (51条)		両議院の議員は、議院で行った演説、討論又は表決について、**院外で責任を問われない**。
参　考		地方議会の議員には、不逮捕特権・免責特権が認められない（最大判昭42.5.24）。

基礎 **重要条文**

65条		行政権は、内閣に属する。
66条	1項	内閣は、法律の定めるところにより、その**首長たる内閣総理大臣**及びその他の**国務大臣**でこれを組織する。
	2項	内閣総理大臣その他の国務大臣は、文民でなければならない。
	3項	内閣は、行政権の行使について、国会に対し連帯して責任を負ふ。
67条	1項	内閣総理大臣は、国会議員の中から国会の議決で、これを指名する。この指名は、他のすべての案件に先だつて、これを行ふ。
	2項	衆議院と参議院とが異なつた指名の議決をした場合に、法律の定めるところにより、**両議院の協議会**を開いても意見が一致しないとき、又は衆議院が指名の議決をした後、国会休会中の期間を除いて**10日以内**に、**参議院が、指名の議決をしないときは、衆議院の議決を国会の議決とする。**
68条	1項	**内閣総理大臣は、国務大臣を任命する。**但し、その過半数は、国会議員の中から選ばれなければならない。
	2項	**内閣総理大臣は、任意に国務大臣を罷免することができる。**
69条		内閣は、衆議院で**不信任の決議案を可決**し、又は**信任の決議案を否決**したときは、10日以内に衆議院が解散されない限り、総辞職をしなければならない。
70条		**内閣総理大臣が欠けたとき、**又は衆議院議員総選挙の後に初めて国会の召集があつたときは、内閣は、総辞職をしなければならない。
71条		前2条の場合には、内閣は、**あらたに内閣総理大臣が任命されるまで引き続き**その職務を行ふ。
74条		法律及び政令には、すべて**主任の国務大臣が署名**し、**内閣総理大臣が連署**することを必要とする。
75条		国務大臣は、その**在任中、内閣総理大臣の同意**がなければ、**訴追されない。**但し、これがため、**訴追の権利は、害されない。**
86条		**内閣**は、毎会計年度の予算を作成し、**国会に提出**して、その審議を受け議決を経なければならない。
87条	1項	予見し難い予算の不足に充てるため、**国会の議決**に基いて予備費を設け、**内閣の責任でこれを支出**することができる。
	2項	すべて予備費の支出については、**内閣**は、**事後に国会の承諾**を得なければならない。

| 90条 | 1項 | 国の収入支出の決算は、すべて毎年会計検査院が**これを検査**し、**内閣は、**次の年度に、その検査報告とともに、これを**国会に提出**しなければならない。 |
| 91条 | | **内閣**は、国会及び国民に対し、**定期**に、少くとも毎年1回、国の**財政状況について報告**しなければならない。 |

基礎 内閣の職権と内閣総理大臣の権限

内閣の職権	内閣総理大臣の権限
① 法律の誠実な執行と国務の総理 ② 外交関係の処理 ③ 条約の締結 ④ 官吏に関する事務の掌理 ⑤ 予算の作成と国会への提出 ⑥ **政令の制定** ⑦ 恩赦の決定 ⑧ 他の一般行政事務 （以上、73条） ⑨ 天皇の国事行為に対する助言と承認（3条、7条） ⑩ 最高裁判所長官の指名（6条2項） ⑪ 最高裁判所長官以外の裁判官の任命（79条1項、80条1項） ⑫ 緊急集会の請求（54条2項但書） ⑬ 臨時会の召集決定（53条） ⑭ 予備費の支出（87条） ⑮ 決算の提出及び財政状況の報告（90条1項、91条）	① 国務大臣の任免権（68条） ② 内閣を代表して議案を国会に提出し、一般国務及び外交関係について国会に報告し、行政各部を指揮監督（※）する権限（72条） ③ 法令への連署（74条） ④ 国務大臣の訴追に対する同意（75条）

※ **内閣総理大臣**は、指揮監督権につき閣議にかけて決定した方針が存在しなくても、**内閣の明示の意思に反しない限り**、行政各部に対し、随時、その所掌事務について一定の方向で処理するよう**指導、助言を与える権限を有する**（最大判平7.2.22）。

基礎 重要条文

76条	1項	**すべて司法権**は、**最高裁判所**及び法律の定めるところにより設置する**下級裁判所**に属する。
	2項	特別裁判所は、これを設置することができない。**行政機関**は、**終審**として裁判を行ふことができない。
	3項	すべて裁判官は、その**良心に従ひ独立して**その職権を行ひ、**この憲法及び法律にのみ拘束される。**
77条	1項	**最高裁判所**は、訴訟に関する手続、弁護士、裁判所の内部規律及び司法事務処理に関する事項について、**規則を定める**権限を有する。
	2項	**検察官**は、最高裁判所の定める規則に従はなければならない。
	3項	最高裁判所は、下級裁判所に関する規則を定める権限を、**下級裁判所に委任する**ことができる。
79条	2項	**最高裁判所の裁判官**の任命は、**その任命後初めて行はれる**衆議院議員総選挙の際国民の審査に付し、**その後10年を経過した後初めて行はれる**衆議院議員総選挙の際更に審査に付し、その後も同様とする。
	3項	前項の場合において、投票者の多数が裁判官の罷免を可とするときは、その裁判官は、罷免される。
	5項	最高裁判所の裁判官は、**法律の定める年齢に達した時**に退官する。
80条	1項	下級裁判所の裁判官は、最高裁判所の**指名した者の名簿**によつて、内閣でこれを任命する。その裁判官は、**任期を10年とし、再任されること**ができる。但し、**法律の定める年齢に達した時には**退官する。
81条		**最高裁判所**は、一切の法律、命令、規則又は処分が**憲法に適合するかしないかを決定する**権限を有する**終審裁判所**である。
82条	1項	裁判の対審及び判決は、公開**法廷**でこれを行ふ。
	2項	裁判所が、裁判官の全員一致で、**公の秩序又は善良の風俗を害する虞**があると決した場合には、対審は、公開しないでこれを行ふことができる。但し、**政治犯罪、出版**に関する犯罪又はこの憲法第3章で保障する**国民の権利**が問題となつてゐる事件の対審は、**常にこれを公開**しなければならない。

基礎 司法権の範囲 (76条1項)

定　義	司法権とは、具体的な争訟（裁判所法3条にいう「法律上の争訟」）について、法を適用し、宣言することによって、これを裁定する国家の作用をいう。
要　件	①　当事者間の具体的な権利義務ないし法律関係の存否に関する紛争 かつ ②　法律を適用することにより終局的に解決することができるもの
内　容	1　要件①を満たさないもの 　①　抽象的な法令の解釈又は効力を争うこと（例外：客観訴訟） 　②　単なる事実の存否、個人の主観的意見の当否、学問上・技術上の論争、国家試験における合格・不合格の判定 2　要件②を満たさないもの 　→　宗教問題が前提問題として争われる場合のうち、宗教上の争いが紛争の実体ないし核心であって、紛争全体が裁判所による解決に適しない場合

基礎 警察予備隊違憲訴訟 (最大判昭27.10.8)

事案	日本社会党（当時）の代表者が、自衛隊の前身である警察予備隊が違憲無効であることの確認を求めて出訴した。
判旨概要	1　我が裁判所が現行の制度上与えられているのは司法権を行う権限であり、そして司法権が発動するためには具体的な争訟事件が提起されることを必要とする。 2　我が裁判所は具体的な争訟事件が提起されないのに将来を予想して憲法及びその他の法律命令等の解釈に対し存在する疑義論争に関し抽象的な判断を下すごとき権限を行い得るものではない。要するに現行の制度の下においては、特定の者の具体的な法律関係につき紛争の存する場合においてのみ裁判所にその判断を求めることができるのであり、裁判所がかような具体的な事件を離れて抽象的に法律命令等の合憲性を判断する権限を有するとの見解には、憲法上及び法令上何等の根拠も存しない。

基礎 「板まんだら」事件 (最判昭56.4.7)

事案	元創価学会の会員である原告が、正本堂を建立する資金として寄附を行った。しかし、正本堂に安置する本尊たる「板まんだら」が偽物であり、寄附行為に錯誤があったとして寄附金の返還を求めた。
判旨概要	1　本件訴訟は、具体的な権利義務ないし法律関係に関する紛争の形式をとっており、その結果、信仰の対象の価値又は宗教上の教義に関する判断は、請求の当否を決するについての前提問題であるにとどまるものとされてはいる。 2　しかし、信仰の対象の価値又は宗教上の教義に関する判断が、本件訴訟の帰すうを左右する必要不可欠のものと認められ、また、本件訴訟の争点及び当事者の主張立証も当該判断に関するものがその核心となっていると認められる。

3　結局、本件訴訟は、その実質において**法令の適用による終局的な解決の不可能なものであって、裁判所法3条にいう法律上の争訟にあたらない。**

基礎　日蓮正宗管長事件 （最判平5.9.7）

事案	宗教法人Y1に包括される各末寺の住職、主管等であるXが、Y1及びその管長・代表役員Y2を相手取り、Y2がY1の管長・代表役員の地位を有しないことの確認を求めた。
判旨概要	1　特定の者が宗教団体の宗教活動上の地位にあることに基づいて宗教法人である当該宗教団体の代表役員の地位にあることが争われている場合には、裁判所は、原則として、当該者が宗教活動上の地位にあるか否かを審理、判断すべきものである。 2　他方、宗教上の教義ないし信仰の内容にかかわる事項についてまで裁判所の審判権が及ぶものではない。 3　したがって、特定の者の宗教活動上の地位の存否を審理、判断するにつき、**当該宗教団体の教義ないし信仰の内容に立ち入って審理、判断することが必要不可欠である場合**には、裁判所は、その者が宗教活動上の地位にあるか否かを審理、判断することができず、その結果、**宗教法人の代表役員の地位の存否についても審理、判断することができない**ことになる。

基礎　司法権の限界

定義	司法権の限界とは、形式的には「法律上の争訟」として司法権の範囲に含まれたとしても、裁判所が司法審査をしない、又はできない場合があるという問題である。 一般的に、①憲法の明文上の限界（議員の資格争訟裁判、裁判官の弾劾裁判）、②国際法上の限界（条約による裁判権の制限等）、③憲法の解釈上の限界が考えられているが、このうち最も重要なものが③憲法の解釈上の限界である。
解釈上の限界	①　自律権に属する行為 　→　警察法改正無効事件（最大判昭37.3.7） ②　自由裁量に属する行為 ③　統治行為論 　→　砂川事件（最大判昭34.12.16　ただし、純粋な統治行為論を採用しているのではないという評価がある） 　→　苫米地事件（最大判昭35.6.8） ④　部分社会の法理 　→　地方議会議員懲罰の司法審査（最大判昭35.10.19） 　→　富山大学事件（最判昭52.3.15） 　→　共産党袴田事件（最判昭63.12.20） 　→　日本新党繰上補充事件（最判平7.5.25）

基礎 警察法改正無効事件 (最大判昭37.3.7)

事案	昭和29年に成立した新警察法は、その審議にあたり、野党議員の強硬な反対にあって、議場混乱のまま可決されたが、その議決が無効でないかが争われた。
判旨概要	警察法が、両院において議決を経たものとされ適法な手続によって公布されている以上、**裁判所は両院の自主性を尊重すべく**同法制定の議事手続に関する所論のような事実を審理して**その有効無効を判断すべきでない。**

基礎 砂川事件 (最大判昭34.12.16)

事案	駐留米軍が使用する立川飛行場が拡張されることになった。拡張のための測量に反対するデモ隊員が基地内に立ち入ったところ、「日本国とアメリカ合衆国との間の安全保障条約第3条に基く行政協定に伴う刑事特別法」2条違反に問われ、起訴された。
判旨概要	1　**日米安全保障条約**は、主権国としての我が国の存立の基礎に極めて重大な関係を持つ高度の政治性を有するものというべきであって、その内容が違憲か否かの法的判断は、その条約を締結した**内閣及びこれを承認した国会の高度の政治的ないし自由裁量的判断と表裏をなす点が少なくない。** 2　それゆえ、違憲か否かの法的判断は、純司法的機能を使命とする司法裁判所の審査には原則としてなじまず、一見極めて明白に違憲無効であると認められ**ない限りは、裁判所の司法審査権の範囲外のものである。**

基礎 苫米地事件 (最大判昭35.6.8)

事案	衆議院議員苫米地義三氏が、昭和27年8月28日のいわゆる抜き打ち解散の効力につき、解散は憲法69条にいう内閣不信任決議を前提とすべきであるのに7条を根拠に行われたこと、この解散の決定には適法な閣議を欠いていたことが憲法違反であるとの主張の下に、国を相手として、衆議院議員の資格確認と、任期満了までの歳費請求の訴えを提訴した。
判旨概要	1　直接国家統治の基本に関する高度に政治性のある国家行為のごときはたとえそれが法律上の争訟となり、これに対する有効無効の判断が法律上可能である場合であっても、かかる国家行為は裁判所の審査権の外にあり、その判断は主権者たる国民に対して政治的責任を負うところの政府、国会等の政治部門の判断に委され、最終的には国民の政治判断に委ねられているものと解すべきである。 2　**衆議院の解散は、極めて政治性の高い国家統治の基本に関する行為**であって、かくのごとき行為について、その法律上の有効無効を審査することは**司法裁判所の権限の外にあり**と解すべきことはあきらかである。

事案	市議会の議員であったXが、市議会から科された23日間の出席停止の懲罰（以下「本件処分」という）が違憲、違法であるとして、その取消しを求めるなどした。
判旨概要	1　本件処分を科された議員がその取消しを求める訴えは、法令の適用によって終局的に解決し得るものというべきである。 2　議会の運営に関する事項については、議会の自律的な権能が尊重されるべきであるところ、**議員に対する懲罰は、自律的な権能の一内容を構成する。** 他方、議員は、憲法上の住民自治の原則を具現化するため、議会が行う各事項等について、議事に参与し、議決に加わるなどして、住民の代表としてその意思を当該普通地方公共団体の意思決定に反映させるべく活動する責務を負うものである。 本件処分は、上記の責務を負う公選の議員に対し、議会がその権能において科する処分であり、これが科されると、当該議員はその期間、会議及び委員会への出席が停止され、議事に参与して議決に加わるなどの議員としての中核的な活動をすることができず、**住民の負託を受けた議員としての責務を十分に果たすことができなくなる。**このような本件処分の性質や議員活動に対する制約の程度に照らすと、これが議員の権利行使の**一時的制限にすぎないものとして、その適否が専ら議会の自主的、自律的な解決に委ねられるべきであるということはできない。** そうすると、**本件処分は、議会の自律的な権能に基づいてされたものとして、議会に一定の裁量が認められるべきであるものの、裁判所は、常にその適否を判断することができる**というべきである。 3　したがって、**普通地方公共団体の議会の議員に対する本件処分の適否は、司法審査の対象となる**というべきである。

事案	富山大学の学生Aが、B教授の授業を受講し、試験に合格したにもかかわらず、大学がAに単位を与えなかったことに対し、Aが大学の行為の違法確認等を求めて訴えを提起した。
判旨概要	1　**大学は、国公立であると私立であるとを問わず、一般市民社会とは異なる特殊な部分社会を形成している。** 2　単位授与（認定）行為は、他にそれが**一般市民法秩序と直接の関係を有する**ものであることを肯認するに足りる特段の事情のない限り、純然たる大学内部の問題として大学の自主的、自律的な判断に委ねられるべきものであって、**裁判所の司法審査の対象にはならない。**

基礎 共産党袴田事件 （最判昭63.12.20）

事案	被告Yは、多年共産党の幹部として活動していたが、党の最高幹部等と意見を異にし、除名処分を受けた。Yは党所有の家屋に居住していたため、党がYに対し家屋所有権に基づきその明渡しを求めて訴えを提起した。
判旨概要	1　**政党は、議会制民主主義を支える上において極めて重要な存在**であるから、政党に対しては、高度の自主性と自律性を与えて自主的に組織運営をなし得る自由を保障しなければならない。 2　政党が党員に対してした**処分が一般市民法秩序と直接関係を有しない内部的な問題にとどまる限り、裁判所の審査権は及ばない。** 3　**一般市民としての権利利益を侵害する場合であっても、当該処分の当否は、**当該政党の自律的に定めた規範が公序良俗に反するなどの特段の事情のない限り当該規範に照らし、当該規範を有しないときは条理に基づき、**適正な手続に則ってされたか否かによって決すべきであり、その審理もこの点に限られる。**

基礎 日本新党繰上補充事件 （最判平7.5.25）

事案	参議院（比例代表選出）議員の選挙（以下「本件選挙」という）にあたり、日本新党は、候補者の氏名及び当選人となるべき順位を記載した名簿を選挙長に届け出た（以下、当該名簿を「本件届出名簿」という）。本件届出名簿の登載順位は、第1位がD、第2位がE、第3位がF、第4位がG、第5位がA、第6位がH、第7位がIであった。本件選挙の結果、日本新党の候補者は第4順位までが当選となり、第5順位のAは次点となった。 日本新党は、その後、選挙長に対し、文書で、Aが除名により日本新党に所属する者でなくなった旨の届出をした。この届出書には、法の規定するところに従い、当該除名の手続を記載した文書及び当該除名が適正に行われたことを日本新党の代表者Dが誓う旨の宣誓書が添えられていた。その後、D及びEが衆議院議員総選挙に立候補する旨の届出をしたので、選挙長は、選挙会を開き、選挙会は、本件届出名簿のうちから、第6順位のH及び第7順位のIの両名を当選人と定めた。
判旨概要	1　政党等に対しては、高度の自主性と自律性を与えて自主的に組織運営をすることのできる自由を保障しなければならないのであって、このような政党等の結社としての自主性に鑑みると、政党等が組織内の自律的運営として党員等に対してした**除名その他の処分の当否については、原則として政党等による自律的な解決に委ねられている**ものと解される。 2　当選訴訟において、名簿届出政党等から名簿登載者の除名届が提出されているのに、その除名の存否ないし効力という政党等の内部的自律権に属する事項を審理の対象とすることは、かえって、立法の趣旨に反することが明らかである。 3　したがって、名簿届出政党等による名簿登載者の**除名が不存在又は無効であることは、除名届が適法にされている限り、当選訴訟における当選無効の原因とはならない**ものというべきである。

基礎 司法権の独立 (76条3項)

定 義	司法権の独立とは、 1 司法権が立法権・行政権から独立していること（**広義の司法権の独立**）、及び、 2 裁判官が裁判をするにあたって独立して職権を行使すること（**裁判官の職権の独立**） をいう。
趣 旨	1 司法権は非政治的権力であり、政治性の強い立法権・行政権から侵害される危険が大きい。 2 特に少数者の保護を図ることが必要である。
内 容	1 広義の司法権の独立 　① 最高裁判所の規則制定権（77条1項） 　② 下級裁判所裁判官の指名権（80条1項） 　③ 司法行政権（裁判所法80条） 2 裁判官の職権の独立 　① その良心に従う職権行使（76条3項） 　② 裁判官の身分保障 　→ 罷免事由の限定 　　 i 心身の故障のために職務を執ることができないと決定された場合 　　 ii 公の弾劾 　　 iii 国民審査（**最高裁判所の裁判官のみ**） 　→ 行政権による懲戒禁止（司法権による懲戒であっても、罷免は許されない） 　→ 裁判官に対する**報酬の保障**（定期・相当額、減額禁止）

条文知識に重きを置く「統治」の中でも、司法権の範囲と司法権の限界では判例知識が大切になります。ただし、「司法」は条文知識も大切です。「司法」の勉強範囲は、司法権の範囲と限界の判例知識＋司法の条文知識と理解しておきましょう。

基礎 在宅投票制度廃止事件 （最判昭60.11.21）

事案	1948年の衆議院選挙法改正は、病気などのために歩行が著しく困難な者に在宅投票を認めた。しかし、国会は在宅投票の悪用が多くあったことを理由にこの制度を廃止した。原告は、在宅投票制度が廃止されたことにより選挙権を行使できず、投票に関して差別を受け、また精神的苦痛を受けたとして国家賠償を請求した。
判旨概要	1　国会議員の立法行為が国家賠償法1条1項の適用上違法となるかどうかは、国会議員の立法過程における行動が個別の国民に対して負う職務上の法的義務に違背したかどうかの問題であって、当該立法の内容の違憲性の問題とは区別されるべきであり、仮に**当該立法の内容が憲法の規定に違反するおそれがあるとしても、そのゆえに国会議員の立法行為が直ちに違法の評価を受けるものではない**。 2　**国会議員の立法行為は、立法の内容が憲法の一義的な文言に違反しているにもかかわらず国会があえて当該立法を行うというごとき、容易に想定し難いような例外的場合でない限り、国家賠償法1条1項の適用上、違法の評価を受けない**。

基礎 在外邦人選挙権制限違憲訴訟 （最大判平17.9.14）

事案	公職選挙法（平成10年法律第47号による改正前のもの）は、在外国民の国政選挙における投票を平成8年10月20日に施行された衆議院議員の総選挙当時全く認めていなかった。その後、平成10年法律第47号によって公職選挙法が改正され、在外国民に国政選挙における選挙権の行使を認められたものの、改正後の公職選挙法附則8項の規定は、在外国民に国政選挙における選挙権の行使を認める制度の対象となる選挙を当分の間両議院の比例代表選出議員の選挙に限定することとしていた。
判旨概要	1　国会議員の立法行為又は立法不作為が国家賠償法1条1項の適用上違法となるかどうかは、国会議員の立法過程における行動が個別の国民に対して負う職務上の法的義務に違背したかどうかの問題であって、当該立法の内容又は立法不作為の違憲性の問題とは区別されるべきであり、仮に当該立法の内容又は立法不作為が憲法の規定に違反するものであるとしても、そのゆえに国会議員の立法行為又は立法不作為が直ちに違法の評価を受けるものではない。 2　**立法の内容又は立法不作為が国民に憲法上保障されている権利を違法に侵害するものであることが明白な場合や、国民に憲法上保障されている権利行使の機会を確保するために所要の立法措置を執ることが必要不可欠であり、それが明白であるにもかかわらず、国会が正当な理由なく長期にわたってこれを怠る場合など**には、例外的に、国会議員の立法行為又は立法不作為は、国家賠償法1条1項の規定の適用上、**違法の評価を受けるものというべきである**。

24 財 政

📖Chapter 12

重要度 **A**

	内　容
財政民主主義 （83条）	国の財政を処理する権限は、**国会の議決**に基づいて、これを行使しなければならない。
租税法律主義 （84条）	あらたに租税を課し、又は現行の租税を変更するには、**法律又は法律の定める条件**によることを必要とする。すなわち、**課税要件及び課税手続等、租税の賦課・徴収の具体的内容のすべて**が、法律によって明確に定められなければならない。
国費支出議決主義 （85条）	国費を支出し、又は国が債務を負担するには、**国会の議決**に基づくことを必要とする。85条は、83条の財政民主主義を受け、これを支出面において具体化し、国の直接・間接の支出はすべて国会の議決に基づくべきことを定める。

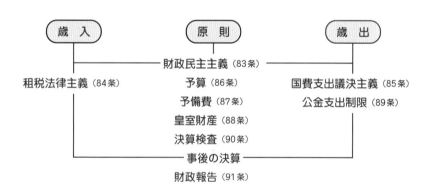

歳　入　　　　　　　原　則　　　　　　　歳　出

財政民主主義（83条）

租税法律主義（84条）　　　　予算（86条）　　　国費支出議決主義（85条）

予備費（87条）　　　公金支出制限（89条）

皇室財産（88条）

決算検査（90条）

事後の決算

財政報告（91条）

86条	内閣は、毎会計年度の**予算を作成**し、国会に提出して、その審議を受け**議決**を経なければならない。	
87条	1項	予見し難い予算の不足に充てるため、国会の議決に基いて**予備費**を設け、内閣の責任でこれを支出することができる。
	2項	すべて予備費の支出については、内閣は、**事後に国会の承諾**を得なければばらない。
88条	すべて皇室財産は、国に属する。すべて皇室の費用は、予算に計上して国会の議決を経なければならない。	
89条	公金その他の公の財産は、宗教上の組織若しくは団体の使用、便益若しくは維持のため、又は公の支配に属しない慈善、教育若しくは博愛の事業に対し、これを支出し、又はその利用に供してはならない。	
90条	1項	国の収入支出の**決算**は、すべて毎年会計検査院がこれを検査し、内閣は、次の年度に、その検査報告とともに、これを国会に提出しなければならない。
91条	内閣は、国会及び国民に対し、**定期に、少くとも毎年1回**、国の財政状況について報告しなければならない。	

憲法

基礎 **旭川市国民健康保険条例事件**（最大判平18.3.1）

事案	国民健康保険の一般被保険者の資格を取得した世帯主であるXが、平成6年度から同8年度までの各年度分の国民健康保険の保険料について、Y市から賦課処分を受け、また、Y市長から所定の減免事由に該当しないとして減免しない旨の通知を受けたことから、Y市に対し上記各賦課処分の取消し及び無効確認を、Y市長に対し上記各減免非該当処分の取消し及び無効確認を求めて訴訟を提起した。
判旨概要	1　国又は地方公共団体が、課税権に基づき、その経費に充てるための資金を調達する目的をもって、**特別の給付に対する反対給付としてではなく、一定の要件に該当するすべての者に対して課する金銭給付**は、その形式のいかんにかかわらず、憲法84条に規定する**租税にあたる**というべきである。 2　**市町村が行う国民健康保険の保険料**は、これと異なり、被保険者において保険給付を受け得ることに対する反対給付として徴収されるものである。したがって、上記保険料に**憲法84条の規定が直接に適用されることはない**というべきである（国民健康保険税は、形式が税である以上は、**憲法84条の規定が適用される**）。 3　もっとも、租税以外の公課であっても、租税に類似する性質を有するものについては、憲法84条の趣旨が及ぶと解すべきである。 4　**市町村が行う国民健康保険**は、保険料を徴収する方式のものであっても、強制加入とされ、保険料が強制徴収され、賦課徴収の強制の度合いにおいては租税に類似する性質を有するものであるから、これについても**憲法84条の趣旨が及ぶ**と解すべきである。

基礎 **重要条文**

3条		天皇の国事に関するすべての行為には、内閣の助言と承認を必要とし、内閣が、その責任を負ふ。
4条	1項	天皇は、この憲法の定める**国事に関する行為**のみを行ひ、**国政に関する権能**を有しない。
7条		天皇は、内閣の助言と承認により、国民のために、左の国事に関する行為を行ふ。 一 **憲法改正、法律、政令及び条約を公布**すること。 二 **国会を召集**すること。 三 **衆議院を解散**すること。
8条		皇室に財産を譲り渡し、又は皇室が、財産を譲り受け、若しくは賜与することは、**国会の議決**に基かなければならない。
9条	1項	日本国民は、正義と秩序を基調とする国際平和を誠実に希求し、国権の発動たる戦争と、武力による威嚇又は武力の行使は、**国際紛争を解決する手段**としては、永久にこれを**放棄**する。
	2項	前項の目的を達するため、陸海空軍その他の戦力は、これを**保持しない**。国の**交戦権**は、これを**認めない**。
96条	1項	この憲法の改正は、各議院の総議員の3分の2以上の賛成で、国会が、これを**発議**し、**国民**に提案してその**承認**を経なければならない。この承認には、特別の国民投票又は**国会の定める選挙**の際行はれる投票において、その過半数の賛成を必要とする。
	2項	憲法改正について前項の承認を経たときは、**天皇**は、国民の名で、この憲法と一体を成すものとして、直ちにこれを**公布**する。
98条	1項	この憲法は、国の最高法規であって、その条規に反する法律、命令、詔勅及び国務に関するその他の行為の全部又は一部は、その効力を有しない。
	2項	日本国が締結した**条約**及び確立された**国際法規**は、これを誠実に遵守することを必要とする。
99条		天皇又は摂政及び国務大臣、国会議員、裁判官その他の公務員は、この**憲法を尊重し擁護する義務**を負ふ。

民法

<table>
<tr><td colspan="2">基礎 **権利能力**</td></tr>
</table>

定　義	私法上の権利義務の帰属主体となることができる資格又は地位
要　件	①　自然人：**出生**（3条1項参照） ②　法　人：一般社団法人・一般財団法人は、設立の登記をすることによって成立する（一般法人法22条、163条）。
権利能力の始期	原　則 　→　出生時（3条1項）：全部露出説（cf. 刑法は一部露出説） 例　外 　→　胎児 　　原則：**権利能力**否定 　　例外：**権利能力**肯定 　　　→　胎児は、胎児のままでは権利能力がなく、**生きて生まれれば**、不法行為の時点や相続開始の時点に遡って権利能力を取得する。 　　　→　**胎児の段階で法定代理人が胎児の権利を代理行使することはできない。** 　　　①　不法行為に基づく損害賠償請求（721条）　②　相続（886条） 　　　③　遺贈（965条・886条）
権利能力の終期	①　自然人：死亡 ②　法　人：清算手続の結了

権利能力なき社団について、判例は、①団体としての**組織**を備え、②そこには**多数決の原則**が行われ、③構成員の変更にもかかわらず**団体そのものが存続**し、④**代表の方法、総会の運営、財産の管理その他団体としての主要な点が確定**しているものでなければならないとしています。
そして、このような権利能力なき社団の資産は構成員に総有的に帰属するとしています。また、権利能力なき社団の代表者が社団の名においてした取引上の債務は、その社団の構成員全員に、一個の義務として総有的に帰属するとともに、社団の総有財産だけがその責任財産となり、**構成員各自は、取引の相手方に対し、直接には個人的債務ないし責任を負わない**、ともしています。

定　義	不在者の生死不明の状態が継続した場合に、一定の条件の下に裁判所が失踪の宣告をし、その者を**死亡したものとみなして**、その者をめぐる法律関係を安定させる制度
要　件	① 普通失踪：最後の音信の時から数えて**7年間**生死が不明な場合（30条1項） 　　特別失踪：危難が去った時から**1年間**生死が不明な場合（同条2項） ② **利害関係人**（配偶者、相続人、受遺者、保険金受取人等）**の請求** 　（cf. 検察官含まず） ③ 裁判所の宣告
効　果	元の住所を中心とする私法上の法律関係は失踪者が死亡したのと同じ扱い（31条） 　→　相続開始（882条）、再婚ができるようになる。 　→　死亡時は普通失踪の場合、生死不明発生時から**7年の期間満了時** 　　　　　　特別失踪の場合、**危難が去った時**
取消しの効果	原則：失踪宣告は失効し、失踪宣告はなかったのと同じに扱われる。 例外： ① 失踪宣告によって直接財産を得た者は、その取消しにより権利を失うが、現に利益を受けている限度で返還すれば足りる（32条2項）。 　→　悪意の譲受人に対しては704を適用すべきとするのが通説 ② 失踪宣告後その取消前に善意でした行為は、取消しにもかかわらずその効力を妨げられない（32条1項後段）。 　→　**取引当事者**双方が**善意**の場合にのみ効力が維持される（判例）。 　→　残留配偶者が再婚した場合、一方又は双方が悪意であるときは、前婚が復活し重婚状態となるため、前婚にとっては離婚**原因**、後婚にとっては取消**原因**となる（通説）。

民
法

「インプット（記憶）とアウトプット（演習）は車の両輪」という言葉があります。バランスよくそれぞれの勉強を取り入れるように、特に演習することから逃げないようにという意味です。これは、特に民法に当てはまることですが、事例形式の問題は、解くことに慣れていない、どの知識を使って解けばいいかわからないという事態が起こり得ます。また、事例形式の問題を解く際には、法律関係を頭の中だけで考えるのではなく、図を描きながら考えるようにしてください。

制限行為能力者制度

📖Chapter 3①③

重要度 **AA**

基礎 行為能力・制限行為能力者

定　義	行為能力：単独で確定的に有効な意思表示をすることができる能力 制限行為能力者：行為能力を制限されている者
趣　旨	制限行為能力者の定型的・画一的な保護
単独で有効な意思表示をなし得ないにもかかわらず、なした場合の効果	制限行為能力者の意思表示は、一般的に取り消すことができる。 →　取消権行使の効果 ①　遡及的無効（121条） ②　制限行為能力者の現存利益の返還（121条の2第3項後段） ③　取消しは、**取消前に現れた第三者に対して対抗することができる。取消後に現れた第三者との関係**は対抗関係となる。
制限行為能力者の相手方の保護	①　制限行為能力者の詐術（21条） ②　**相手方の催告権**（20条） ③　法定追認（125条） ④　取消権の期間の制限（126条）

基礎 制限行為能力者が単独で行った法律行為の効力

		未成年者	成年被後見人	被保佐人	被補助人
原　則		取り消すことができる		取り消すことができない	
保護者の権限	取消権	○	○	○	○（※2）
	同意権	○	×	○	○（※1）
	追認権	○	○	○	○（※2）
	代理権	○	○	○（※1）	○（※1）

※1　本人の同意が必要
※2　同意権を付与された補助人には取消権・追認権も認められる。

基礎 未成年者 (5条)

定 義	**18歳未満**の者（4条）
保護者	親権者（818条、819条）、親権者がいないときは未成年後見人（838条1号）
行為能力	原 則 → 未成年者が法律行為をなすには、法定代理人の同意を要し（5条1項本文）、同意を得ないでした法律行為は**取り消すことができる**（同条2項）。 例 外 → 次の場合には同意は不要 　① 単に権利を得、又は義務を免れる**法律行為**（同条1項ただし書） 　　→ 貸金の受領、負担付贈与を受けること、相続の承認・放棄は同意が必要 　② 法定代理人が**目的を定めて処分を許した**財産をその目的の範囲内で処分し、あるいは、**目的を定めないで処分を許した**財産を処分する法律行為（同条3項） 　③ 法定代理人から一種又は数種の**営業を許された**未成年者がその営業に関してした法律行為（6条1項） 　④ 未成年者のなした取り消すことができる行為の**取消し**（120条1項） 　⑤ 身分行為 　　→ 認知（780条）、遺言（ただし15歳に達していることが必要　961条）、氏の変更（ただし15歳に達していることが必要　791条3項参照）

基礎 成年被後見人 (7条)

定 義	「精神上の障害により事理を弁識する能力**を欠く常況にある者**」で、条文上規定された一定の請求権者の請求により、家庭裁判所の後見開始の審判を受けた者（7条、8条）
保護者	成年後見人（8条） → 成年後見人は、代理権（859条）・取消権（120条1項、9条）・追認権（122条）を有するが、同意権はない。 → 成年被後見人のした行為は、原則として、成年後見人の同意の有無にかかわらず、**常に取り消すことができる**。
行為能力	原 則 → 成年被後見人の行為は取り消すことができる（120条1項、9条本文）。 例 外 → 日用品の購入等、日常生活に**関する行為**は取り消すことができない（9条ただし書）。 　※ 取り消すことができる行為については、**成年被後見人本人も単独で取り消すことができる**（120条1項）。 　※ 一定の身分行為については単独でできる（婚姻　738条等）。

民
法

定　義	「精神上の障害により**事理を弁識する能力が著しく不十分である者**」で、条文上規定された一定の請求権者の請求により家庭裁判所の保佐開始の審判を受けた者 (11条、12条)
保護者	保佐人 (12条) →　保佐人は同意権 (13条1項、2項)・取消権 (120条1項)・追認権 (122条) を有するが、当然には代理権を有しない (876条の4参照)。 →　代理権を付与するためには審判が必要となる。
行為能力	原　則 　→　被保佐人が法律行為をなすには保佐人の同意は不要 例　外 　→　被保佐人が**重要な財産上の処分行為**として13条1項に列挙される行為・13条2項の行為をなすには**保佐人の同意が必要** 　① **元本を領収し、又は利用すること** (13条1項1号) 　　→　利息、賃料の領収は含まれない。 　② **借財又は保証をすること** (2号) 　　→　時効利益の放棄、消滅時効完成後の債務の承認は含まれる。時効更新の効力を生じる消滅時効完成前の承認は含まれない。 　③ **不動産その他重要な財産に関する権利の得喪を目的とする行為をすること** (3号) 　④ **訴訟行為をすること** (4号) 　⑤ **贈与、和解又は仲裁合意をすること** (5号) 　⑥ **相続の承認若しくは放棄又は遺産の分割をすること** (6号) 　⑦ **贈与の申込みを拒絶し、遺贈を放棄し、負担付贈与の申込みを承諾し、又は負担付遺贈を承認すること** (7号) 　⑧ **新築、改築、増築又は大修繕をすること** (8号) 　⑨ **602条に定める期間を超える賃貸借をすること** (9号) 　⑩ **①〜⑨の行為を制限行為能力者の法定代理人としてすること** (10号) 　　→　例えば、被保佐人に未成年の子がいるような場合がこれにあたる。 　⑪ **13条1項以外の行為で、特に保佐人の同意を要する旨の審判がなされた行為** (13条2項本文) 　　→　保佐人の同意又は同意に代わる許可を得ていない行為については、**被保佐人本人も取り消すことができる** (120条1項、13条4項)。 　※　保佐人の同意を得なければならない行為について、保佐人が被保佐人の利益を害するおそれがないにもかかわらず同意をしないときは、**家庭裁判所は、被保佐人の請求により、保佐人の同意に代わる許可を与えることができる** (13条3項)。

定 義	「精神上の障害により**事理を弁識する能力が不十分である者**」で、条文上規定された一定の請求権者の請求により家庭裁判所の補助開始の審判を受けた者（15条、16条） → 本人以外の者の請求により補助開始の審判をするには、本人の同意がなければならない（17条2項）。 → 補助開始の審判は、**補助人の同意を要する旨の審判又は補助人に代理権を付与する旨の審判**とともになされる。
保護者	補助人（16条） → 補助人は、家庭裁判所の**審判**により、特定の法律行為について、同意権（17条1項、及びこれに伴う取消権〔120条1項〕、追認権〔122条〕）、代理権（876条の9第1項）が認められる。
行為能力	原 則 → 被補助人の行為能力は**制限されない**（15条3項）。 例 外 → 被補助人が特定の法律行為をするにはその補助人の同意を得なければならない旨の審判（17条1項の審判・補助人の同意を要する旨の審判）がなされると、当該法律行為につき補助人の同意が必要となる。 → ただし、その審判によりその同意を得なければならないものとすることができる行為は、**13条1項に規定する行為の一部に限る**（17条1項ただし書）。 → 補助人の同意を得なければならない行為について、補助人が被補助人の利益を害するおそれがないにもかかわらず同意をしないときは、**家庭裁判所は、被補助人の請求により、補助人の同意に代わる許可を与えることができる**（17条3項）。 → 補助人の同意を得なければならない行為であって、その同意又はこれに代わる許可を得ないでしたものは、取り消すことができる（120条1項、17条4項）。

民法

補助人の権限が代理権のみである場合、被補助人は補助人の同意を得ずにすべての法律行為をすることができます。したがって、この場合、事実上、被補助人の行為能力は制限されないこととなります。

相手方の保護			権利の内容	
制限行為能力者の詐術			制限行為能力者が詐術を用いたときは、取り消すことはできなくなる（21条）。	
催告権	内　容		相手方は、制限行為能力者側に対して、1か月以上の期間内に追認するか否かを確認すべき旨を催告できる（20条）。 ※　確答は**発信主義**である。	
	確答がない場合	催告の相手方	確答がない場合の効果	
		保護者	単独で追認できる行為 　→　追認した**ものとみなされる**。 特別の方式を要する行為 　→　取り消した**ものとみなされる**。	
		能力を回復した後の本人	追認した**ものとみなされる**。	
		被保佐人 被補助人	取り消した**ものとみなされる**。	
		未成年者 成年被後見人	催告自体に意味がない。	

	判旨概要
黙秘と制限行為能力者の詐術 （最判昭44.2.13）	思うに、民法21条にいう「詐術を用いたとき」とは、制限行為能力者が能力者であることを誤信させるために、相手方に対し積極的術策を用いた場合に限るものではなく、制限行為能力者が、ふつうに人を欺くに足りる言動を用いて相手方の誤信を誘起し、又は誤信を強めた場合をも包含すると解すべきである。したがって、制限行為能力者であることを黙秘していた場合でも、それが、**制限行為能力者の他の言動などと相俟って**、相手方を誤信させ、又は**誤信を強めた**ものと認められるときは、なお**詐術にあたる**というべきであるが、**単に制限行為能力者であることを黙秘していたことの一事をもって**、先にいう詐術にあたるとするのは相当ではない。

28 意思表示

📖Chapter 6

重要度 **AA**

基礎 意思表示

	当事者間の効力	善意有過失の第三者に対抗することができるか？	善意無過失の第三者に対抗することができるか？
心裡留保	原則：有効（**相手方が善意無過失の場合**） 例外：無効（**相手方が悪意又は善意有過失の場合**）	できない	できない
通謀虚偽表示	無効	できない	できない
錯　誤	取り消すことができる （原則、表意者が善意無重過失であることが必要）	できる（※）	できない（※）
詐　欺	取り消すことができる	できる（※）	できない（※）
強　迫	取り消すことができる	できる（※）	できる（※）

※ 取消前に現れた第三者との関係。取消後に現れた第三者との関係は、対抗関係で処理する。

基礎 心裡留保 (93条)

定　義	意思表示の表意者が表示行為に対応する真意のないことを知りながらする単独の意思表示
効　果	原則：有効（1項本文） 例外：相手方が悪意又は有過失の場合は無効（1項ただし書） 　→　相手方からの無効主張も認められる。 　→　善意の第三者には無効を対抗することができない（2項）。

民法

定　義	相手方と通じて真意でない意思表示をなすこと
効　果	① 当事者間においては無効（1項） ② 善意の第三者に対しては無効を対抗することができない（2項）。
「第三者」の 意義	第三者とは、虚偽表示の当事者及びその包括承継人以外の者であって、**虚偽表示の外形に基づいて、新たな独立の法律上の利害関係に入った者**をいう。 →　**無過失は要求されない。** →　**対抗要件も不要**である。ただし、**表意者からの譲受人と第三者との関係は対抗関係となる**（判例）。
「第三者」に あたる者	① 不動産の仮装譲受人から更に譲り受けた者 ② ①の譲受人から更に譲り受けた者（転得者） ③ 不動産の仮装譲受人から抵当権を取得した者 ④ 虚偽表示の目的物の差押債権者 ⑤ 仮装債権の譲受人
「第三者」に あたらない者	① 1番抵当権が仮装で放棄され、順位が上昇したと誤信した2番抵当権者 ② 代理人や代表者が虚偽表示をした場合の本人・法人 ③ 債権の仮装譲受人から取立てのために債権を譲り受けた者 ④ 仮装譲受人の単なる債権者 ⑤ 仮装譲渡された債権の債務者 ⑥ 土地が仮装譲渡された場合の土地上の建物の賃借人 ⑦ 借地上の建物が仮装譲渡された場合の土地賃貸人

基礎 **転得者の地位（悪意の転得者は保護されるか）**

		絶対的構成
結　論		善意の第三者からの転得者は、悪意者でも保護される。
理　由	①	善意の第三者の下で権利が確定し、転得者はその地位を承継する。
	②	法律関係の複雑化を避け、早期安定を図るべきである。

趣　旨	虚偽の外観の作出につき権利者に帰責性がある場合に、虚偽の外観を信用して取引をなした第三者を保護し、もって取引の安全を図る。
要　件	① **虚偽の外観**の存在 ② 虚偽の外観作出についての**権利者の帰責性** ③ 外観に対する**第三者の信頼**
効　果	① **権利者が**虚偽の外観を**意図的に作出**していた場合、善意の第三者は保護される。 ② 虚偽の外観について**権利者が明示又は黙示に承認**していた場合、善意の第三者は保護される。 ③ 権利者が作出した**外観が加工された**場合、善意無過失の第三者は保護される（94条2項、110条類推適用）。 ④ 虚偽の外観が作出されたことについて**権利者が知らなくても、権利者にあまりにも不注意な行為**があり、その帰責性の程度が自ら外観の作出に積極的に関与した場合やこれを知りながらあえて放置した場合と同視し得るほど重いものというべき場合は、善意無過失の第三者は保護される（94条2項、110条類推適用）。

基礎 **錯誤**（95条）

種　類	① **意思表示に対応する意思を欠く**錯誤（1項1号　表示の錯誤） ② 表意者が法律行為の**基礎とした事情についてのその認識が真実に反する**錯誤（1項2号　動機の錯誤）
要　件	① 上記種類①又は②のいずれかに該当すること 　→　②は、その事情が法律行為の基礎とされていることが表示されていることが必要（2項） ② その錯誤が**法律行為の目的及び取引上の社会通念に照らして重要なものであること**（1項柱書） ③ 表意者の重大な過失によるものでないこと（原則） 　　例外1　**相手方が表意者に錯誤があることを知り、又は重大な過失によって知らなかったとき** 　　例外2　**相手方が表意者と同一の錯誤に陥っていたとき（共通錯誤）**
効　果	① 意思表示を取り消すことができる（1項）。 ② 善意無過失の第三者に対しては取消しを対抗することができない（4項）。 　→　第三者は**取消前**に現れたことが必要。**取消後**に現れた第三者との関係は対抗関係

民法

表意者等の主観と錯誤取消しの可否

		相手方の主観				
		表意者の錯誤について				表意者と 同一の錯誤
		悪意	善意重過失	善意軽過失	善意無過失	
表意者 の主観 （※）	無過失	取消可	取消可	取消可	取消可	取消可
	軽過失	取消可	取消可	取消可	取消可	取消可
	重過失	取消可	取消可	取消不可	取消不可	取消可

※　表意者が悪意の場合は、そもそも錯誤にあたらない。

基礎 **詐欺**（96条）

定　義	人を欺罔して錯誤に陥らせる行為
効　果	1　意思表示を取り消すことができる（1項）。 2　善意無過失の第三者に対しては取消しを対抗することができない（3項）。 　→　第三者は**取消前**に現れたことが必要。**取消後**に現れた第三者との関係は、対抗関係

基礎 **強迫**（96条）

定　義	不法に害悪を通知して相手方に畏怖を生じさせる行為
効　果	1　意思表示を取り消すことができる（1項）。 　→　完全に自由意思を喪失している場合は、その意思表示は**無効** 2　第三者に対しても取消しを対抗することができる（3項参照）。 　→　第三者は**取消前**に現れたことが必要。**取消後**に現れた第三者との関係は、対抗関係

基礎 **第三者詐欺・第三者強迫**

第三者詐欺	**相手方がその事実を知り又は知ることができたとき**に限り、表意者はその意思表示を取り消すことができる（96条2項）。
第三者強迫	表意者はその意思表示を取り消すことができる（96条2項参照、判例）。

法律関係が複雑であっても、民法は、「2当事者の関係をどう処理するか」という規律の仕方をします（当事者全員を一括して処理するような方法はとりません）。「意思表示」でも第三者が現れている場合、表意者と相手方と第三者の関係を一括処理するのではなく、「表意者と相手方の関係はどうなるか」、「表意者と第三者の関係はどうなるか」という視点で処理をします。

無効と取消し

📖 Chapter 7

重要度　**B**

民法

基礎 無効と取消し

		無　効	取消し
意　義		法律行為が有効要件を欠く場合に、当初から全く効力が生じないものとして扱う。	法律行為が有効要件を欠く場合に、いったん法律効果を発生させた後に、これを消滅させる余地を認める。
事　由		① **意思無能力**（3条の2） ② **公序良俗違反**（90条） ③ **強行法規違反の法律行為**（91条反対解釈） ④ **心裡留保**（93条1項ただし書）、**通謀虚偽表示**（94条1項）	① **制限行為能力者**（5条等） ② **錯誤**（95条1項）、**詐欺・強迫**（96条1項）
効　力		**当初から生じない**	**取消しにより遡及的に無効**
追認の可否		×	○（122条）
主張権者		原則誰でも主張できる。	取消権者のみ ① **制限行為能力者本人、包括承継人、同意権者（親権者、保佐人、補助人）、代理人（成年後見人）** ② **錯誤に陥った表意者、騙された、脅された表意者**
期間の制限		×	○（126条）
給付利得の返還	原則	給付受領者は、原則として原状回復義務（**現物返還〔又は価額償還〕**）を負う（121条の2第1項）。	
	例外	次の場合、現存利益の返還で足りる（同条2項、3項）。（※） 1　無償行為の給付受領者で、給付受領当時、行為が無効であること（又は取り消し得ること）について善意であった場合 2　給付受領者が、行為当時、意思無能力者又は制限行為能力者であった場合	

※ ①浪費した場合には現存利益はない。②生活費や他の債務の支払にあてた場合には、それによって自己の他の財産の減少を免れるから、現存利益はある（判例）。

> 「無効と取消し」はこのテーマで1問出題されることもありますが、制限行為能力者制度や意思表示などのテーマの問題の中で選択肢の1つとして知識を問うこともあります。

基礎 取消し (120条以下)

定 義	法律行為の効力発生と同時に生じている取消権に基づき、一方的意思表示によって、有効な法律行為の効果を**初めに遡って無効**ならしめること
効 果	当該行為は遡及的に無効（121条） → 取り消されると両当事者は、原則として原状回復**義務**（121条の2）を負う。 → 両者の義務は同時履行の関係（533条）に立つ（判例）。
期間制限	① 追認をすることができる**時から5年間**行使しないとき（126条） ② **行為の時から20年**を経過したとき（126条）

基礎 追認 (124条)

定 義	一応有効に成立している法律行為を確定的に有効とする意思表示
追認権者	取消権者と同じ。
要 件	① **取消しの原因となっていた状況が消滅したこと** → ⅰ 制限行為能力者の保護者が追認をするとき、ⅱ 制限行為能力者（成年被後見人を除く）が保護者の同意を得て追認をするときはこの要件は不要 ② **取消権を有することを知った後であること**

基礎 法定追認 (125条)

定 義	法律関係を安定させるために、法所定の一定の事実があれば、取り消すことができる法律行為が確定的に有効とされる場合をいう。
要 件	取消権者が追認できる状況になってから、125条所定の事実があること ① **全部又は一部の履行** → 自ら履行する場合のみならず、債権者として受領する場合を含む。 ② **履行の請求** ③ **更改** ④ **担保の供与** ⑤ **取り消すことができる行為によって取得した権利の全部又は一部の譲渡** ⑥ **強制執行**
その他	本条は、無権代理行為の追認には類推適用されない（判例）。

30 代 理

📖Chapter 8

重要度 **AA**

基礎 代理 (99条)

定 義	代理人が**本人のためにすること**を示して、相手方に対して意思表示をし、また相手方から意思表示を受けることによって、その**法律効果を直接本人に帰属させる**という制度
要 件	1　代理権の存在・**権限内**であること 　①　任意代理、②　法定代理 2　代理人が**本人のためにすること**を示したこと（顕名） 　○代理人が代理人としての意思表示である旨を明らかにすること 　○代理人が本人のためにすることを示さないでした意思表示は、**自己（代理人自身）**のためにしたものとみなされる。ただし、相手方が、代理人が本人のためにすることを知り、又は知ることができた**ときは、本人に効果帰属する**（100条）。 3　代理人が本人のために法律行為をしたこと（**代理行為**）
効 果	代理人・相手方間の代理行為が本人に効果帰属する。 　→　代理行為に瑕疵原因があれば、それによる効果も本人に帰属する。例えば、代理人が騙された場合、**取消権は本人に帰属する**。

基礎 代理・使者

		代　理	使　者
定　義		代理人が本人のためにすることを示して、相手方に対して意思表示をし、また相手方から意思表示を受けることによって、その法律効果を直接本人に帰属させる制度	本人の決定した効果意思を相手方に表示し（表示機関）、又は完成した意思表示を伝達する（伝達機関）者
意思表示の決定権限		代理人	本　人
代理人・使者の	意思能力	必　要	不　要
	行為能力	（任意代理の場合）不要	不　要
意思の不存在等の判断基準		代理人基準	本人基準
復　任		一定の制限の下に認められる。	原則として許される。

民法

		任意代理		法定代理	
		本　人	代理人	本　人	代理人
代理権の 消滅原因 （〇が消滅）	死　亡	〇	〇	〇	〇
	破　産	〇	〇	×	〇
	後見開始	×	〇	×	〇
	解約告知	〇			
復任権の存否 （復代理人を選ぶ権利）		原　則 　なし 例　外 ①　本人の許諾を得たとき ②　やむを得ない事情があるとき		常にあり	
復代理人を選任した 場合の代理人の責任		本人に対して**債務不履行責任**を負う。		原　則 　全責任 例　外 やむを得ない事由があるとき、選任及び監督上の責任を負う。	
代理人と復代理人の関係		①　復代理人は本人の代理人であるので、復代理人のなした契約の効果は、**直接本人に帰属**する。 ②　復代理人の代理権の範囲は、**代理人の代理権の範囲内**である。 ③　代理人の代理権が消滅すれば、**復代理人の代理権も消滅する**。 ④　復代理人を選任しても、**代理人は代理権を失わない**。			

原　則	代理人を**基準**に判断する。
本人の指図	**特定の法律行為をすること**を委託された代理人がその行為をした場合、**本人は、自ら知っていた事情について代理人が知らなかったことを主張することができない**。本人が過失によって知らなかった事情についても、同様とする。
代理人と相手方の通謀	93条1項ただし書により、本人が相手方の真意を知り、又は知ることができた場合でない限り、**相手方の意思表示は有効である**と解することができる（判例　相手方の心裡留保と構成し直す）。

基礎 代理権の濫用・自己契約及び双方代理等

<table>
<tr><td rowspan="2">代理権の濫用</td><td>意 義</td><td>代理人が自己又は第三者の利益を図る目的で代理権の範囲内の行為をすること</td></tr>
<tr><td>内 容</td><td>相手方が代理人の目的を知り、又は知ることができたときは、代理人の行為は、無権代理行為とみなす（本人に効果帰属しない）。</td></tr>
<tr><td rowspan="5">自己契約及び双方代理等</td><td rowspan="3">自己契約及び双方代理</td></tr>
<tr><td>自己契約の意義</td><td>同一の法律行為について、相手方の代理人として行為をすること（AがBの代理人としてAB間の契約を締結すること）</td></tr>
<tr><td>双方代理の意義</td><td>同一の法律行為について、当事者双方の代理人として行為をすること（AがBの代理人・Cの代理人としてBC間の契約を締結すること）</td></tr>
<tr><td>内 容</td><td>原則：無権代理行為とみなす（本人に効果帰属しない）。
例外：①債務の履行と②本人があらかじめ許諾した行為については有権代理</td></tr>
<tr><td rowspan="2">上記以外の利益相反行為</td><td>意 義</td><td>代理人と本人との利益が相反する行為をすること</td></tr>
<tr><td>内 容</td><td>原則：無権代理行為とみなす（本人に効果帰属しない）。
例外：本人があらかじめ許諾した行為については有権代理</td></tr>
</table>

応用 権限の定めのない代理人の権限

	保存行為	利用行為	改良行為
定 義	財産の現状を維持する行為	財産について収益を図る行為	物・権利の使用価値や交換価値を増加する行為
該当例	家屋の修繕、消滅時効の完成猶予及び更新、未登記不動産の登記、期限の到来した債務の弁済、期限の到来した債権の取立て、腐敗しやすい物の処分等	現金の預金、駐車場の賃貸、金銭を利息付で貸与すること等	家屋に造作を施すこと、無利息の貸金を利息付に改めること等
非該当例		物・権利の性質を変ずる場合 → 預金を株式にすること、銀行預金を個人への貸金とすること等	物・権利の性質を変ずる場合 → 田地を宅地にすること

定 義	代理人として代理行為をした者に代理権がない場合を**広義の無権代理**といい、このうち表見代理が成立する場合を除いたものを**狭義の無権代理**という。
要 件	① 相手方と代理人とが契約を締結したこと（代理行為） ② その際代理人が本人のためにすることを示したこと（顕名） ③ ①に先立って、本人が代理人に対し①の契約締結について**代理権を授与していないこと**
効 果	代理行為の効果の**本人への不帰属**

その他	1 本人がとり得る手段
	① 追認
	② 追認拒絶
	  ○追認又はその拒絶は、**相手方に対してしなければ、その相手方に対抗する**ことができない。ただし、相手方がその事実を知った**とき**は、この限りでない。
	  ○相手方に請求する行為は、**黙示の追認**となり、法定追認ではない。
	2 相手方がとり得る手段
	① 催告権（114条）
	② 取消権（115条）
	③ 無権代理人に対する責任追及権（117条）
	④ 表見代理の主張（109条、110条、112条）

	地位融合説	地位併存説
結 論	無権代理人の地位と本人の地位が融合し、相続により無権代理行為が**当然に有効となる。追認拒絶の余地はない。**	相続により無権代理行為が当然に有効となるわけではない。**追認拒絶権は存在する。**
理 由	無権代理人が本人を相続し、本人と代理人の資格が同一人に帰するに至った場合においては、本人が自ら法律行為をしたのと同様な法律上の地位を生じるからである。	相続という偶然の事情によって、相手方の取消権（115条）等を奪うべきではないので、両方の地位が併存する。
修 正		ただし、**自ら無権代理行為をなした者は、信義則上**（1条2項）、**追認拒絶権の行使をすることはできない。**
判 例	① 無権代理人が本人を単独相続 ② 無権代理人を相続した者が、本人を相続	① 本人が無権代理人を相続 ② 無権代理人が本人を共同相続

基礎 無権代理（狭義）の相手方の保護

方　法	内　容	相手方の主観的要件
催告権	①　本人に対して、**相当の期間**を定めて、その期間内に**追認**するかどうかを確答すべき旨を**催告**することができる。 ②　本人がその期間内に確答しないときは、追認を拒絶したものとみなされる。	善意・悪意を問わない
取消権	相手方は、本人が追認するまでは、無権代理人と締結した契約を**取り消す**ことができる。	善　意
無権代理人に対する責任追及 （※1）	無権代理人は、自己の代理権を証明**することができず**、かつ、本人の追認**を得ることができなかったとき**は、相手方の選択に従い、相手方に対して履行**又は**損害賠償の**責任**を負う。 ○無権代理人が制限行為能力者であるときは、この責任追及はできない。 ○相手方が取消権を行使したときは、この責任追及はできない。	善意無過失 （※2）

※1　表見代理は、無権代理の一種であり、表見代理責任と無権代理責任は併存する。すなわち、表見代理が成立する場合にも、相手方は、無権代理人に対する責任を追及することができる。
　　無権代理人は、表見代理の成立を理由に、相手方に対して自己が無権代理人としての責任を負わないと主張することはできない（判例）。
※2　無権代理人自身が代理権を有しないことを知っていたときは、善意有過失の場合であっても、無権代理人に対する責任追及はできる。

民法

	判旨概要
無権代理人が本人を共同相続した場合 (最判平5.1.21)	無権代理人が本人を他の相続人と共に共同相続した場合において、無権代理行為を**追認する権利は**、その性質上**相続人全員に不可分的に帰属**するところ、無権代理行為の追認は、本人に対して効力を生じていなかった法律行為を本人に対する関係において有効なものにするという効果を生じさせるものであるから、**共同相続人全員が共同してこれを行使しない限り、無権代理行為が有効となるものではない**と解すべきである。そうすると、他の共同相続人全員が無権代理行為の追認をしている場合に**無権代理人が追認を拒絶することは信義則上許されない**としても、他の共同相続人全員の追認がない限り、無権代理行為は、**無権代理人の相続分に相当する部分においても、当然に有効となるものではない**。
本人による追認拒絶後の無権代理人の本人相続 (最判平10.7.17)	本人が無権代理行為の追認を拒絶した場合には、その後に無権代理人が本人を相続したとしても、**無権代理行為が有効になるものではない**。
本人が無権代理人を相続した場合 (最判昭37.4.20)	本人が無権代理人を相続した場合においては、相続人たる本人が被相続人の無権代理行為の**追認を拒絶しても、何ら信義に反するところはない**から、被相続人の無権代理行為は一般に本人の相続により**当然有効となるものではない**。

基礎 表見代理

定 義	本人と無権代理人との間に、外観的に、相手方をして代理権の存在を信じさせるだけの特別の事情がある場合に、**有権代理と同様の効果**を生じさせる制度
要 件	1 代理権授与の表示による表見代理（109条1項 基本類型①）の要件 ① **他人に代理権を与えた旨を表示した**こと ② 代理権を授与された旨表示された者が、表示を受けた相手方と、表示された代理権の範囲内で代理行為をしたこと ※ **法定代理**では109条の適用はない。 ③ 相手方の善意無過失 2 権限外の行為の表見代理（110条 基本類型②）の要件 ① **基本代理権の存在** ○**単なる事実行為をなす権限は基本代理権とならない**（判例）。 ○**私法上の行為についての代理権に限られ**、公法上の行為の**代理権は原則として基本代理権とならない**（判例）。 ○もっとも、**登記申請行為が私法上の行為の一環**としてなされている場合には、**その代理権は基本代理権となり得る**（判例）。 ② 代理人の権限逸脱行為

	③ **相手方の善意無過失**（権限があると信ずべき正当な理由） ○条文上の「第三者」とは、**無権代理行為の直接の相手方**をいい、転得者を含まない（判例）。 3　**代理権消滅後の表見代理**（112条1項　基本類型③）の要件 ①　**かつて存在していた代理権**が代理行為当時には消滅していたこと ②　かつて存在した代理権の範囲内で代理行為が行われたこと ③　**相手方**が、代理権の消滅について善意無過失であること 4　**授与の表示をされた代理権・かつて存在した代理権の範囲を超えて行為がなされた場合**（109条2項、112条2項　組合せ類型）の要件 ①　他人に代理権を与えた旨を表示したこと又はかつて存在した代理権が代理行為当時には消滅していたこと ②　相手方の善意無過失（代理権があると信ずべき正当な理由）
効　果	本人は代理行為の効果帰属を拒むことができない（有権代理とイコールではない）。 ①　相手方は、表見代理を主張せずに無権代理人の責任を追及することもできる（117条　最判昭62.7.7）。 ②　取消権を行使することもできる（115条）。 ③　本人は追認して完全に有権代理と同じものとすることができる（113条）。

基礎 表見代理に関する判例

	判旨概要
761条と表見代理 （最判昭44.12.18）	1　民法761条は、その実質においては、**夫婦は相互に日常の家事に関する法律行為につき他方を代理する権限を有する**ことをも規定しているものと解するのが相当である。 2　夫婦の一方が日常の家事に関する代理権の範囲を超えて第三者と法律行為をした場合においては、**その代理権の存在を基礎として広く一般的に民法110条所定の表見代理の成立を肯定することは、夫婦の財産的独立をそこなうおそれがあって、相当でない**から、夫婦の一方が他の一方に対しその他の何らかの代理権を授与していない以上、当該越権行為の相手方である第三者において**その行為が当該夫婦の日常の家事に関する法律行為の範囲内に属すると信ずるにつき正当の理由のあるときに限り、民法110条の趣旨を類推適用して、その第三者の保護をはかれば足りる**ものと解するのが相当である。

無権代理の問題で、表見代理の適用場面かどうかの判断をする際は、表見代理の基本3類型のいずれかに該当するか（組合せもOK）をチェックするようにしましょう。基本3類型のいずれにも該当しないならば、その問題では表見代理の規定を適用できません。
時折、表見代理の問題を解く際に、本人に帰責性があるかどうかを基本3類型から切り離して考える人がいますが、そのような解き方は間違いです。本人に帰責性がある場面を民法は基本3類型として定めているので、受験生が注意をしなければならないのは、基本3類型にあたるかどうかです。

31 時効総則

Chapter 10 [1] [4] [5]

重要度 **B**

基礎 時効制度

定 義	ある事実状態が一定期間継続することにより、それを尊重して、その事実状態に即した権利関係を確定できる制度
趣 旨	① 永続した事実状態の尊重 ② 権利関係の立証の困難の救済 ③ 権利の上に眠るものは保護に値せず
効 力	起算日に遡る。
時効制度と類似する制度・原則	1 **除斥期間** → 権利行使期間であって、一定の期間内に権利の行使をしないと権利が消滅するもの。援用は不要であり、完成猶予及び更新もない。 〈具体例〉盗品・遺失物の回復請求期間（193条） 2 **権利失効の原則** → 信義に反して長く権利行使をしないでいると、信義則上、その権利の行使が阻止されるという原則

基礎 時効の援用 (145条)

定 義	時効の利益を受ける者による時効の利益を受けようとする意思表示
援用権者	条文上は「当事者」 時効により直接に利益を受けるべき者に限られると解されている（判例）。 1 明文によって援用権者と認められた者 　消滅時効にあっては、①保証人、②物上保証人、③第三取得者、④その他権利の消滅について**正当な利益**を有する者（145条に列挙されている者は例示） 2 判例によって援用権者と認められた者 　**被保全債権の消滅時効について詐害行為の受益者** 3 判例によって援用権を否定された者 　① 一般債権者 　　→ ただし、援用権を**代位行使**することはできる。 　② 後順位抵当権者（先順位抵当権の被担保債権の消滅時効について） 　③ 土地上の建物の賃借人（土地の取得時効について）

援用の効力	相対的効力 例えば、**保証人**が主債務の消滅時効を援用しても、その効果は**主債務者**に及ばない。ただし、**主債務者**が主債務の消滅時効を援用すると、**保証債務の付従性**により、**保証債務**も消滅する。

基礎 時効利益の放棄

定　義	時効完成後にその利益を放棄すること
要　件	① 　時効完成後であること ② 　時効完成を知っていること ③ 　処分のための能力や権限のあること
効　果	① 　放棄の相対効 　→ 　放棄した者に限って援用権を失う。 ② 　放棄後の時効 　→ 　放棄後には、**再び新たな時効の進行が始まる**（判例）。
論　点	① 　時効完成前の放棄 　→ 　146条により無効 　→ 　時効の完成を困難にする特約は無効 ② 　時効完成後の自認行為（債務の弁済） 　→ 　時効完成を知っていた場合：黙示的な放棄にあたり、**援用できない。** 　→ 　時効完成を知らなかった場合：信義則**上**、**援用できない。**

基礎 時効の完成猶予及び更新事由と効果

事　由	時効の完成猶予	更　新
裁判上の請求等	○	○
強制執行等	○	○
仮差押え等	○	
催　告	○	
協議を行う旨の合意	○	
承　認		○
未成年者又は成年被後見人	○	
夫婦間の権利	○	
相続財産	○	
天災等	○	

民法

効　果	時効の完成猶予及び更新事由に関与した者の間でだけ相対的に**効力を生ずる**。 例　外 　①　地役権の取得時効・消滅時効の不可分性（284条2項、292条） 　②　時効の完成猶予及び更新の効力を当事者以外に及ぼす特則（457条1項） 　③　物上保証人が、債務者の承認により被担保債権について生じた消滅時効の完成猶予及び更新の効力を否定することは、担保権の付従性に抵触し、396条の趣旨にも反し、許されない（判例）。 　④　債務者の承認（152条1項）による更新の効果は、詐害行為の受益者にも及ぶ（判例）。

基礎　裁判上の請求等による時効の完成猶予及び更新

事　由	①　**裁判上の請求** ②　支払督促 ③　訴え提起前の和解、民事調停法・家事事件手続法による調停 ④　破産手続参加、再生手続参加、更生手続参加
時効の 完成猶予	上記事由が終了するまでの間は、**時効は完成しない**。 ※　確定判決（又は確定判決と同一の効力を有するもの）によって権利が確定することなくその事由が終了した場合にあっては、その終了の時から6か月を経過するまでの間
更　新	確定判決（又は確定判決と同一の効力を有するもの）によって権利が確定したときは、時効は、上記事由が終了した時から**新たにその進行を始める**。

基礎　強制執行等による時効の完成猶予及び更新

事　由	①　**強制執行** ②　担保権の実行 ③　留置権による競売、民法等の規定による換価のための競売 ④　財産開示手続
時効の 完成猶予	上記事由が終了するまでの間は、**時効は完成しない**。 ※　申立ての取下げ（又は法律の規定に従わないことによる取消し）によってその事由が終了した場合にあっては、その終了の時から6か月を経過するまでの間
更　新	時効は、上記事由が終了した時から**新たにその進行を始める**。 ※　申立ての取下げ（又は法律の規定に従わないことによる取消し）によってその事由が終了した場合は、この限りでない。

基礎 仮差押え等による時効の完成猶予

事　由	① 仮差押え ② 仮処分
時効の 完成猶予	上記事由が終了した時から6か月を経過するまでの間は、**時効は完成しない。**

基礎 催告による時効の完成猶予

時効の 完成猶予	**催告**があったときは、その時から6か月を経過するまでの間は、**時効は完成しない。**
完成猶予 期間中の 再度の催 告	催告によって時効の完成が猶予されている間にされた再度の催告は、時効の完成猶予の効力を有しない。

基礎 協議を行う旨の合意による時効の完成猶予

時効の 完成猶予	**権利についての協議を行う旨の合意**が書面でされたときは、次に掲げる時のいずれか早い時までの間は、時効は、完成しない。 ① **その合意があった時から1年を経過した時** ② その合意において当事者が協議を行う期間（1年に満たないものに限る）を定めたときは、その期間を経過した時 ③ 当事者の一方から相手方に対して**協議の続行を拒絶する旨の通知**が書面でされたときは、その通知の時から6か月を経過した時
完成猶予 期間中の 再度の合 意	時効の完成が猶予されている間にされた再度の合意は、時効の完成猶予の効力を有する。 ※ 時効の完成猶予の効力は、時効の完成が猶予されなかったとすれば時効が完成すべき時から通じて5年を超えることができない。

応用 催告と協議を行う旨の合意の関係

催告による 完成猶予期間中の合意	催告によって時効の完成が猶予されている間にされた協議を行う旨の合意は、時効の完成猶予の効力を有しない。
合意による 完成猶予期間中の催告	協議を行う旨の合意によって時効の完成が猶予されている間にされた催告は、時効の完成猶予の効力を有しない。

承認による時効の更新

更 新	時効は、権利の承認があったときは、その時から**新たにその進行を始める**。

制限行為能力者による単独での承認の可否	未成年者	法定代理人の同意が必要
	成年被後見人	×
	被保佐人	○
	被補助人	○

応用 **その他の時効の完成猶予事由の猶予期間**

事 由	猶予期間
未成年者又は成年被後見人と時効の完成猶予	（時効の期間の満了前6か月以内の間に未成年者又は成年被後見人に法定代理人がない場合）その未成年者若しくは成年被後見人が行為能力者となった時又は法定代理人が就職した時から6か月を経過するまでの間
夫婦間の権利の時効の完成猶予	婚姻の解消の時から6か月を経過するまでの間
相続財産に関する時効の完成猶予	相続人が確定した時、管理人が選任された時又は破産手続開始の決定があった時から6か月を経過するまでの間
天災等による時効の完成猶予	障害が消滅した時から3か月を経過するまでの間

基礎	**取得時効** (162条)	
起算日	占有を開始した時	
要　件	① 所有の意思をもって 　→ 所有の意思は、占有開始の原因によって外形的・客観的に定められる（186条1項により**推定される**）。 　→ なお、賃借権の時効取得について、判例は、他人の土地の継続的な用益という外形的事実が存在し、かつ、その用益が賃借の意思に基づくものであることが客観的に表現されているときには、土地の賃借権を時効取得するとした。 ② 平穏かつ公然に 　→ 平穏（⇔暴行若しくは強迫）・公然（⇔隠匿）は、186条1項により**推定** ③ 一定期間 　→ 占有開始時に善意無過失の場合、**10年** 　　悪意又は有過失の場合、**20年** 　→ **善意は推定される**（186条1項）が、**無過失は推定されない。** 　→ 善意無過失は占有開始時でのみ必要とされ、占有途中で悪意となっても、占有開始時が善意無過失であれば、10年で期間要件を満たす。 ④ 他人の物（財産権）を 　→ 自己物についても時効取得できる。例えば、不動産が売主から第2の買主に二重に売却され、第2の買主に対し所有権移転登記がなされたときは、第1の買主がその買受後、不動産の占有を取得した時から162条に定める時効期間を経過したときは、同法条により当該不動産を時効によって取得し得る（判例）。 ⑤ 占有したこと	
効　果	原始取得	

占有者の承継人は、その選択に従い、自己の占有のみを主張し、又は自己の占有に前の占有者の占有を併せて主張することができます（187条1項）。したがって、前主Aから占有を承継したBは、前主Aの承継期間と自己の承継期間を併せて取得時効の時効期間の経過の有無を判断することができます。

ただし、前の占有者の占有を併せて主張する場合には、その瑕疵をも承継しますので（同条2項）、例えば、前主Aが悪意の場合、Bは自らが善意無過失でも20年間の占有継続が必要となります。

民法

占有開始当初からの所有者との関係	時効取得した者Xは時効取得された元所有者Yに対して登記なくして時効取得を主張できる。
時効完成前の譲受人との関係	時効完成前に元所有者Yから不動産を譲り受けた（物権を取得した）Zに対してXは登記なくして時効取得を主張できる。
時効完成後の譲受人との関係	時効完成後に元所有者Yから不動産を譲り受けた（物権を取得した）Zは時効取得者Xとは**対抗関係**と同視できるので、XはZに対して登記なくして時効取得を主張できない。
時効の起算点	時効の起算点は動かすことができない。
再度の時効進行	時効完成後に登記名義人が変わって時効取得を対抗できなくなった後、更に時効期間が経過した場合、登記の日より更に10年間（悪意なら20年間）の占有により時効取得を登記なくして対抗できる。

判　例	判旨概要
取得時効完成後の抵当権設定と再度の時効取得Ⅰ（最判平15.10.31）	Aは、昭和37年2月17日にBの所有する土地の占有を開始し、同57年2月17日以降も本件土地の占有を継続していた。一方、Bは、昭和58年12月13日、Cとの間で、本件土地につき、Cを抵当権者とし、抵当権を設定してその旨の登記を了した。その後、Aは、昭和37年2月17日を起算点として20年間本件土地の占有を継続したことにより、時効が完成したとして、Bに対して所有権の取得時効を援用した。そして、Aは、平成11年6月15日、本件土地につき「昭和37年2月17日時効取得」を原因とする所有権移転登記を了した。 この場合、Aは、上記時効の援用により確定的に本件土地の所有権を取得したのであるから、このような場合に、起算点を後の時点にずらして、**再度、取得時効の完成を主張し、これを援用することはできない**ものというべきである。
取得時効完成後の抵当権設定と再度の取得時効Ⅱ（最判平24.3.16）	不動産の取得時効の完成後、所有権移転登記がされることのないまま、第三者が原所有者から抵当権の設定を受けて抵当権設定登記を了した場合において、上記不動産の時効取得者である占有者が、**その後引き続き時効取得に必要な期間占有を継続したとき**は、上記占有者が上記抵当権の存在を容認していたなど抵当権の消滅を妨げる**特段の事情がない限り**、上記占有者は、上記不動産を時効取得し、その結果、上記抵当権は消滅する。
時効取得したとする賃借権を買受人に対抗することの可否（最判平23.1.21）	不動産につき賃借権を有する者がその対抗要件を具備しない間に、当該不動産に抵当権が設定されてその旨の登記がされた場合、上記の者は、抵当権設定登記後、賃借権の時効取得に必要とされる期間、当該不動産を継続的に用益したとしても、競売又は公売により当該不動産を買い受けた者に対し、**賃借権を時効により取得したと主張して、これを対抗することはできない**。

33 消滅時効

📖 Chapter 10 3

重要度　B

基礎 債権等の消滅時効 (166条)

債　権	次に掲げる場合には、時効によって消滅する。 1　**主観的起算点** 　　債権者が権利を行使することができることを知った時から5年間行使しないとき (1項1号) 2　**客観的起算点** 　　権利を行使することができる時から10年間行使しないとき (同項2号)
債権又は所有権以外の財産権	権利を行使することができる時から20年間行使しないときは、時効によって消滅する (2項)。
人の生命又は身体の侵害による損害賠償請求権 (167条)	次に掲げる場合には、時効によって消滅する。 1　**主観的起算点** 　　債権者が権利を行使することができることを知った時から5年間行使しないとき 2　**客観的起算点** 　　権利を行使することができる時から20年間行使しないとき
不法行為による損害賠償請求権 (724条)	次に掲げる場合には、時効によって消滅する。 1　**主観的起算点** 　　被害者又はその法定代理人が損害及び加害者を知った時から3年間行使しないとき 2　**客観的起算点** 　　不法行為の時から20年間行使しないとき
人の生命又は身体を害する不法行為による損害賠償請求権 (724条の2)	次に掲げる場合には、時効によって消滅する。 1　**主観的起算点** 　　被害者又はその法定代理人が損害及び加害者を知った時から5年間行使しないとき 2　**客観的起算点** 　　不法行為の時から20年間行使しないとき

民法

応用 消滅時効・履行遅滞の起算点

	消滅時効の客観的起算点	履行遅滞の起算点
確定期限の定めのある債権	期限到来時	期限到来時（412条1項）
不確定期限の定めのある債権	期限到来時	履行の請求を受けた時又は期限到来を知った時のいずれか早い時（412条2項）
期限の定めのない債権（703条等）	債権成立時	履行の請求を受けた時（412条3項）
停止条件付債権	条件成就時	条件成就後債権者が履行請求した時
債務不履行による損害賠償請求権	本来の債権について履行請求できる時（判例）	履行の請求を受けた時（期限の定めのない債権）
契約解除による原状回復請求権	契約解除時（判例）（解除で成立する債権）	履行の請求を受けた時（期限の定めのない債権）
返還時期の定めのない消費貸借	債権成立後、相当期間経過後	催告後、相当期間経過後（591条1項）
不法行為に基づく損害賠償請求権	不法行為時（724条2号） ※　なお、主観的起算点は、損害及び加害者を知った時（724条1号）	不法行為時（判例） ※　被害者の救済のため

34 物権変動

📖Chapter 12

重要度　**A**

基礎 法律行為に基づく物権変動の時期

	契約時説（判例・通説）
結　論	特約なき限り、原則として売買契約をした時点で物権変動が生じる。
理　由	意思主義の原則を忠実に適用すべきである。
例　外	① 不特定物売買では、目的物特定時に所有権が移転する。 ② 他人物売買では、**売主が第三者所有の特定物譲渡後にその物件の所有権を取得した時**に、買主に所有権が移転する。

基礎 不動産物権変動

物権変動	物権の設定及び移転は、**当事者の**意思表示**のみ**によって、その効力を生ずる（176条　意思主義）。
不動産物権変動の対抗要件	不動産に関する物権の得喪及び変更は、その登記をしなければ、第三者に対抗することができない（177条）。 　→　動産物権変動は引渡しが対抗要件（178条） 　※　対抗要件としての引渡しの態様は、現実の引渡し・簡易の引渡し・占有改定・指図による占有移転が認められる。
登記を対抗要件とする権利	① **物権** 　→　所有権、地上権、永小作権、地役権、先取特権（一般先取特権を除く）、不動産質権、抵当権 ② 物権ではないもの 　→　**不動産賃借権**
登記をしなければ対抗できない第三者（人的範囲）	第三者とは、**当事者若しくはその包括承継人以外の者で、不動産に関する物権の得喪及び変更**の登記の欠缺を主張する正当の利益を有する者をいう（判例　制限説）。 例えば、不動産の賃借人は（対抗要件を具備していなくても）第三者に該当するので、その不動産を賃貸人から譲り受けた者は、**登記なく所有権を賃借人に対抗できない**。 　→　賃貸不動産を譲り受けた者が、賃借人に対して賃料を請求する場合にも、**登記を具備する必要がある**。

民法

		〈第三者にあたらない者〉 ① 不動産登記法5条1項、2項列挙の者（**詐欺又は強迫によって登記の申請を妨げた第三者、他人のため登記申請の義務を負う第三者**） ② 無権利の名義人 → 登記には公信力がないため、無権利の名義人から譲り受けた者は無権利者であり、**第三者に該当しない。** ③ 不法占有者・不法行為者 ④ 前主後主の関係にある者 ⑤ 背信的悪意者 → 物権変動を知っている第三者であって、その物権変動につき登記の欠缺を主張することが信義則に反すると認められるもの
登記以外の 対抗要件	借　地	借地権者は、借地権（建物所有を目的とする地上権・土地賃借権）の登記がなくても、**借地上に登記された建物を所有する**ときは、借地権を第三者に対抗することができる（借地借家法10条1項）。 ※ 「登記された建物」に関する重要判例 ○登記は、建物所有者名義でなければならず、配偶者名義や子（長男など）名義の場合は、対抗力は認められない。 ○建物登記は、表示の登記でもよい。
	借　家	建物の賃貸借は、その登記がなくても、**建物の引渡しがあった**ときは、その後その建物について物権を取得した者に対し、その効力を生ずる（借地借家法31条）。
	立　木	明認方法を施せば土地所有権を取得した第三者にも対抗できる。なお、明認方法が消失すれば、対抗力は失われる。
中間省略登記の 可否		① これからなす中間省略登記 → **三者間の合意があれば可** ② 既になされた中間省略登記 → 中間者は、**抹消を求める正当な利益**がない限り、抹消請求をなし得ない。 ③ 転得者による真正な登記名義の回復を原因とする所有権移転登記手続請求 → **不可**

民法では「第三者」という言葉が何度も出てきますが、第三者の定義は置かれておらず、また、その定義は条文ごとに異なります。基本的な方向性は、①無制限説（当事者及びその包括承継人以外のすべての者）という考え方と②制限説（当事者及びその包括承継人以外の者であって、○○というもの）という考え方があります。制限説の「○○」部分の絞込み方が重要なものは、その絞込み方を覚える必要があります。その代表格が94条2項の「第三者」と177条の「第三者」です。

問　題	例えば、Aが土地をBとCに二重に譲渡し、登記を備えたCが善意であった場合において、Cから更に土地を譲り受けた背信的悪意者Dは、土地所有権を取得することができるか。
結　論	DがCをわら人形として利用したのではない限り、権利を取得することができる（絶対的構成）。
理　由	Cが登記を備えた時点でC所有が確定しているのであり、Dはその権利を承継取得するにすぎない。 ※　もっとも、DがCをわら人形のように利用したような場合は、CとDを同視することにより、Dは不動産所有権を取得できないと解すべきである。

cf.背信的悪意者から取得した場合
　　所有者AからBが不動産を買い受け、その登記が未了の間に、AからCが当該不動産を二重に買い受け、更にCから転得者Dが買い受けて登記を完了した場合に、Cが背信的悪意者にあたるとしても、Dは、Bに対する関係で**D自身が背信的悪意者と評価されるのでない限り、当該不動産の所有権取得をBに対抗することができる**（最判平8.10.29）。

	○○前の第三者との関係	○○後の第三者との関係
制限行為能力による取消し	**取消権者は**、すべての第三者に対抗できる。	登記の先後でその優劣を決する。（対抗問題　177条）
錯誤取消し	**取消権者は**、善意無過失の第三者に対抗することはできない（95条4項）。	
詐欺取消し	**取消権者は**、善意無過失の第三者に対抗することはできない（96条3項）。	
強迫取消し	**取消権者は**、すべての第三者に対抗できる。	
時効取得	**時効取得者は、時効完成前の第三者に対しては、登記なくして時効による権利取得を対抗することができる。**	
解　除	**解除権者は、登記を備えた第三者に対しては解除による原状回復を対抗することはできない**（545条1項ただし書）。	

民法

		判旨概要
背信的悪意者とした判例	背信的悪意者と177条 （最判昭43.8.2）	実体上物権変動があった事実を知る者において、この物権変動についての登記の欠缺を主張することが**信義に反する**ものと認められる事情がある場合には、かかる**背信的悪意者は、登記の欠缺を主張するについて正当な利益を有しない**ものであって、民法177条にいう**第三者にあたらない。**
	不動産の取得時効完成後の譲渡の場合 （最判平18.1.17）	甲が時効取得した不動産について、その取得時効完成後に乙が当該不動産の譲渡を受けて所有権移転登記を了した場合において、乙が、当該不動産の譲渡を受けた時点において、**甲が多年にわたり当該不動産を占有している事実を認識しており、甲の**登記の欠缺を主張することが**信義に反するものと認められる事情が存在するときは、乙は背信的悪意者にあたる**というべきである。 取得時効の成否については、その要件の充足の有無が容易に認識・判断することができないものであることに鑑みると、**乙において、甲が取得時効の成立要件を充足していることをすべて具体的に認識していなくても、背信的悪意者と認められる場合がある**というべきであるが、その場合であっても、少なくとも、乙が甲による多年にわたる占有継続の事実を認識している必要があると解すべきであるからである。
正当な利益の有無の問題とした判例	地役権の場合 （最判平10.2.13）	通行地役権（通行を目的とする地役権）の承役地が譲渡された場合において、**譲渡の時に、承役地が要役地の所有者によって**継続的に通路として使用されていることがその位置、形状、構造等の物理的状況から客観的に明らかであり、かつ、譲受人がそのことを認識していた又は認識することが可能であったときは、譲受人は、通行地役権が設定されていることを知らなかったとしても、特段の事情がない限り、地役権設定登記の欠缺を主張するについて正当な利益を有する第三者にあたらない。
	承役地に抵当権が設定されて、後に担保不動産競売による売却が行われた場合 （最判平25.2.26）	通行地役権の承役地が担保不動産競売により売却された場合において、最先順位の抵当権の設定時に、既に設定されている通行地役権に係る**承役地が要役地の所有者によって継続的に通路として使用されていることがその位置、形状、構造等の物理的状況から客観的に明らかであり、かつ、上記抵当権の抵当権者がそのことを認識していた又は認識することが可能であったときは、特段の事情がない限り、登記がなくとも、通行地役権は上記の売却によっては消滅せず、通行地役権者は、買受人に対し、当該通行地役権を主張することができる。**

論 点		判 例
共同相続と登記		① 共同相続人中の１人の単独登記は、他の共同相続人の持分に関する限り無権利の登記であり、登記に公信力がない以上、**他の共同相続人は、登記なくして自己の相続分を主張することができる**（最判昭38.2.22）。 ② 甲乙両名が共同相続した不動産につき乙が勝手に単独所有権取得の登記をし、さらに、第三取得者丙が乙から移転登記を受けた場合、**甲は丙に対し自己の持分を登記なくして対抗できる**。 ③ その場合、甲が乙丙に対し請求できるのは、甲の持分についてのみの**一部抹消（更正）登記手続**であって、各登記の全部抹消を求めることは許されない。
遺産分割と登記	遺産分割前の第三者	第三者は、登記を備えれば、善意・悪意を問わず保護される（909条ただし書）。
	遺産分割後の第三者	遺産分割の遡及効（909条本文）は、遺産分割後の第三者との関係では新たな物権変動と同視できるので、対抗関係として処理すべきであり、遺産分割により不動産を単独所有することとなった相続人は、**登記がなければ単独所有を第三者に主張することはできない**（最判昭46.1.26）。
相続放棄と登記		共同相続人の１人が相続放棄したが、他の相続人が登記をしないでいるうちに、放棄した相続人の債権者が相続持分を差し押さえた場合、相続放棄の遡及効（939条）は絶対的であり、相続放棄した者は相続開始時に遡って無権利者となるから、他の相続人は、登記なくして**相続放棄による持分取得を差押債権者に対抗することができる**（最判昭42.1.20）。
特定遺贈と登記		遺贈の場合においても不動産の二重譲渡等における場合と同様、登記をもって物権変動の対抗要件とするものと解すべきである。 不動産につき遺贈による移転登記のなされない間に、亡Ａと法律上同一の地位にある相続人Ｂに対する強制執行として、Ｂの持分に対する強制競売申立てが登記簿に記入された場合においては、Ｃは、Ｂの本件不動産持分に対する差押債権者として民法177条にいう第三者に該当し、受遺者Ｄは登記がなければ自己の所有権取得をもってＣに対抗できない（最判昭39.3.6）。

民法

不動産物権変動の知識は、不動産物権変動をテーマとして出題されることもあれば、取消し、取得時効、解除等のテーマの問題の選択肢の１つとして出題されることもあります。民法のテーマは横断的に勉強する意識を持って、しっかりと知識を整理し覚えていきましょう。

占有権（即時取得）

📖Chapter 13③

重要度 **B**

基礎 即時取得

原　則	取引行為によって、平穏に、かつ、公然と動産の占有を始めた者は、善意であり、かつ、過失がないときは、即時にその動産について行使する権利を取得する（192条）。
例　外	即時取得が成立しても、占有物が盗品又は遺失物であるときは、被害者又は遺失者は、盗難又は遺失の時から**2年間**、占有者に対してその物の回復を請求することができる（193条　盗品又は遺失物の回復）。 ○詐欺・横領・恐喝による物品には適用しない。 ○回復請求権行使までの間の所有権は、原所有者に帰属する（判例）。
例外の特則	占有者が、盗品又は遺失物を、**競売**若しくは**公の市場**において、又はその物と同種の物を販売する**商人**から、善意で買い受けたときは、被害者又は遺失者は、占有者が支払った代価を弁償しなければ、その物を回復することができない（194条）。

応用 盗品・遺失物の回復に関する判例

	判旨概要
194条に基づき盗品等の引渡しを拒むことができる占有者 （最判平12.6.27）	1　盗品又は遺失物（以下「盗品等」という）の被害者又は遺失主（以下「被害者等」という）が盗品等の占有者に対してその物の回復を求めたのに対し、占有者が民法194条に基づき支払った代価の弁償があるまで盗品等の引渡しを拒むことができる場合には、**占有者は、当該弁償の提供があるまで盗品等の使用収益を行う権限を有する**。 2　被害者等が、盗品等の回復をあきらめるか、代価の弁償をしてこれを回復するかを選択し得る状況下において、後者を選択し、盗品等の引渡しを受けた場合、**占有者は、盗品等の返還後においても、なお民法194条に基づき被害者等に対して代価の弁償を請求することができる**。

	即時取得	時効取得
要　件	① **動産であること** ○未登録自動車　〇 ○既登録自動車　× ② **有効な取引の存在** ○相続による場合　× ○山林の伐採　× ○競売　〇 ○制限行為能力者、無権代理人からの取得、錯誤・詐欺など意思表示の瑕疵・欠缺がある場合　× ③ **無権利・無権限の相手方からの取得** ○相手方に占有があることが必要 ④ **平穏・公然・善意・無過失** ○平穏、公然、善意は186条1項で、無過失は188条で推定 ⑤ **占有を取得すること** ○占有改定　×	① **所有の意思をもって** ○自主占有（186条1項で**推定**） ② **平穏・公然** ○186条1項で推定 ③ **他人の物の占有** ○占有の承継があった場合は、承継人は、**自己の占有のみ**を主張することもできるし、**自己の占有に前の占有者の占有を併せて**主張することもできる。ただし、占有の承継を主張する場合には、その**瑕疵（悪意、有過失等）**をも承継する。 ④ **善意無過失の場合、10年間** ○それ以外は**20年間**の占有 ○善意無過失は占有開始時に判断（善意は186条1項で**推定**）
効　果	所有権等の原始取得	

基礎 占有改定は、192条の「占有を始めた」にあたるか

結　論	**占有改定では「占有を始めた」とはいえない。**
理　由	占有状態に変化がない占有改定で即時取得の成立を肯定するのは、あまりにも真の権利者を害することになる。
帰　結	第一譲渡でAが占有改定により、**対抗要件としての引渡し**（178条）を得ているため、Aが完全な所有者となっており、Bは、Cに売却する時点では無権利者となる。そして、Cは、**占有改定を受けただけでは即時取得できない**ことになる。

応用 共同所有の比較

	合　有	総　有	共　有
具体例	**組合**の財産（通説）	権利能力なき社団の財産（通説）	相続財産（判例）
使用・収益	○	○	○
持　分	**潜在的持分** （**脱退**時に返還）	×	**具体的持分**
持分の処分	× （676条1項）	×	○
分割の請求	× （676条3項）	×	○

基礎 共有物の管理（最広義）の要件等

		意　義	要件（原則）	具体例
変更行為 （251条1項）		共有物の性質若しくは形状を物理的に変化させることや、法律的に処分すること。形状又は効用の著しい変更を伴わないものを除く。	**共有者全員の同意が必要**	山林の伐採、売却及びその解除、担保の設定、長期賃借権の設定・解除等
管理行為 （252条1項）	軽微変更	形状（外観、構造等）又は効用（機能、用途等）の著しい変更を伴わない変更	持分価格の過半数で**決める**	砂利道のアスファルト舗装、大規模修繕工事
	利用行為	共有物を変更しない範囲で収益を図る行為		**短期賃借権の設定・解除**等
	改良行為	使用価値・交換価値の増加を図る行為		共有地の地ならし、建物の改装（改造に至らない程度の工事）等
保存行為 （252条5項）		共有物の現状を維持する行為	**各共有者が単独で決める**	共有物の補修、妨害の排除、保存登記等

※　管理者の選任及び解任については、管理行為と同様

定　義	数人が1つの物を所有すること
内部関係	1　共有持分 　→　法律の規定や当事者の合意があればそれによるが、それがない場合は平等（250条） 　→　共有者が**持分を放棄**したときは、その持分は**他の共有者に帰属する**（255条）。 　→　共有者が**死亡して相続人がない**ときは、その持分は**他の共有者に帰属する**（255条）。ただし、特別縁故者がいれば、**特別縁故者を優先**する。 2　目的物の使用 　→　各共有者は持分に**応じて共有物の全部を使用できる**（249条1項）。 　→　共有者は善良な管理者の注意をもって共有物の使用をしなければならない（249条3項）。 　→　共有物使用共有者は、別段の合意がある場合を除き、自己の持分を超える使用の対価を償還する義務を負う（249条2項）。 　→　共有物の持分の価格が過半数を超える者であっても、共有物を単独で占有する**他の共有者に対し、当然には**その共有物の明渡しを請求することが**できない**（最判昭41.5.19）。 　→　共有者から共有者の協議を経ないで共有地を**占有使用することを承認された第三者に対して**、他の共有者は**当然には**その共有物の明渡しを請求することが**できない**（最判昭63.5.20）。
対外関係	無権利者による侵害がある場合、共有者は単独で**共有物全部について妨害排除請求（又は返還請求）ができる**（保存行為　252条5項）。 　→　この場合に、**不法行為に基づく損害賠償請求**をするときは、各共有者は自己の持分に応じた額を請求する。
共有物の分割	1　分割請求の自由（256条） 　→　各共有者は、いつでも**共有物の分割を請求する**ことができる（1項本文）。 　※　分割禁止**特約**（同項ただし書） 　　→　**期間5年以内**（更新可）なら分割しない特約をすることができる。 2　裁判による分割の方法（258条） 　現物分割・賠償分割・競売分割 　※　協議による分割の場合、**分割方法に制限はない**。

民法

37 地役権

📖Chapter 15③

重要度 **B**

基礎 **地役権**

定 義	地役権とは、ある土地（要役地）の便益（利用価値）を増すために、他人の土地（承役地）を利用する権利をいう（280条）。 ※ 要役地と承役地は隣接している必要はない。
発生原因	① **設定契約** ② **時効取得** → 「継続的に行使され、かつ、外形上認識することができるもの」に限られる（283条）。例えば、**通行地役権であれば、要役地所有者によって通路が開設されなければ、「継続的に行使」とはいえず、時効取得することができない**（判例）。

法的性質	付従性	**要役地から分離して地役権のみを譲渡すること、又は他の権利の目的とすることはできない**（281条2項）。 ※ 特約によって排除することはできない。
	随伴性	○要役地所有権が移転すると、それに伴い**地役権も当然に移転する**（281条1項本文前段）。 ○要役地が他の権利の目的となると、**地役権もその目的となる**（同項本文後段）。 ※ 特約によって排除できる。
	不可分性	① 分割・譲渡における不可分性 → 要役地又は承役地の共有者は、**自己の持分のみについて、地役権を消滅させることはできない**（282条1項）。 → 要役地又は承役地が、共有地の分割又は共有持分の譲渡によって数人の所有に帰属するようになるときは、**地役権は、各部のため又は各部の上に存在することになる**（同条2項本文）。 ② 時効における不可分性 → 共有地を要役地とする**地役権に関して消滅時効が進行**している場合 ○共有者の1人につき消滅時効の完成猶予又は更新の事由が生じたときは、**完成猶予又は更新の効果は共有者全員に生じる**（292条）。 → 共有地の共有者の1人が**時効によって地役権を取得**した場合 ○他の共有者も地役権を取得する（284条1項）。 ※ 共有地を要役地とする地役権の**取得時効の更新は、それらの共有者全員について生じないと効力を生じない**（同条2項）。

内　容	① 存続期間　**制限なし** 　　→　永久地役権の設定も可能（通説） ② **有償、無償**を問わない。 ③ 土地の便益に制限はない（設定契約によって定める）。 ④ 地役権者は、承役地について**妨害排除請求権・妨害予防請求権**は有するが、承役地を自己に引き渡すよう求める返還請求権は有しない。
対抗関係	① 要役地が譲渡された場合 　　→　要役地の譲受人は、地役権の随伴性により、土地所有権だけでなく、地役権も取得することができる（281条1項本文）。 　　→　要役地所有権の移転登記を経れば、地役権につき移転登記がなくても、**地役権の移転を第三者に対抗することができる**（判例）。 ② 承役地が譲渡された場合 　　→　地役権者は、地役権設定登記がない限り、原則として、**承役地の新所有者に対抗することができない**（177条）。 　　→　例外：最判平10.2.13（p.110参照）

民
法

用益物権の中では地役権が重要ですが、難しいテーマです。特に不可分性に苦手意識を持つ受験生が多く見受けられます。地役権の不可分性は丸暗記しようとしても混乱するのでお勧めできません。地役権は"全体についてなるべく存続させる"方向で働くという視点をもって、1つひとつを理解するようにしてください。その上で記憶をしていくとよいでしょう。
理解できない、覚えられないと、自分を劣っている、情けないと感じてしまいがちです。しかし、理解できないことや覚えられないことがあったとしても、必ずしも劣っているわけではありません。誰しも難しいテーマはいくらでもあるものです。難しいテーマに出会ったときは、「みんなも苦労しているのだろうな」というくらいの気持ちで臨んでいきましょう！

38 担保物権総論

📖Chapter 16

重要度 **B**

基礎 担保物権の対比

	法定担保物権				約定担保物権			
	留置権	先取特権			質権			抵当権
		一般	動産	不動産	動産	不動産	権利	
付従性	○	○	○	○	○	○	○	○
随伴性	○	○	○	○	○	○	○	○
不可分性	○	○	○	○	○	○	○	○
物上代位性	×	×	○	○	○	○	○	○
優先弁済的効力	×	○	○	○	○	○	○	○
留置的効力	○	×	×	×	○	○	△（※）	×
登記の可否	×	○	×	○	×	○	×	○

※ 債権証書の交付がある場合には、その証書について留置的効力が認められる。

担保物権の通有性（4つの性質）は抵当権にはすべて当てはまります。抵当権は非常に重要なので通有性もしっかりと覚えるようにしてください。また、上の表を見ると、先取特権と抵当権が類似していることに気づくはずです。ですから、もし勉強していない先取特権の知識が出題されたなら、先取特権を抵当権に置き換えて解いてみてください。場合によってはそれで解けることがあります。

基礎	留置権 (295条)

定 義	他人の物を占有している者がその物に関して生じた債権を有する場合に、その弁済を受けるまでその物を留置することによって（留置的効力）、債務者の弁済を間接的に強制することのできる法定担保物権（295条）
要 件	① その物に関して生じた債権を有すること（牽連性） → **物自体から生じた場合** ○物に加えた費用償還請求権（有益費・必要費） ○ → **物の引渡義務と同一の法律関係又は事実関係から生じた場合** ○目的物の売買代金債権 ○ ○建物買取請求権に基づく代金債権（敷地の留置） ○ ○造作買取請求権に基づく代金債権（建物の留置） × ○敷金返還請求権 × ○劣後譲受人が有する二重譲渡の売主に対する債務不履行に基づく損害賠償請求権（優先譲受人からの引渡請求に対して） × ○他人物売買の買主が有する売主に対する損害賠償請求権（所有者からの引渡請求に対して） × ② **債権が弁済期にあること** → 費用償還請求権について、裁判所が期限を許与した場合、弁済期が未到来になるため、その請求権を被担保債権とする留置権は認められない。 ③ **留置権者が他人の物を占有していること** ④ **占有が不法行為によって始まったものではないこと** → 占有開始時には権原があったが、その後に無権原となった悪意**占有者・**善意有過失**占有者**が、無権原となった後に「その物に関して生じた債権」を取得しても、留置権は認められない（295条2項類推適用　判例）。
効 果	1　目的物を留置する効力 ① 被担保債権の全部**の弁済を受けるまで**目的物の占有を継続できる。 ② 債務者のみならず、**すべての人に対抗できる。** 2　その他の効力 ① 果実収取権（297条1項）→**弁済に充当する。** ② 留置物の保管等（298条） → **善管注意義務**をもって占有すること → 債務者の承諾なしに、留置物を使用・賃貸・担保に供することは不可。ただし、その物の保存**に必要な使用は可**（家屋の居住等） → 上記に違反した場合、留置権消滅請求**の対象**となる。 ③ 費用償還請求権（299条）　④ 競売権（民事執行法195条）

民法

基礎 **抵当権** (369条)

定 義	債務者又は第三者（物上保証人）が**占有を移さないで**債務の担保に供した不動産等につき、債権者が**他の債権者に先立って**自己の債権の弁済を受ける権利（369条）
特 徴	① **目的物の占有を設定者の下にとどめる**。cf. 質権 ② 目的物の交換価値を把握する。 ③ 約定担保物権であり、**優先弁済的効力**（369条1項）がある。 ④ 公示方法は登記 ⑤ **付従性・随伴性・不可分性**（372条・296条）・**物上代位性**（372条・304条）といった、担保物権としての通有性を備えている。
成立要件	① 抵当権設定契約によること（諾成契約） ② 抵当権の目的（客体）は、不動産、地上権、永小作権 ③ 設定者が担保物について処分権を有していること 　→ 処分権を有していれば、債務者でなくてもよい（e.g.物上保証人）。 ④ 被担保債権が存在すること（**付従性**） 　→ 将来発生する債権のために、現在において抵当権を設定することができる。
対抗要件	原則：登記が対抗要件 例外：抵当権の処分は通知又は承諾
効 力	優先弁済的効力
被担保債権の範囲	抵当権者は、利息その他の定期金を請求する権利を有するときは、**その満期となった最後の2年分**についてのみ、その抵当権を行使することができる。
消 滅	1　抵当権の消滅時効 　抵当権は、**債務者・物上保証人**に対しては、被担保債権と同時でなければ、**時効によって消滅しない**。 　**第三取得者等、他の者との関係**では被担保債権から**独立して20年の消滅時効**に係る。 2　抵当不動産の時効取得による抵当権の消滅 　債務者・物上保証人**でない者**が抵当不動産について取得時効に必要な要件を具備する占有をしたときは、抵当権は、これによって消滅する。 3　抵当権の目的である地上権等の放棄 　地上権又は永小作権を抵当権の目的とした地上権者又は永小作人は、その権利を放棄しても、**これをもって抵当権者に対抗することができない**。

付加一体物	原則として、**付加一体物**（e.g.付合物）を取り付けた時期のいかんを問わず、及ぶ（370条）。
従　　物	抵当権設定前に取り付けた**従物には及ぶ。** ○判例によると、付加一体物とは物理的一体性のある物をいう。したがって、従物は付加一体物に含まれないが、**87条2項により、抵当権設定当時に存在した従物は主物の処分**（抵当権設定）に従う。 ○従たる権利も同様に扱う。
付加物が分 離した場合	設定者の通常の使 用・収益の範囲内 / 分離物に抵当権の効力は及ばない。
	上記以外 / 分離物（e.g.抵当山林に植えられていた樹木）が抵当不動産上に存在し、**登記の公示に包まれている限り**において、抵当権者は第三者に対抗できるが、**搬出されると対抗できなくなる**（対抗力喪失説）。
天然果実	原則として、及ばない。 ただし、被担保債権が債務不履行になったときは、及ぶ。
法定果実	物上代位の規定によって差押えをすれば、及ぶ。 ただし、被担保債権が債務不履行になったときは、及ぶ。

定　　義	何らかの理由で目的物の交換価値が現実化した場合に、その価値代表物に対して抵当権の効力を及ぼすことを認める制度
目的物	① **売却代金** ② **賃料** ○**賃料債権**に対して物上代位することができる。 ○**転貸賃料債権**を物上代位の目的とすることはできない（判例）。 ③ 目的物の滅失・毀損によって受けるべき金銭その他の物 ○**損害賠償請求権・保険金請求権**に対しても物上代位することができる（判例）。
行使の 要件	払渡し又は引渡しの前に差押えをしなければならない（304条1項ただし書）。 〈「払渡し又は引渡し」に該当するか〉 ○差押え　× ○転付命令　○ ○債権譲渡　×

	判旨概要
一般債権者の差押えと物上代位に基づく差押えの優劣 （最判平10.3.26）	債権について一般債権者の差押えと抵当権者の物上代位権に基づく差押えが競合した場合には、**両者の優劣は一般債権者の申立てによる差押命令の第三債務者への送達と抵当権設定登記の先後によって決せられ**、差押命令の第三債務者への送達が抵当権者の抵当権設定登記より先であれば、抵当権者は配当を受けることができない。
買戻代金債権に対する物上代位権 （最判平11.11.30）	買戻特約付売買の買主から目的不動産につき抵当権の設定を受けた者は、物上代位権の行使として、**買戻権の行使により買主が取得した買戻代金債権を差し押さえることができる**。
物上代位と相殺① （最判平13.3.13）	抵当権者が物上代位権を行使して賃料債権の差押えをした後は、抵当不動産の賃借人は、**抵当権設定登記の後に賃貸人に対して取得した債権を自働債権とする賃料債権との相殺をもって、抵当権者**に対抗することはできない。
物上代位と相殺② （最判平14.3.28）	敷金が授受された賃貸借契約に係る賃料債権につき抵当権者が物上代位権を行使してこれを差し押さえた場合においても、当該賃貸借契約が終了し、目的物が明け渡されたときは、**賃料債権は、敷金の充当によりその限度で消滅する**。

	判旨概要
無効な貸付行為と抵当権の効力 （最判昭44.7.4）	Aは自ら虚無の従業員組合の結成手続をなし、その組合名義をもって労働金庫Bから本件貸付を受け、この金員を自己の事業の資金として利用していたというのであるから、仮に当該貸付行為が無効であったとしても、Aはこれに相当の金員を不当利得として労働金庫Bに返済すべき義務を負っているものというべく、結局債務のあることにおいては変わりはないのである。そして、本件抵当権も、その設定の趣旨からして、経済的には、債権者たる労働金庫Bの有する債権の担保たる意義を有するものとみられるから、Aとしては、当該債務を弁済せずして、**貸付の無効を理由に、本件抵当権ないしその実行手続の無効を主張することは、信義則上許されない**ものというべきである。

抵当権は学習範囲が広いということも難しさの1つですが、学習範囲のすべてが重要なわけではありません。根抵当権など、重要度の低い箇所もあります。メリハリをつけて重要なところをしっかりと覚えていくようにしましょう。

基礎 法定地上権 (388条)

定 義	土地及びその上に存する建物が同一の所有者に属する場合において、その土地又は建物に抵当権を設定した場合に、抵当権設定者は競売の場合につき地上権を設定したものとみなすとして法定の地上権の成立を認める制度（388条）
趣 旨	以下より、建物収去による社会経済上の不利益を回避することを図った。 ① 土地と建物は別個の不動産（370条参照）なので所有者を異にする場合が生じ得る。 ② **自己借地権**は否定されている（179条、520条参照）。

成立要件	① 抵当権設定当時、土地の上に建物が存在すること
	  → 更地に抵当権設定後に建物を建てた場合、**法定地上権は成立しない**。
	  → 抵当権設定時に存在した建物が滅失し、その後再築した場合に、特段の事情がない限り、旧建物を基準として、法定地上権は成立する。
	② 抵当権設定当時、土地と建物の所有者が同一であること
	  → 借地上に建物があり、土地に抵当権が設定された後に、土地と建物の所有権者が同一人に帰属するに至ったとしても、**法定地上権は成立しない**。
	③ 土地と建物の一方、又は、両方に抵当権が設定されたこと
	④ 抵当権実行（競売）によって、土地と建物がそれぞれ別人の所有となること

効 果	法定地上権の成立

応用 法定地上権に関する判例

	判旨概要
1番抵当権設定時に土地と建物の所有者が異なっていた場合 （最判平2.1.22）	土地について1番抵当権が設定された当時土地と地上建物の所有者が異なっていた場合には、土地と地上建物を同一人が所有するに至った後に後順位抵当権が設定されたとしても、その後に抵当権が実行され、土地が競落されたことにより1番抵当権が消滅するときには、地上建物のための**法定地上権は成立しない**。
土地・建物共同抵当における建物再建の場合 （最判平9.2.14）	所有者が**土地及び地上建物に共同抵当権を設定した後、建物が取り壊され、その土地上に新たに建物が建築された場合**には、新建物の所有者が土地の所有者と同一であり、かつ、新建物が建築された時点での土地の抵当権者が新建物について土地の抵当権と同順位の共同抵当権の設定を受けたとき等**特段の事情のない限り**、新建物のために**法定地上権は成立しない**。

土地共有の場合の 法定地上権の成否 （最判昭29.12.23）	共有地全体に対する地上権は共有者全員の負担となるのであるから、土地共有者の１人だけについて民法388条本文により地上権を設定したものとみなすべき事由が生じたとしても、他の共有者らがその持分に基づく土地に対する使用収益権を事実上放棄し、その土地共有者の処分に委ねていたことなどにより法定地上権の発生をあらかじめ容認していたとみることができるような特段の事情がある場合でない限り、**共有土地について法定地上権は成立しない**といわなければならない。
建物共有の場合の 法定地上権の成否 （最判昭46.12.21）	建物の共有者の１人がその建物の敷地たる土地を単独で所有する場合においては、同人は、自己のみならず他の建物共有者のためにもその土地の利用を認めているものというべきであるから、同人がその土地に抵当権を設定し、この抵当権の実行により、第三者が競落したときは、民法388条の趣旨により、抵当権設定当時に同人が土地及び建物を単独で所有していた場合と同様、土地に**法定地上権が成立する**。
土地・建物共有の場合 の法定地上権の成否 （最判平6.12.20）	土地共有者らが共同して本件土地の各持分について本件建物の共有者のうちの１名Ａを債務者とする抵当権を設定しているという事実のみからＡ以外の本件土地の共有者らが法定地上権の発生をあらかじめ容認していたとみることはできず、**法定地上権は成立**しない。

基礎 法定地上権と一括競売

		法定地上権	一括競売
効　果		法律上当然に地上権の成立を認めること	土地と建物を一括して競売すること
要　件		① 抵当権設定当時、土地の上に建物が存在すること ② 抵当権設定当時、土地と建物の所有者が同一であること ③ 土地と建物の一方、又は、両方に抵当権が設定されたこと ④ 抵当権実行（競売）によって、土地と建物がそれぞれ別人の所有となること	① 更地に抵当権が設定されたこと ② 建物所有者（※）が抵当権設定後に、建物を築造したこと
その他		地代は、当事者の協議があればそれによるが、協議が成立しないときは、裁判所が定める。	抵当権者は、**土地の競落代金からのみ優先弁済**を受けることができる。

※ 建物所有者は、**抵当権設定者に限定されない**。ただし、建物所有者が、抵当地を占有することについて抵当権者に対抗することができる権利を有する場合は、抵当権者は、一括競売できない。

基礎 抵当権者等と抵当目的物の賃借人との関係

賃借人の現れた時期	内　容
抵当権設定前	賃借人が、対抗要件を備えているときは、**その賃借権を抵当権者等に対抗することができる**（605条）。
抵当権設定後	賃借人は、原則として**抵当権者等に対抗することができない。** ※　ただし、賃借権の登記前に**登記した抵当権を有するすべての者が同意し、かつ、その同意の登記があるときは**対抗することができる（387条）。

基礎 建物明渡猶予制度 (395条)

定　義	**抵当権者に対抗できない建物使用者**（※）に対して、競売による買受けの時から6か月間の建物の明渡猶予期間を与える制度
要　件	建物の買受人が、相当期間を定めて、その1か月**分以上の支払を催告**したにもかかわらず、**その相当期間内に履行のないときは**、建物使用者は、**建物明渡猶予制度の適用を受けることができない。**

※　抵当権者に対抗できない建物使用者とは、**抵当権者に対抗することができない賃貸借**によって抵当権の目的である建物の使用又は収益をなすものであって、以下の者をいう。
①　競売手続開始前から使用、又は収益をなす者
②　強制管理、又は担保不動産収益執行の管理人が競売手続の開始後になした賃貸借によって使用、又は収益をなす者

基礎 抵当物件の第三取得者の保護

	所有権を確保するための制度	金銭で満足を受ける制度
抵当権の実行前	○代価弁済（378条） ○抵当権消滅請求（379条） ○第三者弁済（474条）	**抵当権が契約不適合の場合、担保責任**（565条）
抵当権の実行後	**自ら競落**する方法	

第三取得者は抵当権付きの不動産を取得することになるので、せっかく取得した不動産を抵当権実行されてしまうリスクを負っています。そこで、民法全体を通して第三取得者の保護方法が考えられます。特に、ストレートな第三取得者保護方法として、民法は「抵当権」のテーマで、代価弁済と抵当権消滅請求を規定しています。

定　義	抵当不動産につき所有権又は地上権を買い受けた**第三者**が、抵当権者**の請求に応じて抵当不動産の代価を弁済した場合には、抵当権はその第三者のために消滅する制度
特　徴	その代価が被担保債権額に満たなくても、抵当権は消滅する。
効　力	①　所有権を買い受けた者が代価弁済をした場合 →　弁済額が被担保債権額に満たなくても**抵当権は消滅する。** →　債務者は代価弁済の範囲で債務を免れ、**残債務は無担保債務として存続**する。 ②　地上権を買い受けた者が代価弁済をした場合 →　地上権者が**抵当権者及び競売により所有権を取得した買受人に対抗できるようになる。** →　抵当権は**消滅しない。** →　抵当不動産の競売後も地上権は存続し、地上権者は競売により所有権を取得した買受人に対抗することができる。

基礎 **抵当権消滅請求** (379条)

請求権者	抵当不動産について所有権を**取得した第三者** ○**主債務者や保証人及びその承継人**は、たとえ所有権を取得しても、**請求できない。** ○停止条件付きで取得した第三者は、条件成否未定の間は請求することができない。
請求時期	抵当権の実行としての競売による差押えの効力発生前
手　続	登記をしている各債権者に、書面を送達する。
効　果	**登記をなしたすべての債権者が**、第三取得者の提供した代価、又は金額を**承諾**し、かつ、**第三取得者が**、その承諾を得た代価、若しくは金額を払い渡し、**又はこれを供託したときは、抵当権は消滅する。**
備　考	①　承諾擬制 →　債権者が書面の送達を受けた後**2か月**以内に抵当権を実行して競売の申立てをしないとき等は、債権者は書面によって提供した代価、又は金額を承諾したものとみなす。 ②　競売申立ての通知 →　債権者が書面の送達を受けてから2か月以内に競売の申立てをするときは、その期間内に**債務者及び抵当不動産の譲渡人**に、これを通知する必要がある。

基礎 抵当権侵害に関する判例

	判旨概要
所有者の不法占有者に対する妨害排除請求権の抵当権者による代位行使 （最大判平11.11.24）	1　第三者が抵当不動産を不法占有することにより、競売手続の進行が害され適正な価額よりも売却価額が下落するおそれがあるなど、抵当不動産の交換価値の実現が妨げられ抵当権者の優先弁済請求権の行使が困難となるような状態があるときは、抵当権の効力として、抵当権者は、抵当不動産の所有者に対し、その有する権利を適切に行使するなどしてその状態を是正し抵当不動産を適切に維持又は保存するよう求める請求権を有するというべきである。そうすると、抵当権者は、この請求権を保全する必要があるときは、民法423条の法意に従い、**所有者の不法占有者に対する妨害排除請求権を代位行使することができる。** 2　なお、第三者が抵当不動産を**不法占有**することにより抵当不動産の交換価値の実現が妨げられ抵当権者の優先弁済請求権の行使が困難**となるような状態があるときは、抵当権に基づく妨害排除請求**として、抵当権者がこの状態の排除を求めることも許されるものというべきである。
抵当権に基づく妨害排除請求 （最判平17.3.10）	1　抵当権設定登記後に**抵当不動産の所有者から占有権原の設定を受けてこれを占有する者**についても、その占有権原の設定に**抵当権の実行**としての競売手続を妨害する目的が認められ、その占有により抵当不動産の交換価値の実現が妨げられて抵当権者の優先弁済請求権の行使が困難となるような状態があるときは、抵当権者は、当該占有者に対し、**抵当権に基づく妨害排除請求**として、上記状態の排除を求めることができる。 2　抵当権に基づく妨害排除請求権の行使にあたり、抵当不動産の所有者において抵当権に対する侵害が生じないように抵当不動産を適切に維持管理することが期待できない**場合には、抵当権者は、占有者に対し、直接自己への抵当不動産の明渡しを求めることができる。**

民
法

応用 抵当権の順位

複数の抵当権との順位	同一の不動産について複数の抵当権を設定したときは、登記**の前後**による。
他の担保物権との順位	①　不動産保存の先取特権、不動産工事の先取特権は、抵当権に優先する（339条）。 ②　不動産売買の先取特権、不動産質権と抵当権の優先順位は、**登記**の前後による。
抵当権の順位の変更	**各抵当権者の合意**によって変更することができる（374条）。 ○ただし、**利害関係人の承諾**を得る必要がある。 ○**登記をしなければ**、順位の変更は**効力を生じない。**

42 債権の目的

債権総論

📖Chapter 22

重要度 **B**

基礎 善管注意義務 (400条)

意 義	契約その他の債権の発生原因及び取引上の社会通念に照らして定まる善良な管理者の注意義務。「自己の財産に対するのと同一の注意」(413条1項等)、「自己のためにするのと同一の注意」(827条等) よりも、重い注意義務である。
自己の財産に対するのと同一の注意義務の具体例	① 無償の受寄者 (659条) ② 親権者 (827条) ③ (承認又は放棄前の) 相続人 (918条) ④ 限定承認者 (926条1項) ⑤ 相続放棄者 (940条1項)

 善管注意義務の記憶については、善管注意義務を1つひとつ覚えるよりも、自己の財産におけるのと同一の注意義務のほうを覚えて、覚えていないものは善管注意義務と判断していくほうが効率的です。

基礎 種類債権の特定 (401条)

要 件	1 **債務者が物の給付をなすに必要な行為を完了すること** (401条2項前段) 　○持参債務 → 現実の提供 　○取立債務 → 債務者が**目的物**を分離、引渡しの準備を整え、**債権者に通知**すること 2 **債権者の同意を得て債務者がその給付すべき物を指定すること** (同項後段)
特定の効果	特定物債権とほぼ同様になる。 ① 種類債権の目的が特定の物に定まる (401条2項)。 　→ ただし、取引通念上相当と認められる場合には、債務者は**変更権**を有する。 ② 調達義務は免れるが、善管注意義務を負う (400条)。 ③ 所有権の移転 (176条参照)
瑕疵ある物の給付	原則として、**特定は生じない**。

43 債務不履行

📖Chapter 23②

重要度 **AA**

基礎 債務不履行

定 義	債務者が正当な理由がないにもかかわらず、**債務の本旨に従った債務の履行をしないこと**
種 類	①履行が可能であるにもかかわらず、履行期が経過しても履行しない「履行遅滞」、②行行の不能な場合である「履行不能」、③不完全な履行をした場合である「不完全履行」の3つの種類がある。 → 不完全履行の場合、債権者は改めて完全な給付を請求（完全履行請求）することができ、債務者が給付をすることができる場合には履行遅滞に準じて扱い、債務者が給付をすることができない場合には履行不能に準じて扱うこととなる。

履行遅滞の態様	確定期限の定めのある債務（412条1項）	債務者は、その期限の到来した時から遅滞の責任を負う。
	不確定期限の定めのある債務（同条2項）	債務者は、その期限の到来した後に履行の請求を受けた時又はその期限の到来したことを知った時のいずれか早い時から遅滞の責任を負う。
	期限の定めのない債務（同条3項）	債務者は、履行の請求を受けた時から遅滞の責任を負う。 例外① 期限の定めがない消費貸借の返還債務 催告後相当期間経過後（591条1項） 例外② 不法行為に基づく損害賠償債務（709条）不法行為時

履行不能の態様	債務の履行が**契約その他の債務の発生原因及び取引上の社会通念に照らして不能**であるときは、債権者は、その債務の履行を請求することができない（412条の2第1項）。 → 不能は、**原始的**なものか**後発的**なものかを問わない（同条2項）。

効 果	① 現実的履行の強制 → 債務者の帰責性不要（414条） ② 損害賠償請求 → 債務者の帰責性必要（415条） ③ 契約の解除（債務が契約によって発生した場合） → 債務者の帰責性不要（541条、542条）

民法

要　件		①　債務者がその債務の本旨に従った履行をしないこと又は**債務の履行が不能で**あること ②　債務者に帰責事由があること →　帰責事由は、契約その他の債務の発生原因及び取引上の社会通念に照らして判断される。 →　債務者がその債務について遅滞の責任を負っている間に当事者双方の責めに帰することができない事由によってその債務の履行が不能となったときは、その履行の不能は、債務者の責めに帰すべき事由によるものとみなされる（413条の2第1項）。 →　債権者が債務の履行を受けることを拒み、又は受けることができない場合において、履行の提供があった時以後に当事者双方の責めに帰することができない事由によってその債務の履行が不能となったときは、その履行の不能は、債権者の責めに帰すべき事由によるものとみなされる（同条2項）。 →　債務が**金銭債務**の場合、債務者の**帰責事由は要件**とならない（419条3項）。 ③　**履行しないことが違法であること** →　例えば、債務者が履行に遅れているとしても、それが正当の事由（留置権、同時履行の抗弁権の存在等）に基づくものであれば、違法性がない。 ④　**損害が発生したこと** ⑤　**債務不履行と損害との間に相当因果関係があること**
効　果	遅延賠償	債務者が履行に遅れたことによる損害の賠償
	填補賠償	債権者は、次に掲げるときは、債務の履行に代わる損害賠償の請求をすることができる（415条2項）。 ①　債務の履行が不能であるとき（**履行不能**） ②　債務者がその債務の履行を拒絶する意思を明確に表示したとき（**明確な履行拒絶**） →　この場合、履行請求権と填補賠償請求権が併存する。 ③　債務が契約によって生じたものである場合において、その**契約が解除**され、又は債務の不履行による**契約の解除権が発生**したとき →　解除権が発生しただけでは、契約は解除されていないため、この場合、履行請求権と填補賠償請求権が併存する。

損害賠償の範囲 （416条）	**相当因果関係**に立つ損害、すなわち、債務不履行によって現実に生じた損害のうち、そのような債務不履行があれば一般に生ずるであろうと認められる損害の範囲に限られる。 原則：通常損害（1項） 例外：特別損害（2項）　→　**当事者（債務者）がその事情を予見すべきであったとき**

中間利息の控除 （417条の2）	将来において取得すべき利益についての損害賠償の額を定める場合において、その利益を取得すべき時までの**利息相当額を控除**するときは、その損害賠償の請求権が生じた**時点における法定利率**により、これをする（1項）。
方　法 （417条）	原則として、**金銭**をもってその額を定める。
過失相殺 （418条）	債務の不履行又はこれによる損害の発生若しくは拡大に関して債権者に過失があったときは、**過失相殺は、必要的であり、また、裁判所は減額**だけでなく、**賠償責任**を否定することもできる。
賠償額の予定 （420条）	当事者が損害賠償額の予定の特約を定めた場合、債権者は、債務不履行の事実さえ証明すれば、**損害の発生・その額を立証する必要はない**（過失相殺は可能　判例）。 なお、賠償額の予定を定めた場合であっても、**履行の請求又は解除権の行使は妨げられない**。

判　例	判旨概要
契約解除と損害賠償額の算定時期（最判昭28.12.18）	売主が売買の目的物を給付しないため売買契約が解除された場合において買主が受くべき履行に代わる損害賠償の額は、解除**当時における目的物の時価を標準として定むべき**で、履行期における時価を標準とすべきではない。
履行不能と損害賠償額の算定時期（最判昭47.4.20）	およそ、債務者が債務の目的物を不法に処分したために債務が履行不能となった後、その目的物の価格が騰貴を続けているという**特別の事情があり、かつ、債務者が、債務を履行不能とした際、そのような特別の事情の存在を知っていたか又はこれを知りえた場合**には、その目的物の騰貴した現在の価格を基準として算定した損害額の賠償を請求し得る。 そして、この理は、買主が**自己の使用に供する目的でなした不動産の売買契約であっても妥当する**。

基礎 金銭債務の特則 （419条）

要件に関する特則	①　債権者は、**損害の証明**をすることを要しない。 ②　債務者は、**不可抗力をもって抗弁**とすることができない。すなわち、**債務者の帰責事由は履行遅滞責任の要件とならない**。
効果に関する特則	損害賠償の額は、**債務者が遅滞の責任を負った最初の時点における**法定利率によって定める。 →　法定利率は年3%とする（404条2項）。ただし、3年1期で変動する可能性はある（同条3項）。 ただし、約定利率が法定利率を超えるときは、約定利率による。

民法

44 責任財産の保全

📖 Chapter 24

重要度 **A**

基礎 債権者代位権 (423条以下)

定　義	債務者が自己に属する権利（被代位権利という）を行使しない場合に、債権者がその債権を保全するために債務者に代わり、**自己の名において**、その被代位権利を行使して債務者の責任財産の維持・充実を図る制度
趣　旨	① 責任財産の保全 ② 強制執行の準備手続としての機能
要　件	① 債権者が自己の債権を保全する必要があること（423条1項本文） 　→ **原則として債務者が無資力であること** ② **債務者が自ら代位権利を行使しないこと** ③ **被保全債権が原則として弁済期に達していること**（2項） 　→ 例外：保存行為 ④ 被保全債権が強制執行により実現することのできないものでないこと（3項）
客　体	条文上「**債務者の一身に専属する権利**」「差押えを禁じられた権利」は代位行使できない。 ○債権　○ ○物権的請求権　○ ○債権者代位権　○ ○取消権　○ ○解除権　○ ○時効援用権　○ ○夫婦間の契約取消権（754条）　× ○離婚に伴う財産分与請求権　× 　→ 協議・審判等により**具体的な内容が確定**すれば代位の目的となる（判例）。 ○人格権侵害に基づく慰謝料請求権　× 　→ 被害者が権利行使をして、**具体的な金額**が当事者間において客観的に確定したときは代位の目的となる（判例）。 ○遺留分侵害額請求権　× 　→ 遺留分権利者が権利行使の確定的意思を有することを外部に表明したと認められる**特段の事情**がある場合には、代位の目的となる。

行使方法	① **裁判外でも裁判上でも**行使できる。 　→　訴えを提起したときは、遅滞なく、債務者に対し、訴訟告知をしなければならない（423条の6）。 ② 代位権の行使は、**債権者が自己の名において債務者の被代位権利を行使する**。 ③ 第三債務者は、債務者に対して有するすべての抗弁を、債権者に対して主張できる（423条の4）。
行使範囲	代位権の行使は、被代位権利の目的が可分である場合、**被保全債権の額に限定される**（423条の2）。
効　果	① 効果はすべて債務者に帰属し、総債権者のための共同担保となる。 ② 被代位権利が**金銭の支払又は動産の引渡し**を目的とするものである場合は、債権者は、第三債務者に対し、その支払又は引渡しを**自己に対してすることを求めることができる**。この場合において、第三債務者が債権者に対してその支払又は引渡しをしたときは、被代位権利は、これによって消滅する（423条の3）。 ③ **不動産の登記**に関しては、債権者は、第三債務者に対し、その移転を**自己に対してすることを求めることはできない**。 ④ 債権者が被代位権利を行使した場合であっても、**債務者は、被代位権利について、自ら取立てその他の処分をすることができる**。この場合においては、第三債務者も、被代位権利について、**債務者に対して履行をすることができる**（423条の5）。

民法

基礎 個別権利実現準備型の債権者代位権

定　義	債権者代位権を責任財産保全以外の目的で用いること
趣　旨	特定債権保全のため、他に有効な手段がない場合には代位権行使を認める必要性があるため
要　件	**無資力要件は不要** ※　債権者の権利が金銭債権ではない以上、債務者の資力とは何ら関係がない。
明文化 されて いるも の	**登記又は登録**をしなければ権利の得喪及び変更を第三者に対抗することができない財産を譲り受けた者は、その譲渡人が第三者に対して有する**登記手続又は登録手続をすべきことを請求する権利**を行使しないときは、その権利を行使することができる。
類　型	1　特定債権保全のための特定債権の代位行使 　① 債権の転得者による、債権譲渡の通知請求権の代位行使　○ 　② 賃借人による、賃貸人の所有権に基づく妨害排除請求権の代位行使　○ 　③ 借家人による、建物賃貸人（借地人）の建物買取請求権の代位行使　× 2　金銭債権保全のための特定債権の代位行使 　④ 売主の共同相続人の一部による、他の共同相続人に対する買主の移転登記請求権の代位行使　○

定　義	債務者がその債権者を害することを知って法律行為をなした場合、債権者がその取消しを裁判所に請求することができる権利
趣　旨	① 債務者の責任財産の保全 ② 強制執行の準備手続としての機能
債権者側 の要件	① **被保全債権が金銭債権であること** 　→ 特定物引渡請求権（以下「特定物債権」という）といえどもその目的物を債務者が処分することにより無資力となった場合には、特定物債権者はその処分行為を詐害行為として取り消すことができる。 　→ 被保全債権は強制執行により実現することのできないものでないこと（424条4項） ② **被保全債権が詐害行為前の原因に基づいて生じたものであること** 　→ 詐害行為前の原因に基づいて生じたものであることに成立した債権であれば、**詐害行為時までに弁済期が到来することは不要である**し、詐害行為後にその債権を譲り受けた者も詐害行為取消権を行使することができる。 　→ 担保を伴う債権でもよい。 　→ **不動産の譲渡が、被保全債権成立前になされ、その移転登記が成立後になされた場合、移転登記を**取り消すことはできない。 　→ **債権の譲渡が、被保全債権成立前になされ、その債権譲渡の通知が成立後になされた場合、債権譲渡の通知を取り消すことはできない。**
債務者側 の要件	1　客観的要件 　→ 詐害行為（債務者が債権者を害する法律行為をしたこと） 　① **財産権を目的とする法律行為であること**（424条2項） 　　○遺産分割協議　○ 　　○相続の承認・放棄　× 　　○離婚による財産分与　× 　　　→ ただし、財産分与が不相当に過大であるときは、不相当に過大な部分について取消しの余地がある（判例）。 　② **詐害性**（責任財産を減少させること）があること 　③ 債務者が**無資力**であること 2　主観的要件 　→ **詐害意思**（債務者・受益者（又は転得者）が詐害の事実、すなわちすべての債権者に対する弁済資力に不足を来すこと**を知っていること**） 　→ 債務者悪意・受益者善意・転得者悪意の場合 　　**転得者に対して目的物の返還を請求できない。** 　→ 債務者悪意・受益者悪意・転得者善意の場合 　　**転得者に対して目的物の返還を請求できない。** 　　**受益者に対して目的物に代わる利得の返還（価額償還）を請求する。**

詐害性判断の特則	1 **相当の対価を得てした財産の処分行為** (424条の2) 　債権者は、次に掲げる要件のいずれにも該当する場合に限り、その行為について、詐害行為取消請求をすることができる。 ① 　その行為が、**不動産の金銭への換価**その他の当該処分による財産の種類の変更により、債務者において隠匿、無償の供与その他の債権者を害することとなる処分（**隠匿等の処分**）を**するおそれを現に生じさせるものである**こと ② 　**債務者が**、その行為の当時、対価として取得した金銭その他の財産について、**隠匿等の処分をする意思を有していた**こと ③ 　**受益者が**、その行為の当時、債務者が隠匿等の処分をする意思を有していたことを**知っていた**こと 2 **担保の供与又は債務の消滅に関する行為** (424条の3第1項) 　債権者は、次に掲げる要件のいずれにも該当する場合に限り、詐害行為取消請求をすることができる。 ① 　その行為が、債務者が**支払不能の時**に行われたものであること ② 　その行為が、**債務者と受益者とが通謀**して他の債権者を害する意図をもって行われたものであること 3 **非義務行為である債務消滅行為** (424条の3第2項) 　債権者は、次に掲げる要件のいずれにも該当するときは、その行為について、詐害行為取消請求をすることができる。 ① 　その行為が、債務者が**支払不能になる前30日以内**に行われたものであること ② 　その行為が、**債務者と受益者とが通謀**して他の債権者を害する意図をもって行われたものであること 4 **過大な代物弁済等** (424条の4) 　債務者がした債務の消滅に関する行為であって、受益者の受けた給付の価額がその行為によって消滅した債務の額より過大であるものについて、424条（詐害行為取消請求）に規定する要件に該当するときは、債権者は、その**消滅した債務の額に相当する部分以外の部分**について、詐害行為取消請求をすることができる。
行使方法	① 　裁判所に請求して行う。 ② 　訴えの相手方は、**受益者又は転得者であって債務者ではない**（424条の7第1項）。 ③ 　債権者は、債務者に対し、訴訟告知をしなければならない（同条2項）。
逸出財産の返還の方法	原則：詐害行為の取消し＋現物返還 例外：詐害行為の取消し＋価額償還 　　　→ 　受益者（転得者）がその財産の返還をすることが困難であるとき
行使範囲	① 　目的物が可分の場合、原則として、**取消債権者の債権の額の限度**でのみ取消請求が認められる（424条の8）。 ② 　目的物が不可分の場合、原則として債権額を超えて全部につき取消権を行使できる。

| 効　果 | 1　詐害行為取消請求を認容する確定判決は、**債務者及びそのすべての債権者**に対してもその効力を有する（425条）。
2　**債権者は**、返還の請求が金銭の支払又は動産の引渡し（価額償還を含む）を求めるものである場合は、受益者に対してその支払又は引渡しを、転得者に対してその引渡しを、**自己に対してすることを求めることができる**。この場合において、受益者又は転得者は、債権者に対してその支払又は引渡しをしたときは、債務者に対してその支払又は引渡しをすることを要しない（424条の9第1項）。
　→　目的物が**不動産**の場合、**債権者は直接自己に対する**所有権移転登記手続**を請求することはできない**（判例）。
3　債務者と受益者との関係
①　債務者がした財産の処分に関する行為（債務の消滅に関する行為を除く）が取り消された場合（425条の2）
　　受益者は、債務者に対し、その**財産を取得するためにした反対給付の返還を請求**することができる。債務者がその反対給付の返還をすることが困難であるときは、受益者は、その価額の償還**を請求**することができる。
②　債務者がした債務の消滅に関する行為が取り消された場合（425条の3）
　　受益者が債務者から受けた給付を返還し、又はその価額を償還したときは、**受益者の債務者に対する債権は、これによって原状に復する**。
4　債務者と転得者との関係（債務者がした行為が転得者に対する詐害行為取消請求によって取り消された場合　425条の4）
①　債務者がした財産の処分に関する行為（債務の消滅に関する行為を除く）が取り消された場合
　　転得者は、**その行為が受益者に対する詐害行為取消請求によって取り消されたとすれば生ずべき受益者の債務者に対する反対給付の返還請求権又はその価額の償還請求権を行使することができる**。ただし、その転得者がその前者から財産を取得するためにした反対給付又はその前者から財産を取得することによって消滅した債権の価額を限度とする。
②　債務者がした債務の消滅に関する行為が取り消された場合
　　転得者は、**その行為が受益者に対する詐害行為取消請求によって取り消されたとすれば回復すべき受益者の債務者に対する債権を行使することが**できる。ただし、その転得者がその前者から財産を取得するためにした反対給付又はその前者から財産を取得することによって消滅した債権の価額を限度とする。 |

詐害性とは債務者の責任財産を減少（マイナス）させることをいいます。この点、詐害性判断の特則1〜3は、プラスマイナスゼロの行為であるため、原則として詐害性はありませんが、一定の要件を満たすと詐害性アリになります。また、4は、過大部分がマイナスであるため、その部分は詐害性アリになります。

	債権者代位権	詐害行為取消権
制度趣旨	強制執行の準備手続として債務者の責任財産を保全	
被保全債権	代位の目的たる権利より前に成立したことを要しない。 原則 　弁済期が到来していること 例外 　保存行為	詐害行為前の原因に基づいて生じたことが必要 ※　弁済期は問わない。
無資力要件	原則：必要 例外：不要（個別権利実現準備型）	必　要
客　体	原則 　債務者に属する権利 例外 ①　**行使上の一身専属権** ②　差押え**不可能な権利**は不可	原則 　債権者を害する債務者の法律行為 例外 　財産権**を目的としない法律行為**は不可
行使方法	**裁判上、裁判外を問わない**	**裁判上行使することが必要**
行使範囲	原則として、自己の債権の範囲内	
注意すべき効果	債務者の処分権は喪失しない。相手方も債務者に対して履行することができる。	**取消債権者と相手方（受益者又は転得者）との関係**においてのみならず、債務者との関係においても、詐害行為が**取り消される（認容判決）**。
出訴期間	な　し	①　取消しの原因を知った時から2年 ②　行為時から10年

民法

📖Chapter 25

基礎 多数当事者の債権債務関係

多数当事者の債権関係	分割債権	数人の債権者がいる場合、原則として、各債権者は、それぞれ等しい割合で権利を有する（427条）。多数当事者の債権関係は**分割債権が原則**である。
	不可分債権	債権の目的がその性質上不可分である場合で数人の債権者がいるとき。原則として、**連帯債権の規定が準用**される。
	連帯債権	債権の目的がその**性質上可分**である場合において、**法令の規定又は**当事者の意思表示によって数人が連帯して債権を有するとき
多数当事者の債務関係	分割債務	数人の債務者がいる場合、原則として、各債務者は、それぞれ等しい割合で義務を負う（427条）。多数当事者の債務関係は**分割債務が原則**である。
	不可分債務	債務の目的がその性質上不可分である場合で数人の債務者がいるとき。原則として、**連帯債務の規定が準用**される。
	連帯債務	債務の目的がその**性質上可分**である場合において、**法令の規定又は**当事者の意思表示によって数人が連帯して債務を負担するとき
	保証債務	**主たる債務者**がその債務を履行しないときに、**保証人**が履行をする責任を負う債務

基礎 連帯債務

定　義	数人の債務者が、同一内容の給付について、**各自が独立に全部の給付をなすべき債務を負担**し、そのうち1人の給付があれば、他の債務者の債務も消滅する多数当事者の債務
成　立	1　意思表示による場合 →　連帯債務者の1人について**法律行為の無効又は取消しの原因があっても、他の連帯債務者の債務は、その効力を妨げられない**（437条）。 2　法律の規定による場合 ①　法人の不法行為責任における法人の賠償義務と理事その他代表者の賠償義務（一般法人法78条、197条） ②　共同不法行為者が負担する賠償義務（民法719条）

効　力	1	対外的効力 →　債権者は、連帯債務者中の任意の**1人若しくは数人又は全員**に対し、**同時に又は順次に**、給付の**全部又は一部**の請求をすることができる（436条）。
	2	債務者の1人について生じた事由の効力の問題（絶対効・相対効の問題） →　原則：相対効（441条） →　例外：絶対効（p.143表参照）
	3	内部的求償関係 →　連帯債務者の1人が、債務を弁済その他自己の財産をもって、総債務者のために共同の免責を得たときは、他の債務者に対して、**その負担部分に応じた償還**を求めることができる（求償権　442条）。共同の免責を得たときとは、免責を得た額が債務全額に対する**自己の負担部分**を超えていなくても構わない。 →　求償は、①弁済その他免責があった日以後の**法定利息**及び②避けることができなかった費用その他の**損害の賠償**を包含する。 →　〈求償制限①事前通知〉他の連帯債務者があることを知りながらその者に通知しないで弁済をし、その他自己の財産をもって共同の免責を得た場合において、他の連帯債務者は、**債権者に対抗することができる事由を有していたときは、その負担部分について、その事由をもってその免責を得た連帯債務者に対抗することができる**（443条1項）。 →　〈求償制限②事後通知〉弁済をし、その他自己の財産をもって共同の免責を得たことを他の連帯債務者があることを知りながらその者に通知することを怠ったため、他の連帯債務者が**善意で**弁済その他自己の財産をもって免責を得るための行為をしたときは、**その免責を得た連帯債務者は、その免責を得るためにした行為を有効であったものとみなすことができる**（443条2項）。 →　〈償還無資力者がいる場合〉連帯債務者の中に償還をする資力のない者があるときは、**その償還をすることができない部分**は、求償者及び他の資力のある者の間で、**各自の負担部分に応じて分割して負担する**（求償者及び他の資力のある者がいずれも負担部分を有しない者であるときは、等しい割合で分割して負担）。ただし、**求償者に過失があるときは、**他の連帯債務者に対して分担を請求することができない（444条）。

右側余白: 民　法

応用 連帯債務に関する判例

	判旨概要
連帯債務と相続 （最判昭34.6.19）	債務者が死亡し、相続人が数人ある場合に、被相続人の金銭債務その他の可分債務は、法律上当然分割され、各共同相続人がその相続分に応じてこれを承継するものと解すべきであるから、連帯債務者の1人が死亡した場合においても、その**相続人らは、被相続人の債務の分割されたものを承継し、各自その承継した範囲において、本来の債務者と共に連帯債務者となる。**

事前求償と事後求償を怠った場合の関係 (最判昭57.12.17)	連帯債務者の1人（**第2弁済者**）が弁済その他の免責の行為をするに先立ち、他の連帯債務者に**通知することを怠った場合は**、既に弁済しその他共同の免責を得ていた他の連帯債務者（**事前・事後の通知を怠った第1弁済者**）に対し、民法443条2項の規定により**自己の免責行為を有効であるとみなすことはできない**ものと解する。けだし、同項の規定は、同条1項の規定を前提とするものであって、同条1項の事前の通知につき過失のある連帯債務者までを保護する趣旨ではないと解すべきであるからである。

基礎 保証債務 (446条)

別個独立性	保証債務は主たる債務と別個・独立の債務である。
同一内容性	保証債務の内容は主たる債務と同一である。
付従性	① **主債務が成立していない場合には、保証債務も成立しない**（成立における付従性）。 ※ 行為能力の制限によって取り消すことができる債務を保証した者は、保証契約の時においてその取消しの原因を知っていたときは、主たる債務の不履行の場合又はその債務の取消しの場合においてこれと同一の目的を有する**独立の債務を負担したものと推定する**。 ② **主債務の内容が軽くなると、保証債務の内容も軽くなる**（内容における付従性）。 ※ **保証債務についてのみ、違約金又は損害賠償の額を約定することはできる**。 ※ 主債務の目的又は態様が保証契約の締結後に加重されたときであっても、保証人の負担は加重されない。 ③ **主債務が消滅すると、保証債務も消滅する**（消滅における付従性）。 ※ **売主の保証人は**、特に反対の意思表示のない限り、契約が債務不履行に基づいて**解除された場合における原状回復義務についても、責任を負う**（判例）。
随伴性	債権者が主債務を第三者に譲渡すると、保証債務も移転する。
補充性	保証人は、**主債務者が債務を履行しない場合**に初めて責任を負うことになる（二次的責任）。 ※ この性質の具体化として、催告の抗弁権と検索の抗弁権がある。 <table><tr><td>催告の抗弁権</td><td>「まず、主債務者に請求せよ」と、債権者の請求を拒むことができる。 ※ 例外：抗弁権を行使できない。 ① **主債務者が破産手続開始決定を受けたとき** ② **主債務者の行方がわからないとき**</td></tr></table>

	検索の 抗弁権	債権者が主債務者に催告した後でも、保証人が、 ① **主債務者に弁済の資力があること** ② **強制執行が容易であること** を証明すれば、債権者の請求を拒むことができる。	

成 立	保証債務は、保証人と債権者の保証契約によって成立 → 保証契約は、書面でしなければ、その効力を生じない（446条2項）。

保証人の資格		要 件	変更請求権
	下記以外の場合	制限はない	変更請求権なし
	債務者が保証人を 立てる義務を負っ ている場合	① 行為能力者 ② 弁済の資力を有する 　 こと	要件②を欠くに至ったと きは、債権者は保証人の 変更を請求できる。

主たる債務者 について生じ た事由の効力	1　主債務者に対する**履行の請求その他の事由による時効の完成猶予及び 　　更新**は、保証人に対しても、その効力を生ずる。 2　保証人は、**主債務者が主張することができる抗弁**をもって債権者に対 　　抗することができる。 3　主債務者が債権者に対して**相殺権、取消権又は解除権**を有するときは、 　　これらの権利の行使によって主債務者がその債務を免れるべき限度にお 　　いて、保証人は、債権者に対して債務の履行を拒むことができる。

基礎 単純保証と連帯保証の対比

	単純保証	連帯保証
補充性	あ り	な し 催告の抗弁権なし・検索の抗弁権 なし
分別の利益	あ り	な し 各連帯保証人は、他に保証人が何 人いても、主債務を全額、保証す る義務を負う。

民
法

主債務の履行状況に関する情報の提供義務（個人保証、法人保証）	保証人が主債務者の委託を受けて保証をした場合において、**保証人の請求**があったときは、**債権者は、保証人に対し**、遅滞なく、主債務の元本及び主債務に関する利息、違約金、損害賠償その他その債務に従たるすべてのものについての**不履行の有無並びにこれらの残額及びそのうち弁済期が到来しているものの額に関する情報を提供**しなければならない。
主債務者が期限の利益を喪失した場合における情報の提供義務（個人保証のみ）	主債務者が**期限の利益**を有する場合において、**その利益を喪失し**たときは、**債権者は、保証人に対し**、その利益の喪失を**知った時から2か月以内**に、その旨を**通知**しなければならない。期限内にこの通知をしなかったときは、債権者は、保証人に対し、主債務者が期限の利益を喪失した時から通知を現にするまでに生じた**遅延損害金に係る保証債務の履行を請求することができない**。

※　情報提供義務は、このほかにも事業に係る債務についての保証契約の特則にも規定がある（465条の10）。

	保証人	物上保証人
債務と責任	債務あり、責任あり	債務なし、責任あり
付従性・随伴性	○	○
補充性	○ （催告・検索の抗弁あり）	× （催告・検索の抗弁なし）
主債務の時効完成猶予及び更新	○ （457条）	○ （判例）
主債務の時効援用権	○ （145条）	○ （145条）
事前求償権	○ （460条）	× （判例）
事後求償権	○ （459条）	○ （351条）

主たる債務者について生じた事由は、原則として、**保証人に対して効力を生じます**（付従性）。例外的に、①保証債務成立後、債権者と主たる債務者との合意により、主たる債務の目的・範囲・態様を**重く変更**しても、保証人に効力を生ぜず（448条2項）、②主たる債務者が消滅時効完成後に**時効利益の放棄**をしても、保証人は援用できます。また、③主たる債務者が死亡し、相続人が限定承認しても、保証人の責任には影響を与えません。

基礎 **多数当事者の債権・債務関係**

不可分債権と連帯債権の効力							
原　則	相対効（1人の債権者に生じた事由は他の債権者に影響しない）						
例　外	絶対効 〈他の者に影響する事由〉　　　　　　　　　　　　　　△：分与利益部分のみ						
		履行（弁済・代物弁済）	相殺	請求	混同	免除	更改
	不可分債権	○	○	○	×	×	×
	連帯債権	○	○	○	○	△	△

不可分債務と連帯債務の効力					
原　則	相対効（1人の債務者に生じた事由は他の債務者に影響しない）				
例　外	絶対効 〈他の者に影響する事由〉　　　　　　　　　　　△：負担部分のみ				
		履行（弁済・代物弁済）	相殺	更改	混同	履行拒絶
	不可分債務	○	○	○	×	△
	連帯債務	○	○	○	○	△

保証債務と連帯保証債務の（保証人に生じた事由の）効力				
原　則	相対効（保証人に生じた事由は主債務者に影響しない）			
例　外	絶対効 〈他の者に影響する事由〉			
		履行（弁済・代物弁済）	相殺	更改	混同
	保証債務	○	○	○	×
	連帯保証債務	○	○	○	○

> **不可分債権と連帯債権の絶対効のゴロ合わせ**
> 不可分債権（**フカ**）は、履行（**リコ**）、相殺（**サイ**）、請求（**セイ**）が絶対効なので、**フカリコサイセイ**。連帯債権（**レン**）は、履行（**リコ**）、相殺（**サイ**）、請求（**セイ**）、混同（**ドウ**）が絶対効で、免除（**メン**）と更改（**コ**）が分与利益（**ブンヨ**）のみ絶対効なので、**レンリコサイセイドウ、メンコはブンヨ。**
>
> **連帯債務と不可分債務の絶対効のゴロ合わせ**
> 連帯債務は、履行（**リコウ**）、相殺（**サイ**）、更改（**コウ**）、混同（**ドウ**）が絶対効で、履行拒絶（**キョ**）は負担部分（**フタン**）のみ絶対効なので、**リコウサイコウドウキョフタン**。不可分債務は、連帯債務の絶対効のうち、混同が除外されるので、**ドウ抜き。**
>
> **保証債務と連帯保証債務の絶対効のゴロ合わせ**
> 保証債務は、履行（**リコウ**）、相殺（**サイ**）、更改（**コウ**）が絶対効なので、**リコウサイコウ**。連帯保証債務は、履行（**リコウ**）、相殺（**サイ**）、更改（**コウ**）、混同（**ドウ**）が絶対効なので、**リコウサイコウドウ。**

個人根保証契約	定義	一定の範囲に属する不特定の債務を主債務とする保証契約（「根保証契約」という）であって保証人が法人でないもの
	保証人の責任	主債務の元本、主債務に関する利息、違約金、損害賠償その他その債務に従たるすべてのもの及びその保証債務について約定された違約金又は損害賠償の額について、その全部に係る**極度額を限度として、その履行をする責任を負う。**
	効力発生要件	1　極度額を定めなければ、その効力を生じない。 2　極度額の定めは、書面でしなければ、その効力を生じない。
事業に係る債務についての保証契約（個人保証のみ）	対象	1　事業のために負担した貸金等債務を主債務とする**保証契約** 2　主債務の範囲に事業のために負担する貸金等債務が含まれる**根保証契約**
	効力発生要件	原則：契約の締結の日前1か月以内に作成された公正証書で保証人になろうとする者が**保証債務を履行する意思を表示**（保証意思宣明公正証書）していなければ、その効力を生じない。 例外：保証債務履行の意思表示が不要なもの ①　主債務者が法人である場合のその**理事、取締役、執行役**又はこれらに準ずる者等 ②　主債務者（法人であるものを除く）と共同して事業を行う者又は主債務者（法人であるものを除く）が行う事業に現に従事している**主債務者の配偶者**
	契約締結時の情報の提供義務	**主債務者は**、事業のために負担する債務を主債務とする保証又は主債務の範囲に事業のために負担する債務が含まれる根保証の委託をするときは、**委託を受ける者に対し、財産及び収支の状況等に関する情報を提供しなければならない。**

46 債権譲渡等

📖Chapter 26

重要度 **B**

基礎 譲渡制限特約付き債権の譲渡

効　力	有　効
債務者の対応	1　**譲受人その他の第三者が特約について善意無重過失の場合** 　　債務者は、譲受人に対して債務の履行を拒むことができない。 2　譲受人その他の第三者が譲渡制限の意思表示がされたことを知り、又は重大な過失によって知らなかった場合（**譲受人その他の第三者が特約について悪意又は重過失の場合**） ①　債務者は、**譲受人に対して債務の履行を拒むことができる。** ②　債務者は、**譲渡人に対する弁済その他の債務を消滅させる事由をもって譲受人に対抗することができる。** ③　債務者が債務を履行しない場合において、**譲受人が相当の期間を定めて譲渡人への履行の催告**をし、その期間内に履行がないときは、債務者は、譲受人への履行を拒むことができず、また、その後に譲渡人に対する弁済その他の債務を消滅させても、その事由をもってその譲受人に対抗することができなくなる。
供　託	供託事由　譲渡制限特約付き債権が譲渡されたとき
	供託場所　債務の履行地（債務の履行地が債権者の現在の住所により定まる場合にあっては、**譲渡人の現在の住所を含む**）の供託所
	還付請求権者　譲受人
	譲渡人の破産手続開始決定　**譲受人は、**譲渡制限特約について悪意又は重過失であっても、**債務者**にその債権の全額に相当する金銭を債務の履行地の供託所に**供託させることができる。**
預貯金債権の特則	預貯金債権について当事者がした譲渡制限の意思表示は、その譲渡制限特約について悪意又は重過失のある譲受人その他の第三者に対抗することができる（**債権譲渡は無効**）。

基礎 債権譲渡 (466条)

原　則	債権の自由譲渡**性** (466条1項本文) →　将来発生することが確定している債権も**譲渡可能** (466条の6)
例　外	1　債権の性質が譲渡を許さないもの (466条1項ただし書) 2　法律上譲渡を禁止されているもの 　e.g. **扶養請求権** (881条)、恩給請求権 (恩給法11条) 3　預貯金債権の特則

基礎 債権譲渡の対抗要件

債務者に対する対抗要件	1　譲渡人からの債務者に対する通知 　→　**譲受人は、譲渡人に対して債務者に通知をするよう請求することはできる**が、自ら債務者に通知をしても対抗要件とはならない。 　→　**譲受人は、通知を代位行使することもできない。** 　→　もっとも、譲受人が譲渡人の**代理人**として債務者に対して行う通知は対抗要件となる。 　→　譲り受けた債権について保証人がいる場合、主債務者**に対して通知をすれば、保証人に対しても対抗できる。**一方、保証人にのみ通知をした場合、主債務者に対してはもちろん、保証人にも対抗できない。 　→　**譲渡行為前の「通知」はその効力を生じない。** 2　債務者の承諾 　→　債務者の承諾は、**譲受人、又は譲渡人のいずれに対してなされたもので**もよい。 　→　**あらかじめなす「承諾」は、譲渡の目的である債権及びその譲受人を特定していれば、債務者に対する対抗要件となる** (判例)。 ※　債務者の抗弁 　→　債務者は、対抗要件具備時までに譲渡人に対して生じた事由をもって譲受人に対抗することができる。
第三者に対する対抗要件	①　確定日付のある証書による通知、又は承諾が対抗要件となる。 ②　債権が二重に譲渡され、いずれの譲受人も確定日付のある証書による通知、又は承諾を備えた場合、**通知は、債務者に到達した日付の先後、承諾は、確定日付の先後でその優劣を決する** (到達時説)。

	判旨概要
同時到達の処理 （最判昭55.1.11）	指名債権が二重に譲渡され、確定日付のある各譲渡通知が同時に第三債務者に到達したときは、**各譲受人は、第三債務者に対しそれぞれの譲受債権についてその全額の弁済を請求することができ**、譲受人の1人から弁済の請求を受けた**第三債務者は、他の譲受人に対する弁済その他の債務消滅事由がない限り**、単に同順位の譲受人が他に存在することを理由として**弁済の責めを免れることはできない。**
優先順位が不明の場合の供託金還付請求権の帰属 （最判平5.3.30）	1　国税徴収法に基づく滞納処分としての債権差押えの通知と確定日付のある債権譲渡の通知とが第三債務者に到達したが、その到達の先後関係が不明であるために、その相互間の優劣を決することができない場合には、差押債権者と債権譲受人との間では、**互いに相手方に対して自己が優先的地位にある債権者であると主張することが許されない**関係に立つ。 2　そして、第三債務者が債権者を確知することができないことを原因として債権額に相当する金員を供託した場合において、被差押債権額と譲受債権額との合計額が供託金額を超過するときは、差押債権者と債権譲受人は、公平の原則に照らし、**被差押債権額と譲受債権額に応じて供託金額を案分した額の供託金還付請求権**をそれぞれ分割取得する。

民
法

併存的債務引受け	態　様		併存的債務引受けとは、引受人が従来の債務者と併存して同一内容の債務を負担する契約をいう（470条1項）。
	要　件	三面契約	債権者・債務者・引受人の**三面契約によって併存的債務引受けをすることはできる**。上記の図の例では、ＡＢＣの3者で契約をすることはできる。
		債権者・引受人間の契約	併存的債務引受けは、**債権者と引受人との契約によってすることができる**。上記の図の例で、ＡとＣのみで契約をした場合には、**債務者Ｂの意思に反していても**効力が発生する。
		債務者・引受人間の契約	併存的債務引受けは、**債務者と引受人との契約によってもすることができる**。この場合においては、債権者が引受人に対して承諾をした時に、その効力を生ずる。上記の図の例で、ＢとＣのみで契約をした場合には、債権者ＡがＣに対して承諾をした時に効力が発生する。なお、このＢＣ間の契約は、**第三者のためにする契約となる**。
	効　果		併存的債務引受けの引受人は、債務者と**連帯**して、債務者が債権者に対して負担する債務と同一の内容の債務を負担する。すなわち、**債務者は債務を免れない**。 　→　引受人は、併存的債務引受けにより負担した自己の債務について、その効力が生じた時に**債務者が主張する**ことができた同時履行の抗弁権等の**抗弁をもって債権者に対抗することができる**。 　→　**債務者が債権者に対して取消権又は解除権を有するときは、引受人は、これらの権利の行使によって債務者がその債務を免れるべき限度において、債権者に対して**債務の履行を拒むことができる**。

免責的債務引受け	態 様		免責的債務引受けとは、引受人が債務を引き受けることにより、従来の債務者が責任を免れることをいう（472条1項）。 金銭債権 （旧）債務者B　免責的債務引受け　債権者A 引受人C
	要 件	三面契約	債権者・（旧）債務者・引受人の**三面契約によって免責的債務引受けをすることはできる**。上記の図の例では、ＡＢＣの3者で契約をすることはできる。
		債権者・引受人間の契約	免責的債務引受けは、**債権者と引受人との契約によってすることができる**。この場合においては、債権者が（旧）債務者に対してその契約をした旨を通知した時に、**その効力を生ずる**。上記の図の例では、ＡとＣのみで契約をした場合、Ａが（旧）債務者Ｂに対して契約成立の通知をした時に効力が発生する。
		旧債務者・引受人間の契約	免責的債務引受けは、**（旧）債務者と引受人が契約をし、債権者が引受人に対して承諾をすることによってもすることができる**。上記の図の例では、ＢとＣのみで契約した場合、債権者ＡがＣに対して承諾をした時に効力が発生する。
	効 果		免責的債務引受けの引受人は債務者が債権者に対して負担する債務と同一の内容の債務を負担し、債務者は自己の債務を免れる。すなわち、**(旧）債務者は債務を免れることとなる**。 →　免責的債務引受けの引受人は、**債務者に対して求償権を取得しない**。 →　引受人は、免責的債務引受けにより負担した自己の債務について、その効力が生じた時に（旧）**債務者が主張することができた**同時履行の抗弁権等の**抗弁をもって債権者に対抗することができる**。 →　（旧）**債務者が債権者に対して取消権又は解除権を有するとき**は、引受人は、免責的債務引受けがなければこれらの権利の行使によって（旧）債務者がその債務を免れることができた限度において、債権者に対して**債務の履行を拒むことができる**。

47 弁 済

Chapter 27 ②

重要度 **A**

基礎 弁 済

定 義	債務者がその内容である給付を実現して債権者の利益を充足させる行為
要 件	1 弁済をなす者 　→ 債務者（473条） 　→ **第三者弁済**も許容されている（474条）。 2 弁済受領者 　→ 原則：**債権者**（受領権者） 　→ 例外：受領権者、受領権者としての外観を有する者（478条） 3 弁済の場所（484条1項） 　① 意思表示あり　→　意思表示による。 　② 特定物の引渡し　→　債権発生時にその物が存在した場所（**取立債務**） 　③ 特定物の引渡し以外　→　債権者の現在の住所（**持参債務**） 4 弁済の時間（同条2項） 　法令又は慣習により取引時間の定めがあるときは、その取引時間内に限り、弁済をし、又は弁済の請求をすることができる。
効 果	債務の消滅（473条） 　→　債権者の預貯金の口座に対する払込みによってする弁済は、債権者がその預貯金に係る債権の債務者（金融機関）に対して**その払込みに係る金額の払戻しを請求する権利を取得した時**に、その効力を生ずる（477条）。

基礎 弁済の提供 (492条)

定 義	債務者側において給付を実現するために必要な準備をして、債権者の協力を求めること
趣 旨	ほとんどの債務は受領などの債権者側の協力がないと履行は完了せず、債務は消滅しないため、債務者に酷となることから、債務者を**履行遅滞責任**から解放する制度として弁済の提供を規定した。
要 件	① 債務の本旨に従っていること ② 現実の提供（例外的に口頭の提供）
効 果	① 債務不履行責任からの解放 ② 相手方の同時履行の抗弁権（533条）を奪う。 ③ 約定利息の不発生

基礎 口頭の提供 (493条ただし書)

要　件	① 現実の提供をなすに必要な準備の完了 　→　債権者が受領しようとすれば、債務者のほうでこれに応じて給付を完了することができる程度の準備で足りる。 ② 受領の催告（通知）
口頭の提供が許される場合	1　債権者があらかじめその受領を拒んだ**とき** 2　**履行のために債権者の行為を要するとき** 　→　① 取立債務 　　　② 債権者の先行協力行為が必要とされる場合
口頭の提供すら不要な場合	債権者が契約そのものの存在を否定するなど、弁済を受領しない意思が明確**な場合には、口頭の提供すら不要**とされる。 　→　もっとも、債務者が弁済の準備ができない経済状態にあるため口頭の提供すらできないような場合には、いかに債権者が弁済を受領しない意思が明確でも、債務不履行となる。

基礎 受領遅滞

要　件	① 債務者が債務の本旨に従った履行の提供をしたこと ② 債権者が受領を拒絶したこと、又は、受領できなかったこと
効　果	1　**注意義務の軽減** 　　債務者の特定物の保存義務がそれまでの善管注意義務（400条）から、自己の財産に対するのと同一の注意義務（413条1項）へと軽減される。 2　**増加費用の債権者負担** 　　履行の費用が増加したときは、その増加額は、債権者の負担とする（413条2項）。 3　**債権者の帰責事由** 　　債務者の履行の提供があった時以後に**当事者双方の責めに帰することができない事由**によってその債務の履行が不能となったときは、その履行の不能は、**債権者の責めに帰すべき事由**によるものとみなされる。その結果、**債権者は**履行不能を理由として**契約を解除することはできず**（543条）、また、**反対給付の履行を拒絶することもできなくなる**（536条2項前段）。

基礎 第三者弁済 (474条)

定　義	債務者以外の者が、他人の債務を自己の名において弁済すること
原　則	第三者弁済は許される。

第三者の弁済が許されない場合	① 債務の性質がこれを許さないとき (474条4項)
	→ 名演奏家の演奏、労務者の労務のような一身専属的給付など
	② 当事者（債権者・債務者）が第三者弁済を禁止し又は制限する旨の意思表示をしたとき (同項)
	③ 原則として、正当な利益を有しない第三者は債務者又は債権者いずれかの意思に反して弁済することはできない（同条2項本文、3項本文）。
	→ 正当な利益を有する第三者とは、債務の弁済につき**法律上利害関係を有する者**をいう。
	〈正当な利益を有する第三者に該当するか否か〉
	○物上保証人　○
	○抵当不動産の第三取得者　○
	○同一不動産の後順位抵当権者　○
	○地代弁済をする借地上の建物の賃借人　○（判例）
	○親子関係、友人関係　✕
効　果	① 債務者の弁済と同様の効果が生じる。
	② 弁済による代位が生じる (499条)。

基礎 弁済による代位 (499条)

定　義	弁済が第三者や保証人のような終局的債務者でない者によって行われた場合、債権者が債務者に対して有していた権利が求償権の範囲で弁済者に移転する制度
趣　旨	求償権を確実なものにするため
種　類	1　**法定代位**
	○弁済をなすことについて**正当な利益**を有する者は、その弁済によって当然債権者に代位する。
	○正当な利益を有する者の具体例：保証人、連帯保証人、物上保証人、連帯債務者、不可分債務者、担保目的物の第三取得者、賃借人、後順位抵当権者、他の一般債権者
	○債務者・第三者に対抗するための**通知・承諾は不要**（当然代位）
	2　**任意代位**（500条）
	○弁済をなすことについて**正当な利益**を有しない者は、その弁済によって債権者に代位する。
	○債務者・第三者に対抗するには**通知・承諾は必要**
効　果	1　代位者・債務者間の効果
	○弁済者は、自分の求償権の範囲内において、債権の効力及び担保としてその債権者が有していた**一切の権利**を行使することができる (501条)。
	○一部弁済の場合も、代位は生じ、この場合、代位者は、**債権者の同意を得て、その弁済をした価額に応じて**債権者と共にその権利を行使する (502条1項)。
	2　代位者相互間の効果　→　501条3項参照

基礎 受領権者としての外観を有する者に対する弁済 (478条)

定　義	債権者等の受領権者でないのに取引通念上**債権者等の受領権者らしい外観**を呈する者に対する弁済
趣　旨	受領権者としての外観を有する者への弁済を有効にすることで支払強制下にある**債務者**を保護し、もって決済の円滑・迅速を図る制度　→　公信の原則のあらわれ
要　件	①　弁済受領者が「**受領権者としての外観を有する者**」にあたること ○無効な債権譲渡の債権譲受人、表見相続人等 ○債権者の代理人と偽って債権を行使するものも含む（判例）。 ○受取証書の持参人（旧480条）も含まれる。 ②　弁済者が善意無過失であること ③　真の権利者の帰責事由は**不要**
効　果	①　弁済は**有効**となり、債権は**消滅**する。 　→　弁済者は受領者に対して、受領物の返還請求をすることはできない（判例）。 ②　真の債権者は、受領者に対して**不当利得返還請求**ないし**不法行為による損害賠償請求**をできる。

応用 受領権者としての外観を有する者に対する弁済に関する判例

	判旨概要
債権の二重譲渡 と478条 （最判昭61.4.11）	1　二重譲渡された債権の債務者が、劣後譲受人に対してした弁済についても、民法478条の規定の適用があるものと解すべきである。 2　次に、債務者において、劣後譲受人が真正の債権者であると信じてした弁済につき過失がなかったというためには、**優先譲受人の債権譲受行為又は対抗要件に瑕疵があるためその効力を生じないと誤信してもやむを得ない事情**があるなど劣後譲受人を真の債権者であると信ずるにつき相当な理由があることが必要である。
契約者貸付けと 478条 （最判平9.4.24）	生命保険契約のいわゆる契約者貸付制度に基づいて行われた貸付けは、その経済的実質において、保険金又は解約返戻金の前払と同視することができる。そうすると、保険会社が、そのような制度に基づいて保険契約者の代理人と称する者の申込みによる貸付けを実行した場合において、その者を保険契約者の代理人と認定するにつき**相当の注意義務を尽くしたときは、保険会社は、民法478条の類推適用により、保険契約者に対し、貸付けの効力を主張することができる。**

民

法

📖Chapter 27 ④

重要度　**B**

基礎 相　殺

定　義	債権者と債務者とが相互に同種の債権・債務を有する場合に、**一方的意思表示**によって、その債権と債務とを**対当額において消滅させる**こと
要　件	1　**相殺適状にあること** ① 　債権が対立していること（505条1項本文） ② 　**双方の債権が同種の目的を有すること**（同項本文） 　→ 　目的が同種であれば、原因又は債権額、履行期、履行地が同一である必要はない。 ③ 　**双方の債権が弁済期にあること**（同項本文） 　→ 　既に弁済期にある自働債権と弁済期の定めのある受働債権とが相殺適状にあるというためには、受働債権につき、期限の利益を放棄することができるというだけではなく、**期限の利益の放棄又は喪失等**により、その**弁済期が現実に到来していることを要する**（最判平25.2.28）。 ④ 　**双方の債権が有効に存在すること** 　→ 　**自働債権が時効により消滅しても、消滅時効完成前に相殺適状にあれば、相殺することができる**（508条）。 　→ 　消滅時効の完成した債権を譲り受けてこれを自働債権として相殺することは、消滅時効完成前に債権が対立していないため、できない。 ⑤ 　**相殺を許す債務であること**（505条1項ただし書） 　→ 　自働債権に同時履行の抗弁権などの**抗弁権が付着**している場合は許されない。 2　**相殺の禁止にあたらないこと** ① 　当事者が相殺を禁止し又は制限する旨の意思表示をした場合（**相殺制限特約**　505条2項） 　→ 　相殺制限特約は、善意無重過失の第三者に対抗できない。 ② 　法律上相殺が禁止される場合 　→ 　不法行為等により生じた債権**を受働債権とする相殺禁止**（509条） 　　※ 　**不法行為による損害賠償請求権を自働債権として、不法行為による損害賠償請求権以外の債権を受働債権とする相殺は許される**（判例）。 　　※ 　**双方とも不法行為による損害賠償請求権である場合、双方とも相殺は許されない**（判例）。 　→ 　差押禁止債権を受働債権とする相殺禁止（510条） 　　※ 　趣旨：現実弁済による債権者の生活保護 　→ 　**差押えを受けた債権を受働債権とする相殺禁止**（511条） 　→ 　**自働債権が差押えを受けたとき**（481条）

方 法	相手方に対する**意思表示**によってする。この意思表示に**条件又は期限を付すこと はできない**（506条1項）。
効 果	① **債権の消滅** → 双方の債権は、その**対当額**において消滅する（505条1項本文）。 ② **相殺の遡及効** → 双方の債務が相殺適状を生じた時**に遡及**して効力を生じる（506条2項）。 → 相殺適状後に発生した利息や遅延損害金は発生しなかったことになる。 → 遡及効は、相殺の意思表示以前に既に有効になされた**契約解除の効力には 何らの影響を与えるものではない**。賃貸借契約が賃料不払で解除された以 上、その後、賃借人が賃貸人に対する債権で賃料債権と相殺しても、解除の 効力には影響を与えない（判例）。

基礎 不法行為等により生じた債権を受働債権とする相殺の禁止

趣 旨	① 不法行為を誘発する危険の防止 ② 現実の支払により被害者を救済する必要
受働債権 の類型	① 悪意による不法行為に基づく損害賠償の債務 ② 人の生命又は身体の侵害による損害賠償の債務（①を除く） ※ 上記類型に該当する債権を被害者から譲り受けた者に対しては、加害者は 相殺を対抗することができる。

不法行為に基づく損害賠償請求権を受働債権とすることができるか？

	生命・身体の侵害あり	生命・身体の侵害なし
悪意による不法行為	類型①該当（できない）	類型①該当（できない）
悪意によらない不法行為	類型②該当（できない）	できる

債務不履行に基づく損害賠償請求権を受働債権とすることができるか？

	生命・身体の侵害あり	生命・身体の侵害なし
債務不履行	類型②該当（できない）	できる

基礎 差押えを受けた債権を受働債権とする相殺の禁止 (511条)

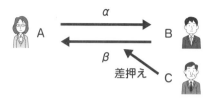

Cによって差押えを受けたβ債権の（第三）債務者Aは、自己が債務者B（β債権の債権者）に対して有する債権（α債権）を自動債権として、β債権を受働債権として相殺することはできるであろうか？

→ 民法は**無制限説を採用**		相殺の可否
β債権の差押えより前にα債権を取得		○
β債権の差押えより後にα債権を取得	原 則	×
	β債権の差押えより前の原因に基づいて生じたα債権	○ ただし、α債権が、差押えより後に他人から取得したものであるときは除く。

応用 債権譲渡における相殺権 (469条)

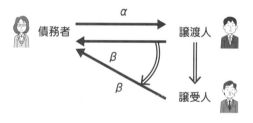

債務者は、譲渡人に対する債権（α債権）を自動債権として、譲受人に譲渡された債権（β債権）を受働債権として相殺することはできるであろうか？

→ 民法は**無制限説を採用**		相殺の可否
β債権の譲渡の対抗要件具備時より前にα債権を取得		○
β債権の譲渡の対抗要件具備時より後にα債権を取得	原 則	×
	β債権の譲渡の対抗要件具備時より前の原因に基づいて生じたα債権	○ ただし、α債権が、債務者が対抗要件具備時より後に他人から取得したものであるときは除く。
	β債権の発生原因である契約に基づいて生じたα債権	

156

49 契約の効力

📖Chapter 29

重要度 **A**

基礎 同時履行の抗弁権 (533条)

定 義	双務契約の当事者の一方は、相手方がその債務の履行を提供するまでは自己の債務の履行を拒めるというように、1つの双務契約から生じた対立する債務の間に履行上の牽連関係を持たせる制度
要 件	① **同一の双務契約から生ずる両債務が存在すること**（533条本文） ② **両債務がともに弁済期にあること**（同条ただし書） 　→ 先履行義務の履行が遅延している間に相手方の債務も弁済期に達した場合には、先履行義務に同時履行の抗弁権が認められる。 ③ **相手方が履行**（債務の履行に代わる損害賠償の債務の履行を含む）**又は弁済の提供をせずに債務の履行を請求してきたこと**（単純請求　同条本文） 　→ 一度弁済の提供をしたとしても、その後相手方に履行を請求するときは**再度の弁済の提供が必要**。なお、解除をする場合は**再度の弁済の提供は不要**
効 果	① 履行を拒絶できる。 ② 履行遅滞に陥らない。 　→ 履行しないことが「違法」でなくなる（判例）。 ③ 自働債権に同時履行の抗弁権が付着していると相殺できない（判例）。 ④ 債権の消滅時効は進行する。 ⑤ 被告が同時履行の抗弁権を行使すると**裁判所は引換給付判決をする**（判例）。

応用 同時履行の抗弁権の肯否

	事 案
同時履行の抗弁権が認められる場合	① **解除による原状回復義務**（546条） ② 負担付贈与における負担と贈与（553条） ③ **売主・請負人の損害賠償義務と買主・注文者の代金支払義務**（533条） ④ **契約が取り消された場合の当事者相互の原状回復義務**（判例） ⑤ **受取証書の交付と弁済**（486条1項） ⑥ **建物買取請求権が行使された場合の土地の明渡し・移転登記と代金支払**（判例） ⑦ **請負における目的物の引渡しと報酬支払**（判例）

民法

同時履行の抗弁権が 認められない場合	①	**債権証書の交付と弁済**（487条）
	②	弁済と担保権消滅手続（判例）
	③	**賃貸借終了時における敷金返還義務と目的物明渡義務**（判例）
	④	**造作買取請求権が行使された場合の建物の明渡しと代金支払** （判例）

基礎 同時履行の抗弁権と留置権

			同時履行の抗弁権（533条）	留置権（295条）
共通点	趣 旨		公平の見地	
	効 果		① 債務者に、自己の債務の履行を**拒否**する権能を認める。 ② 引換給付**判決**がなされる。	
相違点	法的性質の相違のあらわれ	法的性質	双務契約の効力の一種	担保物権の一種
		拒絶の内容	給付の内容を問わない	他人の物の留置のみ
		対第三者	相手方に対してのみ主張可	第三者に対しても主張可
		可分性	可 分 ※ 履行を拒絶できる債務は相手方の不履行の度合いに応じて割合的であり得る。	不可分（296条）
		代担保の提供による消滅	不 可	可（301条）
		競売申立権	な し	あ り（民事執行法195条）

基礎 危険負担（536条）

定 義	双務契約において、**各債務が完全に履行される前に、一方の債務が債務者の責めに帰すべからざる事由によって履行不能となり消滅した場合**に、他方の債務（反対給付）の履行を拒絶できるかという問題 ※ 他方の債務を消滅させたい場合は、契約の解除をする必要がある。
債権者に帰責事由なし	債権者は反対給付の**履行を拒む**ことができる。
債権者に帰責事由あり	債権者は反対給付の**履行を拒む**ことができない。

態　様	第三者のためにする契約とは、契約当事者の一方が第三者に直接に債務を負担することを約する契約をいう。例えば、売主Aが買主Bに対して自動車を売却し、売買代金を第三者Cに受領させるという場合、諾約者はBであり、要約者はAであり、受益者はCである（537条1項）。 売主A　要約者　（売買等）　買主B　諾約者 第三者C　受益者　給　付
第三者の地位	第三者（受益者）は、受益の意思表示によって、諾約者に対する直接の請求権を取得する（537条3項）。
要約者・諾約者の地位	1　諾約者は、契約上、要約者に対して有する抗弁について（同時履行の抗弁等）、第三者（受益者）に対抗することができる（539条）。 2　第三者（受益者）の受益の意思表示があった後は、要約者・諾約者間の合意のみにより、受益者の権利を変更することができなくなる（538条1項）。 3　第三者（受益者）が受益の意思表示をした後、諾約者が受益者に対する債務の履行をしない場合、要約者は、受益者の承諾を要件として、契約を解除することができる（同条2項）。

民法

契約の解除

📖 Chapter 30

重要度 **A**

基礎 解 除

種 類	① **法定解除権**（e.g. 債務不履行） ② **約定解除権**（e.g. 解約手付、買戻特約）
行使方法	解除権を有する当事者が、相手方に対する**一方的な意思表示**によって行う。 → 解除の意思表示は**撤回できない**。
不可分性	当事者の一方が数人いる場合は、契約の解除は、その全員から、又は全員に対して行い、当事者中の１人について解除権が消滅したときは、**他の者の解除権も消滅する**。 ※ **共有物の賃貸借契約を解除する場合**、共有者は持分の価格の過半数で解除することができる（共有物の管理に該当）。
効 果	① 解除権の行使によって、**契約は最初に遡って消滅する**。 ② 原状回復義務が生じる（545条1項本文）。 ○**金銭を返還するときは、その受領の時からの利息を付けなければならない**（同条2項）。 ○**物を返還するときは、その受領の時以降に生じた果実も返還しなければならない**（同条3項）。 ※ 特約がない限り、**保証人も責任を負う**。
消 滅	① 解除権が発生した後、行使されるまでに、債務者の**遅延賠償を添えた本来の履行提供があれば、解除権は消滅する**（判例）。 ② **催告による消滅**（547条） ③ 悪意の解除権者の行為等による消滅（548条） ④ 解除権の消滅時効期間は**10年**（判例）

趣　旨	債務不履行時における解除は、**債権者を契約の拘束力から解放**する制度であって、債務者に対して責任を追及する制度ではない。 →　債務の不履行が債権者の責めに帰すべき事由によるものであるときは、債権者は**契約の解除をすることができない**（543条）。 →　債権者が**受領遅滞**である場合、債務者の履行の提供があった時以後に**当事者双方の責めに帰することができない事由**によってその債務の履行が不能となったときは、その履行の不能は、**債権者の責めに帰すべき事由によるものとみなされるので**（413条の2第2項）、債権者は契約の解除をすることができない。 →　**債務者に帰責事由がなくても、債権者は契約を解除することができる。**
催告による解除 （541条）	① 　**債務者がその債務を履行しないこと** ② 　**債権者が相当の期間を定めてその行の催告をすること** ○期限の定めのない債務について債務者が履行しない場合、債権者は412条3項の「履行の請求」のほかに更に541条の「催告」をする必要はない（二重の催告は不要　判例）。 ○不相当な期間を定めた催告、期間を定めない催告であっても、催告の後、客観的にみて相当な期間が経過すれば、解除権は発生する。 ③ 　**その期間内に履行がないこと** ④ 　**その期間を経過した時における債務の不履行がその契約及び取引上の社会通念に照らして軽微でないこと**（軽微の例として、付随的債務の不履行） ※ 　上記①〜④の要件を満たすと解除権が発生する。解除をするためには、解除の意思表示が必要
催告によらない解除 （542条）	1　全部解除（1項） 　　次の場合には、債権者は、**催告をすることなく**、直ちに契約の解除をすることができる。 ① 　**債務の全部の履行が不能であるとき** 　→　履行期前でも不能が確定すれば、履行期を待たずに解除できる。 ② 　**債務者がその債務の全部の履行を拒絶する意思を明確に表示したとき** ③ 　**債務の一部の履行が不能である場合又は債務者がその債務の一部の履行を拒絶する意思を明確に表示した場合において、残存する部分のみでは契約をした目的を達することができないとき** ④ 　**契約の性質又は当事者の意思表示により、特定の日時又は一定の期間内に履行をしなければ契約をした目的を達することができない場合において、債務者が履行をしないでその時期を経過したとき** ⑤ 　①〜④のほか、債務者がその債務の履行をせず、債権者が催告をしても契約をした目的を達するのに足りる履行がされる見込みがないことが明らかであるとき 2　一部解除（2項） 　　次の場合には、債権者は、**催告をすることなく**、直ちに契約の一部の解除をすることができる。 ① 　**債務の一部の履行が不能であるとき** ② 　**債務者がその債務の一部の履行を拒絶する意思を明確に表示したとき**

民法

判　例	判旨概要
1つの契約の債務 不履行を理由とする 他の契約の解除 （最判平8.11.12）	同一当事者間で締結された2個以上の契約のうち、1つの契約が債務不履行である場合、それらの目的とするところが相互に密接に関連付けられていて、社会通念上、**いずれかが履行されるだけでは契約を締結した目的が全体としては達成されない**と認められるときには、一方の債務の不履行を理由に、法定解除権の行使として併せて**もう一方の契約をも解除することができる。**

基礎 解除の法的性質

		直接効果説（判例・通説）
解除の趣旨		契約を遡及的に消滅させる。
未履行債務		契約が遡及的に消滅するので、当然に**未履行債務の履行義務は免れる。**
既履行債務		原状回復義務は、**不当利得返還義務**の一種である。
545条1項 ただし書		契約が遡及的に消滅することにより、第三者の利益が害されることを防止する。
第三者	解除前	**545条1項ただし書により、保護される**（ただし、目的物が不動産の場合、第三者は登記を備える必要がある）。
第三者	解除後	**177条により、解除権者との優劣を決する。**
545条4項		債権者（解除権者）を保護するため、解除の遡及効を制限し、債務不履行に基づく損害賠償請求権を存続させたものである。

51 売買契約

📖Chapter 32 ① ②

重要度 **AA**

民法

基礎 売買 (555条)

定 義	当事者の一方（売主）がある財産権を相手方（買主）に移転することを約束し、これに対して買主がその代金を支払うことを約束する契約 → 有償・双務・諾成契約
効 果	1 売主の義務 ① **財産権移転義務**（555条） ② 権利移転の**対抗要件に係る義務**（560条） ③ **果実引渡義務**（575条1項参照） ④ **担保責任**（562条以下） ⑤ 他人物売買における権利取得・買主移転義務（561条） 2 買主の義務 ① **代金支払義務** → 目的物の引渡しについて期限があるときは、代金の支払についても同一の期限を付したものと推定する（573条）。 → 目的物の引渡しと同時に代金を支払うべきときは、その引渡しの場所において支払わなければならない（574条）。 ② **利息支払義務** → 買主は、引渡しの日から、代金の利息を支払う義務を負う（575条2項本文）。一方、まだ引き渡されていない目的物が果実を生じたときは、その果実は、売主に帰属する（同条1項）。

基礎 手付 (557条)

定 義	売買契約の締結の際に、買主から売主に対して交付される金銭その他の有価物又はその原因となる当事者間の契約（要物契約）
種 類	1 証約手付：契約締結の証拠という趣旨で交付される手付 → **すべての手付は、証約手付の性質を持つ。** 2 解約手付：**約定解除権**留保のために交付される手付 → 手付は、**解約手付の趣旨と推定される**（557条1項）。 3 違約手付 ① **違約罰**としての手付 → これとは別に債務不履行による損害賠償を請求できる。 ② **損害賠償額の予定**としての手付（420条参照） → 損害賠償額が手付の額に制限される。

51 売買契約 163

定　義	約定解除権留保のために交付される手付による解除
要　件	① 「相手方が契約の**履行に着手**」するまで → 客観的に外部から認識することができるような形で**履行行為の一部**をなし、又は履行の提供をするために欠くことのできない**前提行為**をした場合（判例） → 履行期前でも、履行の着手はある（判例）。 → 自ら履行に着手していても**相手方が履行に着手していない間は**解除できる。 ② 「手付を放棄」又は「倍額を償還」 → 倍額償還は、相手方の態度いかんにかかわらず**現実の提供**が必要
効　果	解約手付による解除は、債務不履行による解除と異なる。 → **損害賠償の問題は生じない**（557条2項、545条4項）。 → 債務不履行による解除がなされた場合、損害賠償額の予定としての手付でない限り、債務不履行に基づく損害賠償を請求できる。

法的性質	債務不履行の特則（契約責任説） → 買主は、担保責任のほか、要件を満たせば、415条（債務不履行）の規定による損害賠償の請求並びに541条（催告解除）及び542条（無催告解除）の規定による解除権の行使をすることができる。
種　類	1 目的物の契約不適合 → 種類・品質・数量の契約不適合 2 移転した権利の契約不適合 → 移転した権利の契約不適合・他人に一部が帰属する権利の不移転 ※ 全部他人物売買の場合は、債務不履行の一般則による（担保責任の問題ではない）。
排除特約	排除特約は有効である。 → 売主は、担保の責任を負わない旨の特約をしたときであっても、**知りながら告げなかった事実及び自ら第三者のために設定し又は第三者に譲り渡した権利**については、その責任を免れることができない（572条）。

	目的物の契約不適合			移転した権利の契約不適合（※１）	権利の全部が他人に属する場合においてその権利の全部を移転しないとき
	種類の不適合	品質の不適合	数量の不適合		
追完請求	562条	562条	562条	565条・562条	
代金減額請求	563条	563条	563条	565条・563条	
損害賠償請求・契約の解除	564条(415条、541条、542条)	564条(415条、541条、542条)	564条(415条、541条、542条)	565条・564条(415条、541条、542条)	415条、541条、542条
期間制限（※２）	566条	566条			
費用償還請求（※３）				先取特権・質権・抵当権のみ(570条)	

※１ 具体的には、①有償契約の目的物に（契約内容に適合しない）地上権、永小作権、地役権、留置権、質権、先取特権、抵当権が設定されていた場合、②有償契約の目的である不動産（要役地）のために存すると称した地役権が存在しなかった場合、③有償契約の目的である不動産に（契約内容に適合しない）対抗力を有する他人の賃借権が存在していた場合、④権利の一部が他人に属する場合においてその権利の一部を移転しないときを指す。

※２ 買主が引き渡された目的物の**不適合を知った時から１年以内にその旨を売主に通知**しないときは、買主は、その不適合を理由として、**担保責任を追及することができない**。ただし、売主がその不適合について悪意又は重過失があったときは、この限りでない。

※３ 買主が費用を支出して**買い受けた不動産の所有権を保存**したときは、買主は、売主に対し、その費用の償還を請求することができる。

基礎 **買主の追完請求権**（562条、565条）

場　面	①　引き渡された目的物が種類、品質又は数量に関して契約の内容に適合しないものである場合 ②　売主が買主に移転した権利が契約の内容に適合しないものである場合（権利の一部が他人に属する場合においてその権利の一部を移転しないときを含む）
買主の態様	不適合が買主の責めに帰すべき事由によるものでないこと
買主の請求	目的物の修補、代替物の引渡し又は不足分の引渡しによる**履行の追完を請求**することができる。
売主の対応	買主に不相当な負担を課するものでないときは、買主が請求した方法と異なる方法による履行の追完をすることができる。

買主の代金減額請求権 (563条、565条)

場　面	①　引き渡された目的物が種類、品質又は数量に関して契約の内容に適合しないものである場合 ②　売主が買主に移転した権利が契約の内容に適合しないものである場合 （権利の一部が他人に属する場合においてその権利の一部を移転しないときを含む）
買主の態様	不適合が買主の責めに帰すべき事由によるものでないこと
要　件	①　買主が相当の期間を定めて履行の追完の催告をすること ②　その期間内に履行の追完がないこと ※　次の場合は催告不要 ⅰ　履行の追完が不能であるとき ⅱ　売主が履行の追完を拒絶する意思を明確に表示したとき ⅲ　契約の性質又は当事者の意思表示により、特定の日時又は一定の期間内に履行をしなければ契約をした目的を達することができない場合において、売主が履行の追完をしないでその時期を経過したとき ⅳ　ⅰ～ⅲのほか、買主が催告をしても履行の追完を受ける見込みがないことが明らかであるとき
買主の請求	その**不適合の程度に応じて代金の減額を請求することができる。**

応用 **目的物の契約不適合に関する判例**

	判旨概要
借地の瑕疵 （最判平3.4.2）	建物とその敷地の賃借権とが売買の目的とされた場合において、その**敷地について賃貸人において修繕義務を負担すべき欠陥が**売買契約当時に存したことがその後に**判明したとしても、売買の目的物に隠れた瑕疵があるということはできない。**

平成29年の大改正の前後で担保責任の種類を比較してみると次のようになります。基本的に売主が責任を負う場面は変わっていません。

平成29年改正前の 担保責任の種類		平成29年改正後の 担保責任の種類等
全部他人の権利	→	債務不履行の一般則
一部他人の権利	→	移転した権利の契約不適合
数量不足・一部滅失	→	目的物の契約不適合
地上権等による制限	→	移転した権利の契約不適合
抵当権等による制限	→	移転した権利の契約不適合
瑕疵担保責任	→	目的物の契約不適合

民法

基礎 **贈与** (549条)

定 義	贈与者が相手方(受贈者)に無償で財産を与える契約 → 無償・片務・諾成契約
要 件	① 贈与者と受贈者の合意 ② 贈与契約に方式は不要
効 果	1 贈与者の給付義務 → 特定物の贈与では善管注意義務を負う(400条)。 → 目的物が不動産の場合、引渡義務のほか、登記協力義務を負う。 2 担保責任 　贈与者は、贈与の目的である物又は権利を、贈与の目的として**特定した時の状態**で引き渡し、又は移転することを約したものと推定する(551条1項)。したがって、これと異なる合意が立証されない限り、贈与者は、目的物が特定した時点の状態で引き渡せば足りることになり、担保責任は軽減されている。 　なお、負担付贈与については、その負担の限度において、売主と同様の担保責任を負う(同条2項)。
その他	1 書面によらない贈与 → 書面によらない贈与は各当事者が解除することができる(550条本文)。 → 履行の終わった部分については解除することができない(同条ただし書)。 　① 動 産:引渡し(判例) 　② 不動産:登記又は引渡し(判例) → 550条の趣旨は、贈与者が**軽率に贈与することを予防**し、かつ、贈与の**意思を明確**にすることを期するためであるから、贈与が書面によってされたといえるためには、贈与の意思表示自体が書面によっていることを必要としないことはもちろん、書面が贈与の当事者間で作成されたこと、又は書面に無償の趣旨の文言が記載されていることも必要とせず、**書面に贈与がされたことを確実に看取し得る程度の記載があれば足りる**(判例)。 2 特殊の贈与 　① 定期贈与(552条) 　② 負担付贈与(553条 双務契約の規定が準用される) 　③ 死因贈与(554条 **遺贈**に関する規定が準用される)

書面によらない贈与は、軽い気持ちで「あげるよ」と言ってしまうことまで強力に拘束をするのは妥当でないということから、解除することができるようになっています。

53 賃貸借契約

Chapter 33 1 2

重要度 **AA**

基礎 賃貸借 (601条)

定 義	ある人（賃貸人）が相手方（賃借人）にある物を使用・収益させ、これに対して賃借人が使用・収益の対価を支払い、賃貸物を契約終了時に返還する契約 → 有償・双務・諾成契約
効 果	1 賃貸人の義務 　① **使用・収益させる義務** (601条) 　② 修繕義務 (606条1項) 　③ 費用償還義務 　　必要費：賃借人は、賃貸人に対し、**直ちに**その償還を請求することができる (608条1項)。 　　有益費：賃借人は、**賃貸借の終了の時**に、196条2項の規定に従い（その価格の増加が現存する場合に限り、賃貸人の選択に従い、その支出した金額又は増価額を償還）、その償還をしなければならない。ただし、裁判所は、賃貸人の請求により、その償還について相当の期限を許与することができる (608条2項)。 　④ **担保責任** 2 賃借人の権利義務 　① 使用・収益権 (616条・594条1項) 　② **賃料支払義務** (601条) 　③ 目的物の保管義務：**善管注意義務** (400条) 　④ **終了時の目的物返還義務** (601条) 　⑤ 原状回復義務 (621条)
終 了	① **期間満了** ② **解約申入れ** 　→ 土地1年経過、建物3か月経過、動産・貸席1日経過で終了 ③ **債務不履行解除** 　→ 解除は**将来に向かってのみ**その効力を生ずる（解約告知の性質　620条）。 　→ 賃借人に対して、相当期間を定めて催告し、相当期間経過しても履行がなければ解除することができるが、信頼関係破壊の理論により修正を受ける。 　→ 信頼関係が破壊され、賃貸借契約の存続が著しく困難であれば、**無催告解除**が認められる（判例）。 　→ 軽微な債務不履行であれば、解除は制限される (541条ただし書)。 ④ **無断譲渡・無断転貸**があった場合の612条2項の解除 ⑤ **目的物の滅失等**（後発的不能） 　→ 賃借物を使用・収益することができなくなった場合、終了する (616条の2)。

168

対抗力	**不動産の賃貸借**は、これを登記したときは、その不動産について物権を取得した者その他の第三者に対抗することができる（605条）。 なお、この登記がない場合であっても、借地借家法によって、借地権については**借地上の建物の登記**、借家権については建物の**引渡し**があれば、対抗力が認められる。
賃貸不動産の譲受人との関係	1　賃借権に対抗要件が備わっていない場合 ①　賃借人は譲受人に**賃借権**を対抗できない。 ②　譲受人は、所有権について登記を備えれば、賃借人に対抗でき、所有権に基づく明渡請求をすることができる。 ③　賃貸人の地位は、**譲受人に当然には移転しない**。 ※　賃貸人たる地位を、**賃借人の承諾**を要しないで、譲渡人と譲受人との**合意により**、譲受人に移転させることもできる（605条の3）。 2　賃借権に対抗要件が備わっている場合 ①　原則として賃借人は譲受人に**賃借権**を対抗できる（605条の2第1項）。 ②　譲受人は、所有権について登記を備えても、賃借人に対して**所有権に基づく明渡請求をすることができない**。 ③　賃貸人の地位は、特段の事情のない限り、**譲受人に当然に移転**する。この移転に対して、**賃借人の承諾は原則として必要ない**。 ④　譲受人が新賃貸人として賃借人に対して**賃料を請求するためには**、所有権について登記を備えていなければならない（605条の2第3項）。 ※　不動産の譲渡人及び譲受人は、**賃貸人たる地位を譲渡人に留保する旨及びその不動産を譲受人が譲渡人に賃貸する旨の合意**をすることにより、賃貸人たる地位を譲受人に移転させないこともできる（605条の2第2項）。この場合、**譲渡人と譲受人との間の賃貸借が終了したときは、譲渡人に留保されていた賃貸人たる地位は、譲受人に移転**する。
賃貸不動産の不法占拠者に明渡しを求める方法	①　賃借人に占有権があれば、不法占拠者に対して占有回収の訴え（占有保持の訴え）をできる。 ②　賃借人は、賃貸人の有する所有権に基づく返還請求権（妨害排除請求権）を代位行使できる。 ③　賃借人は、対抗要件を備えていれば、**賃借権に基づく返還請求権**を行使できる（605条の4第2号）。 ※　不法占拠までいかず、賃借人の不動産の占有を第三者が妨害しているときは、賃借人は、妨害の停止の請求をすることができる（同条1号）。

民
法

基礎 賃借権の譲渡・目的物の転貸

要　件	賃借人は、賃貸人の承諾を得なければ、その賃借権を譲り渡し、又は賃借物を転貸することができない（612条1項）。
譲渡の効果	原賃借人は賃貸借関係から離脱する。 　→　**借地上の建物を譲渡する場合**には、借地権（土地賃借権）は建物の**従たる権利**（87条2項類推）として移転する結果、土地賃借権の譲渡もされることになるので、**借地権設定者（土地賃貸人）の承諾が必要**である。
転貸の効果	原賃貸借関係は残存する。 **転借人は、賃貸人と賃借人との間の賃貸借に基づく賃借人の債務の範囲を限度として、賃貸人に対して転貸借に基づく債務を直接履行する義務を負う。**この場合においては、**賃料の前払をもって賃貸人に対抗することができない**（613条1項）。一方、民法上、転借人は賃貸人に対して権利を有しない。 　→　**借地上の土地賃借人所有の建物を第三者に賃貸すること**は、借地権の転貸にあたらないので、**借地権設定者（土地賃貸人）の承諾は不要**である。

基礎 無断譲渡・無断転貸 (612条2項)

原　則	**賃貸人の承諾**なしには賃借権の譲渡・転貸はできず、無断で譲渡・転貸して第三者に使用・収益させたときは、賃貸人は契約を解除することができる。
例　外	無断譲渡・転貸に賃借人の背信的行為と認めるに足りない特段の事情がある場合には、解除権は発生しない（判例）。
無断転貸で解除できる場合の法律関係	①　賃借人（B）と転借人（C） 　→　BC間の賃貸借契約は債権的には有効である。 　→　BはCに対して賃貸人Aの承諾を取り付ける義務を負い、承諾を得られない場合、Bは**担保責任**を負う。 ②　賃貸人（A）と賃借人（B） 　→　Cが現実に目的物を使用していれば、原則として**AはAB間の賃貸借契約を解除できる**。 ③　賃貸人（A）と転借人（C） 　→　CはAに対して賃借権を対抗できず、Aとの関係では、Cは**不法占拠者**となる。 　→　AはCに対して目的物の明渡し・**不法占拠に基づく損害賠償**を請求することができる。

賃貸借契約の終了と転貸借契約との関係

賃貸借契約の終了原因	転貸借契約の効果
法定解除	原則として、**賃貸人が転借人に対して目的物の返還を請求した時**に、転貸人の転借人に対する債務の履行不能により終了する。
合意解除（613条3項）・賃借権の放棄	**原則として、終了しない。**

基礎 **敷 金**

定 義	いかなる名目によるかを問わず、賃料債務その他の賃貸借に基づいて生ずる賃借人の賃貸人に対する金銭の給付を目的とする債務を担保する目的で、賃借人が賃貸人に交付する金銭をいう。
賃料への充当	1 **賃貸人は**、賃借人が賃貸借に基づいて生じた金銭の給付を目的とする債務を履行しないときは、**敷金をその債務の弁済に充てることができる。** 2 **賃借人は**、賃貸人に対し、**敷金をその債務の弁済に充てることを請求することができない。**
返 還	賃貸人は、次のいずれかの場合、賃借人に対し、受け取った敷金の額から賃貸借に基づいて生じた賃借人の賃貸人に対する金銭の給付を目的とする債務の額を控除した残額を返還しなければならない。 ① 賃貸借が終了し、**かつ、賃貸物の返還を受けたとき** ② **賃借人が適法に賃借権を譲り渡したとき**

地位の移転と敷金の承継	賃貸人の地位の移転	賃借人の地位の移転
承継の有無	原則承継する（605条の2第4項）。	原則承継しない（622条の2第1項2号）。

民法

	判旨概要
増改築禁止特約 違反と解除権 (最判昭41.4.21)	**増改築禁止特約があるにもかかわらず、賃借人が賃貸人の承諾を得ない で増改築をした場合においても、**この増改築が借地人の土地の通常の利 用上相当であり、土地賃貸人に著しい影響を及ぼさないため、賃貸人に 対する信頼関係を破壊するおそれがあると認めるに足りないときは、**賃 貸人が前記特約に基づき解除権を行使することは、信義誠実の原則上、 許されないものというべきである。**
敷金返還債務と 家屋明渡債務 の関係 (最判昭49.9.2)	賃貸人は、特別の約定のない限り、賃借人から**家屋明渡しを受けた後に 敷金残額を返還すれば足りる**ものと解すべく、したがって、**家屋明渡債 務と敷金返還債務とは同時履行の関係に立つものではない。**
更新料条項の 効力 (最判平23.7.15)	更新料は、一般に、賃料の補充ないし前払、賃貸借契約を継続するため の対価等の趣旨を含む複合的な性質を有する。賃貸借契約書に一義的か つ具体的に記載された**更新料条項**は、更新料の額が賃料の額、賃貸借契 約が更新される期間等に照らし高額に過ぎるなどの特段の事情がない限 り、消費者契約法10条にいう「**民法第1条第2項に規定する基本原則 に反して消費者の利益を一方的に害するもの**」にはあたらない。
賃貸借契約終了 と賃料債権 取立て (最判平24.9.4)	**賃貸人が賃借人に賃貸借契約の目的である建物を譲渡したことにより賃 貸借契約が終了した以上は、**その終了が賃料債権の差押えの効力発生後 であっても、賃貸人と賃借人との人的関係、当該建物を譲渡するに至っ た経緯及び態様その他の諸般の事情に照らして、賃借人において賃料債 権が発生しないことを主張することが信義則上許されないなどの**特段の 事情がない限り、差押債権者は、第三債務者である賃貸人から、当該譲 渡後に支払期の到来する賃料債権を取り立てることができない。**

請求権の種類	造作買取請求権	必要費償還請求権	有益費償還請求権
取り付けた物 の所有者	借 主	貸 主	貸 主
請求権を行使 できる始期	賃貸借契約終了後	直ちに	賃貸借契約終了後
建物を留置 できるか	できない	できる	できる

賃貸借は重要テーマです。これに対して、地上権や使用貸借はそこまで
重要ではありません。そこでこれらを効率よくクリアするために、賃借
権と比較して押さえていきましょう。次ページの2つの表を参考にして
ください。

基礎 地上権と土地賃借権との比較

		地上権	土地賃借権
共通点		地上権、賃借権ともに他人の土地を利用する権利	
相違点	権利の性質	**物 権**	**債 権**
	対抗力	**あ り**（177条）	**あ り**（605条）
	登記義務	あ り	な し
	存続期間 約定期間 あり	**最長・最短制限なし**	**最長50年** **最短制限なし**
	存続期間 約定期間 なし	① 慣習 ② 当事者の請求により裁判所が定める（268条2項） → **20年～50年** ③ 地上権者は**自由に放棄可** → ただし、有償の場合は**1年前の予告又は1年間の地代支払が必要**	**いつでも解約申入れ可**（617条） → 土地の場合、申入後、**1年で終了**（同条1項1号）
	地 代	**契約の要素でない**	**契約の要素である**
	修繕義務	な し	あ り
	譲 渡	**地上権設定者の承諾不要**	**賃貸人の承諾必要**

基礎 使用貸借と賃貸借との比較

	使用貸借	賃貸借
法的性質	無償・片務・諾成	**有償・双務・諾成**
対抗力	な し	**あ り**（605条）
貸主の修繕義務	な し	**あ り**（606条1項）
借主の修繕権	規定なし	規定あり（607条の2）
通常の必要費	借主負担（595条1項）	賃貸人負担（608条1項）
費用償還時期	特別の必要費又は有益費 → **目的物返還の時から1年内** （600条）	必要費又は有益費 → **目的物返還の時から1年内** （622条・600条）
担保責任	軽減される （596条・551条）	売主と同様 （559条・562条以下）
借主の死亡	終了（597条3項）	終了しない
存続期間	**定めなし**	**最長50年**（604条1項）

消費貸借契約

📖Chapter 33③

重要度 **B**

消費貸借（587条）

定　義	金銭その他の代替物を借りて、後にこれと同種・同等・同量の物を返還する契約 　→　無償（利息付きの場合は有償）・片務契約	
要　件	要物契約たる 消費貸借契約	①　目的物の授受 ②　返還の合意
	諾成契約たる 消費貸借契約	①　目的物の引渡しと返還の合意 ②　書面（又は電磁的記録） ※　目的物受領前の終了 　①　借主による解除（587条の2第2項） 　②　一方当事者の破産手続開始決定による終了（同条3項）
効　果	貸主の責任	**貸す義務** 1　消費貸借契約が**要物契約**として成立する場合、貸主に貸す義務は生じない。 2　書面でする消費貸借契約が**諾成契約**として成立する場合、貸主に貸す義務は生じる。
		担保責任 1　利息付消費貸借は、貸主は、売買契約における売主の担保責任と同様の責任を負う。 2　無利息の消費貸借の場合、貸主は、贈与契約における贈与者と同様の責任を負う。
	借主の義務	1　受領物と同種・同等・同量の物を返還する義務を負う。また、利息の特約があるときは、利息を支払わなければならない（589条）。 2　**利息の特約の有無にかかわらず**、受領物に種類又は品質の**契約不適合**があるときは、その物の**価額を返還**することができる。
終　了	返還時期の 定めあり	①　確定した返還時期の定めがあれば、その時期に返還 ②　不確定の返還時期の定めがあれば、**借主がその期限の到来後に履行の請求を受けた時又はその期限の到来を知った時**に返還 ※　貸主は、借主が返還時期前に返還をしたことによって損害を受けたときは、その賠償を請求することができる。
	返還時期の 定めなし	貸主は、相当の期間を定めて、借主に返還を**催告**することができる。 ※　**借主は、返還の時期の定めの有無にかかわらず、いつでも返還をすることができる。** この場合、利息の特約があれば、返還時までの利息を付けることが必要

55 請負契約

📖Chapter 34 ①

重要度 **B**

基礎 請負 (632条)

定 義	当事者の一方（請負人）がある仕事を完成**する**ことを約し、相手方（注文者）がその仕事の結果に対して報酬**を与える**ことを約する契約 → 有償・双務・諾成契約
効 果	1 請負人の義務 ① 仕事完成義務 　→ 特約がない限り、自由に履行補助者・下請負人を使用できる。 ② **目的物引渡義務**（目的物の引渡しが必要な場合） ③ **担保責任**（559条・562条以下） 2 注文者の義務 ① 報酬支払義務 ② **受領義務**
所有権の帰属	① 注文者が材料の全部又は主要部分を供給 　→ 特約がない限り、**原始的に注文者に所有権が帰属** ② 請負人が材料の全部又は主要部分を供給 　→ 特約がない限り、請負人に所有権が帰属し、引渡しにより注文者に移転 　→ 注文者と元請負人との間に、契約が中途で解除された際の**出来形部分の所有権は注文者に帰属する旨の約定**がある場合に、当該契約が中途で解除されたときは、元請負人から一括して当該工事を請け負った**下請負人が自ら材料を提供して出来形部分を築造した**としても、特段の事情のない限り、当該出来形部分の**所有権は注文者に帰属**する（判例）。
解 除	① **注文者による契約の解除**（641条） 　→ **請負人が仕事を完成しない**間は、注文者は、いつでも損害を賠償して契約の解除をすることができる。 　→ 請負人の給付が可分であって当事者がその給付について利益を有するときは、**既に完成した部分については解除できず、未完成の部分についてのみ解除できる**（判例）。 ② 注文者についての破産手続の開始による解除（642条） 　→ 注文者が破産手続開始の決定を受けたときは、**請負人**（仕事完成前のみ）又は**破産管財人**は、契約の解除をすることができる。 ③ 債務不履行解除

責任の内容	売主の担保責任と同様（559条・562条以下）。すなわち、履行追完請求、報酬減額請求、損害賠償請求、契約の解除
責任の制限	**注文者の供した材料の性質又は注文者の与えた指図によって目的物について**種類・品質の契約不適合がある場合、**請負人がその材料又は指図が不適当であることを知りながら告げなかったときを除き**、注文者は、履行追完請求、報酬減額請求、損害賠償請求及び契約の解除をすることができない。
期間の制限	目的物について種類・品質の契約不適合がある場合において、**注文者がその不適合を知った時から1年以内にその旨を請負人に通知しないときは**、注文者は、その不適合を理由として、担保責任を追及することができない。 ※ **請負人が悪意又は重過失であったとき**は、上記期間の**制限はない。**

基礎 注文者の報酬支払義務

支払時期	① 仕事の目的物を引き渡すべきときには、その引渡しと同時 ② 引渡しを要しないときは、仕事完成後 ※ 仕事完成義務と報酬支払義務とは同時履行の関係に立たない。
損害賠償請求権との関係	① 損害賠償請求権と報酬債権とは同時履行の関係（533条） ② 損害賠償請求権は報酬債権と**相殺可能**（判例）
割合的報酬支払	次の場合において、請負人が既にした仕事の結果のうち可分な部分の給付によって注文者が利益を受けるとき、請負人は、**注文者が受ける利益の割合に応じて報酬を請求**することができる。 ① 注文者の責めに帰することができない事由による仕事完成不能 ② 請負が仕事の完成前に解除されたとき

応用 仕事完成前の目的物の滅失・損傷（仕事完成不能）

		注文者は報酬請求を拒むことができる。 注文者は契約を解除できる。 請負人は債務不履行責任（損害賠償）を負う。
請負人に帰責事由あり		
請負人に帰責事由なし	注文者に帰責事由あり	注文者は報酬請求を拒むことができない。 注文者は契約を解除できない。
	双方に帰責事由なし	注文者は報酬請求を拒むことができる。 注文者は契約を解除できる。

仕事完成が不能である場合、仕事完成義務は消滅し、報酬請求権は仕事完成後に具体的に生じるものであるため、基本的に報酬請求権もありませんが、注文者に帰責事由があるときは、536条2項の法意から注文者は報酬支払請求を拒絶することはできません。

委任契約

📖Chapter 34②

重要度 **B**

	民法

基礎 **委任** (643条)

定 義	当事者の一方（委任者）が**法律行為をなすこと**を相手方（受任者）に委託し、相手方がこれを承諾することを内容とする契約 → 無償・片務・諾成契約（特約により、有償・双務）
効 果	1 受任者の義務 　① 事務処理の義務　→　善管注意義務（644条） 　　○受任者は、委任者の許諾**を得たとき**、又はやむを得ない事由があるときでなければ、復受任者を選任することができない（644条の2第1項）。また、代理権を付与する委任において、受任者が**代理権を有する復受任者を選任**したときは、復受任者は、委任者に対して、**その権限の範囲内において、受任者と同一の権利を有し、義務を負う**（同条2項）。 　② 付随的義務 　　ⅰ 報告義務（645条） 　　　○受任者は、**委任者の請求**があるときは、いつでも委任事務の処理の状況を報告し、**委任が終了した後**は、遅滞なくその経過及び結果を報告しなければならない。 　　ⅱ 受領物等の引渡義務（646条1項） 　　　○受任者は、委任事務を処理するにあたって**受け取った金銭その他の物**を委任者に引き渡さなければならない。**収取した果実**についても同様 　　ⅲ 取得権利の移転義務（同条2項） 　　　○受任者は、**委任者のために自己の名で取得した権利**を委任者に移転しなければならない。 　　ⅳ 金銭を消費した場合の責任（647条） 　　　○受任者は、委任者に引き渡すべき金額又はその利益のために用いるべき金額を**自己のために消費**したときは、その消費した日以後の**利息**を支払わなければならない（受任者の故意・過失の有無、損害の証明の有無を問わない）。この場合において、なお**損害**があるときは、その賠償の責任を負う。 2 委任者の義務 　① 費用前払義務（649条） 　　○委任事務を処理するについて費用を要するときは、委任者は、受任者の請求により、その前払をしなければならない。 　② 費用償還義務（650条1項） 　　○受任者は、委任事務を処理するのに必要と認められる費用を支出したときは、その**費用**及び**支出の日以後におけるその利息**の償還を請求することができる。

③ **債務の代弁済又は担保提供義務** (650条2項)
　○受任者は、委任事務を処理するのに必要と認められる債務を負担したときは、**自己に代わってその弁済をすること**を請求することができる。この場合において、その債務が弁済期にないときは、**相当の担保を供させること**ができる。
④ 損害賠償義務 (650条3項) ※ **無過失責任**
　○受任者は、委任事務を処理するため自己に**過失なく**損害を受けたときは、その賠償を請求することができる。委任者の故意・過失は問わない。
⑤ 報酬支払義務 (648条、648条の2) ※ **有償委任についてのみ認められる**。

基礎 受任者の報酬 （報酬特約がある場合）

履行割合型委任	原　則	受任者は、委任事務を履行した後でなければ、報酬を請求することができない。 →　受任者は、委任事務の処理との**同時履行を主張することはできない**。
	期間によって報酬を定めたとき	期間が経過した後、委任者は、報酬を支払うことを要する。
	委任事務が終了しなかったとき	①委任者の責めに帰することができない事由によって委任事務の履行をすることができなくなったとき、又は②委任が履行の中途で終了したときは、受任者は、**既にした履行の割合に応じて報酬を請求する**ことができる。 →　「委任者の責めに帰することができない事由によって委任事務の履行をすることができなくなったとき」には、**受任者の帰責事由によって委任事務の履行をすることができなくなったときが含まれる**。
成果完成型委任	原　則	受任者は、その成果の引渡しを要するときは、その**成果の引渡しと同時**でなければ報酬を請求することができない。
	成果を得られなかったとき	委任者の責めに帰することができない事由によって成果を得ることができなくなった場合又は**成果を得る前に委任契約が解除された場合**には、①既にした委任事務の処理の結果が可分であり、かつ、②その部分の給付によって委任者が利益を受けるときに限り、受任者は、**委任者が受ける利益の割合に応じて報酬を請求する**ことができる。

終了原因				
	死　亡	破産手続開始決定	後見開始の審判	解　除
委任者	○	○	×	○
受任者	○	○	○	

解　除			
原　則 (651条)	各当事者がいつでもその解除をすることができる。 〈解除者は相手方に損害賠償をする必要があるか？〉		
		相手方に 不利な時期	委任契約が受任者の利益（専ら報酬を得ることによるものを除く）をも目的とするもの
	解除者にやむを 得ない事由あり	不要	不要
	解除者にやむを 得ない事由なし	必要	解除者が委任者→必要 解除者が受任者→不要
効　果	委任の解除をした場合には、その解除は、将来に向かって**のみ**その効力を生ずる（652条・620条）。		

委　任		寄託 (665条)	組合 (671条 業務執行組合員について)	事務管理 (701条)
受任者の義務	善管注意義務 (644条)	有　償 　→　善管注意義務 　　（400条） 無　償 　→　自己の財産と 　　同一の義務 　　（659条）	○	原　則 　→　善管注意義務 緊急事務管理 　→　注意義務軽減 　　（698条）
	報告義務 (645条)	危険通知義務 （660条1項）	○	○ 管理開始通知義務 （699条）
	引渡義務 (646条)	○	○	○
	消費責任 (647条)	○	○	○

民
法

委任者の義務（受任者の権利）	報酬請求権（履行割合型 648条・特約）	○	○	規定なし
	報酬請求権（成果完成型 648条の2）	×（準用なし）	○	×
	費用前払請求権（649条）	○	○	規定なし
	費用償還請求権（650条1項）	○	○	有益費用（702条1項、3項）
	代弁済請求権（650条2項）	○	○	○（702条2項）
	損害賠償請求権（650条3項）※ 無過失責任	×過失責任（661条）	○	規定なし
復委任（644条の2）	原則禁止（658条2項）	○	×	

この表で最重要なものは一番左の列の委任の規定になります。
受任者・委任者の義務のゴロ合わせを紹介します。
善（**ゼン**）・告（**コク**）の・引（**ヒ**）・消（**ショ**）・報酬（**ホウシュウ**）・前（**マエ**）の・償（**ショー**）・代（**タイ**）・無賠（**ムバイ**）→**全国の秘書、報酬前のショータイムばい**（熊本弁）

一般不法行為

📖Chapter 37 ②

重要度 **AA**

民法

基礎 **一般不法行為** (709条)

趣 旨	① 被害者の救済 ② 損害の公平な分担
要 件	① 故意又は過失 (709条) 　○ 失火責任法によって、**失火の場合は、重過失**のあるときに不法行為が成立 　　し、**軽過失**では成立しない。 　○ 原則として、**過失の立証責任は被害者にある**が、法律の中には過失の立証責 　　任を被害者から加害者に転換し、**加害者が無過失を立証しない限り責任を免** 　　**れない**とするものがある（中間責任　e.g.714条、715条、717条、718条）。 ② 他人の権利又は法律上保護される利益の侵害（違法性　709条） ③ **損害の発生**（709条） 　○ 損害とは、もし加害原因がなかったとしたら存在したであろう利益状態と、 　　加害がなされた結果として現に存在する利益状態との差額（差額説　判例）。 　○ 財産的損害のみならず、精神的損害も含まれる。 ④ 行為と損害との間の**因果関係**（709条） ⑤ 責任能力（712条、713条） 　○ 自己の行為が違法なものとして法律上非難されるものであることを弁識する 　　ことができる能力（12歳前後） 　○ 責任無能力者は不法行為責任を負わない。 ⑥ **違法性阻却事由のないこと**（正当防衛・緊急避難など　720条）
効 果	損害賠償請求権の発生 原則：金銭賠償（中間利息は控除）（722条1項・417条、417条の2） 例外：名誉毀損における原状回復（723条）

基礎 **損害賠償請求権**

損害賠償 の範囲	相当因果関係の範囲内（416条類推　判例） 損害賠償の対象　→　**通常損害**及び加害者が予見すべきであった**特別損害**
消滅時効 期間	① 被害者又はその法定代理人が損害及び加害者を知った時から3年間（人の 　生命又は身体を害する不法行為による損害賠償請求権については5年間）行 　使しないとき ② 不法行為の時から20年間行使しないとき

	1 被害者本人
	→ 胎児にも権利能力は認められる（721条）。
	2 近親者（711条）
	→ 条文上は「被害者の**父母、配偶者及び子**」であるが、これらの者以外の者であっても、被害者との間に711条所定の者と**実質的に同視し得べき身分関係**が存し、被害者の死亡により**甚大な精神的苦痛を受けた者**は、711条の類推適用により、加害者に対し直接に固有の慰謝料を請求し得る（最判昭49.12.17.〝被害者（女性）の夫の実妹であり、身体障害者であるため、長年にわたり被害者と同居し、同女の庇護の下に生活を維持し、将来もその継続が期待されていた者〟に慰謝料請求を認めた）。
請求権者	→ 近親者固有の慰謝料請求権が認められるのは、711条の条文上は被害者が**死亡**した場合に限られるが、判例は、**近親者が被害者の「死亡したときにも比肩しうべき精神上の苦痛を受けたと認められる」**場合には、近親者は、**709条、710条に基づいて、自己の権利として慰謝料を請求し得る**としている。
	3 被害者の相続人にはどのような権利が認められるか
	① 被害者の近親者である場合
	→ 711条により固有の慰謝料請求権が認められる。
	② 財産的損害賠償請求権の相続性
	→ **被害者が即死した場合**であっても、相続性は肯定される（判例）。
	③ 慰謝料請求権の相続性
	→ **損害の賠償を請求する意思を表明するなど格別の行為をすることを必要とすることなく、相続人は当然に慰謝料請求権を相続する**（判例）。

基礎 過失相殺（722条2項）

定 義	損害賠償額を定めるにつき、被害者に過失があったときにこれを考慮する制度
要 件	被害者の過失 → 被害者の責任能力は**不要** → 事理弁識能力（下級審では6歳くらい）は必要
被害者	被害者側（被害者と**身分上ないし生活関係上一体**をなすとみられるような関係にある者）の過失を含む。
効 果	具体的事情の程度に応じて、賠償金の**減額**が行われる。 → 過失を考慮するか否かは、裁判官の裁量
過失相殺 の類推	**被害者の素因が疾患にあたり、それが原因で損害が拡大した場合**において、当該疾患の態様・程度などに照らし、加害者に損害の全部を賠償させることが公平を失するときは、**722条2項を類推適用**し、損害賠償の額を定めるにあたり**被害者の素因を考慮することができる**（判例）。

基礎 不法行為・債務不履行

		不法行為責任	債務不履行責任
帰責性の立証責任		被害者	債務者（立証責任の転換）
過失相殺	責任免除	できない（722条2項）	できる（418条）
	金額軽減	できる	
	考慮	任意的（722条2項）	必要的（418条）
中間利息の控除		する	する
損害賠償の範囲		416条類推適用	416条
損害賠償請求権を受働債権として相殺することが許されない場合（509条）（※）		①悪意による不法行為に基づく損害賠償債務 ②人の生命・身体の侵害による損害賠償債務	人の生命・身体の侵害による損害賠償債務
損害賠償の方法		原則：金銭賠償（722条1項・417条） 例外：名誉毀損における原状回復（723条）	原則：金銭賠償（417条）
期間制限	原則	3年又は20年（724条）	5年又は10年（166条1項）
	人の生命・身体を害する場合	5年又は20年（724条の2）	5年又は20年（167条）
失火責任法の適用		あり	なし
遺族固有の慰謝料請求権		被害者の近親者あり（711条）	なし（ただし、相続は肯定）

※ その債権者がその債務に係る債権（受働債権にあたる債権）を他人から譲り受けたときは相殺し得る（509条柱書ただし書）。

応用 一般不法行為に関する判例

	判旨概要
示談後の後遺症 （最判昭43.3.15）	全損害を正確に把握し難い状況の下において、早急に小額の賠償金をもって満足する旨の示談がされた場合においては、**示談によって被害者が放棄した損害賠償請求権は、示談当時予想していた損害についてのもののみと解すべき**であって、その当時予想できなかった不測の再手術や後遺症がその後発生した場合、その損害についてまで、賠償請求権を放棄した趣旨と解するのは、当事者の合理的意思に合致するものとはいえない。
請求権競合 （最判昭38.11.5）	運送取扱人ないし運送人の責任に関し、運送取扱契約ないし運送契約上の債務不履行に基づく賠償請求権と不法行為に基づく賠償請求権との競合は認め得る。

民法

契約締結説明義務違反 （最判平23.4.22）	契約の一方当事者が、当該契約の締結に先立ち、信義則上の説明義務に違反して、当該契約を締結するか否かに関する判断に影響を及ぼすべき情報を相手方に提供しなかった場合には、上記一方当事者は、相手方が当該契約を締結したことにより被った損害につき、**不法行為による賠償責任を負う**ことがあるのは格別、当該契約上の**債務不履行による賠償責任を負うことはない**というべきである。
別事故で死亡した場合の損害額の算定 （最判平8.4.25）	交通事故の被害者が事故に起因する傷害のために身体的機能の一部を喪失し、労働能力の一部を喪失した場合において、いわゆる逸失利益の算定にあたっては、その後に被害者が死亡したとしても、当該交通事故の時点で、その死亡の原因となる具体的事由が存在し、近い将来における死亡が客観的に予測されていたなどの特段の事情がない限り、**死亡の事実は就労可能期間の認定上考慮すべきものではない**と解する。
加害者を知った時 （最判昭48.11.16）	民法724条にいう「加害者を知った時」とは、同条で時効の起算点に関する特則を設けた趣旨に鑑みれば、**加害者に対する賠償請求が事実上可能な状況の下に、その可能な程度にこれを知った時**を意味するものと解するのが相当であり、被害者が不法行為の当時加害者の住所氏名を的確に知らず、しかも当時の状況においてこれに対する賠償請求権を行使することが事実上不可能な場合においては、その状況が止み、被害者が加害者の住所氏名を確認したとき、初めて「加害者を知った時」にあたるというべきである。

58 特殊な不法行為

📖Chapter 37③

重要度 **AA**

基礎 使用者責任 (715条)

定　義	他人に使用されている者（被用者）が、その使用者の事業を執行するにつき、他人に損害を加えた場合、使用者又はこれに代わる代理監督者が負う損害賠償責任
趣　旨	① 被害者の救済 ② **報償責任**の法理 　→ 他人を使って事業を営む以上、被用者のした不法行為につき当然に責任がある（他人を使用して危険な事業に従事する者は重い責任を負うべき）。
要　件	① 「**ある事業のために他人を使用**」していること（使用関係） 　→ 「事業」は営利目的・継続的なものに限らず、非営利的・一時的・家庭的・違法なものでも構わない。 　→ 「他人を使用」とは、事実上の指揮監督関係があれば足りる。e.g.暴力団の最上位にある組長と下部組織の構成員の間にも使用者・被用者の関係が成立する（最判平16.11.12）。 　→ 自動車の運転経験が長い兄が、出先から自宅に連絡し、運転免許の取得後半年位で運転経歴の浅い弟に自己所有の自動車を運転して迎えに来させた上、さらに、弟に自動車の運転を継続させ、自己は助手席に座り、弟の運転に気を配っていたが（事故発生の直前にも弟に対し「ゴー」と合図して発進の指示をした）、自宅に戻る途中、事故が発生した。この場合、兄と弟との間に事故当時使用者・被用者の関係が成立していたと解する（最判昭56.11.27）。 ② 「**事業の執行について**」損害を加えたこと（事業執行性） 　→ 「事業の執行について」とは、使用者と被用者の内部関係や被用者の主観的意図にとらわれず、**客観的に行為の外形**を標準として判断すべきものと解する（外形標準説　判例）。取引行為型不法行為や事実行為型不法行為（自動車事故型）では外形標準説が採用されている。 　※ なお、取引行為型不法行為では、外形標準説が相手方の信頼保護を目的としていることから、**悪意又は重過失ある相手方は保護されない**（最判昭42.11.2）。 　→ 事実行為型不法行為（暴行型）について、判例は、被害者が被った損害が、ⅰ被用者が、**使用者の事業の執行行為を契機とし**、ⅱ**これと密接な関連を有すると認められる行為**によって加えたものであれば、被用者が使用者の事業の執行につき加えた損害にあたるとしている（最判昭44.11.18）。 ③ **被用者に一般不法行為の要件が備わっていること** 　→ 被用者の失火について使用者責任が成立するためには、被用者の故意又は重過失が要件となる。 　※ 監督義務者の責任（714条）では、「故意又は重過失」について、**責任無能力者**ではなく、監督義務者で判断する。

	④ 被用者の選任監督につき相当の注意をしたこと、又は相当の注意をしても損害が生じたことを使用者が立証しないこと（715条1項ただし書）
効　果	① 使用者（又は代理監督者〔715条2項〕）の損害賠償責任 　→ 被用者にも一般不法行為が成立するため、**使用者と被用者の債務は不真正連帯債務の関係**となる。 ② 求償権（同条3項） 　→ 損害を賠償した使用者は、被用者に求償できる。 　→ 使用者は、**損害の公平な分担**という見地から信義則上相当と認められる限度において、被用者に対し損害の賠償又は求償の請求をすることができる。 　→ 被用者が使用者の事業の執行について第三者に損害を加え、その損害を賠償した場合には、被用者は、諸般の事情に照らし、損害の公平な分担という見地から**相当と認められる額**について、**使用者に対して求償することができる**ものと解すべきである（**逆求償も認められる**　最判令2. 2.28）。

応用 使用者責任に関する判例

	判旨概要
使用者責任と 共同不法行為 （最判平3.10.25）	1　複数の加害者の共同不法行為につき、**各加害者を指揮監督する使用者がそれぞれ損害賠償責任を負う場合**においては、一方の加害者の使用者と他方の加害者の使用者との間の責任の内部的な分担の公平を図るため、**求償が認められるべき**であるが、その求償の前提となる各使用者の責任の割合は、それぞれが指揮監督する各加害者の過失割合に従って定めるべきものである。 2　また、**一方の加害者を指揮監督する複数の使用者がそれぞれ損害賠償責任を負う場合**においても、各使用者間の責任の内部的な分担の公平を図るため、**求償が認められるべき**であるが、その求償の前提となる各使用者の責任の割合は、被用者である加害者の加害行為の態様及びこれと各使用者の事業の執行との関連性の程度、加害者に対する各使用者の指揮監督の強弱などを考慮して定めるべきものである。

定　義	違法な行為をして他人に損害を与えた場合でも、未成年者などは**責任無能力者**として賠償責任を負わない場合があるため、これらの者を監督すべき法定の義務ある監督義務者等が負う損害賠償責任
要　件	① **責任無能力者の加害行為が、責任能力以外は一般不法行為の要件を備えていること** ② **監督義務を怠らなかったこと、又はその義務を怠らなくても損害が生ずべきであったことを監督義務者等が立証しないこと**（1項ただし書、2項）
効　果	監督義務者等の損害賠償責任
責任能力のある未成年者の監督義務者の責任 （最判昭49.3.22）	**未成年者が責任能力を有する場合**であっても、監督義務者の義務違反と当該未成年者の不法行為によって生じた結果との間に相当因果関係を認め得るときは、**監督義務者につき民法709条に基づく不法行為が成立**する。

民
法

基礎 **工作物責任** (717条)

定　義	土地の工作物の設置又は保存に瑕疵があり、これによって他人に損害が生じた場合、工作物の占有者又は所有者が負う損害賠償責任
趣　旨	① 被害者の救済 ② **危険責任の法理** 　→ 他人に損害を生ぜしめるかもしれない危険性を持った瑕疵ある工作物を支配している者がその危険について責任を負うべきである。
要　件	① **土地の工作物であること** ② **土地の工作物の設置・保存の瑕疵によること** 　→ 「工作物の瑕疵」とは、工作物として通常備えるべき安全な性状を欠いていること ③ **工作物の瑕疵によって損害が生じたこと** ④ （占有者の責任を追及する場合）**占有者に免責事由（損害の発生を防止するのに必要な注意をしたこと）の立証がないこと** 　※ 所有者の責任については、免責が認められない（**無過失責任**）。
効　果	1　賠償義務者 　① 第1次的責任　→　占有者 　　※ **占有者**の責任は、**過失責任**である。 　② 第2次的責任　→　所有者 　　※ **所有者**の責任は、**無過失責任**である。 2　求償関係（3項） 　→ 工作物の欠陥について、他に責任のある者がいるときは、賠償をした占有者又は所有者は、この者に対して、支払った金額を請求できる。

定　義	数人の者が共同の不法行為によって他人に損害を加えたとき、共同行為者中誰が実際に損害を加えたのか明らかでないときの共同行為者、及び教唆者・幇助者は、生じた損害全額について連帯して責任を負うという制度
類　型	① 狭義の共同不法行為（1項前段） ② 加害者不明の共同不法行為（同項後段） ③ 教唆・幇助（2項）
狭義の共同不法行為の要件	① 各人の行為が独立して不法行為の要件を備えていること ② 各行為者の間に共同関係があること → 共同関係については、客観的に関連共同していれば足り、意思の連絡は不要である（客観的関連共同説　判例）。
効　果	① 各人は、それぞれが全額の賠償責任を負う。 ② 共同不法行為者は連帯債務（不真正連帯債務）の関係となる。
判　例	判旨概要
過失相殺 （最判平13.3.13）	1　交通事故により、Aは放置すれば死亡するに至る傷害を負ったものの、事故後搬入された病院Cにおいて適切な治療が施されていれば、高度の蓋然性をもってAを救命できたということができるから、本件交通事故と本件医療事故とのいずれもが、Aの死亡という不可分の一個の結果を招来し、この結果について相当因果関係を有する関係にある。したがって、本件交通事故における運転行為と本件医療事故における医療行為とは民法719条所定の共同不法行為にあたるから、各不法行為者は被害者の被った損害の全額について連帯して責任を負うべきものである。 2　本件のような共同不法行為においても、過失相殺は各不法行為の加害者と被害者との間の過失の割合に応じてすべきものであり、他の不法行為者と被害者との間における過失の割合をしん酌して過失相殺をすることは許されない。

民法

基礎 婚姻 (731条以下)

要 件	1 婚姻成立の形式的要件 → 届出 (739条1項 法律婚主義) → 届出をしないときは、婚姻は**無効** 2 婚姻成立の実質的要件 ① **婚姻意思の合致** 　→ 婚姻意思とは、社会通念に従い婚姻とみられる生活共同体を形成しようとする意思をいう (実質的意思説)。 　→ 未成年者や成年被後見人も、意思能力がある限り、婚姻することができる。 　→ 人違い等、婚姻意思がないときは、婚姻は**無効** 　cf. **離婚の場合**、離婚意思は離婚届出に向けられた意思で足りる (形式的意思説)。 ② **婚姻障害の不存在** 　婚姻障害の例 　　婚姻適齢 (男女とも18歳　731条)、重婚の禁止 (732条)、近親婚の禁止 (734条〜736条)
効 果	① 氏の共同 (750条) ② 同居・協力・扶助義務 (752条) 　→ 同居義務については、**直接強制も間接強制も許されない。** ③ 貞操義務 ④ 契約取消権 (754条) 　→ 夫婦間の契約は、婚姻中はいつでも取り消すことができる。 　→ 婚姻が実質的に**破綻している場合**には、**夫婦間の契約を取り消すことはできない** (判例)。 ⑤ 婚姻費用の分担 (760条) ⑥ **日常の家事に関する債務の連帯責任** (761条) ⑦ 夫婦のいずれに属するか明らかでない財産は、共有と推定 (762条2項) 　→ 夫婦の一方が i 婚姻前から有する財産及び、ii 婚姻中自己の名で得た財産は、その特有財産 (夫婦の一方が単独で有する財産をいう) となる (**夫婦別産制**　同条1項)。 ⑧ 配偶者相続権 (890条、900条)

判　例	判旨概要
婚姻意思の欠缺 (最判昭44.4.3)	婚姻届が一方Aの意思に基づいて作成され、Aがその作成当時婚姻意思を有していて、Aと他方Bとの間に事実上の夫婦共同生活関係が存続していたとすれば、その届書が受理されるまでの間にAが完全に昏睡状態に陥り、意識を失ったとしても、**届書受理前に死亡した場合と異なり、届出書受理以前に翻意するなど婚姻の意思を失う特段の事情のない限り、その届書の受理によって、本件婚姻は、有効に成立した**ものと解すべきである。
無効な婚姻の追認 (最判昭47.7.25)	事実上の夫婦の一方Aが**他方Bの意思に基づかないで婚姻届を作成提出した場合**においても、当時AB両名に夫婦としての実質的生活関係が存在しており、後に他方の配偶者Bがその届出の事実を知ってこれを追認したときは、**婚姻は追認によりその届出の当初に遡って有効となる**。

基礎 制限行為能力者の婚姻

未成年者	婚姻不可
成年被後見人	成年後見人の同意は不要 (738条)
被保佐人	保佐人の同意は不要
被補助人	補助人の同意は不要

基礎 離婚と夫婦の一方の死亡との比較

	離　婚	夫婦の一方の死亡
姻族関係	当然に終了 (728条1項)	生存配偶者の意思表示により終了 (728条2項)
復　氏	原　則 →　復氏する 例　外 →　離婚後3か月以内に、戸籍法による届出により、離婚の際に称していた氏を称することができる (767条2項)。	原　則 →　復氏しない 例　外 →　戸籍法の届出により、いつでも、婚姻前の氏に復することができる (751条1項)。
財　産	**財産分与** (768条)	**相　続** (890条)

取消事由		取消権者	備　考
公益的事由	不適齢婚	各当事者 親　族 検察官	○取消しは**家庭裁判所に請求**する（744条1項）。 ○原則として、適齢後の取消請求は不可（745条1項） ○当事者にのみ、適齢後**3か月**の熟慮期間が認められる。ただし、追認すれば、取消請求は不可（同条2項）
	近親婚		○**近親者間**の婚姻の禁止（734条） 　→　**直系血族又は3親等内の傍系血族**の間 　→　養子と養方の傍系血族との間は**可** ○**直系姻族間**の婚姻の禁止（735条） 　→　**直系姻族**の間 　→　姻族関係が終了した後も**不可** ○**養親子等**の間の婚姻の禁止（736条） 　→　**養子**側（養子若しくはその配偶者又は養子の直系卑属若しくはその配偶者）と**養親**側（養親又はその直系尊属）との間 　→　親族関係が終了した後も**不可** ○取消しは**家庭裁判所に請求**する（744条1項）。
	重　婚	各当事者 親　族 検察官 配偶者 前配偶者	○取消しは**家庭裁判所に請求**する（744条1項）。 ○後婚は**取消原因**だが、前婚は**離婚原因**となる。
私益的事由	詐　欺 強　迫	表意当事者のみ	○取消しは**家庭裁判所に請求**する（747条1項）。 ○追認可能時から**3か月**を経過、又は**追認**をしたときは、取消請求は不可（同条2項）

民法

「親族」はあまり論理力が必要なテーマではありません。上の表のような制度になっているという視点で、記憶重視でいきましょう。

60 親 子

📖Chapter 40 [2] [4]

重要度 **A**

基礎 嫡出子 (772条)

定　義	婚姻関係にある男女間に懐胎・出生した子
推定される嫡出子	妻が婚姻中に懐胎した子は、当該婚姻における夫の子と推定する（1項前段）。 女が婚姻前に懐胎した子であって、婚姻が成立した後に生まれたものも、同様とする（同項後段）。 →　①　婚姻の成立の日から200日以内に生まれた子は、婚姻前に懐胎したものと推定する（2項前段）。 　　②　婚姻の成立の日から200日を経過した後又は婚姻の解消若しくは取消しの日から300日以内に生まれた子は、婚姻中に懐胎したものと推定する（同項後段）。 →　女が子を懐胎した時から子の出生の時までの間に2以上の婚姻をしていたときは、その子は、その出生の直近の婚姻における夫の子と推定する（3項）。
推定の及ばない子	772条所定の日数からいえば嫡出推定を受ける場合であっても、妻が夫によって懐胎することが**不可能な事実**のあるとき（判例）

基礎 父子関係の各種訴えの比較

	嫡出否認の訴え(775条)	親子関係不存在確認の訴え	父を定めることを目的とする訴え(773条)
場　面	推定される嫡出子との嫡出関係を否定	推定の及ばない子との親子関係を否定	重婚関係により二重の推定が生じ、父を定めることができない場合
嫡出否認の訴えの内容	**否認権**	**嫡出否認の訴えの相手**	**出訴期間（原則）**(777条)
	父の否認権	子又は親権を行う母	父が子の出生を知った時から3年以内
	子の否認権	父	その出生の時から3年以内
	母の否認権	父	子の出生の時から3年以内
	前夫の否認権	父及び子又は親権を行う母	前夫が子の出生を知った時から3年以内

基礎 利益相反行為 (826条)

定　義	親権者のために利益であり、未成年の子のために不利益な行為、又は、親権に服する子の一方のために利益であり他方のために不利益な行為
利益相反にあたる場合	親権者とその子との利益が相反する行為については、親権者は、その子のために**特別代理人を選任することを**家庭裁判所**に請求**しなければならない。
判断基準	その**行為自体の外形から決すべき**であって、親権者の意図や当該行為の実質的効果等によって判断すべきではない（**形式的判断説**　判例）。
違反行為の効果	親権者と子の利益相反行為につき法定代理人としてなした行為は、**無権代理行為**となり、子が成年に達した後、その追認がなければ本人に効力は及ばない（判例）。
利益相反行為の類型	1　利益相反行為となる場合 　①　子を親権者の借財の連帯債務者や保証人とする契約 　②　親権者が、長男の相続だけを承認して、他の子の相続を放棄する場合 2　利益相反行為とならない場合 　①　子の名で借財し、子の不動産に抵当権を設定する行為 　②　親権者が自ら相続放棄をすると同時に、親権を行う子全員のために相続放棄をする場合

民法

61 相続人

📖Chapter 41 ②

重要度 **B**

基礎 相続人

		意 義	遺留分	代襲相続
配偶者		配偶者は常に相続人となる。 → 内縁の配偶者を含まない。	○	×
第1 順位	子	子には、実子（嫡出子・非嫡出子）のみならず、養子も含まれ、また、胎児も、生きて生まれれば（停止条件説）含まれる。 → 死後認知であっても、認知の効力は出生時に遡るため、子の相続権は認められる。 → **継子**（e.g.先妻との間の子）は、**継親**（e.g.後妻）の**相続人にはならない。**	○	○
第2 順位	直系 尊属	子がいない場合、直系尊属が相続人となる。 → 親等の異なる者の間では、その近い者を先にする。すなわち、父母・祖父母が共に生きている場合、父母が相続人となる。	○	×
第3 順位	兄弟 姉妹	子・直系尊属がいない場合、兄弟姉妹が相続人となる。	×	○

基礎 代襲相続 (887条)

定 義	被相続人の死亡以前に、相続人となる子・兄弟姉妹（被代襲者）が死亡・欠格・廃除により相続権を失っている場合に、その被代襲者の直系卑属（被代襲者が**兄弟姉妹の場合はその子に限る。**すなわち、被代襲者が**兄弟姉妹の場合は再代襲は認められない**）が相続する制度（887条2項、3項、889条2項）
要 件	1 被代襲者についての要件 　① 被代襲者は、被相続人の子及び兄弟姉妹であること 　② 代襲原因は、ⅰ**相続開始以前の死亡**、ⅱ欠格、ⅲ廃除であること 　　※ **相続放棄は代襲原因にならない。** 2 代襲者についての要件 　① 被代襲者の直系卑属であること 　② （被代襲者が被相続人の子である場合）被相続人の直系卑属であること 　　→ 被相続人の子が養子であり、その**養子に縁組前の子がある場合**、その**養子の子は代襲相続できない。**

	③ 相続開始前に直系卑属であること → 被代襲者が欠格後に養子縁組をした場合、その後に養親（被代襲者）の親が死亡すれば、養子は代襲相続する。 ④ 被相続人から廃除された者又は欠格者でないこと
効　果	① 代襲者が被代襲者の相続分を受ける。 ② 数人の代襲相続人相互の相続分は平等（株分け　901条、900条4号本文）

欠格と廃除

	相続欠格	推定相続人の廃除
対　象	相続人	遺留分を有する推定相続人
対象行為	欠格事由は、被相続人に対する殺害等に関するものと遺言をめぐる不正行為に関するものとに大別することができるが、試験対策として大切なものは以下のものである（891条）。 ① **故意**に被相続人又は相続について先順位・同順位者を**死亡するに至らせ、又は至らせようとしたために刑に処せられた者** ※　過失致死・傷害致死は除かれる。 ② 被相続人の**殺害されたことを知って告発又は告訴しなかった者** ※　ただし、その者に是非の弁別能力がないとき又は殺害者が自己の配偶者若しくは直系血族であるときは除かれる。	① 被相続人に対する**虐待・重大な侮辱** e.g. 老齢かつ病床にある父母に対して、生活費も与えず、「お前達みたいな者は首をくくって死んでしまえ」と暴言を吐いた行為 ② 推定相続人の**著しい非行** e.g. 大学に入ってから遊びを覚え、麻雀パチンコ等の賭事に明け暮れ、クラブ・スナックに出入りし、女遊びをして大学を中退し、親に無心を繰り返し、就職するといっては金を強要し、結婚するといっては資金を出させたのは、たちの悪い「親泣かせ」であるから「著しい非行」にあたる。
手　続	不　要 （法律上当然に欠格者）	① 生前廃除（892条） → 被相続人が家庭裁判所に廃除請求 ② **遺言廃除**（893条） → 遺言執行者が**家庭裁判所**に廃除請求
効　果	① **相続権の喪失** ② **受遺能力も失う**	① **相続権の喪失** ② **受遺能力は失わない**
取消し	できない	**できる** （理由を問わず・いつでも・遺言でも）

62 相続の効力

📖Chapter 41 ③

重要度 **A**

基礎 共同相続の効力

法的性質	249条以下の「共有」と同じ (最判昭30.5.31)
可分債権 (最判昭29.4.8)	相続人が数人ある場合において、その相続財産中に金銭その他の可分債権あるときは、その債権は**法律上当然分割され**各共同相続人がその相続分に応じて権利を承継する。
相続開始後の 賃料債権 (最判平17.9.8)	遺産は、相続人が数人あるときは、相続開始から遺産分割までの間、共同相続人の共有に属するものであるから、この間に遺産である賃貸不動産を使用管理した結果生ずる金銭債権たる賃料債権は、遺産とは別個の財産というべきであって、各共同相続人が**その相続分に応じて分割単独債権**として確定的に取得する。
不可分債権	遺産分割までは、**共同相続人全員に帰属**する。
普通預金債権 通常貯金債権 定期貯金債権 (最大決平28.12.19)	相続開始と同時に**当然に相続分に応じて分割されることはなく、遺産分割の対象となる。**
定期預金債権 定期積金債権 (最判平29.4.6)	いずれも、相続開始と同時に**当然に相続分に応じて分割されることはない。**
可分債務	法律上当然に分割され、各相続人は相続分に応じて責任を負う (判例)。
連帯債務 (最判昭34.6.19)	連帯債務者の１人が死亡した場合においても、その相続人らは、**被相続人の債務の分割されたもの**を承継し、各自その承継した範囲において、本来の債務者と共に**連帯債務者**となる。
不可分債務	遺産分割の前後を通じて各相続人が**全部**についての履行の責めを負う。
金 銭 (最判平4.4.10)	相続人は、遺産の分割までの間は、相続開始時に存した金銭を相続財産として保管している他の相続人に対して、**自己の相続分に相当する金銭の支払を求めることはできない。**
共有持分権 (最決平17.10.11)	1 共同相続人が取得する**遺産の共有持分権**は、実体上の権利であって**遺産分割の対象となる。** 2 甲が死亡してその相続が開始し、次いで、甲の遺産の分割が未了の間に甲の相続人でもある乙が死亡してその相続が開始した場合、乙は、甲の相続の開始と同時に、甲の遺産について相続分に

	応じた共有持分権を取得しており、これは乙の遺産を構成するものであるから、これを乙の共同相続人に分属させるには、遺産分割手続を経る必要がある。
共同相続における権利の承継の対抗要件 （899条の2）	相続による権利の承継は、**遺産分割によるものかどうかにかかわらず、法定相続分を超える部分については、登記、登録その他の対抗要件を備えなければ、第三者に対抗することができない。** → 承継される権利が**債権**である場合、法定相続分を超えて承継した共同相続人が、遺言の内容（又は遺産の分割の内容）を明らかにして債務者にその承継の**通知をしたときは、共同相続人の全員が債務者に通知をしたものとみなす。**

基礎 法定相続分 （900条）

相続人	相続分	ポイント
配偶者と子が相続人の場合	配偶者 ：1/2 子 ：1/2	子（養子、胎児を含む）の相続分は、平等
配偶者と直系尊属が相続人の場合	配偶者 ：2/3 直系尊属 ：1/3	直系尊属の相続分は、平等
配偶者と兄弟姉妹が相続人の場合	配偶者 ：3/4 兄弟姉妹 ：1/4	① 兄弟姉妹の相続分は基本的に平等 ② 父母の一方を異にする兄弟姉妹は、双方を同じくする者の1/2

基礎 特別受益

趣 旨	特別受益者の利得を考慮せずに具体的相続分を計算すると、相続人間に不公平が生じるため、それを是正する制度
持戻し	共同相続人中に、被相続人から、①遺贈を受け、又は②**婚姻若しくは養子縁組のため若しくは生計の資本として**贈与を受けた者があるときは、被相続人が相続開始の時において有した財産の価額にその贈与の価額を加えたものを相続財産とみなし、法定相続分（又は指定相続分）の中からその遺贈又は贈与の価額を控除した残額をもってその者の相続分とする。
持戻し免除	被相続人が上記と異なった意思を表示したときは、その意思に従う。
免除の推定	**婚姻期間が20年以上の夫婦の一方である被相続人が、他の一方に対し、その居住の用に供する建物又はその敷地について遺贈又は贈与をしたときは、当該被相続人は、その遺贈又は贈与について持戻しの規定を適用しない旨の意思を表示したものと推定する。** → 持戻し免除が推定されるため、免除の意思表示をしなくても免除となる。 → **配偶者居住権**の遺贈についても、持戻し免除が推定される。

基礎 寄与分と特別の寄与

寄与分	共同相続人中に、被相続人の事業に関する労務の提供又は財産上の給付、被相続人の療養看護その他の方法により**被相続人の財産の維持又は増加について**特別の寄与をした者がいる場合、**被相続人が相続開始の時において有した財産の価額からその者の寄与分を控除したものを相続財産とみなし、法定相続分（又は指定相続分）に寄与分を加えた額をもってその者の相続分とする。 →　寄与分は、あくまでも相続人が有するものであり、相続人以外の者が寄与分を有することはない。
特別の寄与	被相続人に対して無償で**療養看護その他の労務の提供**をしたことにより**被相続人の財産の維持又は増加について特別の寄与をした被相続人の親族（相続人**、相続放棄及び欠格又は廃除によって相続権を失った者**を除く。「特別寄与者」という）**は、相続の開始後、相続人に対し、特別寄与者の寄与に応じた額の金銭（「特別寄与料」という）の支払を請求することができる。 →　相続人が数人ある場合には、各相続人は、**特別寄与料の額に当該相続人の法定相続分（又は指定相続分）を乗じた額を負担**する。

基礎 遺産分割

遺産の概念	遺産分割時に遺産として存在することが必要 →　**遺産分割前に遺産に属する財産が処分された場合であっても、共同相続人は、その全員（当該処分をした共同相続人を除く）の同意により、当該処分された財産が遺産の分割時に遺産として存在するものとみなすことができる。**
遺産分割前における預貯金債権の行使	1　**預貯金債権は遺産に属する**（判例）。そのため、遺産分割前に共同相続人の1人が自己の相続分についてのみ払戻しを受けることはできない。 2　各共同相続人は、遺産に属する**預貯金債権**のうち相続開始の時の債権額の3分の1に当該共同相続人の法定相続分を**乗じた額（預貯金債権の債務者ごとに150万円を限度とする）**については、**単独でその権利を行使することができる**（909条の2）。 →　被相続人が1つの金融機関に複数の預貯金債権を有していた場合、各共同相続人は、それぞれの預貯金債権から、その3分の1に自己の法定相続分を乗じた額を払い戻すことができるが、払い戻すことができる合計額は150万円が上限となる。
指定分割 （908条）	遺言による遺産の分割方法の指定がある場合にはそれに従う。 →　**分割方法の指定があっても、言執行者が存在しない限り、共同相続人全員の合意によって指定と異なる分割をすることも可能**であり、この種の分割も無効とはいえないと解されている。

協議分割 (907条1項)	共同相続人の協議による遺産の全部又は一部の分割 → **共同相続人を除外したり、相続人でない者を加えてなされた分割は無効** 　※ 遺産分割後に子が認知された場合、他の共同相続人間で既になされた遺産分割は有効 (910条参照) → 共同相続人の間で成立した遺産分割協議は、**詐害行為取消権行使の対象となる** (最判平11.6.11)。 → 共同相続人間において遺産分割協議が成立した場合に、相続人の1人が協議において負担した債務を履行しないときでも、その債権を有する相続人は、**債務不履行によって協議を解除することはできない** (最判平元.2.9)。 → 共同相続人は、既に成立している遺産分割協議につき、その全部又は一部を全員の合意により解除した上、改めて分割協議を成立させることができる (最判平2.9.27)。
分割の効力	相続開始時に遡る (909条本文)。

基礎 「相続させる」旨の遺言の意義

	遺産分割方法の指定説 (判例)
結　論	遺言書において特定の遺産を特定の相続人に「相続させる」趣旨の遺言者の意思が表明されている場合、遺言書の記載から、その趣旨が遺贈であることが明らかであるか又は遺贈と解すべき**特段の事情がない限り**、遺贈と解すべきではなく、「相続させる」趣旨の遺言は、908条にいう遺産の分割の方法**を定めた遺言である** (最判平3.4.19)。
備　考	① 当該遺言において相続による承継を当該相続人の受諾の意思表示に係らせたなどの特段の事情のない限り、**何らの行為を要せずして、被相続人の死亡の時 (遺言の効力の生じた時) に直ちに当該遺産が当該相続人に相続により承継される**。 ② 相続させる旨の遺言によって財産を取得した場合も、第三者に権利取得を対抗するためには対抗要件が必要である (899条の2第1項)。 ③ **特定の不動産を特定の相続人甲に相続させる旨の遺言により、甲が被相続人の死亡とともに相続により当該不動産の所有権を取得した場合には、甲が単独でその旨の所有権移転登記手続をすることができる** (最判平7.1.24)。 ④ 相続させる旨の遺言は、基本的に、民法上、**特定財産承継遺言 (遺産の分割の方法の指定として遺産に属する特定の財産を共同相続人の1人又は数人に承継させる旨の遺言)** と表現される。ただし、特段の事情により、相続させる旨の遺言が遺贈と解される場合は除く。 ⑤ 特定財産承継遺言があったときは、**遺言執行者**は、受益共同相続人が対抗要件を備えるために必要な行為をすることができる。 → 相続させる旨の遺言による権利取得の対抗要件は、**受益共同相続人**が単独で備えることも、遺言執行者が備えさせることもできる。

※ 「相続させる」旨の遺言は、当該遺言により遺産を相続させるものとされた**推定相続人が遺言者の死亡以前に死亡した場合**には、特段の事情のない限り、**その効力を生じない** (最判平23.2.22)。

63 相続の承認及び放棄

📖Chapter 41 ④

重要度 **B**

基礎 単純承認・限定承認・相続放棄

	単純承認（920条）	限定承認（922条）	相続放棄（938条）
要 件	① 相続人が相続財産の全部又は一部を処分したとき（921条1号） ② **所定期間内に、限定承認・放棄の手続をとらなかったとき**（同条2号） ③ 相続人に限定承認を認めることが公平に反する場合（同条3号参照）	① 家庭裁判所への申述（924条） → **共同相続人の全員で共同してのみ可能** → 原則として、自己のために相続開始があったことを知った時から3か月以内（915条1項本文） ② 相続財産目録の作成（924条）	家庭裁判所への申述（938条） → 原則として、自己のために相続開始があったことを知った時から3か月以内（915条1項本文） ※ **相続開始前の放棄は無効**
効 果	相続人は、被相続人の権利義務を無限に相続する。	相続によって得た財産の限度で被相続人の債務等を弁済する。	相続開始の時に遡ってその効力を生じ、放棄した者は、その相続について**初めから相続人とならなかったものとみなされる**（939条）。 → 相続放棄の効力は**登記等の有無を問わず、何人に対してもその効力を生ずる**（最判昭42.1.20）。 → 相続放棄は**詐害行為取消権の対象とならない**（最判昭49.9.20）。

基礎 **遺言** (960条)

主な法的性質	① **要式行為** (960条) ② 必ず本人の独立の意志に基づいてなされ、代理は許されない。 ③ 遺言者はいつでも撤回できる (1022条)。 → 前の遺言が後の遺言と抵触するときは、その抵触する部分については、後の遺言で前の遺言を撤回したものとみなす (1023条1項)。
遺言能力	① 未成年者 → **15歳**に達した者は単独で遺言ができる (961条)。 ② 成年被後見人 → 事理を弁識する能力を一時回復したときには、**2人以上の医師**の立会いを得て、単独で有効な遺言をすることができる (973条1項)。 ③ 被保佐人・被補助人 → 保佐人・補助人の同意を得なくても、完全に有効である (962条)。
方　式	1　共同遺言の禁止 (975条) 2　普通方式 　① 自筆証書遺言 (968条) 　② 公正証書遺言 (969条、969条の2) 　③ 秘密証書遺言 (970条、972条) 3　特別方式 　① **危急時遺言** (976条、979条) 　② **隔絶地遺言** (977条、978条)
効力発生時期	原則として、**遺言者の死亡の時**からその効力を生ずる (985条)。 → 停止条件付き遺言の場合：死亡後に条件が成就すれば、**条件成就時**

民法

自筆証書によって遺言をするには、遺言者が、その全文、日付及び氏名を自書し、これに印を押さなければなりません (968条1項)。ただし、自筆証書にこれと一体のものとして相続財産の全部又は一部の目録を添付する場合には、その**目録**については、自書しなくても構いません。この場合、遺言者は、その目録の**毎葉**(自書によらない記載がその両面にある場合にあっては、その両面)に**署名**し、印を押します (同条2項)。そして、加除その他の変更は、遺言者が、その場所を指示し、これを変更した旨を付記して特にこれに署名し、かつ、その変更の場所に印を押さなければ、その効力を生じません (同条3項)。

公正証書によって遺言をするには、①証人2人以上の立会いがあること、②遺言者が遺言の趣旨を公証人に口授すること、③公証人が、遺言者の口述を筆記し、これを遺言者及び証人に読み聞かせ、又は閲覧させること、④遺言者及び証人が、筆記の正確なことを承認した後、各自これに署名し、印を押すこと、⑤公証人が、その証書は①から④までに掲げる方式に従って作ったものである旨を付記して、これに署名し、印を押すことという方式に従わなければなりません（969条）。

基礎 遺贈と死因贈与

	遺　贈	死因贈与
法的性質	相手方のない単独行為	契　約（554条）
方　式	遺言の方式による（960条）	方式に限定はない
単独ですることができる年齢	15歳（961条　遺言能力）	18歳（4条　行為能力）
効力発生要件	遺言者の死亡（985条1項）	贈与者の死亡（554条・985条1項）
撤　回	遺言の方式に従っていつでも可（1022条）	原則として、いつでも可（554条・1022条）
遺留分侵害額請求の対象となるか	○（1046条1項）	○（554条・1046条1項）
代理の可否	×	○
負担付の可否	○（1002条）	○（551条2項）

秘密証書によって遺言をするには、①遺言者が、その証書に署名し、印を押すこと、②遺言者が、その証書を封じ、証書に用いた印章をもってこれに封印すること、③遺言者が、公証人1人及び証人2人以上の前に封書を提出して、自己の遺言書である旨並びにその筆者の氏名及び住所を申述すること、④公証人が、その証書を提出した日付及び遺言者の申述を封紙に記載した後、遺言者及び証人と共にこれに署名し、印を押すことという方式に従わなければなりません（970条1項）。加除その他の変更は自筆証書遺言の方式を準用します（同条2項）。
遺言の原案作成等の遺言・相続業務は、若手行政書士の人気業務の1つです。将来行政書士となった後に携わることになり得る業務ですから、試験対策という観点だけでなく、合格後を考える意味でも、今のうちからある程度のことを知っておくとよいでしょう。

遺言執行の準備	遺言書の保管者（又は相続人）は、相続の開始を知った後、遅滞なく、これを家庭裁判所に提出して、その検認を請求しなければならない。 →　公正証書遺言・遺言書保管法によって保管された**自筆遺言証書の場合、検認は不要**
遺言執行者の任務開始	遺言執行者は、その任務を開始したときは、遅滞なく、**遺言の内容を相続人に通知**しなければならない。
遺言執行者の権利義務	1　遺言執行者は、**遺言の内容を実現するため**、相続財産の管理その他遺言の執行に必要な一切の行為をする権利義務を有する。 2　遺言執行者がある場合には、**遺贈の履行は、遺言執行者のみ**が行うことができる。
遺言執行の妨害行為の禁止	遺言執行者がある場合には、**相続人は、相続財産の処分その他遺言の執行を妨げるべき行為をすることができない**。これに違反してした行為は、無効とする。ただし、無効は善意の第三者に**対抗することができない**。
特定財産に関する遺言の執行	1　**特定財産承継遺言**があったときは、遺言執行者は、当該共同相続人が対抗要件を備えるために必要な行為をすることができる。 2　特定財産が預貯金債権である場合には、遺言執行者は、対抗要件を備えるために必要な行為のほか、その**預金又は貯金の払戻しの請求**及びその**預金又は貯金に係る契約の解約**の**申入れ**をすることができる。ただし、**解約の申入れ**については、その預貯金債権の全部が特定財産承継遺言の目的である場合に限る。
遺言執行者の行為の効果	遺言執行者がその権限内において遺言執行者であることを示してした行為は、**相続人に対して直接にその効力を生ずる**。
遺言執行者の復任権	遺言執行者は、自己の責任で**第三者にその任務を行わせることができる**。この場合において、第三者に任務を行わせることについてやむを得ない事由があるときは、遺言執行者は、相続人に対してその選任及び監督**についての責任のみ**を負う。 →　法定代理の復代理と同様の構成

民法

基礎 配偶者居住権 (1028条以下)

意 義	配偶者が、**相続開始時に居住していた被相続人所有の建物**を対象として、**終身又は一定期間、無償でその使用及び収益をすることができる法定の権利**をいう。
趣 旨	○住み慣れた居住環境での継続的な生活に対する配偶者の期待の保護 ○居住建物の財産的価値を居住権部分とその残余部分とに二分することにより、遺産分割時において、配偶者は居住建物の所有権を取得する場合よりも低廉な価額で居住権を確保でき、その後の配偶者の生活の安定化に資する。
取得要件	1 遺産分割等による取得 ① 配偶者が「被相続人の財産に属した建物に相続開始の時に居住していた」こと (1028条1項柱書本文) ② 以下のいずれかに該当すること 　ⅰ 遺産分割により配偶者居住権を取得するとされたとき (同項1号) 　ⅱ 配偶者居住権が遺贈の目的とされたとき (同項2号) 　　→ 死因贈与の目的とされたときも含まれると解される。 ③ 被相続人が相続開始の時に居住建物を配偶者以外の者と**共有していないこと** (同項柱書ただし書) 　→ 遺言や遺産分割により、共有者に配偶者による無償の居住を受忍するという負担を生じさせることは不当だからである。 2 遺産分割の請求を受けた**家庭裁判所の審判**による取得 以下のいずれかに該当すること ① **共同相続人間に配偶者が配偶者居住権を取得することにつき合意が成立しているとき** (1029条1号) ② 配偶者の生活を維持するために特に必要があると認めるとき (同条2項)
存続期間	原則：配偶者の終身の間存続 (1030条本文) 例外：別段の定めがなされたときは、短縮 (同条ただし書)
内容・効力	1 **無償の使用収益権** (1028条1項柱書本文) 　配偶者は、居住建物の所有権者との関係で、居住建物の全部につき無償で使用及び収益する権利を取得する。これは、**賃借権類似の法定債権としての法的性質を有する**と解される。 2 相続との関係 　配偶者が配偶者居住権を取得した場合には、**その財産価値に相当する金額を相続したものとして扱われる。**

	3　混同の例外（1028条2項） 　　居住建物が配偶者の財産に属することとなった場合でも、他の者がその共有持分を有するときは、配偶者居住権は混同により消滅しない。 4　登　記 　　**配偶者は登記請求権を有する。**配偶者の居住権を保護すべく、建物の第三者対抗力（1031条2項・605条）を具備することができる。 5　**善管注意義務**（1032条1項本文） 　　配偶者は、居住建物の使用、収益につき、**従前の用法に従い善管注意義務**を負う。 6　配偶者居住権の処分の制限（同条2項） 　　配偶者居住権は**譲渡することができない。** 7　居住建物の管理の制限（同条3項） 　　配偶者は、居住建物の所有者の承諾**を得なければ、居住建物の改築、増築、又は第三者に使用若しくは収益させることができない。** 8　居住建物の保存 　①　修繕（1033条） 　　　配偶者は居住建物の使用、収益に必要な修繕をすることができる。また、**配偶者が相当期間内に修繕しないときは、居住建物の所有者が修繕することができる**（二次的な修繕権限）。なお、居住建物の所有者の建物に対する価値保存の利益を確保すべく、修繕を要するとき、又は居住建物につき権利を主張する者があるときは、**配偶者は当該事実を知らない所有者に対し通知する義務**がある。 　②　必要費（1034条） 　　　配偶者は、居住建物の**通常の必要費を負担する。**通常の必要費以外の費用については、196条（**占有者の費用償還請求**）の規定に従い、居住建物の所有者に対し、費用償還請求することができる。 9　配偶者居住権の消滅（1035条） 　　配偶者は、配偶者居住権が消滅したときには、①居住建物の返還義務、②相続開始の後に附属させた物（居住建物から分離することができない物又は分離に過分の費用を要する物を除く）の収去義務、及び③相続開始の後に生じた損傷（通常の使用及び収益によって生じた損耗並びに経年変化を除く）につき原状回復義務を負う。
消滅事由	①　存続期間の満了 ②　**居住建物取得者の消滅の意思表示**（1032条4項） 　○配偶者が善管注意義務等（1032条1項、3項）に違反した場合に限る。 　○賃貸借契約の場合と同様、消滅請求をするには相当期間を定めた催告を要する。 ③　配偶者の死亡 ④　居住建物の滅失等（1036条・616条の2）

配偶者短期居住権 (1037条以下)

意 義	配偶者が、**相続開始時に遺産に属する建物に居住していた場合**に、**遺産分割が終了するまで等**、短期間、無償でその建物を使用することができる法定の**権利**をいう。
趣 旨	残された配偶者の生活維持のための短期間の居住権の確保
取得要件	配偶者が**被相続人の財産に属した建物に相続開始の時に無償で居住していた**こと
存続期間	配偶者は、次に定める区分に応じてそれぞれ定める日まで、居住建物について無償で使用する権利を有する。 ① 配偶者を含む共同相続人間で遺産分割をすべき場合 **遺産分割による居住建物の帰属が確定した日又は相続開始の時から6か月を経過する日**のいずれか遅い日 ② それ以外の場合 居住建物取得者（居住建物の所有権を相続又は遺贈により取得した者）から**配偶者短期居住権の消滅の申入れがなされた日から6か月を経過する日** → 居住建物取得者は、配偶者を含む共同相続人間で遺産分割をすべき場合（1037条1項1号）を除くほか、いつでも配偶者短期居住権の消滅の申入れをすることができる。
内容・効力	1 **無償の使用権** 配偶者は、居住建物取得者との関係で、相続開始の時に居住建物につき使用していた範囲に応じて、居住建物を無償で使用する権利を取得する。これは、使用借権類似の法定債権としての性質を有すると解される。 なお、配偶者の居住権保護の観点から、被相続人が配偶者に配偶者短期居住権を取得させる意思を有していなかったことが遺言等によって明らかである場合にも、配偶者は法律上、当然に配偶者短期居住権を取得することになり、強行法規性を有しているといえる。 また、**居住建物取得者は、居住建物の譲渡その他の方法により、配偶者の居住建物の使用を妨げることができない。** 2 相続との関係 配偶者が配偶者短期居住権の取得により得た利益については、**配偶者の具体的相続分には含まれない。** 3 登 記 配偶者居住権とは異なり、**第三者対抗力を具備することができない。** 4 善管注意義務 配偶者は、居住建物の使用につき、**従前の用法に従い善管注意義務**を負う。 5 配偶者短期居住権の処分の制限 配偶者短期居住権を第三者に**譲渡することはできない。** 6 居住建物の管理の制限 配偶者は、居住建物取得者の承諾を**得なければ、第三者に居住建物を使用させることができない。**

	7 返還義務
	配偶者は、配偶者居住権を取得した場合を除き、配偶者短期居住権が消滅したときは、**居住建物の返還義務を負う。**
	8 その他
	居住建物の修繕、費用負担につき、配偶者居住権、使用貸借の規律が準用されている（1041条参照）。
発生障害 事由	① 相続開始の時において居住建物につき配偶者居住権を取得したとき ② 相続人の欠格事由に該当し、又は廃除によってその相続権を失ったとき
消滅事由	① 存続期間の満了 ② 配偶者の占有の喪失 ③ 善管注意義務違反等（1038条1項、2項）に基づく**居住建物取得者の消滅の意思表示**（同条3項） 　→ 配偶者居住権と異なり、**催告は不要**である。 ④ 配偶者居住権の取得 ⑤ 配偶者の死亡 ⑥ 居住建物の滅失等（1041条・616条の2）

民
法

基礎 遺留分（1042条以下）

定　義	相続の場合に、相続人のために相続財産の一定部分が留保されることを保障する制度
趣　旨	近親者の相続期待利益の保護及び被相続人死亡後の遺族の生活保障
要　件	① 遺留分権者 　→ **兄弟姉妹を除く法定相続人**（1042条1項） ② 遺留分の率 　→ 直系尊属のみが相続人であるときは3分の1、その他の場合は2分の1 ③ 各遺留分権利者の遺留分率 ＝ 2分の1（又は3分の1）× その者の法定相続分
放　棄	① **相続開始前に遺留分を放棄**するには家庭裁判所の許可が必要となる（1049条1項）。 ② **相続開始後の放棄は、家庭裁判所の許可は不要**である。
遺留分 侵害	① 侵害行為は無効とならない。 ② 遺留分侵害額請求権の対象となる。

意　義	遺留分権利者が相続により現実に取得した財産が、遺留分を侵害する遺贈又は贈与の結果、その者の遺留分に満たない場合に、遺留分権利者が、自己の遺留分を確保するために、受遺者又は受贈者に対して侵害額に相当する金銭の支払を請求する権利
遺留分侵害額の算定方法	まず、「遺留分を算定するための財産の価額」を出し、それを基に遺留分侵害額請求をする者の「遺留分額」を計算する。 そして、「その者の遺留分額」から「その者の純取り額」を控除する。
遺留分を算定するための財産の価額	**遺留分を算定するための財産の価額 ＝「相続開始時に存在した被相続人の財産（積極財産）の価額」＋「被相続人が過去に贈与した財産の価額」－「被相続人の債務の全額」** 被相続人が過去にした贈与については、次のように取り扱う。 １　相続人以外の者に対する贈与 　　相続人以外の者に対する贈与のうち、算入される贈与の範囲は、原則として**相続開始前の１年間にしたもの**に限られる。ただし、贈与契約の**当事者双方が遺留分権利者に損害を加えることを知ってした場合**には、１年以上前の贈与も算入される。 ２　相続人に対する贈与 　　受贈者が相続人である場合、算入される贈与の範囲は、**相続開始前の１０年間にしたものであって、婚姻若しくは養子縁組のため又は生計の資本として受けた贈与**に限られる。 ３　負担付贈与 　　負担付贈与がされた場合、算入される財産の価額は、その**目的の価額から負担の価額を控除した額**となる。 ４　不相当な対価をもってした有償行為 　　不相当な対価をもってした有償行為は、当事者双方が遺留分権利者に損害を与えることを知ってしたものに限り、当該対価を負担の価額とする**負担付贈与とみなされる**。
侵害額請求をする者の遺留分	**侵害額請求をする者の遺留分額 ＝「遺留分を算定するための財産の価額」×「その者の遺留分率」**
侵害額請求をする者の純取り額	侵害額請求をする者の純取り額とは、その者が相続により実際に取得した手元にある財産を意味する。そのため、 **純取り額 ＝「その者が受けた特別受益（遺贈又は贈与）の価額」＋「その者が相続により取得すべき遺産の価額（具体的相続分額）」－「その者が相続により承継する債務の額（遺留分権利者承継債務という）」**
侵害額	**侵害額 ＝「侵害額請求をする者の遺留分」－「侵害額請求をする者の純取り額」**

受遺者又は受贈者の負担の順序及び負担額	受遺者又は受贈者は、次に定めるところに従い、遺贈(特定財産承継遺言による財産の承継又は相続分の指定による遺産の取得を含む)又は贈与(遺留分を算定するための財産の価額に算入されるものに限る)の目的の価額(受遺者又は受贈者が相続人である場合には、当該価額からその者の遺留分額を控除した額)を限度として、遺留分侵害額を負担する。 ① 受遺者と受贈者とがあるときは、**受遺者**が先に負担する。 ② 受遺者が複数あるとき、又は受贈者が複数ある場合においてその贈与が同時にされたものであるときは、受遺者又は受贈者がその**目的の価額の割合に応じて負担**する。ただし、遺言者がその遺言に別段の意思を表示したときは、その意思に従う。 ③ 受贈者が複数あるとき(贈与が同時にされた場合を除く)は、**後**の贈与に係る受贈者から順次前の贈与に係る受贈者が負担する。 ※ 受遺者又は受贈者の無資力によって生じた損失は、**遺留分権利者**の負担に帰する。
受遺者又は受贈者の第三者弁済等	受遺者又は受贈者は、**遺留分権利者承継債務について弁済その他の債務を消滅させる行為をしたとき**は、消滅した債務の額の限度において、**遺留分権利者に対する意思表示によって自己が負担する遺留分侵害額債務を消滅させることができる。**
期限の許与	裁判所は、**受遺者又は受贈者の請求**により、その者が負担する債務の全部又は一部の支払につき**相当の期限を許与**することができる。
遺留分侵害額請求権の期間制限	遺留分権利者が、相続の開始及び遺留分を侵害する贈与又は遺贈があったことを知った時から1年間行使しないときは、時効によって消滅する。**相続開始の時から10年を経過したとき**も同様である。

民法

商法

66 株　式

重要度　A

基礎 株主の権利

定義	株主の権利とは、株主が株主たる地位に基づいて有する種々の権利のことをいう。
株主平等の原則	株主平等の原則とは、**株式会社が株主をその有する株式の内容及び数に応じて平等に取り扱わなければならないという原則** 〈例　外〉 →　非公開会社では以下の①～③について、**株主ごとに異なる取扱いを行う旨を定款で定めることができる。** 　①剰余金の配当　　②残余財産の分配　　③株主総会における議決権
株主の権利の分類	1　**自益権** 　→　会社から経済的な利益を受ける権利 　　**①剰余金配当請求権**　　**②残余財産分配請求権**　　**③株式買取請求権等** 2　**共益権** 　→　会社の経営に参加する権利 　　**①議決権**　　②代表訴訟提起権　　③取締役の違法行為差止請求権等 3　**単独株主権** 　→　1株の株主でも行使できる権利 　　e.g. 議決権、株主名簿の閲覧・謄写請求権 　　　　株主総会議事録の閲覧・謄写請求権、取締役会議事録の閲覧・謄写請求権 　　　　計算書類等の閲覧・謄写請求権 　　　　会社の組織に関する行為の無効の訴えの提起権 　　　　株主総会決議取消しの訴えの提起権 　　　　取締役の違法行為差止請求権（公開会社は6か月間の保有制限） 　　　　責任追及等の訴え請求権及び訴え提起権（公開会社は6か月間の保有制限） 4　**少数株主権** 　→　会社の総株主の議決権の一定割合以上の議決権を有する株主等でなければ行使できない権利 　　※　自益権はすべて単独株主権であるが、共益権の中には単独株主権に属するものと少数株主権に属するものとがある。 　　e.g. 会計帳簿の閲覧・謄写請求権 　　　　株主総会招集請求権（公開会社は6か月間の保有制限） 　　　　取締役会設置会社の株主総会における議題提案権・議案要領通知請求権（公開会社は6か月間の保有制限） 　　　　株主総会検査役の選任申立権（公開会社は6か月間の保有制限）

買取請求が認められる場合		買取請求の対象となる株式
① **譲渡制限**の定めを設ける場合	全部の株式の内容として	全部の株式
	種類株式として	当該種類の株式
② **全部取得条項付種類株式**の定めを設ける場合		当該種類の株式
③ 取得請求権付種類株式・取得条項付種類株式の取得の対価として交付される予定の種類株式に、**譲渡制限**又は**全部取得条項**の定めを設ける場合		取得請求権付種類株式 取得条項付種類株式
④ 株式会社が以下に掲げる行為をする場合 1 株式の併合又は株式の分割 2 株式無償割当て 3 単元株式数についての定款の変更 4 株主割当てによる募集株式の発行 5 株主割当てによる募集新株予約権の発行 6 新株予約権無償割当て		当該種類の株式 ※ ある種類の株式（定款の定めにより、当該種類株主総会の決議が不要とされている場合に限られる）を有する種類株主に損害を及ぼすおそれがあることが要件となる。
⑤ 事業譲渡や組織再編をする場合		反対株主の株式
⑥ 株式の併合をする場合		反対株主の株式のうち併合により端数となるもの
⑦ 単元未満株主の場合		単元未満株式

基礎 **株式の内容と種類①**

全部の株式の内容についての特別の定め	既存する株式の全部について内容を変更するための要件	株式買取請求権
① 譲渡制限株式	**株主総会の特殊決議**	あ り（※）
② 取得請求権付株式	**株主総会の特別決議**	な し
③ 取得条項付株式	**株主全員の同意**	な し

※ 新株予約権の買取請求権もある。

商法

	定　義
譲渡制限株式	譲渡による株式の取得について会社の承認を要する株式
取得請求権付株式	株主が、会社に対してその株式の取得を請求することができる株式
取得条項付株式	会社が、一定の事由が生じたことを条件としてその株式を取得することができる株式
剰余金の配当・残余財産の分配について内容の異なる種類株式	優先株式・劣後株式等
議決権制限種類株式	株主総会において議決権を行使することができる事項について異なる種類株式 ※　**公開会社**では、**発行済株式総数**の2分の1を超えてはならない。
全部取得条項付種類株式	その種類株式の全部を**株主総会の**特別決議によって取得することができる種類株式
拒否権付種類株式	株主総会の決議などのほか、その種類株主総会の決議があることを必要とする種類株式
取締役・監査役**選任に関する種類株式**	その種類株主総会において、取締役（監査等委員会設置会社にあっては、監査等委員である取締役又はそれ以外の取締役）又は監査役を選任する種類株式 ※　指名委員会等設置会社・公開会社では認められない。

基礎 **株式の内容と種類③**

権利の内容の異なる複数の種類の株式を発行する場合	株式の種類を追加するための要件	既存する一部の種類株式の内容のみ変更するための要件	株式買取請求権
①　剰余金の配当について内容の異なる種類株式	①　**株主総会の特別決議** ②　ある種類の株式の種類株主について損害を及ぼすおそれがある場合には、**当該種類株主総会の特別決議**	①　株主総会特別決議 ②　（※1）	な　し
②　残余財産の分配について内容の異なる種類株式		①　株主総会特別決議 ②　（※1）	な　し
③　議決権制限付種類株式		①　株主総会特別決議 ②　（※1）	な　し
④　譲渡制限種類株式		①　株主総会特別決議 ②　（※2）　等	あ　り
⑤　取得請求権付種類株式		①　株主総会特別決議 ②　（※1）	な　し

⑥ 取得条項付種類株式	① 株主総会特別決議 ② 内容を変更する種類株式の種類株主全員の同意	な し
⑦ 全部取得条項付種類株式	① 株主総会特別決議 ② （※1） 等	あ り
⑧ 拒否権付種類株式	① 株主総会特別決議 ② （※1）	な し
⑨ 取締役・監査役選任権付種類株式	① 株主総会特別決議 ② （※1）	な し

※1 ある種類の株式の種類株主について損害を及ぼすおそれがある場合には、当該種類株主総会の特別決議

※2 内容を変更する種類株式の種類株主による種類株主総会の特殊決議

基礎 株 券

定 義	株券とは、株主の地位たる株式を表章する有価証券をいう。
原 則	**株式会社は、株券を発行しない。**
例 外	定款に定めた場合、**株券を発行することができる。**
株券発行会社の株券発行時期	原 則 　→ 株式を発行した日以後、遅滞なく、株券を発行しなければならない。 例 外 　→ **非公開会社**は、**株主から請求がある時**まで、株券を発行しないことができる。
その他の制度	1 **株券不所持制度** 　→ 株券発行会社の株主は、会社に対して、その有する株式に係る株券の所持を希望しない旨を申し出ることができる。 　→ 株券の発行請求 　　① 株券が発行されていない場合 　　　→ いつでも株券の発行を請求でき、費用は**会社**が負担する。 　　② 株券が発行されている場合 　　　→ いつでも株券の発行を請求でき、費用は**株主**が負担する。 2 **株券喪失登録制度** 　→ 株主が株券を喪失した場合、株券が**善意取得**されることを防止するため、会社に対し株券喪失登録の手続をとることにより株券を無効にするという制度

商法

基礎 株式譲渡自由の原則

定　義	株式譲渡自由の原則とは、株主がその保有する株式を自由に譲渡することができる原則をいう。
趣　旨	① 株主の投下資本の回収（必要性） ② 社員の地位の没個性化（許容性）
株式譲渡の制限	1　法律による制限 　① 時期による制限（**会社に対抗不可**） 　　○ 権利株の**譲渡制限** 　　○ 株券発行前の**譲渡制限** 　② 子会社による親会社株式の取得の制限 　　→ 原則として、子会社はその親会社である株式会社の株式を取得してはならない。 2　定款による制限 　① 承認機関 　　→ 原則として、**取締役会非設置会社では株主総会（普通決議）、取締役会設置会社では取締役会** 　　※ ただし、定款による別段の定めをすることもできる。 　② 承認がない場合の効力 　　○ 承認機関の承認がない場合、当該株式の譲渡は、**会社に対する関係では無効**であるが、**当事者間では有効**（判例） 　　○ 一人会社の株主がその保有する株式を他に譲渡した場合には、定款所定の取締役会の承認がなくとも、その譲渡は、**会社に対する関係においても有効**と解する（判例）。

基礎 子会社による親会社株式の取得

原　則	子会社は、その親会社である株式会社の株式（親会社株式）を取得できない。
例　外	① 他の会社の事業の全部を譲り受ける場合において、当該他の会社の有する親会社株式を譲り受ける場合 ② 合併後消滅する会社から親会社株式を承継する場合 ③ 吸収分割により他の会社から親会社株式を承継する場合 ④ 新設分割により他の会社から親会社株式を承継する場合 ⑤ ①から④に掲げるもののほか、法務省令で定める場合 　e.g. 無償取得する場合

基礎 自己株式

定　義	自己株式とは、株式会社が保有する自己の株式をいう。
自己株式の取得	原則として自由
保　有	**保有期間制限なし**
自己株式の法的地位	① 会社はその保有する自己株式について**議決権**を有しない。 ② 会社はその保有する自己株式について**剰余金配当請求権・残余財産分配請求権**を有しない。
自己株式の処分	1 引受けの募集 　→ 会社が、その保有する自己株式を処分する場合には、募集株式の発行等として、新株発行と同じ規律に服する。 2 消　却 　→ 会社は、取締役会設置会社では**取締役会の決議**により、保有する自己株式を消却することができる。

基礎 株式の消却・併合・分割・無償割当て

	決　議	資本金の額	発行済株式総数	発行可能株式総数
株式の消却	**取締役会設置会社** 　→ 取締役会の決議	変化なし	減　少	変化なし
株式の併合	株主総会の特別決議	変化なし	減　少	**その都度、株主総会決議によって、効力発生日における発行可能株式総数を定めなければならない。**（※1）
株式の分割	**取締役会非設置会社** 　→ 株主総会の普通決議 **取締役会設置会社** 　→ 取締役会の決議	変化なし	増　加	変化なし （※2）
株式の無償割当て	**取締役会非設置会社** 　→ 株主総会の普通決議 **取締役会設置会社** 　→ 取締役会の決議	変化なし	増　加 （※3）	変化なし

※1　株式併合の効力発生日に発行可能株式総数についての定款の規定を変更したものとみなす旨の規定がある。

※2　株主総会の特別決議なくして、発行可能株式総数を変更する定款変更をすることができる特則がある。

※3　**自己株式を交付する場合**を除く。

単元株制度

定　義	単元株制度とは、定款の定めをもって一定数の株式を1単元として、**株主の議決権を1単元につき1個とする制度**をいう。		
設定・増加	原　則	通常の定款変更手続（株主総会の特別決議）	
	例　外	**株式の分割と同時に**単元株式数の設定・増加を行い、かつ、その前後で各株主の有する議決権の数が減少しない場合には、株主総会の決議を経ずに（株式の分割手続の中で）、単元株式数を設定・増加する定款変更ができる。	
廃止・減少	取締役の**決定**（取締役会設置会社においては、取締役会の**決議**）		
単元未満株主の権利	議決権	単元未満株主は、有する単元未満株式について、株主総会及び種類株主総会において議決権を行使することができない。	
	議決権以外の権利	原　則	議決権以外の権利をすべて有するが、定款により制限することができる。
		例　外	定款によっても制限することができない権利 ① 全部取得条項付種類株式の取得対価の交付を受ける権利 ② 取得条項付株式の取得と引換えに金銭等の交付を受ける権利 ③ 株式無償割当てを受ける権利 ④ 単元未満株式の買取請求権 ⑤ **残余財産分配請求権** ⑥ その他法務省令で定める権利
単元未満株式の買取請求	単元未満株主は、株式会社に対して、自己の有する単元未満株式を買い取ることを請求することができる。		
単元未満株式の売渡請求	単元未満株主が、その有する単元未満株式の数とあわせて単元株式数となる数の株式を自己に売り渡すことを会社に対して請求することができる旨を、定款で**定めることができる**。		

株式の分割と無償割当てとの比較

	株式の分割	株式の無償割当て
交付できる株式の種類	同一の種類の株式のみ	異種の株式を交付することもできる。
自己株式数（自己株式も対象となるか）	増　加	変化なし
自己株式を交付する方法は可能か	不　可	可

基礎 **株主総会**

定 義	株主総会とは、株主の総意によって会社の意思を決定する必要的機関をいう。
権 限	取締役会非設置会社では → 法律に規定する事項及び株式会社に関する**一切の事項** 取締役会設置会社では → **法律に規定する事項及び定款で定めた事項のみ**
招 集	1 時 期 　① 定時株主総会 　② 臨時株主総会 2 招集権者 　① 原 則 　　→ 取締役（**取締役会設置会社では**取締役会）が招集事項を決定し、取締役 　　　が招集 　② 例 外 　　→ **少数株主**による招集 3 手続の省略 　→ 株主全員の同意があるときは、原則として招集手続不要

商法

		招集の通知の時期	招集方法
非公開会社	取締役会非設置会社	原 則 → 株主総会の日の1週間前まで（定款により短縮できる） 例 外（※） → 書面又は電磁的方法によって議決権を行使できる旨を定めた場合は、株主総会の日の2週間前まで	原 則 → 口頭など適宜の方法でよい 例 外 → 書面又は電磁的方法によって議決権を行使できる旨を定めた場合、**書面により又は電磁的方法によってしなければならない**
	取締役会設置会社（※）	原 則 → 株主総会の日の1週間前まで 例 外 → 書面又は電磁的方法によって議決権を行使できる旨を定めた場合は、株主総会の日の2週間前まで	原 則 → **書面**によってする 例 外 → 株主の承諾を得て電磁的な方法により通知を発することができる
公開会社		株主総会の日の2週間前まで	

※ 令和元年会社法改正により新設された電子提供措置をとる旨を定款に定めた場合は、原則として、株主総会の日の3週間前の日又は招集通知を発した日のいずれか早い日から株主総会の日後3か月を経過する日までの間、株主総会参考書類の内容等の情報について継続して電子提供措置をとらなければならない。

定 義	議決権とは、株主総会に出席して、その議決に加わる権利のことをいう。
原 則	**一株一議決権の原則** → 株主総会における個々の株主の議決権の数は、1株につき1個である。
例 外	① **議決権制限株式**、② **自己株式**、③ **相互保有株式**、④ **単元未満株式**、⑤ 譲渡等承認請求者、⑥ 基準日後に発行された株式
行使方法	原 則 → 株主が自ら株主総会に出席して議決権を行使する。 例 外 ① **議決権の不統一行使** → **取締役会設置会社の場合**、株主は、**株主総会の日の3日前までに**、会社に対して、その有する議決権を統一しないで行使する旨及びその理由を**通知しなければならない。** → 取締役会非設置会社（必然的に非公開会社でもある）の場合、株主は、会社に対して事前の通知をせずに、その有する議決権を統一しないで行使することができる。

② **議決権の代理行使**
→ **代理人を株主に限る旨の定款の規定は、有効である**（判例）。
→ 株式会社が定款で株主総会における議決権行使の**代理人の資格を株主に限定している場合**においても、株主である地方公共団体、株式会社が、**職員又は従業員に議決権を代理行使させることは、定款の規定に反しない**（判例）。
③ **書面による議決権行使**
→ 議決権を有する株主数が1000人以上の会社は、原則として、書面による議決権の行使ができる旨を定めなければならない。
→ それ以外の会社は、書面による議決権の行使ができる旨を定めることができる。
④ **電磁的記録による議決権行使**

基礎 株主総会決議

	普通決議	特別決議	特殊決議	
定足数	議決権を行使することができる株主の議決権の過半数を有する株主の出席 ※ 定款で加減・排除可 ※ 例外として341条	議決権を行使することができる株主の議決権の過半数を有する株主の出席 ※ 定款で3分の1まで軽減可		
議決数	**出席した株主の議決権の過半数**	**出席した株主の議決権の3分の2以上** ※ 定款でこれを上回る割合を定めることも可	議決権を行使することができる株主の半数以上（これを上回る割合を定款で規定可）であって、かつその株主の**議決権の3分の2以上**（これを上回る割合を定款で規定可）の多数	総株主の半数以上（これを上回る割合を定款で規定可）であって、かつ総株主の**議決権の4分の3以上**（これを上回る割合を定款で規定可）の多数
具体例	役員及び会計監査人の選任又は解任（329条1項、339条1項）	・監査役の解任 ・株式の併合 ・監査等委員である取締役の解任	・全部の株式につき譲渡制限をする旨の定款変更 ・一定の合併 ・一定の株式交換・株式移転	**非公開会社が、①剰余金の配当、②残余財産の分配、及び③議決権につき、株主ごとに異なる取扱いを行う旨を定款で定める場合**

	決議取消し	決議無効確認	決議不存在確認
原　因	①　招集の**手続**又は決議の**方法**が法令・定款に**違反**し、又は著しく不公正なとき ②　決議の**内容**が定款に**違反**するとき ③　**特別の利害関係を有する者**が議決権を行使したことによって、著しく不当な決議がされたとき	決議の**内容**が法令に**違反**すること	決議が存在しないこと ①　決議が物理的に存在しない場合 ②　法的に株主総会等の決議として評価されるものが存在しない場合
提訴権者	**株主・取締役・監査役・清算人・執行役**	確認の利益がある者	
提訴期間	決議の日より**3か月**以内	確認の利益がある限り、いつでも	
判決効	**対世効**（請求認容判決） 遡及効	**対世効**（請求認容判決） もともと無効又は不存在	
裁判所の 裁量棄却	①の場合のみ可	不　可	

Chapter 6 3 4

重要度 **AA**

基礎 取締役

定 義	取締役とは、取締役会非設置会社では、会社の機関であり、取締役会設置会社では、業務執行の決定機関である取締役会の一構成員のことをいう。
資 格	1　欠格事由 　① **法人** 　② 会社法等により処罰された者等 　→ **破産者**は欠格事由に該当しない。また、**成年被後見人**及び**被保佐人**も欠格事由に該当しない。 2　定款による資格制限 　→ 公開会社は、**取締役が株主でなければならない**旨を定款で定めることはできない。
権 限	取締役会非設置会社の取締役は、原則として会社の業務を執行し、会社を代表する。
員 数	取締役会非設置会社では1人で足りるが、取締役会設置会社では3人以上必要
選 任	株主総会 　→ 議決権を行使できる株主の議決権の過半数（3分の1までしか緩和不可）を有する株主が出席し、出席した株主の議決権の過半数（これを上回る要件も可）による。
任 期	1　原則として、選任後2**年**以内に終了する事業年度のうち最終のものに関する定時総会の終結時まで 　→ 定款・株主総会の決議によって、任期の短縮可 　→ 非公開会社（監査等委員会設置会社及び指名委員会等設置会社を除く）では、定款で、最長10**年**以内の最終の決算期に関する定時株主総会の終結の時まで伸長することができる。 2　監査等委員会設置会社における取締役の任期 　① 監査等委員である取締役：2**年**（定款・株主総会決議による短縮不可、定款による伸長不可） 　② 監査等委員以外の取締役：1**年**（定款・株主総会決議による短縮可、定款による伸長不可） 3　指名委員会等設置会社における取締役の任期 　1**年**（定款・株主総会決議による短縮可、定款による伸長不可）
解 任	**累積投票**により選任された取締役・監査等委員である取締役を**除き**、株主総会の普通決議事項

商

法

定 義	代表取締役とは、**株式会社を代表**する取締役をいう。 → **取締役会非設置会社**の取締役は、原則として、**各自が株式会社を代表**する。 → **取締役会設置会社**では、**取締役の中から代表取締役を選定**しなければならず、その者が会社を代表する。
権 限	1　代表権 → 代表取締役の代表権は、会社の業務に関する**一切の裁判上又は裁判外の行為**に及ぶ。 → この権限に加えた**制限は善意の第三者に対抗できない**。 2　業務執行 → 代表取締役は、会社内外の業務執行をし、日常の業務など取締役会から委譲された事項を決定し執行する。
選 任	1　取締役会非設置会社 → 原則として、取締役の全員が代表権を有するが、①定款の定め、②定款の定めに基づく**取締役の互選**、③株主総会の決議をもって、代表取締役を定めることができる。 2　取締役会設置会社 → 代表取締役は、**取締役会の決議**で取締役の中から選定する。
終 任	代表取締役は、取締役の地位を失うと、当然に代表取締役の地位を失う。 → 代表取締役を辞任しても、当然には取締役の地位は失わない。 → 解職は、選定権限ある者が選定と同じ手続で行う。

定 義	表見代表取締役とは、社長、副社長、その他会社の代表権を有するものと認めるべき名称を付されているが、代表権を有しない取締役をいう。 → 代表権があると信じて取引をした第三者を保護する制度であり、一種の外観法理又は禁反言の原則に基づくもの
要 件	1　外観の表示 → 「その他株式会社を代表する権限を有するものと認められる名称」とは、総裁・副総裁・頭取・副頭取・理事長・代表取締役代行者なども含む（判例）。 2　会社の帰責事由 → 名称使用の黙示的な承諾で足りる。 3　外観への信頼 → 代表取締役でないことにつき**善意無重過失**であれば足りる（判例）。
効 果	表見代表取締役がした行為について、代表権のある取締役の行為と同様の効果が会社に生じる。

定 義	取締役が自己又は第三者のために会社の事業の部類に属する取引を自由にすることを原則として禁止することをいう。
対 象	1 「自己又は第三者のために」 2 「会社の事業の部類に属する取引」 　→ 現実に会社が営んでいる事業の部類を基準として実質的に判断すべき
承認機関	1 **取締役会非設置会社** 　→ 株主総会において、その取引について重要な事実を開示し、**その承認を受けることが必要** 2 **取締役会設置会社** 　→ 取締役会において、その取引について重要な事実を開示し、**その承認を受けることが必要** 　→ **取引後は、遅滞なく、その取引について重要な事実を取締役会へ報告**することが必要
承認がなかった場合の効果	1 私法上の効力 　→ **取引そのものは有効** 2 会社に対する損害賠償責任 　→ 過失責任。損害額の推定あり 3 取締役の解任事由

基礎 **株主による取締役の行為の差止め**

	公開会社		非公開会社
	監査役設置会社・監査等委員会設置会社・指名委員会等設置会社		左記以外
株主の要件	**6か月**前から引き続き株式を有する株主（※）		要件なし
取締役の行為	株式会社の目的の範囲外の行為その他法令・定款に違反する行為をし、又はこれらの行為をするおそれがある場合		
会社の要件	株式会社に**回復することができない損害**を生ずるおそれがあるとき		株式会社に**著しい損害**を生ずるおそれがあるとき

※ 定款で軽減できる。

商法

定　義	取締役が自己又は第三者のために会社と直接・間接的に取引をする場合をいう。
対　象	直接取引のほか、間接取引も含む。
承認機関	1　**取締役会非設置会社** 　→　**株主総会**において、その取引について重要な事実を開示し、**その承認を受けることが必要** 2　**取締役会設置会社** 　→　**取締役会**において、その取引について重要な事実を開示し、**その承認を受けることが必要** 　※　取締役会の承認はないが、**株主全員の同意**がある場合、当該取引の効力を否定することは許されない（判例）。 　→　**取引後は**、遅滞なく、その取引について**重要な事実を**取締役会**へ報告**することが必要
承認がなかった場合の効果等	1　私法上の効力 　→　会社は、**当該取締役に対してはその取引の無効を主張し得る**が、**第三者に対しては、その悪意を主張し立証した場合に限り、無効を主張し得る**（相対的無効説　判例）。 2　会社に対する損害賠償責任（承認があった場合も同じ） 　→　利益相反取引により会社に損害が生じた場合、その取締役等は、**任務を怠ったものと推定され**、会社に対して損害賠償責任を負う（過失責任。監査等委員でない取締役と会社との利益相反行為について監査等委員会の承認があった場合には、取締役等の任務懈怠の推定は生じない）。 　→　自己のために利益相反取引の直接取引**をした取締役**は、過失の有無にかかわらず損害賠償責任を負う（無過失責任）。 3　取締役の解任事由

	取締役会 非設置会社	取締役会 設置会社	監査等委員会 設置会社	指名委員会等 設置会社
業務 執行	決 定 → 原則として、取締役の過半数をもって決定 執 行 → 原則として、各取締役	決 定 → 取締役会 執 行 → 代表取締役及び業務執行取締役	決 定 → 取締役会 ※ 取締役会は業務執行に関しては基本的事項を決定するのみ 執 行 → 代表取締役及び業務執行取締役	決 定 → 執行役 ※ 取締役会は業務執行に関しては基本的事項を決定するのみ 執 行 → 執行役
会社の 代表者	原 則 → 各取締役が単独で会社を代表 例 外 → 会社を代表する者を定めた場合は、その取締役が会社を代表する。	代表取締役	代表取締役	代表執行役

商法

会社法は学習範囲が広い割に試験の配点はさほどないため、効率性を考えながら受験対策を練りましょう。行政書士試験では行政法と民法の攻略なくして合格はありません。しかし、原始定款の作成は行政書士業務であるため、会社法は、合格後は行政書士とかかわり深い法律となります。また、会社設立だけでなく、中小企業の社長から事業活動を展開していく中で、例えば「合同会社から株式会社に変更したいけれどどうしたらいい?」「資本金を増やしたいけれどどうしよう?」など会社法の知識が必要な相談を受けることもあるでしょう。会社法は、今のうちに基礎を勉強し、合格後にしっかりと勉強しようというイメージで取り組むとよいでしょう。

定 義	取締役会とは、取締役全員で構成し、その会議により業務執行に関する会社の意思決定をするとともに、取締役の職務執行を監督する機関をいう。
設 置	公開会社、監査役会設置会社、監査等委員会設置会社及び指名委員会等設置会社は、取締役会を置かなければならない。
権 限	1　会社の業務執行の決定 2　取締役の職務執行の監督 3　**代表取締役**の選定及び解職 4　**重要な業務執行の決定** 　→　**代表取締役に委任することはできない。** 　①　**重要な財産の処分及び譲受け** 　②　**多額の借財** 　③　支配人その他の重要な組織の使用人の選任及び解任等 　※　**取締役会決議を欠く代表取締役の取引行為**は、**原則として有効**であるが、**相手方が**決議を欠くことにつき**悪意又は有過失である場合**には、例外的に**無効**である（判例）。
招 集	1　招集権者 　→　原則として、各取締役 　　※　定款又は**取締役会の決議**によって招集権者を指定することもできる。 　→　**株主**は、取締役が取締役会の目的の範囲外の行為その他法令・定款に違反する行為をし、又はそのおそれがあるときは取締役会の招集を請求することができる（監査役設置会社、監査等委員会設置会社及び指名委員会等設置会社を除く）。 　→　**監査役**も必要があると認めるときは、取締役会の招集を請求することができる。 2　招集手続 　→　会日より１週間前まで（定款による短縮も可）に各取締役及び監査役に対して通知（書面でも口頭でもよい）を発しなければならない。 　→　取締役の一部の者に対する招集通知を欠くことにより、その招集手続に瑕疵があるときは、その取締役が出席してもなお決議の結果に影響力がないと認めるべき特段の事情のない限り、その**瑕疵のある招集手続に基づいて開かれた取締役会の決議は無効**になる（判例）。 3　省　略 　→　**取締役・監査役**全員の同意があるときは、招集手続不要
決 議	原則として、議決に加わることができる取締役の過半数が出席し、その取締役の過半数をもって行う。 　→　定款でこれを**上回る**割合を定めることはできるが、この要件を緩和することはできない。 　→　決議について**特別の利害関係を有する取締役**は、議決に加わることができない。 　　※　代表取締役の解任に関する取締役会の決議については、当該代表取締役は、**特別の利害関係を有する者にあたる**（判例）。

公開会社である取締役会 設置会社における		株主総会	取締役会
招集通知	発する時期	2週間前	1週間前
	方　法	書面又は電磁的方法	制限なし（口頭でもよい）
	議題の記載・記録	必　要	不　要
招集場所の法定		な　し	な　し
招集手続の省略の可否		原則：可	可
株主による招集請求 及び招集の可否		可	不　可（※1）
議決権	性　格	権利として行使	職務の遂行（義務）として 行使
	数の基準	原則：1株1議決権	1人1議決権
	代理行使の可否	可	不　可
	不統一行使の可否	原則：可	不　可
	書面又は電磁的方法 による行使の可否	可	不　可（※2）
	特別利害関係者	原則：行使できる	議決から排除
決議の省略の可否		可	可
報告の省略の可否		可	可（※3）
議事録の作成の要否		必　要	必　要
検査役制度の有無		あ　り	な　し
決議の瑕疵の処理		決議取消し、無効確認、不 存在確認の訴え	一般原則による

※1　公開会社は必ず監査役、監査等委員会又は指名委員会等を設置する会社であるため
※2　ただし、**定款**の定めにより、**全員**が書面等で決議事項に同意した場合は可
※3　ただし、業務執行取締役が3か月に1回以上する、自己の職務執行状況の取締役会への報告につい
　　ては不可

商
法

		取締役（※）	監査役
選任・資格	選任機関	株主総会	
	欠格事由	331条1項、335条1項	
	株主に限定することの可否	公開会社においては不可	
	子会社の取締役との兼任	可	不 可
任 期		原則：2年	原則：4年
義務	一般的義務	善管注意義務 忠実義務	善管注意義務
	競業取引規制	あ り	な し
	利益相反取引規制	あ り	な し
違法行為の差止請求権の対象となるか		対象となる	対象とならない
報酬等	決 定	定款の定めがなければ株主総会の決議 → 取締役は、その報酬につき、株主総会でこれを無報酬に変更する旨の決議をされても、その変更に同意しない限り、**報酬請求権を失わない**（判例）。	定款の定めがなければ株主総会の決議 ※ 各監査役の報酬の定めに関しては、定款の定め又は株主総会の決議がなければ監査役の**協議**（監査役が複数の場合）
	趣 旨	お手盛りの防止	独立性の確保
	内 容	「額」「算定方法」「内容」	「額」

※ 監査等委員会設置会社及び指名委員会等設置会社を除く。

機関設計が自由化される以前の会社法（まだ商法典に組み込まれていた時代）では、機関設計として必要であった監査役ですが、行政書士試験では、株主総会や取締役会・代表取締役ほど重要視がされていません。しかし、基本は押さえておいてほしいと思います。最低限、取締役との比較程度は覚えておきましょう。

基礎 **機関設計**

	大会社	大会社以外
公開会社	① 取締役会＋監査役会＋会計監査人 ② 取締役会＋指名委員会等＋会計監査人 ③ 取締役会＋監査等委員会＋会計監査人	① 取締役会＋監査役会＋会計監査人 ② 取締役会＋指名委員会等＋会計監査人 ③ 取締役会＋監査等委員会＋会計監査人 ④ 取締役会＋監査役＋会計監査人 ⑤ 取締役会＋監査役会 ⑥ 取締役会＋監査役
非公開会社	① 取締役会＋監査役会＋会計監査人 ② 取締役会＋指名委員会等＋会計監査人 ③ 取締役会＋監査等委員会＋会計監査人 ④ 取締役会＋監査役＋会計監査人 ⑤ 取締役＋監査役＋会計監査人	① 取締役会＋監査役会＋会計監査人 ② 取締役会＋指名委員会等＋会計監査人 ③ 取締役会＋監査等委員会＋会計監査人 ④ 取締役会＋監査役＋会計監査人 ⑤ 取締役会＋監査役会 ⑥ 取締役会＋監査役（※1） ⑦ 取締役会＋会計参与（※2） ⑧ 取締役＋監査役＋会計監査人 ⑨ 取締役＋監査役（※1） ⑩ 取締役のみ

※1 会計監査権限に限定可
※2 この場合以外、すべての会社が、定款で会計参与を設置する旨を定めることができる。

商法

	取締役（※）	会計参与	監査役	会計監査人
員　数	取締役会設置会社 　→　3人以上 取締役会非設置会社 　→　1人以上	制限なし	原則として1人でも**数人でもよい。** ただし、監査役会設置会社では、監査役は、**3人以上**で、かつ、その**半数以上は社外監査役**	制限なし
任　期	原則：**2年** 　ただし、定款・株主総会決議で短縮可 例外： **非公開会社**では、定款により選任後**10年**以内に終了する事業年度のうち最終のものに関する定時株主総会の終結の時まで伸長可	原則として同左	原則：**4年** 　ただし、定款・株主総会決議で短縮不可 例外： ①　**非公開会社**では、定款により選任後**10年**以内に終了する事業年度のうち最終のものに関する定時株主総会の終結の時まで伸長可 ②　定款により任期の満了前に退任した監査役の補欠として選任された監査役の任期を退任した監査役の任期の満了する時までとすることは可	原則：**1年** 例外： 　任期内最終の定時株主総会において別段の決議がされなかったときは、当該定時株主総会において再任されたものとみなされる。

※　監査等委員会設置会社及び指名委員会等設置会社の場合を除く。

	取締役	会計参与	監査役	会計監査人
選任決議の要件	普通決議 → 定足数を3分の1未満に下すことは不可	同 左	同 左	普通決議 → 定足数の軽減に制限なし
累積投票による選任	あ り	な し	な し	な し
解任決議の要件	原則：普通決議 → 定足数を3分の1未満に下すことは不可 例外：**特別決議** ① 累積投票で選任された取締役 ② 監査等委員である取締役	普通決議 → 定足数を3分の1未満に下すことは不可	特別決議	原則：普通決議 → 定足数の軽減に制限なし 例外： ① 監査役設置会社 → **監査役又は監査役会**による解任 ② 監査等委員会設置会社 → **監査等委員会**による解任 ③ 指名委員会等設置会社 → **監査委員会**による解任
解任の訴え	あ り	あ り	あ り	な し

商
法

基礎 役員等の第三者に対する責任

定 義	役員等の第三者に対する責任とは、取締役、会計参与、監査役、執行役又は会計監査人が、その**職務を行うについて悪意又は重大な過失によって第三者に損害を与えた場合**に、第三者に対して負う責任をいう。
法的性質	第三者の保護のために、**役員等に会社に対する任務懈怠について悪意又は重過失があれば**、第三者に対する直接の権利侵害や故意・過失を問題とすることなく、当該役員等に損害賠償責任を負わせるとしたもの（法定責任説　判例） → 役員等が会社法429条1項の責任を負う場合でも、別に、一般の不法行為責任の要件を満たせば、不法行為責任（民法709条）も負う。
責任の範囲	① 「損害」には、役員等の任務懈怠と第三者の損害との間に相当因果関係がある限り、**直接損害**だけでなく、**間接損害も含まれる**。 ② **第三者には株主も含まれる**。
責任者	役員（取締役、会計参与、監査役）、執行役、会計監査人 → 複数の役員等が当該責任を負う場合は連帯責任となる。

基礎 役員等の会社に対する責任

定　義	役員等の会社に対する責任とは、取締役、会計参与、監査役、執行役又は会計監査人が任務懈怠によって会社に損害を与えた場合に、会社に対して負う責任をいう。
一般的責任	任務懈怠に基づく損害賠償（善管注意義務・忠実義務違反） →　取締役会を構成する取締役は、会社に対し、取締役会に上程された事柄についてだけ監視するにとどまらず、代表取締役の業務執行一般につき、これを監視し、必要があれば、取締役会を自ら招集し、あるいは招集することを求め、取締役会を通じて業務執行が適正に行われるようにする職務を有する（判例）。
個別的責任	1　**剰余金の配当等に対する責任**（過失責任） 　→　会社に対して、金銭等の交付を受けた者が、受領した金銭等の帳簿価格に相当する金銭を支払う義務を負う。 2　**株主権の行使に関する利益供与**（過失責任） 　→　会社に対して、連帯して、供与した利益の価額に相当する額を支払う義務を負う。 3　**取締役の競業取引** 　→　当該取引によって取締役等が得た利益は、**会社の損害の額**と推定される（損害額の推定）。 4　**利益相反取引** 　→　自己のために利益相反取引の直接取引をした取締役等の責任は無過失責任（責任の**一部免除の対象外**）
責任の免除	1　**責任の全部免除** 　→　**総株主**（議決権を有しない株主も含む）**の同意**があれば、以下の①〜③を免除することができる。 　　①　任務懈怠 　　②　剰余金の配当等に対する責任（ただし、分配可能額まで） 　　③　株主権の行使に関する利益供与に対する責任 2　**責任の一部免除** 　　①　**株主総会の特別決議**による免除 　　②　定款の定めに基づく**取締役・取締役会の決定** 　　③　定款の定めに基づく非業務執行取締役等の**責任限定契約**

	責任の全部免除	責任の一部免除		
		株主総会決議によって行う免除	定款規定による免除 （※）	定款の定めによる責任限定契約
要　件	総株主の同意	株主総会の特別決議	① 定款の**定め** ② 取締役の過半数 （取締役会の決議）	① 定款の**定め** ② 責任限定契約
監査役 監査等委員 監査委員 の同意	不　要	議案の提出について必要	定款の定めを設ける場合及び免除をする場合に必要	定款の定めを設ける場合に必要
対象となる 役員等	すべての役員等			非業務執行取締役 監査役 会計参与 会計監査人
役員等の 主観的要件	な　し	善意・無重過失		
開　示	不　要	株主総会における開示	① 免除について株主に公告又は通知（非公開会社では通知） ② 総株主の議決権の100分の3以上の株主による異議	任務懈怠による損害を知った後の最初の株主総会で開示

※　監査役設置会社（取締役が2人以上ある場合に限る）、監査等委員会設置会社又は指名委員会等設置会社に限られる。

商
法

設　立

📖Chapter 7

重要度　**A**

基礎　設立時における定款記載事項

	絶対的記載事項	相対的記載事項	任意的記載事項
意　義	定款に記載・記録を欠くと、**定款自体が無効となる。**	定款に記載・記録をしなくても**定款の効力に影響はない**が、記載・記録しないと**その事項の効力が認められない。**	定款外で定めてもその事項の効力が認められる。
事　項	① 目的 ② 商号 ③ 本店の所在地 ④ **設立に際して出資される財産の価額又はその最低額** ⑤ **発起人の氏名又は名称及び住所** ⑥ **発行可能株式総数の定め** ※ ⑥は**設立手続の完了時**までに定款に定めることを要する。	e.g. ① **変態設立事項** ② 公告の方法 　※ 定款に公告方法の定めがない会社にあっては、**官報**が公告方法となる。 ③ その他	e.g. ① 定時株主総会の招集時期 ② 株主総会の議長 ③ 取締役、監査役の員数 ④ 事業年度

基礎　変態設立事項

定　義	変態設立事項とは、会社法28条に列挙されている相対的記載事項をいう。
趣　旨	変態設立事項とされているものは、会社財産の基盤を危うくするおそれが高いため、定款に記載し、また、原則として、検査役の検査を受けなければならないとされる。
内　容	1　現物出資 　→　現物出資とは、金銭以外の財産をもって出資することをいう。 　→　現物出資をすることができる者は発起人に限られる。 2　財産引受け 　→　財産引受けとは、会社のために会社の成立を条件として特定の財産を譲り受ける旨の契約をいう。

	→ **定款に記載又は記録のない財産引受けは絶対無効であり**、会社成立後に、株主総会の特別決議で追認しても、**追認の効果は生じない**（判例）。 3 発起人の報酬その他特別利益 　→ 発起人が受ける報酬とは、設立事務の執行の対価として発起人に支払われる報酬をいう。 4 設立費用 　→ 設立費用とは、発起人が会社設立のために支出した費用をいう。 　→ 設立事務所の賃借料、株式の募集広告費、株式申込証用紙の印刷費等
調　査	発起人が検査役の選任を裁判所に申し立てる。 1 原　則 　→ **検査役は**、変態設立事項について必要な調査を行い、調査の結果を記載・記録した書面又は電磁的記録を**裁判所に提供して報告**しなければならない。 　→ 裁判所は、変態設立事項を不当と認めたときは、これを変更する決定をしなければならない。 2 例　外 　→ 現物出資財産等（現物出資及び財産引受け）について、**検査役の調査を要しない場合**がある。 　e.g. **弁護士**等による証明・**鑑定評価**を受けた場合

商
法

応用 設立経過の調査

	発起設立	募集設立
設立経過の 調査事項	① 現物出資財産等について、定款に記載又は記録された価額が相当であること等 ② 出資の履行が完了していること ③ 現物出資等についての弁護士等の証明が相当であること ④ その他、株式会社の設立の手続が法令又は定款に違反していないこと	
通知・報告	**設立時取締役は**、上記調査により、**法令・定款に違反し、又は不当な事項があると認めるときは、発起人にその旨を通知**しなければならない。	**設立時取締役は**、調査の結果（違法・不当な事項の有無を問わない）を創立総会に**報告**しなければならない。

基礎 発起設立と募集設立の比較①

発起設立	募集設立
発起人は、株式会社の設立に際して次の①～③に掲げる事項（定款に定めがある事項を除く）を定めようとするときは、発起人全員の同意がなければならない。	発起人は、左記の①～③のほかに、その都度、設立時募集株式について、**発起人全員の同意**により、次の④～⑦に掲げる事項を定めなければならない。

① 発起人が割当てを受ける設立時発行株式の数	※ 払込金額その他の募集の条件は、当該募集ごとに均等に定めなければならない。
② ①の設立時発行株式と引換えに払い込む金銭の額	④ 設立時募集株式の数
③ 成立後の株式会社の資本金及び資本準備金の額に関する事項	⑤ 設立時募集株式の払込金額
	⑥ 設立時募集株式と引換えにする金銭の払込みの期日又はその期間
	⑦ 一定の日までに設立の登記がされない場合において、設立時募集株式の引受けの取消しをすることができることとするときは、その旨及びその一定の日

基礎 発起設立と募集設立の比較②

<table>
<tr><td colspan="2"></td><th>発起設立</th><th>募集設立</th></tr>
<tr><td colspan="2">定款の作成・認証</td><td colspan="2">発起人が作成・公証人の認証</td></tr>
<tr><td colspan="2">設立時発行株式の事項</td><td colspan="2">発起人全員の同意により、設立時発行株式に関する一定の事項を決定する。</td></tr>
<tr><td rowspan="6">設立時株式</td><td rowspan="2">引受人</td><td colspan="2">各発起人は1株以上を引き受けることを要する。</td></tr>
<tr><td>発起人が全部引き受ける。</td><td>他に株式引受人を募集する。</td></tr>
<tr><td>募集手続</td><td>な し</td><td>① 発起人が引受けの申込みをしようとする者に対し、募集に関する事項を通知する。
② 申込みをする者が発起人に対し、申込みに関する事項を記載した書面の交付等をする。</td></tr>
<tr><td colspan="2">創立総会</td><td>な し</td><td>あ り</td></tr>
<tr><td rowspan="5">設立時役員等</td><td>選 任</td><td>発起人の議決権の過半数</td><td>創立総会の決議</td></tr>
<tr><td>解 任</td><td>発起人の議決権の過半数
※ 設立時監査等委員である設立時取締役又は設立時監査役の解任は、3分の2以上の多数</td><td>創立総会の決議</td></tr>
<tr><td>設立時代表取締役の選定・解職</td><td colspan="2">設立時取締役の過半数
※ 設立する会社が取締役会設置会社である場合には、設立時代表取締役の選定が必要である。</td></tr>
<tr><td colspan="2">法人格の取得</td><td colspan="2">本店所在地の設立登記により、株式会社が成立する。</td></tr>
</table>

行政法

71 公法上の法律関係

📖Chapter 1 ②②

重要度 **A**

基礎 公法上の法律関係に私法の適用はあるか

金員借入れと表見代理 （最判昭34.7.14）	1　普通地方公共団体の現金の出納事務は当該普通地方公共団体の収入役（現会計管理者）の専権に属し、普通地方公共団体の長においては収入及び支出を命令し並びに会計を監督する権限を有するも、現金を出納する権限を有しないから、50万円の金員を村長において借り受けてその交付を受けた以上、村との間には当該50万円についての消費貸借は成立しない。 2　そしてまた、**普通地方公共団体の長自身が他よりの借入金を現実に受領した場合は、民法110条所定の「代理人がその権限外の行為をした場合」に該当するものとして、同条の類推適用を認めるのが相当である。**
公営住宅明渡請求 （最判昭59.12.13）	**公営住宅の使用関係**については、公営住宅法及びこれに基づく条例が特別法として民法及び借家法（現借地借家法）に優先して適用されるが、法及び条例に特別の定めがない限り、**原則として一般法である民法及び借家法の適用があり、その契約関係を規律するについては、信頼関係の法理の適用があるものと解すべきである。** ところで、事業主体と入居者との間に公営住宅の使用関係が設定された後においては、両者の間には信頼関係を基礎とする法律関係が存するものというべきであるから、**公営住宅の使用者が法の定める公営住宅の明渡請求事由に該当する行為をした場合であっても、賃貸人である事業主体との間の信頼関係を破壊するとは認め難い特段の事情があるときには、事業主体の長は、当該使用者に対し、その住宅の使用関係を取り消し、その明渡しを請求することはできないものと解する。**
最大判昭28.2.18	私経済上の取引の安全を保障するために設けられた**民法177条の規定は、自作農創設特別措置法による農地買収処分には、その適用を見ない**ものと解すべきである。されば、政府が同法に従って、農地の買収を行うには、単に登記簿の記載に依拠して、登記簿上の農地の所有者を相手方として買収処分を行うべきものではなく、真実の農地の所有者から、これを買収すべきものである。
最判昭35.3.31	**国税滞納処分による差押えについては、民法177条の適用がある**ものと解すべきである。
取締法規違反の法律行為 （最判昭35.3.18）	本件売買契約が**食品衛生法**による取締の対象に含まれるかどうかはともかくとして**同法は単なる取締法規にすぎない**ものと解するのが相当であるから、**上告人が食肉販売業の許可を受けていないとしても、当該法律により本件取引の効力が否定される理由はない。**

統制法規違反の法律行為 (最判昭30.9.30)	臨時物資需給調整法に基づく加工水産物配給規則によって指定された**物資については、法定の除外事由その他特段の事情の存しない限り、**同規則所定の集荷機関、荷受機関、登録小売店舗等の機構を通ずる取引のみが有効であって、これ以外の**無資格者による取引は無効と解すべきである。**
普通保険約款の拘束力 (最判昭45.12.24)	船舶海上保険において、**保険業者が主務大臣の認可を受けないで普通保険約款を変更し、**その約款に基づいて保険契約を締結しても、その変更が保険業者の恣意的な目的に出たものでなく、**変更された条項が強行法規若しくは公序良俗に違反し、又は特に不合理なものである場合でない限り、変更後の約款は、保険契約の内容を定めるものとして当事者を拘束する効力を有する。**
独占禁止法違反の法律行為 (最判昭52.6.20)	いわゆる**拘束された即時両建預金を取引条件とする信用協同組合の貸付けは、独占禁止法に違反するが、その違反により、貸付契約が直ちに私法上無効になるとはいえず、**また、当該契約が公序良俗に反するともいえないが、両建預金及び超過貸付けがあるために、実質金利が利息制限法所定の制限利率を超過しているときは、これを超過する限度で貸付契約中の利息、損害金についての約定は、同法により無効になるものと解すべきである。
生活保護受給権と相続 (最大判昭42.5.24)	1　生活保護法の規定に基づき**要保護者又は被保護者が国から生活保護を受けるのは、法的権利であって、保護受給権とも称すべきもの**と解すべきである。 2　しかし、この権利は、被保護者自身の最低限度の生活を維持するために当該個人に与えられた**一身専属の権利であって、他にこれを譲渡し得ないし、相続の対象ともなり得ない**というべきである。 3　また、被保護者の生存中の扶助で既に遅滞にあるものの給付を求める権利についても、当該被保護者の死亡によって当然消滅し、相続の対象となり得ない、と解する。 4　されば、**本件訴訟は、上告人の死亡と同時に終了し、**同人の相続人においてこれを承継し得る余地はないもの、といわなければならない。
最判昭53.2.23	地方議会の議員の報酬請求権は、公法上の権利であるが、公法上の権利であっても、それが法律上特定の者に専属する性質のものとされているのではなく、単なる経済的価値として移転性が予定されている場合には、その譲渡性を否定する理由はない。 したがって、**地方議会の議員の報酬請求権は、当該普通地方公共団体の条例に譲渡禁止の規定がない限り、譲渡することができる。**
建築基準法65条と民法234条 (最判平元.9.19)	**建築基準法65条**（現63条）は、防火地域又は準防火地域内にある外壁が耐火構造の建築物について、その外壁を隣地境界線に接して設けることができる旨規定しているが、これは、**同条所定の建築物に限り、その建築については民法234条1項の規定の適用が排除される**旨を定めたものと解するのが相当である。

行政法

地方公共団体と 外郭団体との関係 （最判平16.7.13）	普通地方公共団体の長が当該普通地方公共団体を代表して行う契約の締結には、民法108条が類推適用されると解する。そして、普通地方公共団体の長が当該普通地方公共団体を代表するとともに相手方を代理ないし代表して契約を締結した場合であっても同法116条が類推適用され、議会が長による上記双方代理行為を追認したときには、同条の類推適用により、議会の意思に沿って本人である普通地方公共団体に法律効果が帰属するものと解する。
民法130条の 類推適用 （最判昭36.5.26）	買主Aと売主Bとの間の農地売買契約について、たとえBに条件の成就を妨げる行為があったとしても、民法130条の規定の適用によって、その売買契約が効力を生じてAが本件農地の所有者となったものとすることはできない。**農地の売買に現実に許可がない以上、農地所有権移転の効力は生じない**ものであることは農地法3条の規定するところにより明らかであり、民法130条の規定するような当事者の「みなす」というがごとき当事者の意思表示に付する擬制的効果によって、農地所有権移転の効力を左右することは性質上許されないところであるからである。

重要度 **A**

基礎 法律による行政の原理

定 義	法律による行政の原理とは、**行政活動**は国会の制定する法律に従って行わなければならないという原則をいう。
趣 旨	① 行政活動に対する予測可能性の確保(自由**主義**的要請) ② 行政活動に対する民主的コントロール(民主**主義**的要請)
内 容	① 法律の法規創造力の原則 → 国民の権利義務に関する一般的法規範の定立は、議会の制定する法律によるという原則をいう。 ② 法律の優位の原則 → 行政活動は法律に違反して行われてはならないとする原則をいう。 ③ 法律の留保の原則 → 行政機関が一定の行政活動を行うためには、**法律の根拠が必要**であるという原則をいう。
【論点】法律の留保の原則の適用範囲	① **侵害留保説**(従来の通説) 国民の権利自由を制限する**ような行政活動を行うためには、法律の根拠が必要**である。 ② 全部留保説 行政活動には、すべて法律の根拠が必要である。 ③ 権力留保説 行政活動のうち、権力的作用については、法律の根拠が必要である。
租税関係における信義則の適用 (最判昭62.10.30)	租税法規に適合する課税処分について、法の一般原理である信義則**の法理**の適用により、課税処分を違法なものとして取り消すことができる場合があるとしても、法律による行政の原理なかんずく租税法律主義**の原則**が貫かれるべき租税法律関係においては、この法理の適用については慎重でなければならず、租税法規の適用における納税者間の平等、公平という要請を犠牲にしてもなお当該課税処分に係る課税を免れしめて納税者の信頼を保護しなければ正義に反するといえるような**特別の事情**が存する場合に、初めてこの法理の適用の是非を考えるべきものである。

公法上の法律関係における大原則が「法律による行政の原理」です。なお、公法上の法律関係と私法上の法律関係を併せた法律関係における大原則として「法の一般原則」があります。これは、平等原則や信義則などが内容となりますが、公法上の法律関係も法律関係である以上、この「法の一般原則」の適用があります。

行政法

基礎 行政機関

	意 義	具体例
行政庁	行政主体の法律上の**意思を決定**し、これを**外部に表示**する権限を持つ機関 独任制が原則だが、例外として合議制がとられる。	各省大臣 都道府県知事 市町村長 独立行政委員会（人事院・会計検査院）
補助機関	行政庁その他の行政機関の職務を補助するために、**日常的な事務を遂行**する機関	各省の事務次官 局長 事務官等 副知事 副市町村長 会計管理者 部長 課長 その他の一般職員等
執行機関	行政目的を達成するために、国民の身体や財産に対して**直接に実力を行使**する機関	警察官 徴税職員
諮問機関	行政庁から**諮問**を受けて**意見**を述べる（**答申**）機関	法制審議会 中央教育審議会 社会保障制度審議会 情報公開・個人情報保護審査会
参与機関 （議決機関）	行政庁の意思を**法的に拘束**する議決を行う機関（権限が強化された諮問機関）	労働保険審査会 公認会計士・監査審査会
監査機関	行政機関の事務や会計の処理を**検査**し、その適否を**監査**する機関	会計検査院 地方公共団体の監査委員

基礎　権限の委任と権限の代理との比較

	権限の委任	権限の代理	
		授権代理	法定代理
権限の移転	あ　り	な　し	
法律の根拠	必　要	不　要	必　要
権限行使の方法	受任機関の**名で行う**	顕名**必要**	
委任機関・被代理機関による監督	**受任機関が自己の下級機関である場合のみできる**	できる	できない
権限の全部を代行	不　可	不　可	可

基礎　上下関係における指揮監督権限

監視権	監視権とは、上級行政機関が、下級行政機関の実情を把握するために、その事務の執行を**調査**したり、事務の執行について**報告をさせる**権限をいう。
許認可権	許認可権とは、上級行政機関が下級行政機関に、**あらかじめ**権限行使について許可や認可を求めるよう要求する権限をいう。
訓令・通達権 （指揮命令権）	訓令とは、上級行政機関が、下級行政機関に対して行政行為の内容を指示するために発する命令をいい、そのうち特に書面の形式によるものを通達という。 →　上級行政機関は、法律の根拠が**なくても**、この訓令・通達権に基づいて下級行政機関を指揮監督することができる。
取消し・停止権	取消し・停止権とは、上級行政機関が、下級行政機関の違法、又は不当な行為を**職権により取り消し・停止する**権限をいう。 →　上級行政機関が、法律の根拠が**なくても**、この権限を行使することができるかについては争いがある。
権限争議決定権 （裁定権）	権限争議決定権とは、下級行政機関相互において権限の有無・範囲に争いがある場合に、上級行政機関がそれを解決する権限をいう。

行政法

> 行政機関は、視点の違いから、作用法的行政機関と事務配分的行政機関に分類されることがあります。いわゆる行政庁や補助機関等の行政機関は作用法的行政機関概念に基づきます。一方、国家行政組織法等の法律では事務配分的行政機関概念に基づいて制定されています。平成24年度問題43はこの視点で出題されていますので参照してください。

目　的	国の行政事務の能率的な遂行のために必要な国家行政組織を整えること（1条）
行政機関の設置等	① 国の行政機関の組織は、この法律でこれを定めるものとする（3条1項）。 ② 行政組織のため置かれる国の行政機関は、省、委員会及び庁とし、その設置及び廃止は、別に法律の定めるところによる（同条2項）。 ③ 省は、内閣の統轄の下に行政事務をつかさどる機関として置かれるものとし、**委員会及び庁は、省に、その外局として置かれる**ものとする（同条3項）。
行政機関の長の権限	① 各省大臣、各委員会の委員長及び各庁の長官は、その機関の事務を統括し、職員の服務について、これを統督する（10条）。 ② **各省大臣は**、主任の行政事務について、法律若しくは政令を**施行するため**、又は法律若しくは政令の**特別の委任に基づいて**、それぞれその機関の**命令として省令を発する**ことができる（12条1項）。省令には、**法律の委任がなければ、罰則を設け**、又は義務を**課し**、若しくは**国民の権利を制限する**規定を設けることができない（同条3項）。 ③ **各委員会及び各庁の長官**は、別に法律の定めるところにより、政令及び省令以外の**規則その他の特別の命令を自ら発する**ことができる（13条1項）。 ④ 各省大臣、各委員会及び各庁の長官は、その機関の所掌事務について、**公示を必要とする場合**においては、**告示を発する**ことができる（14条1項）。各省大臣、各委員会及び各庁の長官は、その機関の所掌事務について、**命令又は示達をするため**、所管の諸機関及び職員に対し、**訓令又は通達を発する**ことができる（同条2項）。

国家行政組織法は、全条文をしっかりと勉強しなければならない法律とはいえませんが、試験対策上、ある程度役立つ知識もあります。機会があれば、六法等で目を通してみるとよいでしょう。その別表第一には、省、その省の外局である庁、委員会が列挙されています。

74 公 物

📖Chapter 2 ③

重要度 **B**

基礎 公物の成立及び消滅要件

	成立要件	消滅要件
公共用物	① 行政主体が、その物の使用権を**取得**したこと ② その物が、**一般国民の利用できる状態**であること ③ 行政主体にその物を公物として公の目的に供する意思があり、行政主体が、その意思を公示すること（公用開始行為） 上記①〜③を、原則としてすべて満たす必要がある。	原則として、**左記①②のいずれかが欠けること**、若しくは、行政主体が公用を廃止する意思表示をすること（公用廃止行為）
公用物	行政主体が事実上その**使用を開始**することで**成立**し、事実上その**使用を廃止**すれば**消滅**する（行政主体の意思表示は不要）。	

基礎 公共用物の使用関係

種 類	意 義	具体例
一般使用	許可などを必要とすることなく、誰でも自由に公物を利用することが認められている場合	交通のための公道の使用
許可使用	公物の使用が公共の安全や秩序に影響を及ぼすときなどに、その使用を許可に基づかせる場合	公道でのデモ行進
特許使用	特定の人のために、一般国民には許されない特別の使用を許す場合	電力会社の公道への電柱の設置

※ 公用物の使用関係
　公用物は、本来行政目的を実現するために供される物である。したがって、基本的に、その利用関係は行政の内部的規律の問題となるにとどまる。
　もっとも、官公庁舎内の売店・食堂の設置・経営などのように、公用物の本来の目的を妨げない限度で、公用物が一般国民の利用に供されることがある。これを、**公用物の目的外使用**という。

行政法

	判旨概要
村道使用権に基づく妨害排除請求 （最判昭39.1.16）	1　地方公共団体の開設している**村道に対しては村民各自は**他の村民がその道路に対して有する利益ないし自由を侵害しない程度において、自己の生活上必須の行動を自由に行い得べきところの**使用の自由権**（民法710条参照）**を有する**ものと解するを相当とする。 2　この通行の自由権は公法関係から由来するものであるけれども、一村民がこの権利を妨害されたときは民法上不法行為の問題の生ずるのは当然であり、この**妨害が継続するときは、これが排除を求める権利**を有する。
道路供用開始 （最判昭44.12.4）	1　道路法に定める道路を開設するためには、原則として、まず路線の指定又は認定があり、道路管理者において道路の区域を決定し、①その敷地等の上に**所有権その他の権原を取得**し、②必要な工事を行って道路としての**形体をととのえ**、さらに、③その**供用を開始する手続**に及ぶことを必要とするものであって、他人の土地について何らの権原を取得することなく供用を開始することは許されない。 2　上記の手続を経て当初適法に供用開始行為がなされ、道路として使用が開始された以上、当該道路敷地については公物たる道路の構成部分として道路法所定の制限が加えられることとなる。そして、その制限は、その後に至って、道路管理者が対抗要件を欠くため、道路敷地の使用権原をもって後に当該敷地の所有権を取得した第三者に対抗し得ないこととなっても、当該道路の廃止がなされない限り、消滅するものではない。したがって、**その後に当該敷地の所有権を取得した第三者は**、上記の制限の加わった状態における土地所有権を取得するにすぎないものと解すべきであり、道路管理者に対し、当該道路敷地たる土地についてその使用収益権の行使が妨げられていることを理由として、**損害賠償を求めることはできない**。 3　また、本件道路敷地について、**補償を請求することができる損失**を被ったものと解することはできない。
公物と取得時効 （最判昭51.12.24）	公共用財産が、長年の間事実上公の目的に供用されることなく放置され、公共用財産としての形態、機能を全く喪失し、その物の上に他人の平穏かつ公然の占有が継続したが、そのため実際上公の目的が害されるようなこともなく、もはやその物を公共用財産として維持すべき理由がなくなった場合、**当該公共用財産については、黙示的に公用が廃止されたものとして、これについて取得時効の成立を妨げない。**

公物の中で最重要知識は、「公物と取得時効」の判例です。この最高裁判例は、決して公物を時効取得できるとは述べていません。ある者が（取得時効期間が経過するほど）長年占有を継続したのであるから、その長年の占有継続をもって黙示の公用廃止と理解できるのであれば、公用廃止された以上、その物はもはや公物ではないのだから、取得時効が認められるということです。

基礎 行政裁量

意 義	1　行政裁量とは、行政活動が法令によって一義的に拘束されないことの反面として**行政に認められる判断の余地**をいう。行政裁量は他の行為形式においても問題となるが、行政行為における裁量の問題が中心となっている。 2　**要件裁量**（行政行為の根拠となる要件の充足について行政庁が最終的認定権を持つ場合に、その点に裁量を認めるもの）、**効果裁量**（行政行為をするかしないか、するとしてどの処分をするかの点に裁量を認めるもの）のほか、判例では時の裁量（行政行為を行う時期についての裁量）も認められている。
古典的裁量論	1　**羈束行為** 　法律の明確な規定のもと、行政機関に法の機械的執行が要求されている行為を羈束行為という。 2　裁量行為 　①　自由裁量 　　裁量行為については、裁判所の司法審査の対象とならない場合がある。このような裁量行為を自由裁量（便宜裁量）という。 　②　羈束裁量 　　裁量行為のうち、経験則に基づいて法律の趣旨・目的から客観的にその要件ないし効果を判断することが可能な事項については、裁判所の判断を尊重すべきである。このように、裁判所の判断になじむ行為を羈束裁量（法規裁量）という。 3　現代の裁量論 　現代においては、自由裁量と羈束裁量との区別は相対化し、自由裁量であっても、裁量権の逸脱・濫用の有無については、裁判所は審査でき、逸脱・濫用があれば、処分は取り消される（行政事件訴訟法30条）。
	収用補償金増額事件 （最判平9.1.28）	1　**土地収用法による補償金の額**は、「相当な価格」等の不確定概念をもって定められているものではあるが、通常人の経験則及び社会通念に従って、客観的に認定され得るものであり、かつ、認定すべきものであって、補償額の決定につき**収用委員会に裁量権が認められるものと解することはできない。** 2　同法133条所定の損失補償に関する訴訟において、**裁判所は、収用委員会の補償に関する認定判断に裁量権の逸脱・濫用があるかどうかを審理判断するものではなく、証拠に基づき裁決時点における正当な補償額を客観的に認定し、裁決に定められた補償額が当該認定額と異なるときは、裁決に定められた補償額を違法とし、正当な補償額を確定すべきものと解するのが相当である。**

行政法

裁量権の逸脱・濫用	1　行政事件訴訟法30条は、裁量権の逸脱又は濫用があった場合には司法審査ができるとしている。 2　裁量権の逸脱・濫用の有無の判断方法として、①実体法的な違法の有無について審査するという観点から、**裁量審査の基準**が、また、②処分に至る行政庁の判断過程の合理性について審査するという観点から、**判断過程審査**が考えられている。 　①　裁量審査の基準 　　　この類型として、ⅰ事実誤認、ⅱ**目的違反・動機違反**、ⅲ**平等原則違反**、ⅳ**比例原則違反**、ⅴ信義則違反、ⅵ基本的人権の尊重が考えられている。 　　(a)　事実誤認 　　　　**判断の基礎とされた重要な事実に誤認があるためにその判断が全く事実の基礎を欠いたり、事実に対する評価が明白に合理性を欠くような、社会通念に照らし著しく妥当性を欠くことが明らかである場合**に違法となる。 　　(b)　目的違反・動機違反 　　　　行政機関が、法律が授権した目的とは別の目的で裁量権を行使することは違法である。 　　(c)　平等原則違反 　　　　特定の個人をいわれなく差別し、不利益な扱いをする裁量行為は、平等原則に反し違法である。 　　(d)　比例原則違反 　　　　比例原則とは、達成されるべき目的とそのためにとられる手段との間に合理的な比例関係が存在することを要請する原則をいう。なお、比例原則は効果裁量を統制することとなる。 　②　**判断過程審査** 　　　処分に至る行政庁の判断過程の合理性について審査する判断過程審査では、考慮事項に着目して行われる方式がある。すなわち、ⅰ考慮してはならない事項を考慮したか否か、考慮すべき事項を考慮したか否かの方式（**他事考慮・考慮遺脱**）と、ⅱ過大又は過小に考慮したか否か、重視（軽視）すべき事項を重視（軽視）したか否かの方式（**過大考慮・過小考慮**）である。
手続的統制	行政庁の実体判断は裁量問題として必ずしも完全に審査しないが、その代わりに、行政行為の手続について統制をし、行政決定の公正さを担保しようとする手法があり、手続的コントロールとも呼ばれる。
	個人タクシー事件 （最判昭46. 10.28） 免許の申請人は公正な手続によって免許の許否につき判定を受くべき法的利益を有するものと解すべく、これに反する審査手続によって免許の申請の却下処分がされたときは、当該利益を侵害するものとして、当該処分の違法事由となる。
裁量基準	行政庁の作成する審査基準・処分基準は、行政裁量が認められる要件・効果について規制することがある。このような基準を裁量基準という。**裁量基準は、行政規則であり、裁判所を拘束するものではないが、これを裁判所が利用し、裁量統制を行うことがある。**なお、**裁量基準が定められている場合であっても、行政庁にこれとは別に個別に審査判断する義務が生じることはあり得る**（最判平

11.7.19)。

① 処分の適法性を判断するにあたり、裁量基準の合理性（不合理性）を認定し、その裁量基準に則ってなされた処分を適法（違法）とする手法

例えば、伊方原発訴訟（最判平4.10.29）で、最高裁は、原子力委員会又は原子炉安全専門審査会の専門技術的な調査審議において**用いられた具体的審査基準に不合理な点がある場合、それを基にしてされた原子炉設置許可処分は違法**と解すべきとする。酒類販売業免許の拒否処分の適法性が争われた事件（最判平10.7.16）でも同様の手法を取っている。

② 裁量基準に違反する処分を平等原則、比例原則等違反と判断する手法

行政規則である裁量基準に違反する処分は、それだけを理由に直ちに違法となるものではない。しかし、違反した結果、他者との関係において平等原則違反、また、過剰な処分については比例原則違反となる可能性がある。

基礎 裁量権を認める判例

要件裁量に関する判例		
在留期間の更新と裁量審査（マクリーン事件）（最大判昭53.10.4）		出入国管理令（現出入国管理及び難民認定法）21条3項所定の「在留期間の更新を適当と認めるに足りる相当の理由」があるかどうかの判断における法務大臣の裁量権の範囲が広汎なものとされているのは当然のことである。→ 裁量権の逸脱・濫用
在留特別許可と裁量審査（最判昭34.11.10）		出入国管理令（現出入国管理及び難民認定法）50条に基づき**在留の特別許可を与えるかどうかは法務大臣の自由裁量に属する。**
汚物取扱業の許可（最判昭47.10.12）		**市町村長が汚物取扱業の許可を与えるかどうかは、市町村長の自由裁量に委ねられている。**
専門技術的裁量	温泉掘さく許可取消請求（最判昭33.7.1）	**温泉源を保護しその利用の適正化を図る見地から許可を拒む必要があるかどうかの判断は、主として、専門技術的な判断を基礎とする行政庁の裁量により決定されるべき**事柄であって、裁判所が行政庁の判断を違法視し得るのは、その判断が行政庁に任された裁量権の限界を超える場合に限るものと解すべきである。
	一般乗合旅客自動車運送事業の免許申請却下処分取消請求（最判昭50.5.29）	一般乗合旅客自動車運送事業の免許基準に該当するかどうかの判断において、**行政庁の専門技術的な知識経験と公益上の判断を必要とし、ある程度の裁量的要素がある**ことを否定することはできない。
	伊方原発訴訟（最判平4.10.29）	核原料物質、核燃料物質及び原子炉の規制に関する法律（改正前）24条2項が、内閣総理大臣は、原子炉設置の許可をする場合においては、同条1項3号（技術的能力に係る部分に限る）及び4号所定の基準の適用について、あらかじめ原子力委員会の意見を聴き、これを尊重してしなければならないと定めているのは、原子炉施設の安全性に関する審査の特質を考慮し、各号所定の**基準**

専門技術的裁量		の適合性については、各専門分野の学識経験者等を擁する原子力委員会の科学的、専門技術的知見に基づく意見を尊重して行う内閣総理大臣の合理的な判断に委ねる趣旨と解する。→ 裁量権の逸脱・濫用
	家永教科書裁判事件（第一次最判平5.3.16、第三次最判平9.8.29）	教科書検定の審査、判断は多角的に行われるもので、学術的、教育的な専門技術的判断であるから、事柄の性質上、文部大臣（当時）の合理的な裁量に委ねられる。→ 裁量権の逸脱・濫用
専門技術的かつ政策的な裁量	小田急立体交差事業認可取消訴訟上告審（最判平18.11.2）	都市施設の規模、配置等に関する事項を定めるにあたっては、当該都市施設に関する諸般の事情を総合的に考慮した上で、政策的、技術的な見地から判断することが不可欠であるといわざるを得ない。そうすると、このような判断は、これを決定する行政庁の広範な裁量に委ねられている。→ 裁量権の逸脱・濫用
	生活保護変更決定取消請求事件（最判平24.2.28）	保護基準中の老齢加算に係る部分を改定するに際し、最低限度の生活を維持する上で老齢であることに起因する特別な需要が存在するといえるか否か及び高齢者に係る改定後の生活扶助基準の内容が健康で文化的な生活水準を維持することができるものであるか否かを判断するにあたっては、厚生労働大臣に専門技術的かつ政策的な見地からの裁量権が認められる。

効果裁量に関する判例	
国家公務員に対する懲戒処分（神戸税関事件）（最判昭52.12.20）	公務員につき、国家公務員法に定められた懲戒事由がある場合に、懲戒処分を行うかどうか、懲戒処分を行うときにいかなる処分を選ぶかは、懲戒権者の裁量に任されている。→ 裁量権の逸脱・濫用

時の裁量に関する判例	
申請に対する応答の留保（特殊車両通行認定）（最判昭57.4.23）	道路法47条4項の規定に基づく車両制限令12条所定の道路管理者の認定にあたって、具体的事案に応じ道路行政上比較衡量的判断を含む合理的な行政裁量を行使することが全く許容されないものと解するのは相当でない（特殊車両の通行認定について区長が約5か月間にわたり留保したことを、行政裁量の行使として許容される範囲内にとどまるものとして、国家賠償法1条1項の違法性を否定した）。
品川マンション事件（最判昭60.7.16）	建築主が確認処分の留保につき任意に同意をしているものと認められる場合のほか、必ずしも同意のあることが明確であるとはいえない場合であっても、諸般の事情から直ちに確認処分をしないで応答を留保することが法の趣旨目的に照らし社会通念上合理的と認められるときは、その間確認申請に対する応答を留保することをもって、確認処分を違法に遅滞するものということはできない。

基礎 裁量権の逸脱・濫用に関する判例

裁量審査の基準に関する判例

事実誤認	学生処分と裁量権 （最判昭29.7.30）	学生の行為に対し、懲戒処分を発動するかどうか、懲戒処分のうちいずれの処分を選ぶかを決定することは、**その決定が全く事実上の根拠に基づかないと認められる場合であるか、若しくは社会観念上著しく妥当を欠き懲戒権者に任された裁量権の範囲を超えるものと認められる場合を除き**、懲戒権者の裁量に任されている。
	在留期間の更新と裁量審査（マクリーン事件） （最大判昭53.10.4）	裁判所は、法務大臣の判断についてそれが違法となるかどうかを審理、判断するにあたっては、その**判断の基礎とされた重要な事実に誤認があること等により当該判断が全く事実の基礎を欠くかどうか**、又は事実に対する評価が明白に合理性を欠くこと等により当該判断が社会通念に照らし著しく妥当性を欠くことが明らかであるかどうかについて審理し、それが認められる場合に限り、当該判断が裁量権の範囲を超え又はその濫用があったものとして違法であるとすることができる。
	公立学校施設の目的外使用不許可処分と司法審査 （最判平18.2.7）	学校施設の目的外使用を許可するか否かは、原則として、管理者の裁量に委ねられているものと解するのが相当である。そして、管理者の裁量判断は、諸般の事情を総合考慮してされるものであり、その裁量権の行使が逸脱・濫用にあたるか否かの司法審査においては、その判断が裁量権の行使としてされたことを前提とした上で、**その判断要素の選択や判断過程に合理性を欠くところがないかを検討し、その判断が、重要な事実の基礎を欠くか、又は社会通念に照らし著しく妥当性を欠くものと認められる場合に限って、裁量権の逸脱又は濫用として違法となるとすべきものと解する。**
	小田急立体交差事業認可取消訴訟上告審 （最判平18.11.2）	裁判所が都市施設に関する都市計画の決定又は変更の内容の適否を審査するにあたっては、その**基礎とされた重要な事実に誤認があること等により重要な事実の基礎を欠くこととなる場合**、又は、事実に対する評価が明らかに合理性を欠くこと、判断の過程において考慮すべき事情を考慮しないこと等によりその内容が社会通念に照らし著しく妥当性を欠くものと認められる場合に限り、裁量権の範囲を逸脱し又はこれを濫用したものとして違法となる。
目的違反・動機違反	朝日訴訟 （最大判昭42.5.24）	何が健康で文化的な最低限度の生活であるかの認定判断は、一応、厚生大臣（当時）の合目的的な裁量に任されている。ただ、現実の生活条件を無視して著しく低い基準を設定する等憲法及び生活保護法の趣旨・目的に反し、法律によって与えられた裁量権の限界を超えた場合又は裁量権を濫用した場合には、違法な行為として司法審査の対象となる。

行政法

目的違反・動機違反	行政行為と刑事罰（余目町個室付公衆浴場業事件）（最判昭53.6.16）	児童遊園は、児童に健全な遊びを与えてその健康を増進し、情操を豊かにすることを目的とする施設なのであるから、児童遊園設置の認可申請、同認可処分もその趣旨に沿ってなされるべきものであって、**被告会社Ｘの営業の規制を主たる動機、目的とするＡ町のＢ児童遊園設置の認可申請を容れた本件認可処分は、行政権の濫用に相当する違法性があり**、被告会社Ｘの営業に対しこれを規制し得る効力を有しないといわざるを得ない。（なお、最判昭53．5.26は、国家賠償請求について、本件児童遊園設置認可処分は行政権の著しい濫用によるものとして違法であり、Ｘの損害賠償請求を認容した）
	公務員分限処分と裁量審査（最判昭48.9.14）	公務員の分限処分に関する事案において、任命権者に裁量権は認められるけれども、自由裁量ではなく、**分限制度の目的と関係のない目的や動機に基づいて分限処分をすることが許されない**のはもちろん、処分事由の有無の判断についても恣意にわたることを許されず、**考慮すべき事項を考慮せず、考慮すべきでない事項を考慮して判断するとか、また、その判断が合理性を持つ判断として許容される限度を超えた不当なものであるときは、裁量権の行使を誤った違法のものであることを免れない**とした。
平等原則違反	公務員に対する待命処分と平等原則（最大判昭39.5.27）	公務員に対する待命処分について、憲法14条1項及び地方公務員法13条は合理的理由がない差別を禁止している以上、そのような**差別は裁量権の範囲を逸脱する**としつつも、本件における高齢者であることを基準とする待命処分は不合理な差別ではないとした。
比例原則違反	運転免許取消しと比例原則（最判昭39.6.4）	Ｘの転回禁止違反行為が運転免許取消事由に該当すると判断したことは、裁量権の正当な行使の範囲にとどまるものであり、いまだ当該裁量権の範囲を逸脱した違法があると断ずることはできない。されば、本件運転免許取消処分を「比例原則」に違反し、著しく公正を欠く裁量を行った瑕疵ある行政処分として取り消した第一審判決及び原判決は、判決に影響を及ぼすことの明らかな法令の違背があるものというべきである。
	国家公務員に対する懲戒処分（神戸税関事件）（最判昭52.12.20）	1　公務員につき、国家公務員法に定められた懲戒事由がある場合に、懲戒処分を行うかどうか、懲戒処分を行うときにいかなる処分を選ぶかは、懲戒権者の裁量に任されているものと解すべきである。 2　**裁判所が先の処分の適否を審査するにあたっては、**懲戒権者と同一の立場に立って懲戒処分をすべきであったかどうか又はいかなる処分を選択すべきであったかについて判断し、その結果と懲戒処分とを比較してその軽重を論ずべきものではなく、**懲戒権者の裁量権の行使に基づく処分が社会観念上著しく妥当を欠き、裁量権を濫用したと認められる場合に限り違法であると判断すべきものである**。

	教職員国旗国歌訴訟上告審判決（最判平24.1.16）	神戸税関事件判決（最判昭52.12.20）を踏まえて、戒告処分（適法）、減給処分（違法）、停職処分（適法・違法いずれの判断もある）が裁量権の範囲の逸脱又はその濫用にあたるかについて判断した。
信義則違反	在留資格変更後の更新不許可処分（最判平8.7.2）	Xは、「日本人の配偶者等」の在留資格をもって本邦における在留を継続してきていたが、国は、Xの意に反して、その在留資格を「短期滞在」に変更する旨の申請ありとして取り扱い、これを許可する旨の処分をし、これにより、Xが「日本人の配偶者等」の在留資格による在留期間の更新を申請する機会を失わせた。しかも、本件処分時においては、Xの活動は、日本人の配偶者の身分を有するものとしての活動に該当するとみることができないものではない。そうであれば、国は、信義則上、「短期滞在」の在留資格によるXの在留期間の更新を許可した上で、Xに対し、「日本人の配偶者等」への在留資格の変更申請をしてXが「日本人の配偶者等」の在留資格に属する活動を引き続き行うのを適当と認めるに足りる相当の理由があるかどうかにつき公権的判断を受ける機会を与えることを要したものというべきである。以上によれば、Xがした在留期間の更新申請に対し、これを不許可とした本件処分は、**国がその裁量権の範囲を逸脱し、又はこれを濫用したものであるとの評価を免れず、本件処分は違法である。**
基本的人権の尊重	剣道実技拒否事件（最判平8.3.8）	信仰上の理由による剣道実技の履修拒否を、正当な理由のない履修拒否と区別することなく、代替措置が不可能というわけでもないのに、代替措置について何ら検討することもなく、体育科目を不認定とした担当教員らの評価を受けて、原級留置処分をし、さらに、不認定の主たる理由及び全体成績について勘案することなく、2年続けて原級留置となったため進級等規程及び退学内規に従って学則にいう「学力劣等で成業の見込みがないと認められる者」にあたるとし、退学処分をしたという校長の措置は、**考慮すべき事項を考慮しておらず、又は考慮された事実に対する評価が明白に合理性を欠き、その結果、社会観念上著しく妥当を欠く処分をしたものと評するほかはなく、本件各処分は、裁量権の範囲を超える違法なものといわざるを得ない。**

判断過程審査に関する判例

日光太郎杉事件判決（東京高判昭48.7.13）	本件事業計画が土地収用法20条3号にいう「土地の適正且つ合理的な利用に寄与するもの」と認められるべきかどうかについての、建設大臣の判断の適否につき考察する。 建設大臣（当時）が、この点の判断をするについて、ある範囲において裁量判断の余地が認められるべきことは、当裁判所もこれを認めるにやぶさかではない。 しかし、建設大臣がこの点の判断をするにあたり、**本来最も重視すべ**

	き諸要素、諸価値を不当、安易に軽視し、その結果当然尽くすべき考慮を尽さず、又は本来考慮に容れるべきでない事項を考慮に容れ、若しくは本来過大に評価すべきでない事項を過重に評価し、これらのことにより建設大臣のこの点に関する判断が左右されたものと認められる場合には、建設大臣の当該判断は、とりもなおさず裁量判断の方法ないしその過程に誤りがあるものとして、違法となるものと解する。
伊方原発訴訟 （最判平4.10.29）	原子炉施設の安全性に関する判断の適否が争われる原子炉設置許可処分の取消訴訟における裁判所の審理、判断は、原子力委員会若しくは原子炉安全専門審査会の専門技術的な調査審議及び判断を基にしてされた内閣総理大臣の判断に不合理な点があるか否かという観点から行われるべきであって、**現在の科学水準に照らし、当該調査審議において用いられた具体的審査基準に不合理な点があり**、あるいは当該原子炉施設がこの具体的審査基準に適合するとした**原子力委員会若しくは原子炉安全専門審査会の調査審議及び判断の過程に看過し難い誤謬、欠落があり**、内閣総理大臣の判断がこれに依拠してされたと認められる場合には、内閣総理大臣の当該判断に不合理な点があるものとして、当該判断に基づく原子炉設置許可処分は違法と解すべきである。
第一次家永教科書裁判事件 （最判平5.3.16）	合否の判定、条件付合格の条件の付与等についての**教科用図書検定調査審議会の判断の過程（検定意見の付与を含む）に、原稿の記述内容又は欠陥の指摘の根拠となるべき検定当時の学説状況、教育状況についての認識や、旧検定基準に違反するとの評価等に看過し難い過誤があって、文部大臣（当時）の判断がこれに依拠してされたと認められる場合には、当該判断は、裁量権の範囲を逸脱したものとして、国家賠償法上違法となると解する。
刑務所長の信書発信不許可処分の違法性 （最判平18.3.23）	K刑務所長が、Aの本件信書の発信を許すことにより、同刑務所内の規律及び秩序の維持、Aを含めた受刑者の身柄の確保、Aを含めた受刑者の改善、更生の点において放置することのできない程度の障害が生ずる相当の蓋然性があるかどうかについて**考慮しないで**、本件信書の発信を不許可としたことは明らかというべきである。しかも、本件信書の発信を許すことによってK刑務所内に上記の障害が生ずる相当の蓋然性があるということができないことも明らかというべきである。そうすると、**K刑務所長の本件信書の発信の不許可は、裁量権の範囲を逸脱し、又は裁量権を濫用したもの**として旧監獄法46条2項の規定の適用上違法であるのみならず、国家賠償法1条1項の規定の適用上も違法というべきである。
一般公共海岸区域の占用不許可処分 （最判平19.12.7）	本件海岸の占用の許可をしないものとした判断は、**考慮すべきでない事項を考慮し、他方、当然考慮すべき事項を十分考慮しておらず、その結果、社会通念に照らし著しく妥当性を欠いたものということができ、本件不許可処分は、裁量権の範囲を超え又はその濫用があったもの**として違法となるものというべきである。

林試の森事件判決 (最判平18.9.4)	都市施設の区域は、都市施設が適切な規模で必要な位置に配置されたものとなるような合理性をもって定められるべきものである。この場合において、**民有地に代えて公有地を利用することができるときには、そのことも上記の合理性を判断する1つの考慮要素となり得る**と解すべきである。 原審は、建設大臣（当時）が林業試験場には貴重な樹木が多いことからその保全のため南門の位置は現状のとおりとすることになるという前提の下に本件民有地を本件公園の区域と定めたことは合理性に欠けるものではないとするが、原審の確定した事実のみから、南門の位置を現状のとおりとする必要があることを肯定し、建設大臣がそのような前提の下に本件国有地ではなく本件民有地を本件公園の区域と定めたことについて合理性に欠けるものではないとすることはできない。
行政契約における裁量 (最判平18.10.26)	（本件は、旧木屋平村の発注する公共工事の指名競争入札にそれまで継続的に参加していたAが、村長から違法に指名を回避されたと主張して、国家賠償法1条1項に基づき、逸失利益等の損害賠償を求めた事案である。） 法令の趣旨に反する運用基準の下で、主たる営業所が村内にないなどの事情から形式的に村外業者にあたると判断し、そのことのみを理由として、他の条件いかんにかかわらず、およそ一切の工事につき平成12年度以降全くAを指名せず指名競争入札に参加させない措置を採ったとすれば、それは、**考慮すべき事項を十分考慮することなく、1つの考慮要素にとどまる村外業者であることのみを重視している点において、極めて不合理であり、社会通念上著しく妥当性を欠くものといわざるを得ず**、そのような措置に裁量権の逸脱又は濫用があったとまではいえないと判断することはできない。
	公務員分限処分と裁量審査 (最判昭48.9.14)、剣道実技拒否事件 (最判平8.3.8)、公立学校施設の目的外使用不許可処分と司法審査 (最判平18.2.7)、小田急立体交差事業認可取消訴訟上告審 (最判平18.11.2)

行政法

一般乗用旅客自動車運送事業者の運賃変更認可申請を却下した地方運輸局長の処分の違法性 （最判平11.7.19）	1　申請がされた当時、タクシー事業の運賃変更の認可について、「一般乗用旅客自動車運送事業の運賃改定要否の検討基準及び運賃原価算定基準について」（以下「本件通達」という）が定められており、各地方運輸局においては、本件通達に定められた方式に従った事務処理が行われていた（その通達における運賃の値上げ率を算定する方式を「平均原価方式」という）。 2　平均原価方式に従って算定された額をもって当該同一地域内のタクシー事業者に対する運賃の設定又は変更の認可の基準とし、先の額を変更後の運賃の額とする運賃変更の認可申請については、特段の事情のない限り、改正前道路運送法9条2項1号（運賃の設定及び変更の認可基準の1つ）の基準に適合しているものと判断することも、地方運輸局長の前記裁量権の行使として是認し得るところである。 3　もっとも、**タクシー事業者が平均原価方式により算定された額と異なる運賃額を内容とする運賃の設定又は変更の認可申請をし、この運賃額が同号の基準に適合することを明らかにするため改正前道路運送法施行規則10条2項所定の原価計算書その他運賃の額の算出の基礎を記載した書類を提出した場合には、地方運輸局長は、当該申請について法9条2項1号の基準に適合しているか否かを当該提出書類に基づいて個別に審査判断すべきである**ことはいうまでもない。
酒類販売業免許の拒否処分の適法性 （最判平10.7.16）	平成元年取扱要領における酒税法10条11号該当性の**認定基準は**、当該申請に係る参入によって当該小売販売地域における酒類の供給が過剰となる事態を生じさせるか否かを客観的かつ公正に認定するものであって、**合理性を有しているということができるので、これに適合した処分は原則として適法というべきである**。
裁量基準の羈束性 （最判平27.3.3）	行政庁が行政手続法12条1項の規定により定めて公にしている処分基準において、先行の処分を受けたことを理由として後行の処分に係る量定を加重する旨の不利益な取扱いの定めがある場合に、当該行政庁が後行の処分につき当該**処分基準の定めと異なる取扱いをするならば、特段の事情がない限り、そのような取扱いは裁量権の範囲の逸脱又はその濫用にあたる**こととなるものと解され、この意味において、**当該行政庁の後行の処分における裁量権は当該処分基準に従って行使されるべきことが羈束されている**。

76 行政行為

📖Chapter 3 ②

重要度 **A**

基礎 行政行為

定　義	行政行為とは、**行政庁がその一方的な判断に基づいて、国民の権利義務その他の法的地位を具体的に決定する行為**をいう。 ※　行政機関の内部的意思決定と相違する書面が作成された場合、表示行為が正当な権限のある者によってなされた以上、当該**書面に表示されているとおりの行政行為**があったものと認めるべきである（最判昭29.9.28）。		
種　類		**意　義**	**具体例**
法律行為的行政行為	命令的行為 下　命	**作為義務**を課す行為	課税処分 違法建築の除却（取壊し）命令
	禁　止	**不作為義務**を課す行為	営業の停止 道路の通行禁止
	許　可	一般的な**禁止を解除**する行為 競願関係では先願主義が妥当する（所定の申請書がこれを受け付ける権限を有する行政庁に提出された時を基準として定めるべきである。最判昭47.5.19）。	運転免許の付与 医師の免許の付与 風俗営業の許可
	免　除	**作為義務を解除**する行為	納税義務の免除 児童の就学義務の免除
	形成的行為 特　許	特定の**権利、又は法律関係を設定**する行為 競願関係では自由選択主義が妥当する。	河川の占用許可 外国人の帰化の許可 公有水面埋立て免許
	剥　権	**特許**によって設定された権利、又は法律関係を**消滅**させる行為	河川の占用許可取消し
	認　可	**第三者の行為を補充**してその**法律上の効果を完成**させる行為	銀行の合併の認可 土地改良区の設立認可 農地の権利移転の許可 河川占用権の譲渡の承認
	代　理	行政主体が**他の法的主体の行為**を代わってすること	土地収用裁決

行政法

			選挙における当選人の決定
準法律行為的行政行為	確 認	特定の事実や法律関係の**存否又は真否を確定**する行為	発明の特許 市町村の境界の決定 土地収用事業の認定
	公 証	特定の事実や法律関係の存否を**公に証明**する行為	行政書士の登録 戸籍への記載 不動産登記簿への登記 犬の鑑札の交付 選挙人名簿への登録 運転免許証の交付
	通 知	相手方に特定の事項を**知らせる**行為	納税の督促 代執行の戒告
	受 理	相手方の行為を有効な行為として**受領する**行為	各種申請の受理

基礎 行政行為の効力

種 類	内 容	留意点
公定力	仮に違法な行政行為がなされた場合でも、取り消されるまでは有効な行為として扱われる効力	**無効な行政行為には発生しない。**
不可争力	行政行為がなされてから一定期間が経過すると、もはや**国民のほうから**その効力を、不服申立てや取消訴訟によって**争うことができなくなる**効力	一定期間が経過しても、行政庁自身は、**職権で取り消すことはできる。**
自力執行力	行政行為の内容を、**行政庁が自力で強制的に実現できる**効力	法律の根拠がある場合にのみ認められる。
不可変更力	**行政庁自身もその行政行為を取り消し・変更できなくなる**効力 （なお、裁判所は取り消すことができる）	審査請求における裁決などの準司法的な行政行為にのみ認められる。

公定力は、取消訴訟の排他的管轄（行政行為の効力を否定するためには取消訴訟という訴訟類型によらなければならない）にその根拠があると解されています。

260

応用 行政行為の効力発生時期

原　則	行政行為の効力の発生時期は、原則として、**行政行為が相手方に到達した時**（相手方が現実に行政行為の存在を認識した時、書面を郵便受けに入れた時など）である。
判　例	**判旨概要**
最判昭29.8.24	（公務員任免の効力発生時期について）特別の規程のない限り、意思表示の一般的法理に従い、**その意思表示が相手方に到達した時、又はその意思表示が相手方の了知し得べき状態におかれた時に、その効力を生ずるものと解すべき**であって、それが官報に登録され、公示されたことによって、その効力を生ずるものと解すべきではない。
最判昭50.6.27	行政処分は、原則として、それが相手方に告知された時にその効力を発生するものと解すべきであるが、**法律が特別の定めをしている場合には、その定めに従うべきもの**であり、法律が直接明文の規定をしている場合に限らず、**当該法律全体の趣旨から特別の定めをしていると解せられる場合を含む。** 税理士法は、懲戒処分の効力の発生時期について、直接明文の規定を設けてはいないが、同法は、**税理士に対する懲戒処分の効力の発生時期をその処分の確定した時としているものと解する。**
最判平11.7.15	県職員であった被上告人は、自らの意思により出奔して無断欠勤を続けたものであって、「所在不明となった職員と同居していた家族に対し人事発令通知書を交付するとともにその内容を県公報に掲載するという方法」によって懲戒免職処分がされることを十分に了知し得たものであるから、出奔から約2か月後に**先の方法によってされた本件懲戒免職処分は効力を生じた**ものというべきである。

基礎 瑕疵ある行政行為

定　義	① 法令に違反した行政行為（違法な行政行為） ② 法令に違反していないが行政庁に与えられた裁量権の行使が適正ではない行政行為（不当な行政行為）
種　類	① **取り消すことができる行政行為** 　→ 違法ではあるが、取り消されるまでは有効な行政行為として効力を有するものをいう。 ② **無効な行政行為** 　→ 行政行為の効力を有しないものをいう。

行政法

	無効な行政行為	取り消すことができる行政行為
瑕疵の程度	原則として、重大かつ明白 （重大明白説）	無効に至らない程度
行政行為の効力	な　し （裁判によるまでもなく、効力を否定できる）	取り消されるまでは有効 （公定力より）
瑕疵を認定できる者	誰でも無効主張できる	行政庁 裁判所
瑕疵を争う方法	限定なし （もっとも、無効等確認訴訟あり）	① 職権取消し ② 不服申立てによる取消し ③ 取消訴訟による取消し
瑕疵を争える期間の制限	な　し	不服申立期間による制限 出訴期間による制限
瑕疵認定の効果	特になし （初めから効力を生じていない）	原則として遡及効あり

基礎 行政行為の瑕疵に関する判例

	判旨概要
最判昭36.3.7	瑕疵が明白であるというのは、処分成立の当初から、誤認であることが外形上、客観的に明白である場合を指すものと解すべきである。また、瑕疵が明白であるかどうかは、処分の外形上、客観的に、誤認が一見看取し得るものであるかどうかにより決すべきものであって、行政庁が怠慢により調査すべき資料を見落としたかどうかは、処分に外形上客観的に明白な瑕疵があるかどうかの判定に直接関係を有するものではない（**重大明白説を前提とした「明白」に関する外見上一見明白説**）。
所得税賦課処分無効確認等請求 （最判昭48.4.26）	1　課税処分に課税要件の根幹に関する内容上の過誤が存し、不服申立期間の徒過による不可争的効果の発生を理由として**被課税者に当該処分による不利益を甘受させることが著しく不当と認められるような例外的事情のある場合には、当該処分は、当然無効と解する**のが相当である。 2　甲が、その所有土地につき、乙に対する所有権移転登記を経由した上、同人名義で丙に売却した等判示のような事情のある場合においては、乙が事後において明示又は黙示的にこれを容認した等の特段の事情のない限り、乙に譲渡所得があるとしてなされた課税処分は、当然無効と解すべきである（**明白性補充要件説に立つ特殊な判例**）。

承継の可否	原則として違法性の承継の主張はできない。形式上は、それぞれ別個の行政行為だからである。 しかし、**先行処分と後行処分**が連続した一連の手続で、**同一の目的を有している場合**には、後行処分が先行処分の違法性を承継し、後行処分も違法となるため、このような主張が許されることになる。
承継を認めた判例	**判旨概要**
最判昭25.9.15	自作農創設特別措置法に違反した買収計画に基づいて買収処分が行われたときは、所有農地を買収された者は、買収計画に対する不服を申し立てる権利を失った後も、**買収処分取消しの訴えにおいて買収計画の違法を攻撃することができる**。
最判平21.12.17	東京都建築安全条例に基づく安全認定が行われた上で建築確認がされている場合に、**建築確認の取消訴訟において安全認定の違法を主張することはできる**。

基礎 **瑕疵の治癒が認められなかった判例**

	判旨概要
最判昭47.12.5	1　更正の理由として、「営業譲渡補償金計上もれ1155万円」、と記載されているにすぎない場合には、処分庁の判断の慎重、合理性を担保してその恣意を抑制するとともに、処分の理由を相手方に知らせて不服申立ての便宜を与えることを目的として更正に附記理由の記載を命じた法人税法の規定の趣旨に鑑み、本件更正の**附記理由には不備の違法がある**ものというべきである。 2　更正における**附記理由不備の瑕疵**は、後日これに対する審査裁決において処分の具体的根拠が明らかにされたとしても、それにより**治癒されるものではない**と解すべきである。 ※　すなわち、本判例は、理由の不備について追完を認めないとしている。

行政法

「行政行為の瑕疵」は、「無効と取消し」が大きな論点ですが、その他、「違法性の承継」「瑕疵の治癒」「違法行為の転換」という論点もあります。「違法性の承継」は、近年、有名な判例（最判平21.12.17）が出ていますから注意してください。

応用 撤回に関する判例

	判旨概要
撤回と損失補償 （最判昭49.2.5）	都有行政財産たる土地につき使用許可によって与えられた使用権は、それが期間の定めのない場合であれば、当該行政財産本来の用途又は目的上の必要を生じたときはその時点において原則として消滅すべきものであり、また、権利自体にこのような制約が内在しているものとして付与されているものとみるのが相当である。
撤回の制限 （最判昭63.6.17）	実子あっせん行為の持つ法的問題点、指定医師の指定の性質等に照らすと、指定医師の指定の撤回によってAの被る不利益を考慮しても、なおそれを撤回すべき公益上の必要性が高いと認められるから、法令上その撤回について直接明文の規定がなくとも、指定医師の指定の権限を付与されている医師会は、その権限においてAに対するこの指定を撤回することができる。

基礎 撤回と職権取消しとの比較

		撤　回	職権取消し
共通点		法律上の根拠不要 原則として取消し・撤回は自由 ※　もっとも、授益的行政行為の場合には制限され得る。	
相違点	撤回又は取消事由の発生時期	後発的事情	原始的瑕疵
	権利の行使者	処分庁のみ	正当な権限を有する行政庁 （処分庁と監督行政庁）
	遡及効の有無	（原則として）なし	（原則として）あり

許容性	法定附款は認められる。 また、**裁量行為であれば明文の規定がなくても**認められる。 本体である行政行為が**法律行為的行政行為**に限られる。	
限　界	**必要最小限**に認められる。 これを**超えると比例原則違反として違法**となる。	
附款の種類	意　義	具体例
条　件	行政行為の効果の発生・消滅を、発生不確実な将来の事実に係らせる意思表示	「工事開始より通行止め」 （工事は必ず始まるとは限らないので、条件）
期　限	行政行為の効果の発生・消滅を、将来発生することの確実な事実に係らせる意思表示	「○月○日より通行止め」 （特定の日付は必ずやってくるので、期限）
負　担	許認可などの授益的行政行為に付加される意思表示で、相手方に特別の義務を命ずるもの	「自動車の運転免許を付与するが、眼鏡をかけること」 「道路の占用許可の対価として、占用料の納付を命じる」
取消し・撤回権の留保	許認可などの行政行為をするにあたって、これを取り消し・撤回する権利を留保する旨の意思表示を付加すること	「公物の占有を許可するが、○○○の場合は許可を取り消す」
附款の瑕疵	取り消す場合には、**附款を含めた行政行為全体を取り消すこともできるし、附款だけを取り消すこともできるのが原則**である。もっとも、**本体である行政行為と不可分一体にある附款の場合には、全体を取り消さなければならず**、附款のみを取り消すことは許されない。	

行政法

基礎 行政上の強制執行と行政罰との比較

	行政上の強制執行	行政罰
共通点	法律上の根拠が必要 行政上の義務不履行を前提とする	
相違点	将来に向かって行政上必要な状態を実現する義務履行確保の手段	過去の行政上の義務違反に対する制裁

基礎 行政上の強制執行の比較

	代執行	執行罰 (間接強制)	直接強制	行政上の 強制徴収
特　徴	義務者に代わって行い、費用を義務者から徴収する。	過料を科すことを予告し、義務者に心理的圧迫を加える。	義務者の身体、財産に直接有形力を加え、義務を履行させる。	直接強制の一種
一般法	行政代執行法	な　し ※　砂防法のみ	な　し ※　人権侵害のおそれ	な　し 国税徴収法の準用という形式をとることが多い。
義　務	代替的作為義務	非代替的作為義務 不作為義務	問わない	金銭債務

基礎 行政代執行法

1条	行政上の義務の履行確保に関しては、別に法律で定めるものを除いては、この法律の定めるところによる。
2条	法律(法律の委任に基づく命令、規則及び条例を含む。以下同じ。)により直接に命ぜられ、又は法律に基づき行政庁により命ぜられた行為(他人が代ってなすことのできる行為に限る。)について義務者がこれを履行しない場合、他の手段によってその履行を確保することが困難であり、且つその不履行を放置することが著しく公益に反すると認められるときは、当該行政庁は、自ら義務者のなすべき行為をなし、又は第三者をしてこれをなさしめ、その費用を義務者から徴収することができる。

3条	1項	前条の規定による処分（代執行）をなすには、**相当の履行期限を定め**、その期限までに履行がなされないときは、代執行をなすべき旨を、**あらかじめ文書で戒告しなければならない**。
	2項	義務者が、前項の戒告を受けて、指定の期限までにその義務を履行しないときは、当該行政庁は、代執行令書をもって、**代執行をなすべき時期**、代執行のために派遣する執行責任者の氏名及び代執行に要する費用の概算による見積額を義務者に通知する。
	3項	**非常の場合又は危険切迫の場合**において、当該行為の急速な実施について緊急の必要があり、**前2項に規定する手続をとる暇がないときは、その手続を経ないで代執行をすることができる**。
4条		代執行のために現場に派遣される執行責任者は、その者が執行責任者たる本人であることを示すべき**証票を携帯し**、**要求があるときは、何時でもこれを呈示しなければならない**。
5条		代執行に要した費用の徴収については、**実際に要した費用の額**及びその**納期日**を定め、義務者に対し、文書をもってその納付を命じなければならない。
6条	1項	代執行に要した費用は、国税滞納処分の**例により、これを徴収することができる**。

応用 行政上の強制措置に関する判例

	判旨概要
行政上の強制執行と民事手続 （最大判昭41.2.23）	農業共済組合が、法律上特に独自の強制徴収の手段を与えられながら、この手段によることなく、一般私法上の債権と同様、訴えを提起し、民事訴訟法上の強制執行の手段によってこれら債権の実現を図ることは、立法の趣旨に反し、公共性の強い農業共済組合の権能行使の適正を欠くものとして、許されないところといわなければならない（バイパス理論）。
宝塚市パチンコ条例事件 （最判平14.7.9）	1 国又は地方公共団体が提起した訴訟であって、財産権の主体として自己の財産上の権利利益の保護救済を求めるような場合には、法律上の争訟にあたるというべきである。 2 しかし、国又は地方公共団体が専ら行政権の主体として国民に対して行政上の義務の履行を求める訴訟は、法規の適用の適正ないし一般公益の保護を目的とするものであって、自己の権利利益の保護救済を目的とするものということはできないから、法律上の争訟として当然に裁判所の審判の対象となるものではなく、法律に特別の規定がある場合に限り、提起することが許されるものと解される。 3 そして、行政代執行法は、行政上の義務の履行確保に関しては、別に法律で定めるものを除いては、同法の定めるところによるものと規定して（1条）、同法が行政上の義務の履行に関する一般法であることを明らかにした上で、その具体的な方法としては、同法2条

	の規定による代執行のみを認めている。また、行政事件訴訟法その他の法律にも、一般に国又は地方公共団体が国民に対して行政上の義務の履行を求める訴訟を提起することを認める特別の規定は存在しない。 4　したがって、**国又は地方公共団体が専ら行政権の主体として国民に対して行政上の義務の履行を求める訴訟は、裁判所法3条1項にいう法律上の争訟にあたらず、これを認める特別の規定もないから、不適法というべきである。**
違法な強制撤去に要する費用の支出の合法性 （最判平3.3.8）	上告人が町長として**本件鉄杭撤去を強行したことは、漁港法及び行政代執行法上適法と認めることのできない**ものであるが、**緊急の事態に対処するためにとられたやむを得ない措置**であり、民法720条の法意に照らしても、町としては、上告人が当該撤去に直接要した費用を同町の経費として支出したことを容認すべきものであって、本件請負契約に基づく**公金支出については、その違法性を肯認することはできない。**

基礎　行政刑罰と秩序罰との比較

		行政刑罰（※）	秩序罰
共　通　点		①　行政上の義務不履行に対して科される制裁 ②　**反復して科すことはできない**（二重処罰の禁止。執行罰と異なる）。 ③　罪刑法定主義の原則の適用がある（法律の根拠が必要）。	
相違点	規定できる法規範	法律、条例	法律、条例、地方公共団体の長が定める規則
	刑法総則の適用	あ　り	な　し
	手　続	刑事訴訟手続によって科される。	**国の法令に基づく場合**には、非訟事件手続法に従って裁判所によって科され、**条例や規則に基づく場合**は、地方自治法によって地方公共団体の長が科す。
	処罰内容	拘禁刑、罰金、拘留、科料	過　料

※　死刑、拘禁刑、罰金、拘留及び科料を主刑とする（刑法9条　刑の種類）。つまり、行政罰のうち、刑法典に刑名のあるものを行政刑罰という。
　　行政刑罰は、実際の違反者のみならず、その使用者にも科される場合がある（**両罰規定**という）。したがって、使用者が法人の場合には、その法人が事業主として処罰される場合がある。

	判旨概要
最大判昭 33.4.30	1　法人税法の逋脱犯に対する**刑罰**は脱税者の不正行為の反社会性ないし反道徳性に着目し、これに対する制裁として科せられるものである。 2　これに対し、同法（改正前）43条の**追徴税**は、過少申告・不申告による納税義務違反の発生を防止し、もって**納税の実を挙げんとする趣旨に出た行政上の措置である**と解すべきである。 3　追徴税のかような性質に鑑みれば、**憲法39条の規定は刑罰である罰金と追徴税とを併科することを禁止する趣旨を含むものでない**と解するのが相当である。
最判平 10.10.13	カルテル行為について、独占禁止法違反被告事件においてAに対する**罰金刑**が確定し、かつ、国からAに対し**不当利得の返還**を求める民事訴訟が提起されている場合において、本件カルテル行為を理由にAに対し同法の規定に基づき**課徴金の納付を命ずることは、憲法39条、29条、31条に違反しない。**

基礎 **行政上の強制執行・即時強制**

	行政上の強制執行	即時強制
定義	行政上の強制執行とは、既に命じられた行政上の義務の不履行に対して、行政権の主体が、将来に向かい、その義務を履行させ、又はその履行があったのと同一の状態を実現する作用をいう。	即時強制とは、義務を命じる余裕のない場合又はその性質上義務を命じることによってその目的を達することができない場合に、**義務を命じることなく、直接国民の身体又は財産に実力を加え、行政上必要な状態を実現する作用**をいう。
共通点	**法律上の根拠が必要** 将来に向かって行政上必要な状態を実現する作用	
相違点	行政上の**義務の不履行を前提とする**作用	行政上の**義務の不履行を前提としない**作用

> 行政代執行法1条の「行政上の義務の履行確保」とは、行政上の強制執行（代執行・執行罰・直接強制・強制徴収）を意味します。そのため、執行罰・直接強制・強制徴収を新たに制度として作るためには「法律」によらなければなりません。なお、同条の「別に法律」の「法律」には条例は含まないと解されています。

行政法

基礎 **行政立法**

定 義	行政立法とは、行政機関が一般的・抽象的法規範を定立すること、又はそのような作用によって定立された定めをいう。
種 類	1 法規命令 → 国民の権利義務を規律する法規たる性質を有する行政立法 → **法律の根拠必要** 　　政令・内閣府令・省令・規則 　　法規命令の分類 　　委任命令：**国民の権利義務を規制する命令**をいう。委任命令を作るには、**法律によって個別的かつ具体的な委任**がなされていなければならない。 　　執行命令：**法律を執行するために必要な手続について定める命令**をいう。執行命令を定めるには、**法律による個別的・具体的な委任は不要**である。 2 行政規則 → **国民の権利義務を規律する**法規たる性質を有しない（行政機関の内部組織のあり方や事務処理手続に関する**行政組織内部**での）定め → **法律の根拠不要** 　　告示・訓令・通達・審査基準・処分基準など ※ 告示の中には、法規命令としての性質を有するものもある。例えば、**学習指導要領**は、文部大臣（当時）が**告示**として、普通教育である高等学校の教育及び方法についての基準を定めたもので**法規としての性質を有するもの**ということができる（伝習館高校事件　最判平2.1.18）。

行政立法には、政令・内閣府令・省令などの法形式による分類もあります。この分類では、制定権者が重要で、政令は内閣が、内閣府令は内閣総理大臣が、省令は各省大臣がそれぞれ定めます。なお、通常、政令は「○○法施行令」、省令は「○○法施行規則」という名称になります。

	判旨概要
最大判昭46.1.20	**農地法施行令**（改正前）16条が、旧自作農創設特別措置法3条による買収農地につき、農地法（改正前）80条の認定をすることのできる場合を、農地法施行令16条4号所定の場合に限ることとし、当該買収農地自体、既にその農地としての現況を将来にわたって維持すべき意義を失い、明らかに農地法が売払いの対象として予定しているものにつき、同法80条の認定をすることができないとしたことは、**法の委任を越えるもの**で、無効というべきである。
最判平2.2.1	**銃砲刀剣類登録規則**（改正前）4条2項が、銃砲刀剣類所持等取締法14条1項の登録の対象となる刀剣類の鑑定基準として、文化財的価値を有する日本刀に限る旨を定めていることは、法14条1項の趣旨に沿う合理性を有する鑑定基準を定めたものというべきであるから、同条5項の**委任の趣旨を逸脱するものではない**。
最判平3.7.9	**旧監獄法施行規則**120条及び124条の各規定は、未決勾留により拘禁された者と14歳未満の者との接見を許さないとする限度において、旧監獄法50条の**委任の範囲を越え、無効**である。
最大判平21.11.18	議員の解職請求代表者の資格を制限している**地方自治法施行令**（改正前）115条等は、**地方自治法**（改正前）85条1項に基づく政令の定めとして**許される範囲を越えたもの**であって、その資格制限が請求手続にまで及ぼされる限りで**無効**と解する。
最判平25.1.11	平成21年に改正された**薬事法施行規則**のうち、店舗販売業者に対し、一般用医薬品のうち第一類医薬品及び第二類医薬品について、①当該店舗において対面で販売させ又は授与させなければならないものとし、②当該店舗内の情報提供を行う場所において情報の提供を対面により行わせなければならないものとし、③郵便等販売をしてはならないものとした各規定は、いずれも上記各医薬品に係る郵便等販売を一律に禁止することとなる限度において、平成18年改正後の**薬事法**の趣旨に適合するものではなく、**法の委任の範囲を逸脱**した違法なものとして**無効**というべきである。
最判令2.6.30	**ふるさと納税**制度に係る平成31年**総務省告示**第179号の規定のうち、寄附金の募集及び受領について定める部分は、平成31年改正後の**地方税法**37条の2第2項及び314条の7第2項の**委任の範囲を逸脱**した違法なものとして**無効**である。
猿払事件 （最大判昭49.11.6）	国家公務員法102条1項の**人事院規則への委任**は、**委任の限度を超え**ない。
最判平27.12.14	**国家公務員共済組合法**（改正前）附則12条の12第4項及び**厚生年金保険法等の一部を改正する法律**附則30条1項は、退職一時金に付加して返還すべき利子の利率の定めを**白地で包括的に政令に委任する**ものということはできない。

通 達

定　義	通達とは、上級行政機関が下級行政機関、又は特別の監督に服する私人に対して、一定の事実、**法令の解釈**、執行の基準等を示達することをいう。
法律の根拠	通達は、行政組織の内部的規範であり、国民を拘束する法規ではないため、**法律の根拠は不要**である。
司法的救済	通達は、私人の権利義務を規律するものではないため、「処分」に該当せず、**抗告訴訟の対象とならない**（判例）。
通達課税と租税法律主義（パチンコ球遊器事件）（最判昭33.3.28）	本件の課税がたまたま通達を機縁として行われたものであっても、**通達の内容が法の正しい解釈に合致するものである以上**、本件課税処分は法の根拠に基づく処分と解するに妨げがなく、**違憲の主張**は、通達の内容が法の定めに合致しないことを前提とするものであって、**採用し得ない**。

墓地・埋葬法判決（最判昭43.12.24）

事　案	墓地を経営する寺院が、宗教慣習上の原則等に違反する違法な通達によって、異教徒の埋葬の受忍が刑罰をもって強制され、墓地所有権が侵害され、本件通達後既に無承諾のまま埋葬を強制されたとして、厚生大臣（当時）を被告として本件通達の取消しを求めて出訴した。
判旨概要	1　**元来通達は、原則として、法規の性質を持つものではなく、行政組織内部における命令にすぎないから**、これらを拘束することはあっても、**一般の国民は直接これに拘束されるものではない**。 2　このことは通達の内容が、法令の解釈や取扱いに関するもので、**国民の権利義務に重大なかかわりを持つようなものである場合においても別段異なるところはない**。 3　したがって、行政機関が通達の趣旨に反する処分をした場合においても、そのことを理由として、その処分の効力が左右されるものではない。 4　また、**裁判所が通達に拘束されることはなく、裁判所は法令の解釈適用にあたっては、通達に示された法令の解釈とは異なる独自の解釈をすることができる**。 5　現行法上、行政訴訟において取消しの訴えの対象となり得るものは、国民の権利義務、法律上の地位に直接具体的に法律上の影響を及ぼすような**行政処分等**でなければならないから、**本件通達の取消しを求める本件訴えは許されないものとして却下すべきものである**。

委任命令に関する判例は、①法律の委任の方法が問題となる場合（白紙委任の禁止）と②命令が委任の範囲を超えているかが問題となる場合に分けることができます。②のほうは、命令の名称と委任の範囲を超えているかどうかの結論をセットにして覚えていきましょう。

基礎 行政計画

定　義	行政計画とは、行政主体が行政活動の目標を設定し、その目標を達成するための手段を総合的に提示する行政活動をいう。
法律の根拠	一般に法律の根拠は不要であるが、私人の権利義務を左右するような行政計画（**拘束的計画**）には、**法律の根拠が必要**である。
司法的救済	1　行政事件訴訟（取消訴訟の処分性を認めた主要判例） 　①　**土地区画整理事業の事業計画**（最大判平20.9.10） 　②　**都市再開発事業計画**（最判平4.11.26） 2　国家賠償請求 　→　企業が村の工場誘致施策に対応して工場建設の準備を進めていたところ、その**施策の変更**により、これを断念せざるを得なくなった事件につき、**地方公共団体の不法行為責任を肯定**（最判昭56.1.27）

行政法

基礎 行政指導

法律による定義	行政機関がその任務又は所掌事務の範囲内において一定の行政目的を実現するため特定の者に一定の作為又は不作為を求める指導、勧告、助言その他の行為であって処分に該当しないものをいう（行政手続法2条6号）。
種 類	1　規制**的行政指導** 　→　私人の活動を規制するものをいう。 　　e.g. 違法建築物に対する改修勧告 2　助成**的行政指導** 　→　私人に情報を提供し、私人の活動を助成するものをいう。 　　e.g. 税務相談 3　調整**的行政指導** 　→　私人間の紛争を解決するものをいう。 　　e.g. 建築主と近隣住民との間の紛争の解決・調整のための行政指導
司法的救済等	1　行政事件訴訟 　→　行政指導は、国民に対して直接法的効果を生じさせない事実行為であり、非権力的な行為なので、**取消訴訟の対象とならないのが原則** 2　**国家賠償請求訴訟** 　→　行政指導に従ったことによって発生した損害については、国家賠償法1条1項による損害賠償を請求することができる（広義説：判例）。 3　行政手続法上の救済 　→　①　**違法な行政指導の中止などの求め** 　　　②　**法令違反是正のための処分又は行政指導の求め**

行政指導は、行政法の一般的法理論（行政法学）と行政手続とではその定義等が異なります。行政手続法の定義は行政法学上の行政指導概念よりも限定されています。一方で、行政法学上のような分類（規制的・調整的・助成的）を行政手続法は行いません。

なお、教科書検定における改善意見を、（当事）文部大臣の助言、指導の性質を有するものであるとした判例（最判平9.8.29）があります。

基礎 武蔵野マンション事件（教育施設負担金の納付）（最判平5.2.18）

事　案	東京都武蔵野市は、マンション建設にあたり指導要綱を制定しており、事業主Xには市長と事前協議を行い、所定の行政指導を受けるとともに、教育施設負担金の寄附を求める行政指導が行われてきた。Xは、いったんは渋々と寄附に応じたが、その後、教育施設負担金の納付を求める行政指導は違法であるとして、国家賠償請求を提起した。なお、同要綱には、指導に従わない者には上下水道の使用を拒否するという内容が規定されていた。
判旨概要	1　行政指導として、教育施設の充実に充てるために事業主に対して寄附金の納付を求めること自体は、強制にわたるなど事業主の任意性を損なうことがない限り、違法ということはできない。 2　しかし、本件当時、市は、Xに対し、法が認めておらずしかもそれが実施された場合にはマンション建築の目的の達成が事実上不可能となる水道の給水契約の締結の拒否等の制裁措置を背景として、指導要綱を遵守させようとしていたというべきである。市がXに対し指導要綱に基づいて教育施設負担金の納付を求めた行為も、市の担当者が教育施設負担金の減免等の懇請に対し前例がないとして拒絶した態度と相まって、Xに対し、指導要綱所定の教育施設負担金を納付しなければ、水道の給水契約の締結及び下水道の使用を拒絶されると考えさせるに十分なものであって、マンションを建築しようとする以上、行政指導に従うことを余儀なくさせるものであり、Xに教育施設負担金の納付を事実上強制しようとしたものということができる。 3　指導要綱に基づく行政指導が、市民の生活環境を、いわゆる乱開発から守ることを目的とするものであり、多くの市民の支持を受けていたことなどを考慮しても、当該行為は、本来任意に寄附金の納付を求めるべき行政指導の限度を超えるものであり、国家賠償法1条1項にいう違法な公権力の行使であるといわざるを得ない。

基礎 品川マンション事件（最判昭60.7.16）

事　案	Xはマンション建築確認申請を行ったが、申請を受けた建築主事は、日照風害などの被害を理由に近隣住民が建築に反対しているという状況の下、Xに対し、住民との話し合いによる解決を指導し、確認を留保した。これに対して、Xは、この留保は建築基準法6条の期限を超えた違法なものであるとして、市に対し損害賠償を求めた。
判旨概要	建築主が行政指導に不協力・不服従の意思を表明している場合には、当該建築主が受ける不利益と当該行政指導の目的とする公益上の必要性とを比較衡量して、当該行政指導に対する建築主の不協力が社会通念上正義の観念に反するものといえるような特段の事情が存在しない限り、行政指導が行われているとの理由だけで確認処分を留保することは、違法である。

行政法

基礎 **行政調査**

定 義	行政調査とは、行政機関が行政目的を達成するため、質問や立入検査といった情報収集をする行為をいう。
種 類	1 **強制調査** → 相手方の意思に反して、義務を課し、又は相手方の反抗を実力で排除して行う調査 2 **間接的強制調査** → 相手方が協力しないときに、罰則を科すことができる調査 3 **任意調査** → 相手方の任意の協力を得て行う調査
法律上の根拠	強制調査及び間接的強制調査には、**法律の根拠が必要**であるが、任意調査には、**法律の根拠は必要でない**と解されている。
判 例	判旨概要
警察官職務執行法による所持品検査 （最判昭53.9.7）	職務質問に付随して行う**所持品検査**は、所持人の承諾を得てその限度でこれを行うのが原則であるが、捜索に至らない程度の行為は、強制にわたらない限り、たとえ所持人の承諾がなくても、所持品検査の必要性、緊急性、これによって侵害される個人の法益と保護されるべき公共の利益との権衡などを考慮し、具体的状況の下で相当と認められる限度において許容される場合があると解すべきである。
自動車の一斉検問 （最決昭55.9.22）	1 警察法2条1項が「交通の取締」を警察の責務として定めていることに照らすと、交通の安全及び交通秩序の維持などに必要な警察の諸活動は、**強制力を伴わない任意手段による限り、一般的に許容されるべき**ものであるが、それが国民の権利、自由の干渉にわたるおそれのある事項にかかわる場合には、**任意手段によるからといって無制限に許されるべきものでない**ことも同条2項及び警察官職務執行法1条などの趣旨に鑑み明らかである。 2 警察官が、交通取締の一環として自動車検問を実施し、走行の外観上の不審な点の有無にかかわりなく短時分の停止を求めて、運転者などに対し必要な事項についての質問などをすることは、**それが相手方の任意の協力を求める形で行われ、自動車の利用者の自由を不当に制約することにならない方法、態様で行われる限り、適法**なものと解すべきである。

行政手続法

82 申請に対する処分

📖 Chapter 4 ②

重要度 **AA**

基礎 審査基準 (5条)

定 義	申請により求められた許認可等をするかどうかをその法令の定めに従って判断するために必要とされる基準をいう。
行政庁の義務	① 設定 ② 内容は、許認可等の性質に照らして**できる限り具体的**なもの ③ 公にすること

基礎 標準処理期間 (6条)

定 義	申請がその**事務所に到達してから当該申請に対する処分をするまでに通常要すべき標準的な期間**（法令により当該行政庁と異なる機関が当該申請の提出先とされている場合は、併せて、当該申請が当該提出先とされている機関の事務所に到達してから当該行政庁の事務所に到達するまでに通常要すべき標準的な期間）
行政庁の義務	① 設定（**努力義務**） ② 公にすること

基礎 申請段階の行政庁の義務 (7条)

審査開始義務	申請がその事務所に到達したときは遅滞なく当該申請の**審査を開始**
形式的要件に不備のある場合の措置	速やかに、申請者に対し、相当の期間を定めて当該申請の補正**を求め、又は**当該申請により求められた許認可等を拒否

基礎 審査段階の行政庁の義務 (9条～11条)

情報提供	求めに応じて ① 当該申請に係る**審査の進行状況**及び当該申請に対する**処分の時期の見通し**を示すよう努める（**努力義務**）。 ② 申請書の記載及び添付書類に関する事項その他の申請に必要な情報の提供に努める（**努力義務**）。

行政法

公聴会の開催等	申請者以外の者の利害を考慮すべきことが要件とされているものを行う場合、公聴会の開催等、申請者以外の者の意見を聴く機会を設けるよう努める（**努力義務**）。
複数行政庁が関与	① 審査又は判断を殊更に遅延させるようなことをしてはならない（遅延の防止）。 ② 審査の促進に努めるものとする（審査の促進　**努力義務**）。

必要となる場合	許認可等を拒否する処分をする場合
相手方	申請者
時　期	処分と同時に
方　式	処分を書面でするときは、**理由は、書面**により示さなければならない。
例　外	許認可等の要件又は審査基準が数量的指標等の**客観的指標**により明確に定められている場合であって、**当該申請がこれらに適合しないことが明らかであるとき**は、申請者の求めがあったときにこれを示せば足りる。

一般旅券発給拒否処分事件 （最判昭60.1.22）	一般に、法律が行政処分に理由を付記すべきものとしている場合に、どの程度の記載をなすべきかは、処分の性質と理由付記を命じた各法律の規定の趣旨・目的に照らしてこれを決定すべきである。旅券法が一般旅券発給拒否通知書に拒否の理由を付記すべきものとしているのは、拒否事由の有無についての**外務大臣の判断の慎重と公正妥当を担保してその恣意を抑制するとともに、拒否の理由を申請者に知らせることによって、その不服申立てに便宜を与える趣旨**に出たものというべきであり、このような理由付記制度の趣旨に鑑みれば、一般旅券発給拒否通知書に**付記すべき理由としては、いかなる事実関係に基づきいかなる法規を適用して一般旅券の発給が拒否されたかを、申請者においてその記載自体から了知し得るものでなければならず、単に発給拒否の根拠規定を示すだけでは、それによって当該規定の適用の基礎となった事実関係をも当然知り得るような場合を別として、旅券法の要求する理由付記として十分でないといわなければならない。

基礎 **不利益処分**

定 義	不利益処分とは、行政庁が、法令に基づき、特定**の者**を名あて人として、**直接**に、これに義務**を課し、又はその権利を制限する処分**をいう。 → ただし、次のいずれかに該当するものを除く。 ① 事実上の行為等（行政上の強制措置・即時強制等） ② **許認可等の申請に対する拒否処分等** ③ 名あて人の同意の下にする処分 ④ 許認可等の効力を失わせる処分でその基礎事実が消滅した旨の届出を理由としてなされるもの
通 則	1 処分基準**の設定・公にする義務**（12条） → 不利益処分の場合、個別具体的判断が必要であらかじめ画一的基準を定めるのが難しいため、行政庁の**努力義務**として定められている。 2 **意見陳述手続**（13条） → 聴聞**手続**（不利益の程度が強い処分） 　　弁明の機会の付与**手続**（不利益の程度が軽い処分） 3 理由の提示（14条） → 理由の提示は、「差し迫った必要がある場合」には免除される。 → 不利益処分を書面でするときは、理由の提示も書面でしなければならない。

不利益処分は3段階で考えましょう。まず、①前提として処分基準の設定・公にする義務（12条）、続いて②審査段階で必要となる意見陳述手続（13条）、そして③処分段階の理由の提示（14条）です。これらは不利益処分の第1節に規定されています。その上で、意見陳述手続としての聴聞手続と弁明の機会の付与手続の手続内容について第2節と第3節で規定されています。

行政法

処分基準（12条）

定　義	不利益処分をするかどうか又はどのような不利益処分とするかについてその法令の定めに従って判断するために必要とされる基準をいう。
行政庁の義務	① 設定（**努力義務**） ② 内容は、不利益処分の性質に照らして**できる限り具体的**なもの ③ 公にすること（**努力義務**）

基礎 **意見陳述手続**（13条）

聴　聞	① 許認可等を取り消す**不利益処分**をしようとするとき ② ①のほか、**名あて人の資格又は地位を直接にはく奪する不利益処分**をしようとするとき ③ **名あて人が法人**である場合におけるその**役員の解任を命ずる不利益処分**、名あて人の業務に従事する者の解任を命ずる不利益処分又は名あて人の会員である者の除名を命ずる不利益処分をしようとするとき ④ ①から③以外の場合であって**行政庁が相当と認めるとき**
弁明の機会の付与	①から④までのいずれにも該当しないとき

基礎 **理由の提示**（14条）

必要となる場合	不利益処分をする場合
相手方	名あて人
時　期	処分と同時に
方　式	処分を書面でするときは、**理由は、書面**により示さなければならない。
例　外	理由を示さないで処分をすべき差し迫った必要**がある場合**においては、当該名あて人の所在が判明しなくなったときその他処分後において理由を示すことが困難な事情があるときを除き、処分後相当の期間**内**に、理由を示さなければならない。

一級建築士免許取消 処分等取消請求事件 （最判平23.6.7）	1 行政手続法14条1項本文が、不利益処分をする場合に同時にその理由を名宛人に示さなければならないとしているのは、名宛人に直接に義務を課し又はその権利を制限するという不利益処分の性質に鑑み、**行政庁の判断の慎重と合理性を担保してその恣意を抑制する**とともに、**処分の理由を名宛人に知らせて不服の申立てに便宜を与える趣旨**に出たものと解される。そして、同項本文に基づいてどの程度の理由を提示すべきかは、上記のような同項本文の趣旨に照らし、**当該処分の根拠法令の規定内容、当該処分に係る処分基準の存否及び内容並びに公表の有無、当該処分の性質及び内容、当該処分の原因となる事実関係の内容等を総合考慮**してこれを決定すべきである。 2 建築士に対する懲戒処分に際して同時に示されるべき理由としては、処分の原因となる事実及び処分の根拠法条に加えて、処分基準の適用関係が示されなければ、処分の名宛人において、事実及び根拠法条の提示によって処分要件の該当性に係る理由は知り得るとしても、いかなる理由に基づいてどのような処分基準の適用によって当該処分が選択されたのかを知ることは困難であるのが通例であると考えられる。 3 これを本件についてみると、上告人において、事実及び根拠法条の提示によって処分要件の該当性に係る理由は相応に知り得るとしても、**いかなる理由に基づいてどのような処分基準の適用によって免許取消処分が選択されたのかを知ることはできないものといわざるを得ない。**このような本件の事情の下においては、行政手続法14条1項本文の趣旨に照らし、同項本文の要求する**理由提示としては十分でないといわなければならず、本件免許取消処分は、同項本文の定める理由提示の要件を欠いた違法な処分であるというべきであって、取消しを免れない**ものというべきである。

行政法

申請拒否処分と不利益処分をする際には、理由の提示が必要となります。しかし、8条と14条には、提示する理由の程度については規定されていませんので、理由の程度については解釈に委ねられます。この解釈で重要な判例が申請拒否処分では「一般旅券発給拒否処分事件」、不利益処分では「一級建築士免許取消処分等取消請求事件」ですが、比較すると理由の提示の程度が異なることに気づきます。そこで、申請拒否処分と不利益処分では理由の提示の程度が異なるのでそれぞれを覚えていきましょう。

基礎 聴聞手続 (15条、20条、24条、26条)

通　知	行政庁は、聴聞を行うべき期日までに**相当な期間**をおいて、不利益処分の名あて人と**なるべき者**に対し、次に掲げる事項を書面により**通知**しなければならない。 ①　予定される不利益処分の内容及び根拠となる法令の条項 ②　不利益処分の原因となる事実 ③　聴聞の**期日**及び**場所** ④　聴聞に関する事務を所掌する**組織の名称及び所在地** ※　**弁明の機会の付与の通知の方式** 　弁明書の提出期限までに**相当な期間**をおいて、不利益処分の名あて人と**なるべき者**に対し、次に掲げる事項を書面により**通知**しなければならない。 ①　予定される不利益処分の内容及び根拠となる法令の条項 ②　不利益処分の原因となる事実 ③　弁明書の**提出先**及び**提出期限**
聴聞の期日における審理の方式	1　主宰者は、最初の**聴聞の期日**の冒頭において、行政庁の職員に、予定される不利益処分の内容及び根拠となる法令の条項並びにその原因となる事実を聴聞の期日に**出頭した者**に対し**説明**させなければならない。 2　**当事者又は参加人**は、聴聞の期日に出頭して、①意見を述べ、及び②証拠書類等を提出し、並びに③主宰者の許可を得て**行政庁の職員に対し質問を発する**ことができる。なお、当事者又は参加人は、聴聞の期日への**出頭に代えて**、主宰者に対し、聴聞の期日までに①陳述書及び②証拠書類等を提出することができる。 3　主宰者は、聴聞の期日において必要があると認めるときは、当事者若しくは参加人に対し質問を発し、意見の陳述若しくは証拠書類等の提出を促し、又は行政庁の職員に対し説明を求めることができる（**求釈明権**）。 4　聴聞の期日における審理は、**行政庁が公開することを相当と認める**ときを除き、公開しない。
聴聞調書及び報告書	1　主宰者は、聴聞調書を作成しなければならない。聴聞調書は、聴聞の期日における審理が行われた場合には**各期日ごと**に作成しなければならない。 2　**主宰者**は、**聴聞の終結後速やかに**報告書を作成し、**聴聞調書とともに**行政庁に提出しなければならない。
不利益処分の決定	行政庁は、不利益処分の決定をするときは、聴聞調書の内容及び報告書に記載された主宰者の意見を十分に参酌してこれをしなければならない。

当事者	不利益処分の名あて人となるべき者で聴聞の通知を受けた者
代理人	**当事者及び参加人**は代理人を選任することができる。 代理人は、**各自**、当事者のために、聴聞に関する**一切の行為**をすることができる。
参加人	主宰者は、必要があると認めるときは、当事者以外の者であって当該不利益処分の根拠となる法令に照らし当該不利益処分につき**利害関係を有するものと認められる者（関係人）**に対し、当該聴聞に関する手続に**参加することを求め**、又は当該聴聞に関する手続に**参加することを許可**することができる。
主宰者	聴聞は、行政庁が**指名**する職員その他政令で定める者が主宰する。 次のいずれかに該当する者は、聴聞を主宰することができない。 ① 当該聴聞の当事者又は参加人 ② ①の配偶者、４親等内の親族又は同居の親族 ③ ①の代理人又は補佐人 ④ ①〜③であった者 ⑤ ①の後見人、後見監督人、保佐人、保佐監督人、補助人又は補助監督人 ⑥ 参加人以外の関係人
行政庁	特に定義なし

基礎 **文書等の閲覧** (18条)

閲覧請求権者	**当事者等**、すなわち、**当事者及び当該不利益処分がされた場合に自己の利益を害されることとなる参加人**
請求時期	**聴聞の通知があった時**から**聴聞が終結する時**までの間
請求先	行政庁
閲覧対象	当該事案についてした調査の結果に係る調書その他の当該不利益処分の原因となる事実を証する資料
行政庁の対応	原則として、閲覧請求を**拒むことはできない**。ただし、**日時及び場所を指定**することができる。 例外：**第三者の利益を害するおそれ**があるときその他**正当な理由**があるとき

聴聞手続では、当事者、行政庁、主宰者、参加人が登場しますが、それぞれが手続の中でどのような権限を持つか、整理しながら条文を勉強していきましょう。特に行政庁と主宰者は混乱しやすいです。例えば、聴聞を公開と決めるのは誰か即答できますか。

行政法

聴聞調書と報告書（24条）

	聴聞調書	報告書
作成時期	各期日ごと（審理が行われなかった場合には聴聞の終結後速やかに）	聴聞の終結後速やかに
内　容	①　聴聞の審理の経過 ②　不利益処分の原因となる事実に対する当事者及び参加人の陳述の要旨	不利益処分の原因となる事実に対する当事者等の**主張**に、**理由があるかどうか**についての主宰者の**意見**
行政庁への提出の要否	○	○
当事者又は参加人の閲覧請求権の有無	○	○
聴聞の再開の際の返戻の有無	×	○
不利益処分の決定の際	行政庁は、十分に参酌して不利益処分の決定をしなければならない（法的な拘束力はない）。

審査請求の制限（27条）

	聴聞手続過程の付随的処分に対して	聴聞を経た不利益処分に対して
審査請求	できない	できる

聴聞手続と弁明手続との比較

		聴聞手続	弁明手続
共通点		①　証拠書類等提出**権** ②　代理人**選任権** ③　**予定される不利益処分の内容等の通知**	
相違点	審理方式	原則として口頭	原則として書面
	文書閲覧権	あ　り	な　し
	参加人の規定	あ　り	な　し

84 行政指導

📖 Chapter 4 ④

重要度 **A**

基礎 **行政指導の一般原則等** (32条～34条)

一般原則		行政指導にあっては、行政指導に携わる者は、いやしくも**当該行政機関の任務又は所掌事務の範囲を逸脱してはならないこと**及び行政指導の内容が**あくまでも相手方の任意の協力によってのみ実現されるものであること**に留意しなければならない。
		行政指導に携わる者は、その相手方が**行政指導に従わなかったことを理由として、不利益な取扱いをしてはならない。**
任意の協力	申請に関連する行政指導	**申請の取下げ又は内容の変更を求める行政指導**にあっては、行政指導に携わる者は、**申請者が当該行政指導に従う意思がない旨を表明したにもかかわらず当該行政指導を継続**すること等により当該申請者の**権利の行使を妨げるようなことをしてはならない。**
	許認可等の権限に関連する行政指導	許認可等をする権限又は許認可等に基づく処分をする権限を有する行政機関が、**当該権限を行使することができない場合又は行使する意思がない場合**においてする行政指導にあっては、行政指導に携わる者は、**当該権限を行使し得る旨を殊更に示すこと**により相手方に当該行政指導に**従うことを余儀なくさせるようなことをしてはならない。**

基礎 **行政指導の方式** (35条)

一般的な明示原則	行政指導に携わる者は、その相手方に対して、当該行政指導の趣旨及び内容並びに責任者を明確に示さなければならない。
権限濫用型行政指導の明示原則	行政指導に携わる者は、当該行政指導をする際に、行政機関が**許認可等をする権限又は許認可等に基づく処分をする権限**を行使し得る旨を示す**とき**は、その**相手方**に対して、次に掲げる事項を**示さなければならない。** ① 当該権限を行使し得る根拠となる法令の条項 ② ①の条項に規定する要件 ③ 当該権限の行使が②の要件に適合する理由
書面の交付	**行政指導が口頭でされた場合**において、**その相手方から書面の交付を求められたとき**は、当該行政指導に携わる者は、行政上特別の支障がない限り、これを**交付しなければならない。** ただし、次の行政指導については、書面を交付する必要はない。 ① 相手方に対し**その場において完了する行為**を求めるもの ② 既に文書又は電磁的記録によりその相手方に通知されている事項と**同一の内容**を求めるもの

行政法

複数の者を対象とする行政指導（36条）

行政指導指針の作成、公表	**同一の行政目的**を実現するため一定の条件に該当する**複数の者**に対し行政指導をしようとするときは、行政機関は、あらかじめ、事案に応じ、行政指導指針を定め、かつ、行政上特別の支障がない限り、これを公表しなければならない。
行政指導指針の定義	同一の行政目的を実現するため一定の条件に該当する複数の者に対し行政指導をしようとするときにこれらの行政指導に**共通してその内容となるべき事項**をいう。

法令違反型行政指導の中止等の求め（36条の2）

誰が	相手方
行政指導の種類	**法令に違反する行為の是正を求める行政指導**（その根拠となる規定が法律に置かれているものに限る）
どのようなとき	相手方が当該行政指導が当該法律に規定する要件に適合しないと思料するとき
どこに	**当該行政指導をした行政機関に対して**
どのように	申出書を提出して
何を求める	当該行政指導の**中止その他必要な措置**をとること
例　外	当該行政指導がその相手方について**弁明その他意見陳述のための手続**を経てされたものであるときは求めることができない。
申出書の記載事項	①　申出をする者の**氏名又は名称**及び**住所又は居所** ②　**当該行政指導の内容** ③　当該行政指導がその**根拠とする法律の条項** ④　③の条項に規定する**要件** ⑤　当該行政指導が④の**要件に適合しないと思料する理由** ⑥　その他**参考**となる事項
行政機関の対応	申出があったときは、必要な調査を行い、当該行政指導が当該法律に規定する要件に適合しないと認めるときは、当該行政指導の中止その他必要な措置をとらなければならない。

基礎 **処分等の求め** (36条の3)

誰が	何人も
どのようなとき	法令に違反する事実がある場合において、その是正のためにされるべき処分又は行政指導(その根拠となる規定が法律に置かれているものに限る)がされていないと思料するとき
どこに	当該処分をする権限を有する行政庁又は当該行政指導をする権限を有する行政機関に対して
どのように	申出書を提出して
何を求める	是正のためにされるべき**処分又は行政指導をすることを求める**ことができる。
申出書の記載事項	① 申出をする者の**氏名又は名称**及び**住所又は居所** ② **法令に違反する事実の内容** ③ 当該**処分又は行政指導の内容** ④ 当該処分又は行政指導の**根拠となる法令の条項** ⑤ 当該処分又は行政指導がされるべきであると思料する**理由** ⑥ その他**参考**となる事項
行政庁等の対応	申出があったときは、必要な調査を行い、その結果に基づき必要があると認めるときは、当該処分又は行政指導をしなければならない。

行政法

86 命令等

📖Chapter 4 ⑦

重要度 **B**

基礎 命令等を定める場合の一般原則 (38条)

法令適合性	命令等制定機関は、命令等を定めるにあたっては、当該命令等がこれを定める根拠となる**法令の趣旨に適合**するものとなるようにしなければならない。
適正確保	命令等制定機関は、命令等を定めた後においても、当該命令等の規定の実施状況、社会経済情勢の変化等を勘案し、必要に応じ、当該命令等の内容について検討を加え、その**適正を確保**するよう**努めなければならない**。

基礎 意見公募手続 (39条)

命令等制定機関は、命令等を定めようとする場合には、当該命令等の案及びこれに関連する資料を**あらかじめ**公示し、意見（情報を含む）の提出先及び意見提出期間を定めて広く一般の意見を求めなければならない。

公示事項	当該命令等の案 これに関連する資料
定める内容	意見提出先 意見提出期間
命令等の案	具体的**かつ明確な内容**のものであって、かつ、当該命令等の題名及び当該命令等を定める根拠となる法令の条項が**明示**されたものでなければならない。
意見提出期間	原則として公示の日から起算して**30日**以上でなければならない。 ただし、30日以上の意見提出期間を定めることができないやむを得ない理由があるときは、30日を下回る意見提出期間を定めることができる。この場合においては、**当該命令等の案の公示の際その理由を明らか**にしなければならない（40条1項）。

命令等制定機関は、意見公募手続を実施して命令等を定めた場合には、**当該命令等の公布**（公布をしないものにあっては、公にする行為）**と同時期に**、次の事項を**公示**しなければならない。

① 命令等の題名

② 命令等の案の公示の日

③ 提出意見（**提出意見がなかった場合**にあっては、その旨）

④ **提出意見を考慮した結果**（意見公募手続を実施した命令等の案と定めた命令等との差異を含む）及びその理由

提出意見	提出意見に代えて、当該提出意見を**整理又は要約したものを公示**することができる。この場合においては、当該公示の後遅滞なく、**当該提出意見**を当該命令等制定機関の事務所における備付けその他の適当な方法により公にしなければならない。
	提出意見を公示し又は公にすることにより**第三者の利益を害するおそれがあるとき**、その他**正当な理由があるとき**は、当該提出意見の全部又は一部を除くことができる。

結果の公示の43条は3つの場面における公示を規定しています。1つめが、本書に掲載している「意見公募手続を実施して命令等を定めた場合」の結果の公示（同条1項〜3項）、2つめが、「意見公募手続を実施したにもかかわらず命令等を定めないこととした場合」の結果の公示（同条4項）と3つめが、「意見公募手続を実施しないで命令等を定めた場合」の結果の公示（同条5項）です。

行政法

基礎 地方公共団体の措置 (3条3項、46条)

適用除外	地方公共団体の機関がする処分（その根拠となる規定が条例又は規則に置かれているものに限る）及び行政指導、地方公共団体の機関に対する届出（通知の根拠となる規定が条例又は規則に置かれているものに限る）並びに地方公共団体の機関が命令等を定める行為については、行政手続法2章から6章までの規定は、適用しない。
地方公共団体の措置	地方公共団体は、行政手続法2章から6章までの規定を適用しないこととされた処分、行政指導及び届出並びに命令等を定める行為に関する手続について、**行政手続法の規定の趣旨**にのっとり、**行政運営における公正の確保と透明性の向上を図る**ため必要な措置を講ずるよう努めなければならない。

事前の手続に瑕疵があった場合にその結果なされた処分が違法となるかという問題について、行政手続法制定以前のものですが、参考となる判例を2つ紹介します。

1つは、**個人タクシー免許申請事件**（最判昭46.10.28）です。これは、免許申請の却下処分をする場合には申請人に対しその主張と証拠の提出の機会を与えなければならないはずであったのに、これをしなかったという事例です。この事例で、最高裁は、申請人に主張と証拠の提出の機会を与えその結果をしん酌したとすれば、**異なる判断に到達する可能性がなかったとはいえない**であろうから、審査手続には瑕疵があり、この手続によってされた**却下処分は違法**としました。

もう1つは、**群馬中央バス事件**（最判昭50.5.29）です。これは、一般乗合旅客自動車運送事業の免許の許否の決定手続において必要とされる運輸審議会における公聴会の審理に不備があったという事例です。この事例で、最高裁は、運輸審議会が公聴会審理においてより具体的に申請人の申請計画の問題点を指摘し、この点に関する意見及び資料の提出を促したとしても、申請人において、**運輸審議会の認定判断を左右するに足る意見及び資料を追加提出し得る可能性があったとは認め難い**という事情の下において、運輸審議会の審理手続における不備は、結局、公聴会審理を要求する法の趣旨に違背する重大な違法とするには足りず、その審理の結果に基づく運輸審議会の決定（答申）自体に瑕疵があるということはできないから、その諮問を経てなされた運輸大臣の**本件処分を違法として取り消す理由とはならない**としました。

88 行政不服審査法総則

📖Chapter 6 ①

重要度 **A**

基礎 行政手続法と行政不服審査法の目的

行政手続法1条1項	行政不服審査法1条1項
この法律は、**処分、行政指導及び届出**に関する手続並びに**命令等**を定める手続に関し、共通する事項を定めることによって、行政運営における公正の確保と透明性（行政上の意思決定について、その内容及び過程が国民にとって明らかであることをいう）の向上**を図り**、もって国民の権利利益の保護に**資する**ことを目的とする。	この法律は、行政庁の**違法**又は**不当な処分その他公権力の行使にあたる行為**に関し、国民が簡易迅速かつ公正な手続の下で広く行政庁に対する不服申立てをすることができるための制度を定めることにより、国民の権利利益の救済**を図る**とともに、行政の適正な運営を確保**する**ことを目的とする。

基礎 行政不服審査法と個別法の関係

一般法	処分に関する不服申立てについては、他の法律に特別の定めがある場合を除くほか、行政不服審査法の定めるところによる（1条2項）。
特別の不服申立ての制度	7条（適用除外）の規定は、同条の規定により審査請求をすることができない処分又は不作為につき、別に法令で当該処分又は不作為の性質に応じた不服申立ての制度を設けることを妨げない（8条）。

行政不服審査法1条は、①違法又は不当、②簡易迅速かつ公正な手続、③国民の権利利益の救済を図る（行政救済機能という目的）、④行政の適正な運営を確保する（行政統制機能という目的）、とポイントが目白押しです。特に②と④は行政不服審査法の手続を理解していく際に重要です。②の意味は手続が簡易迅速性と公正性（公正な判断をするためには慎重な手続が必要）の調和を図るものになっているという意味です。また、行政不服審査法の主目的は行政救済機能ですが、ここは行政事件訴訟法と共通するので、行政事件訴訟法との比較で行政不服審査法の特徴を考えると④行政統制機能の点が重要になってきます。

行政法

審査請求	再調査の請求	再審査請求
行政庁の処分・不作為につき、審査庁に対してする不服申立てをいう（概括主義）。 すなわち、**行政庁の処分（行政庁の処分その他公権力の行使にあたる行為）に不服がある者**は、審査請求をすることができる。 また、**法令に基づき行政庁に対して処分についての申請をした者**は、当該申請から**相当の期間**が経過したにもかかわらず、**行政庁の不作為（法令に基づく申請に対して何らの処分をもしないこと）がある場合には、当該不作為についての審査請求をすることができる。	行政庁の**処分**につき、処分庁に対して、再調査をすることにより処分の見直しを求める不服申立てをいう。 すなわち、行政庁の処分につき処分庁以外の行政庁に対して審査請求をすることができる場合において、法律に再調査の請求をすることができる旨の定めがあるときに限り、処分庁に対して再調査の請求をすることができる（列記**主義**）。	処分について審査請求の裁決を経た後、この裁決に対して不服がある場合に、更に行う審査請求をいう。 すなわち、行政庁の処分につき法律に再審査請求をすることができる旨の定めがある場合に限り、当該法律の定める行政庁に対して再審査請求をすることができる（列記**主義**）。 対象は、**原裁決**（再審査請求をすることができる処分についての審査請求の裁決）又は当該処分である。

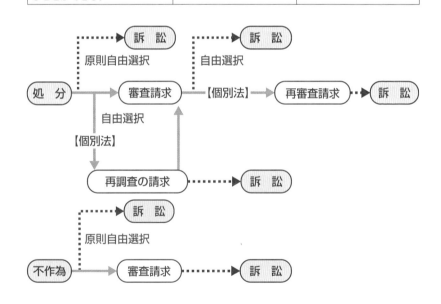

自由選択主義		法律に再調査の請求をすることができる旨の定めがあるときは、当該処分に不服がある者は、処分庁に対して再調査の請求をすることができる。
審査請求を選択した場合		審査請求をした場合、再調査の請求をすることができない。
再調査の請求を選択した場合	原則	**当該再調査の請求についての決定を経た後**でなければ、審査請求をすることができない。
	例外	次のいずれかに該当する場合は、再調査の請求についての決定を経ずに審査請求をすることができる。 ① 当該処分につき再調査の請求をした日の翌日から起算して3か月を経過しても、処分庁が当該再調査の請求につき決定をしない場合 ② その他再調査の請求についての決定を経ないことにつき正当な理由がある場合
3か月後の教示		処分庁は、再調査の請求がされた日の翌日から起算して**3か月**を経過しても当該再調査の請求が係属しているときは、遅滞なく、当該処分について直ちに**審査請求をすることができる旨**を書面でその再調査の請求人に**教示**しなければならない。
再調査の請求についての決定を経ずに審査請求がされた場合		審査請求がされたときは、再調査の請求は、取り下げられたものとみなす。

審査請求	再調査の請求	再審査請求
第1節　審査庁及び審理関係人		
9条（審理員）	4項除き×	3項除き○
10条（法人でない社団又は財団の審査請求）	○	○
11条（総代）	○	○
12条（代理人による審査請求）	○	○
13条（参加人）	○	○
14条（行政庁が裁決をする権限を有しなくなった場合の措置）	○	○
15条（審理手続の承継）	○	○
16条（標準審理期間）	○	○
17条（審理員となるべき者の名簿）	×	○

行政法

第2節　審査請求の手続		
18条（審査請求期間）	3項除き×	3項除き×
19条（審査請求書の提出）	3項、5項 ①②除き○	3項、5項 ①②除き○
20条（口頭による審査請求）	○	○
21条（処分庁等を経由する審査請求）	×	○
22条（誤った教示をした場合の救済）	×	×
23条（審査請求書の補正）	○	○
24条（審理手続を経ないでする却下裁決）	○	○
25条（執行停止）	3項除き○	2項除き○
26条（執行停止の取消し）	○	○
27条（審査請求の取下げ）	○	○
第3節　審理手続		
28条（審理手続の計画的進行）	×	○
29条（弁明書の提出）	×	1項○
30条（反論書等の提出）	×	1項除き○
31条（口頭意見陳述）	5項除き○	○
32条（証拠書類等の提出）	2項除き○	○
33条（物件の提出要求）	×	○
34条（参考人の陳述及び鑑定の要求）	×	○
35条（検証）	×	○
36条（審理関係人への質問）	×	○
37条（審理手続の計画的遂行）	×	○
38条（審査請求人等による提出書類等の閲覧等）	×	○
39条（審理手続の併合又は分離）	○	○
40条（審理員による執行停止の意見書の提出）	×	○
41条（審理手続の終結）	×	2項①イロ除き○
42条（審理員意見書）	×	○
第4節　行政不服審査会等への諮問		
43条	×	×
第5節　裁　決		
44条（裁決の時期）	×	○
45条（処分についての審査請求の却下又は棄却）	×	×
46条・47条（処分についての審査請求の認容）	×	×

48条（不利益変更の禁止）	×	×
49条（不作為についての審査請求の裁決）	×	×
50条（裁決の方式）	×	3項除き○
51条（裁決の効力発生）	○	○
52条（裁決の拘束力）	×	○
53条（証拠書類等の返還）	○	○

基礎 審査請求をすべき行政庁

	場　面	審査請求をすべき行政庁
1	① 処分庁等に上級行政庁がない場合 ② 処分庁等が主任の大臣の場合 ③ 処分庁等が宮内庁長官の場合 ④ 処分庁等が内閣府設置法49条1、2項、国家行政組織法3条2項に規定する庁（すなわち、外局の庁）の長である場合	当該処分庁等
2	① 宮内庁長官が処分庁等の上級行政庁である場合 ② 外局の庁の長が処分庁等の上級行政庁である場合	① 宮内庁長官 ② 当該庁の長
3	主任の大臣が処分庁等の上級行政庁である場合（2に掲げる場合を除く）	当該主任の大臣
4	1〜3に掲げる場合以外の場合	当該処分庁等の最上級行政庁 e.g.外局の委員会、地方公共団体の長

応用 行政不服審査法と行政手続法の適用除外の比較

行政不服審査法7条1項の適用除外	行政手続法3条1項の適用除外
次に掲げる処分及びその不作為については、2条《処分についての審査請求》及び3条《不作為についての審査請求》の規定は、適用しない。	次に掲げる処分及び行政指導については、第2章《申請に対する処分》から第4章の2《処分等の求め》までの規定は、適用しない。
① 国会の両院若しくは一院又は議会の議決によってされる処分	① 国会の両院若しくは一院又は議会の議決によってされる処分
② 裁判所若しくは裁判官の裁判により、又は裁判の執行としてされる処分	② 裁判所若しくは裁判官の裁判により、又は裁判の執行としてされる処分
③ 国会の両院若しくは一院若しくは議会の議決を経て、又はこれらの同意若しくは承認を得た上でされるべきものとされている処分	③ 国会の両院若しくは一院若しくは議会の議決を経て、又はこれらの同意若しくは承認を得た上でされるべきものとされている処分

④ 検査官会議で決すべきものとされている処分	④ 検査官会議で決すべきものとされている処分及び会計検査の際にされる行政指導
⑤ 当事者間の法律関係を確認し、又は形成する処分で、法令の規定により当該処分に関する訴えにおいてその法律関係の当事者の一方を被告とすべきものと定められているもの	
⑥ 刑事事件に関する法令に基づいて検察官、検察事務官又は司法警察職員がする処分	⑤ 刑事事件に関する法令に基づいて検察官、検察事務官又は司法警察職員がする処分及び行政指導
⑦ 国税又は地方税の犯則事件に関する法令（他の法令において準用する場合を含む）に基づいて国税庁長官、国税局長、税務署長、国税庁、国税局若しくは税務署の当該職員、税関長、税関職員又は徴税吏員（他の法令の規定に基づいてこれらの職員の職務を行う者を含む）がする処分及び金融商品取引の犯則事件に関する法令（他の法令において準用する場合を含む）に基づいて証券取引等監視委員会、その職員（当該法令においてその職員とみなされる者を含む）、財務局長又は財務支局長がする処分	⑥ 国税又は地方税の犯則事件に関する法令（他の法令において準用する場合を含む）に基づいて国税庁長官、国税局長、税務署長、国税庁、国税局若しくは税務署の当該職員、税関長、税関職員又は徴税吏員（他の法令の規定に基づいてこれらの職員の職務を行う者を含む）がする処分及び行政指導並びに金融商品取引の犯則事件に関する法令（他の法令において準用する場合を含む）に基づいて証券取引等監視委員会、その職員（当該法令においてその職員とみなされる者を含む）、財務局長又は財務支局長がする処分及び行政指導
⑧ 学校、講習所、訓練所又は研修所において、教育、講習、訓練又は研修の目的を達成するために、学生、生徒、児童若しくは幼児若しくはこれらの保護者、講習生、訓練生又は研修生に対してされる処分	⑦ 学校、講習所、訓練所又は研修所において、教育、講習、訓練又は研修の目的を達成するために、学生、生徒、児童若しくは幼児若しくはこれらの保護者、講習生、訓練生又は研修生に対してされる処分及び行政指導
⑨ 刑務所、少年刑務所、拘置所、留置施設、海上保安留置施設、少年院又は少年鑑別所において、収容の目的を達成するためにされる処分	⑧ 刑務所、少年刑務所、拘置所、留置施設、海上保安留置施設、少年院又は少年鑑別所において、収容の目的を達成するためにされる処分及び行政指導
	⑨ 公務員（国家公務員法第2条第1項に規定する国家公務員及び地方公務員法第3条第1項に規定する地方公務員をいう。以下同じ）又は公務員であった者に対してその職務又は身分に関してされる処分及び行政指導
⑩ 外国人の出入国又は帰化に関する処分	⑩ 外国人の出入国、難民の認定又は帰化に関する処分及び行政指導

⑪ 専ら人の学識技能に関する試験又は検定の結果についての処分	⑪ 専ら人の学識技能に関する試験又は検定の結果についての処分
	⑫ 相反する利害を有する者の間の利害の調整を目的として法令の規定に基づいてされる裁定その他の処分（その双方を名宛人とするものに限る）及び行政指導
	⑬ 公衆衛生、環境保全、防疫、保安その他の公益にかかわる事象が発生し又は発生する可能性のある現場において警察官若しくは海上保安官又はこれらの公益を確保するために行使すべき権限を法律上直接に与えられたその他の職員によってされる処分及び行政指導
	⑭ 報告又は物件の提出を命ずる処分その他その職務の遂行上必要な情報の収集を直接の目的としてされる処分及び行政指導
⑫ この法律に基づく処分（第5章第1節第1款《行政不服審査会の設置及び組織》の規定に基づく処分を除く）	⑮ 審査請求、再調査の請求その他の不服申立てに対する行政庁の裁決、決定その他の処分
	⑯ 前号に規定する処分の手続又は第3章《不利益処分》に規定する聴聞若しくは弁明の機会の付与の手続その他の意見陳述のための手続において法令に基づいてされる処分及び行政指導

行政法

行政不服審査法の適用除外は、**コク**（①③国会）・**サイ**（②裁判所）・**カイ**（④会計検査院の検査官会議）・**ケイ**（⑤形式的当事者訴訟）・**ケイジ**（⑥刑事事件）と**ゼイキンハン**（⑦国税又は地方税、金融商品取引、犯則事件）は**ガッコウ**（⑧学校）へ・**ケイムショ**（⑨刑務所）で・**ガイコク**（⑩外国人）の・**シケン**（⑪試験）の・**シンサ**（⑫行政不服審査法）。並べて、「**国際会計。刑事と税金犯は学校へ。刑務所で外国の試験の審査**」。

行政手続法の適用除外は、**コク**（①③国会）・**サイ**（②裁判所）・**カイギ**（④会計検査院の検査官会議）・**ケイジ**（⑤刑事事件）と**ゼイキンハン**（⑥国税又は地方税、金融商品取引、犯則事件）は**ガッコウ**（⑦学校）へ・**ケイムショ**（⑧刑務所）で・**コウムイン**（⑨公務員）は・**ガイコク**（⑩外国人）の**ナンミン**（⑩難民）・**シケン**（⑪試験）の・**シンサ**（⑮審査請求）・**ソウ**（⑫双方）・**ゲン**（⑬現場）の・**ジョウホウ**（⑭情報の収集）を・**キク**（⑯聴聞）。並べて、「**国際会議。刑事と税金犯は学校へ。刑務所で公務員は外国の難民試験の審査。草原の情報を聴く**」。

89 審査請求

📖Chapter 6 ④⑤

重要度 **AA**

基礎 審査請求の流れ

審査請求 → 審理 → 行政不服審査会 等への諮問 → 裁決

基礎 審理員（9条1項、29条1項）

審理員の指名	審査庁は、審査庁に所属する職員（審理員名簿を作成した場合にあっては、当該名簿に記載されている者）のうちから審理手続を行う者を指名しなければならない。
指名が不要な場合	① 外局の委員会等が審査庁である場合 ② 条例に基づく処分について条例に特別の定めがある場合 ③ 相当期間内に補正をしない又は補正不可能が明らかなために審査請求を却下する場合
通 知	審査庁は、審理員を指名する旨を審査請求人及び処分庁等（審査庁以外の処分庁等に限る）に通知しなければならない。
審査請求書の写し等の送付	審理員は、審査庁から指名されたときは、直ちに、審査請求書又は審査請求録取書の写しを処分庁等に送付しなければならない。ただし、処分庁等が審査庁である場合には、この限りでない。

基礎 審理員の除斥事由（9条2項）

① 審査請求に係る処分若しくは当該処分に係る再調査の請求についての決定に関与した者、又は審査請求に係る不作為に係る処分に関与し、若しくは関与することとなる者
② 審査請求人
③ 審査請求人の配偶者、4親等内の親族又は同居の親族、審査請求人の代理人、過去にこれらに該当した者
④ 審査請求人の後見人、後見監督人、保佐人、保佐監督人、補助人又は補助監督人
⑤ 利害関係人（p.300「参加人」欄参照）

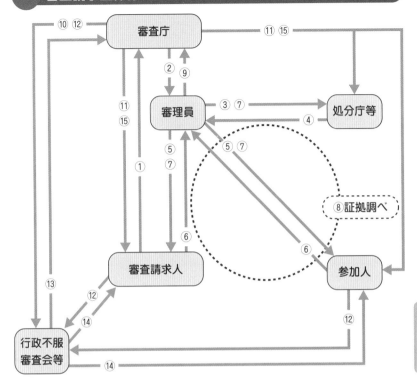

行政法

① 審査請求（審査請求書提出）〔19条1項〕
② 指名〔9条〕
③ 審査請求書送付〔29条1項〕
④ 弁明書提出〔29条2項〕
⑤ 弁明書送付〔29条5項〕
⑥ （審査請求人から）反論書提出〔30条1項〕、（参加人から）意見書提出〔30条2項〕
⑦ （処分庁等へ）反論書・意見書送付、（審査請求人へ）意見書送付、（参加人へ）反論書送付〔30条3項〕
⑨ 審理手続終結後、審理員意見書・事件記録提出〔42条2項〕
⑩ 意見書・事件記録の写しを添えて諮問〔43条2項〕
⑪ 審理員意見書の写し送付〔43条3項〕
⑫ 主張書面・資料提出〔76条〕
⑬ 答申〔44条〕
⑭ 答申書の写し送付〔79条〕
⑮ （審査請求人へ）裁決送達（裁決書謄本送付）〔51条1項、2項〕、（処分庁等・参加人へ）裁決書謄本送付〔51条4項〕

法人でない 社団又は財団	代表者又は管理人の定めがあるものは、その名で審査請求をすることができる。
総　代	① 多数人が共同して審査請求をしようとするときは、3人を超えない総代を**互選**することができる。 ② 共同審査請求人が総代を互選しない場合において、必要があると認めるときは、審理員は、総代の**互選を命ずる**ことができる。 ③ 総代は、**各自**、他の共同審査請求人のために、**審査請求の取下げを除き**、当該審査請求に関する**一切の行為**をすることができる。 ④ 総代が選任されたときは、共同審査請求人は、**総代を通じてのみ**、行為をすることができる。 ⑤ 共同審査請求人に対する行政庁の通知その他の行為は、**1人の総代に対してすれば足りる**。 ⑥ 共同審査請求人は、必要があると認める場合には、総代を**解任**することができる。
代理人	① 審査請求は、代理人によってすることができる。 ② 代理人は、**各自**、審査請求人のために、当該審査請求に関する**一切の行為**をすることができる。ただし、審査請求の取下げは、特別の委任を受けた場合に限り、することができる。
参加人	① **利害関係人**（審査請求人以外の者であって審査請求に係る処分又は不作為に係る処分の**根拠となる法令**に照らし当該処分につき利害関係を有するものと認められる者）は、**審理員の許可**を得て、当該審査請求に**参加**することができる。 ② 審理員は、必要があると認める場合には、利害関係人に対し、当該審査請求に参加することを求めることができる。 ③ 審査請求への参加は、代理人によってすることができる。代理人は、**各自**、参加人のために、当該審査請求への参加に関する**一切の行為**をすることができる。ただし、審査請求への参加の取下げは、特別の委任を受けた場合に限り、することができる。

設定義務	**審査庁となるべき行政庁**は、**審査請求がその事務所に到達してから当該審査請求に対する**裁決をするまでに通常要すべき標準的な期間を定めるよう努めなければならない。
公にする義務	標準審理期間を定めたときは、**当該審査庁となるべき行政庁及び関係処分庁**（当該審査請求の対象となるべき処分の権限を有する行政庁であって当該審査庁となるべき行政庁以外のもの）の事務所における**備付け**その他の適当な方法により公にしておかなければならない。

審理員となるべき者の名簿 (17条)

作成義務	**審査庁となるべき行政庁**は、審理員となるべき者の名簿を作成するよう努めなければならない。
公にする義務	審査庁となるべき行政庁は、審理員となるべき者の名簿を作成したときは、**当該審査庁となるべき行政庁及び関係処分庁**（当該審査請求の対象となるべき処分の権限を有する行政庁であって当該審査庁となるべき行政庁以外のもの）**の事務所における備付け**その他の適当な方法により公にしておかなければならない。

不服申立て期間 (18条、54条、62条)

		審査請求	再調査の請求	再審査請求
主観的不服申立て期間	1か月以内	当該処分について再調査の請求をしたときは、当該再調査の請求についての決定があったことを知った日の翌日から起算		原裁決があったことを知った日の翌日から起算
	3か月以内	処分があったことを知った日の翌日から起算	処分があったことを知った日の翌日から起算	
客観的不服申立て期間	1年以内	処分（当該処分について再調査の請求をしたときは、当該再調査の請求についての決定）があった日の翌日から起算	処分があった日の翌日から起算	原裁決があった日の翌日から起算

※ なお、例外はいずれも「正当な理由があるとき」である。

※ 郵便又は信書便で提出した場合における期間計算については、送付に要した日数は、算入しない（発信主義）。

※ **不作為に対する審査請求**についてはその性質上、**審査請求期間はない**。

※ 「処分があったことを知った日」というのは、処分がその名あて人に個別に通知される場合には、**その者が処分のあったことを現実に知った日**のことをいい、処分があったことを知り得たというだけでは足りない。しかし、都市計画法における都市計画事業の認可のように、処分が個別の通知ではなく**告知をもって多数の関係権利者等に画一的に告知される場合**には、そのような告知方法が採られている趣旨に鑑みて、上記の「処分があったことを知った日」というのは、**告示があった日**をいう（判例）。

行政法

原　則	審査請求書を提出してしなければならない。
例　外	他の法律（条例に基づく処分については、条例）に口頭ですることができる旨の定めがある場合には口頭でする。 →　口頭で審査請求をする場合、陳述を受けた行政庁は、その陳述の内容を録取し、これを陳述人に読み聞かせて誤りのないことを確認し、陳述人に押印させなければならない。これを審査請求録取書という。
処分庁等経由	審査請求をすべき行政庁が処分庁等と異なる場合における審査請求は、**処分庁等を経由してすることができる**。 →　この場合には、**処分庁等は**、直ちに、審査請求書又は審査請求録取書を**審査庁となるべき行政庁に送付**しなければならない。 →　この場合における審査請求期間の計算については、処分庁に審査請求書を提出し、又は処分庁に対し当該事項を陳述した時に、処分についての審査請求があったものとみなす。
取下げ	裁決があるまでは、いつでも書面で審査請求を取り下げることができる。

	処分についての審査請求書の基本的記載事項	
記載事項	① 審査請求人の**氏名又は名称**及び**住所又は居所** ② 審査請求に係る**処分の内容** ③ 審査請求に係る**処分**（当該処分について再調査の請求についての決定を経たときは、当該**決定**）**があったことを知った年月日** ④ **審査請求の趣旨及び理由** ⑤ 処分庁の**教示の有無**及びその**内容** ⑥ **審査請求の年月日**	
	不作為についての審査請求書の基本的記載事項	
	① 審査請求人の**氏名又は名称**及び**住所又は居所** ② 当該不作為に係る処分についての**申請の内容及び年月日** ③ **審査請求の年月日**	
補正	補正可能な場合	
	審査請求書に不備があり、補正が可能な場合には、審査庁は、**相当の期間**を定め、その期間内に不備を補正すべきことを命じなければならない。 →　この場合において、審査請求人が相当の期間内に不備を補正しないときは、審査庁は、審理手続を経ないで、裁決で、当該審査請求を却下することができる。	
	補正不可能な場合	
	審査請求が不適法であって**補正することができないことが明らか**なときは、審査庁は、審理手続を経ないで、裁決で、当該審査請求を却下することができる。	

原　則	執行不停止の原則とは、審査請求は、処分の効力、処分の執行又は手続の続行を妨げないという原則をいう。	
例　外	① 必要的執行停止 　→ 執行停止の申立てがあること（**職権では不可**） 　→ 処分、処分の執行又は手続の続行により生ずる重大な損害を避けるために緊急の必要があると認める場合、必要的となる。 　※ 重大な損害を生ずるか否かを判断するにあたっては、**損害の回復の困難の程度**を考慮するものとし、損害の性質及び程度並びに処分の内容及び性質をも勘案する。 　→ ただし、この場合でも、**公共の福祉に重大な影響を及ぼすおそれがあるとき**、又は**本案について理由がないとみえるとき**は、必要的ではない。 ② 任意的執行停止	
執行停止の整理	審査庁が**上級行政庁又は処分庁**の場合	審査庁が**上級行政庁又は処分庁以外の行政庁**の場合
契　機	職権 申立て 審理員の意見書	申立て 審理員の意見書
要　件	必要があると認める場合、執行停止をすることができる（任意的）。 ただし、重大な損害を避けるため緊急の必要があると認める場合、**必要的執行停止**（申立てがあることが前提）	
手　続	特になし	処分庁の意見を聴取した上
効　果	効力停止 執行停止 続行停止 その他の措置	効力停止 執行停止 続行停止
	※ 処分の効力の停止は、処分の効力の停止**以外の措置**によって目的を達することができるときは、することができない。	
取消し	執行停止をした後において、執行停止が**公共の福祉に重大な影響を及ぼすことが明らか**となったとき、その他**事情が変更**したときは、**審査庁**は、その執行停止を**取り消すことができる**。	

行政法

基礎 **審理手続の流れ**

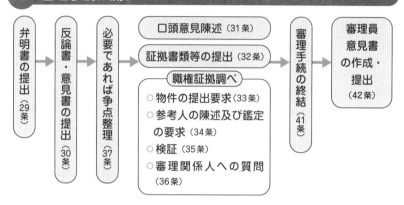

基礎 **審理手続の計画的進行・遂行** (28条、37条)

相互協力等	**審理関係人**（審査請求人、参加人及び処分庁等）及び**審理員**は、簡易迅速かつ公正な審理の実現のため、審理において、**相互に協力**するとともに、審理手続の**計画的な進行**を図らなければならない。
争点整理	審理員は、審査請求に係る事件について、審理すべき事項が**多数**であり又は**錯綜**しているなど**事件が複雑**であることその他の事情により、迅速かつ公正な審理を行うため、審理手続を**計画的に遂行する必要がある**と認める場合には、**期日及び場所を指定**して、審理関係人を**招集**し、あらかじめ、これらの審理手続の申立てに関する**意見の聴取**を行うことができる。 　→　審理関係人が**遠隔の地に居住**している場合その他相当と認める場合、**音声の送受信**により通話をすることができる方法を利用することも可 　→　審理員は、意見の聴取を行ったときは、遅滞なく、①**審理手続の期日及び場所**並びに②**審理手続の終結の予定時期**を決定し、これらを**審理関係人に通知**する。

	弁明書	反論書	意見書
提出者	処分庁等	審査請求人	参加人
提出期間	審理員は、**相当の期間**を定める。	審理員は、**相当の期間**を定めることができる。この場合、その期間内に提出しなければならない。	
記載事項	処分についての審査請求に対する弁明書：**処分の内容及び理由** 不作為についての審査請求に対する弁明書：**処分をしていない理由**並びに予定される処分の**時期、内容及び理由**	**弁明書**に記載された事項に対する**反論**を記載	審査請求に係る事件に関する**意見**を記載
審理員の副本送付	**審査請求人**及び**参加人**に送付	**参加人**及び**処分庁等**に送付	**審査請求人**及び**処分庁等**に送付
添付書類	① 不利益処分の**聴聞手続**の際の**聴聞調書**及び**報告書** ② 不利益処分の**弁明の機会の付与手続**の際の**弁明書** を保有している場合は添付		

機会を与える必要がある場合	審査請求人又は参加人の申立てがあった場合。ただし、申立人の所在その他の事情により当該意見を述べる機会を与えることが**困難**であると認められる場合には、この限りでない。
手続	**審理員**が**期日**及び**場所**を指定し、すべての**審理関係人を招集**してさせる。
陳述が認められる者	申立人
補佐人	審理員の許可を得て、**補佐人**と共に出頭することができる。
陳述の制限	審理員は、申立人のする陳述が**事件に関係のない**事項にわたる場合その他相当でない場合には、これを**制限**することができる。
質問	申立人は、審理員の許可を得て、審査請求に係る事件に関し、**処分庁等に対して、質問を発する**ことができる。

行政法

証拠書類等の提出	審査請求人又は参加人	証拠書類又は証拠物を提出することができる。
	処分庁等	当該処分の理由となる事実を証する書類その他の物件を提出することができる。
	※ 審理員が、証拠書類若しくは証拠物又は書類その他の物件を提出すべき**相当の期間**を定めたときは、その期間内にこれを提出しなければならない。	
物件の提出要求	審理員は、審査請求人若しくは参加人の**申立て**により又は**職権**で、書類その他の物件の所持人に対し、**相当の期間**を定めて、その物件の提出を求めることができる。この場合において、審理員は、その提出された物件を**留め置く**ことができる。	
参考人の陳述及び鑑定の要求	審理員は、審査請求人若しくは参加人の**申立て**により又は**職権**で、適当と認める者に、参考人としてその知っている**事実の陳述を求め**、又は鑑定**を求める**ことができる。	
検 証	審理員は、審査請求人若しくは参加人の**申立て**により又は**職権**で、必要な場所につき、検証をすることができる。 → 審理員は、審査請求人又は参加人の申立てにより検証をしようとするときは、あらかじめ、その日時及び場所を**当該申立てをした者**に通知し、これに**立ち会う機会**を与えなければならない。	
審理関係人への質問	審理員は、審査請求人若しくは参加人の**申立て**により又は**職権**で、審査請求に係る事件に関し、審理関係人に質問することができる。	

請求権者	審査請求人**又は**参加人
請求期限	審理手続が終結**するまでの間**
請求先	審理員
対 象	提出書類等。すなわち、 ① 29条4項各号に掲げる書面 　行政手続法（不利益処分）の聴聞調書・報告書・弁明書 ② 32条1項、2項、33条の規定により提出された書類その他の物件 　○審査請求人又は参加人が提出した証拠書類又は証拠物 　○処分庁等が提出した当該処分の理由となる事実を証する書類その他の物件 　○審理員の提出要求に応じて、所持人から提出された書類その他の物件 ※ 書面・書類以外は謄写の対象とされない。

方　法	① 閲覧 ② 謄写。すなわち、 　→ 「当該書面若しくは当該書類」の写しの交付 　→ 「当該電磁的記録に記録された事項を記載した書面」の交付
審理員の対応	① 第三者の利益を害するおそれがあると認めるとき、その他正当な理由があるときでなければ、その閲覧又は交付を拒むことができない。 ② 閲覧について、日時及び場所を指定することができる。
手　続	① 審理員は、閲覧をさせ、又は交付をしようとするときは、当該閲覧又は交付に係る提出書類等の提出人の意見を聴かなければならない。ただし、審理員が、その必要がないと認めるときは、この限りでない。 ② 交付を受ける審査請求人又は参加人は、実費の範囲内において政令で定める額の手数料を納めなければならない。 ※ 審理員は、経済的困難その他特別の理由があると認めるときは、手数料を減額し、又は免除することができる。

基礎　審理手続の終結 (41条、42条)

終結の タイミング	1　必要な審理を終えたと認める場合 2　上記の場合以外 ① 相当の期間内に、ⅰ）弁明書、ⅱ）反論書、ⅲ）意見書、ⅳ）証拠書類若しくは証拠物又は書類その他の物件、ⅴ）書類その他の物件が提出されない場合において、更に一定の期間を示して、当該物件の提出を求めたにもかかわらず、当該提出期間内に当該物件が提出されなかったとき ② 申立人が、正当な理由なく、口頭意見陳述に出頭しないとき
終結の通知	審理員が審理手続を終結したときは、速やかに、審理関係人に対し、審理手続を終結した旨並びに審理員意見書及び事件記録を審査庁に提出する予定時期を通知する。
審理員 意見書	作成	審理員は、審理手続を終結したときは、遅滞なく、審理員意見書（審査庁がすべき裁決に関する意見書）を作成しなければならない。
	提出	審理員は、審理員意見書を作成したときは、速やかに、これを事件記録とともに、審査庁に提出しなければならない。

91 行政不服審査会等への諮問

📖Chapter 6⑤

重要度　**B**

基礎　行政不服審査会等への諮問 （43条）

原　則	審査庁は、審理員意見書の提出を受けたときは、審査庁が主任の大臣又は宮内庁長官若しくは外局の庁の長である場合にあっては行政不服審査会に、審査庁が地方公共団体の長である場合にあっては地方諮問機関に、それぞれ諮問しなければならない。
主要な例外	① 審査庁が外局の委員会である場合 ② 審査請求人から諮問を希望しない旨の申出がされている場合（参加人から反対する旨の申出がされている場合を除く） ③ 審査請求が不適法であり、却下する場合 ④ 審査請求人の請求をすべて認容する場合
諮問方法	審理員意見書及び事件記録の写しを添えてしなければならない。
通知等	諮問をした審査庁は、審理関係人（処分庁等が審査庁である場合にあっては、審査請求人及び参加人）に対し、当該諮問をした旨を通知するとともに、審理員意見書の写しを送付しなければならない。

基礎　行政不服審査会

設　置	総務省に、審査会を置く。
組　織	審査会は、委員9人をもって組織する。
調査権限	審査会は、必要があると認める場合には、審査請求に係る事件に関し、審査関係人（審査請求人、参加人又は審査庁）にその主張を記載した主張書面又は資料の提出を求めること、適当と認める者にその知っている事実の陳述又は鑑定を求めることその他必要な調査をすることができる。
意見の陳述	審査会は、審査関係人の申立てがあった場合には、当該審査関係人に口頭で意見を述べる機会を与えなければならない。ただし、審査会が、その必要がないと認める場合には、この限りでない。
主張書面等の提出	審査関係人は、審査会に対し、主張書面又は資料を提出することができる。この場合において、審査会が、主張書面又は資料を提出すべき相当の期間を定めたときは、その期間内にこれを提出しなければならない。
答申書の送付等	審査会は、諮問に対する答申をしたときは、答申書の写しを審査請求人及び参加人に送付するとともに、答申の内容を公表するものとする。

基礎 裁決の時期・方式等 (44条、50条、53条)

時 期	審査庁は、行政不服審査会等から諮問に対する答申を受けたとき等は、**遅滞なく**、裁決をしなければならない。
方 式	裁決は、次に掲げる事項を記載し、**審査庁が記名押印した**裁決書によりしなければならない。 ① 主文 ② 事案の概要 ③ 審理関係人の主張の要旨 ④ 理由（主文が審理員意見書又は行政不服審査会等若しくは審議会等の答申書と異なる内容である場合には、異なることとなった理由を含む） ※ 再調査の請求に対する決定書の記載事項 　① 主文 　② 理由
証拠書類等の返還	審査庁は、裁決をしたときは、速やかに、提出された証拠書類若しくは証拠物又は書類その他の物件及び提出要求に応じて提出された書類その他の物件をその提出人に返還しなければならない。
その他	行政不服審査会等への**諮問をしなかった場合**には、審理員意見書を**添付し**なければならない。

基礎 裁決の効力発生時期・効力等 (51条、52条)

効力発生時期	審査請求人（当該審査請求が処分の相手方以外の者のしたものである場合における認容裁決にあっては、審査請求人及び処分の相手方）に送達された時
送達方法	原則として裁決書の謄本を送付することによってする。
謄本送付	審査庁は、裁決書の謄本を参加人及び処分庁等（審査庁以外の処分庁等に限る）に送付しなければならない。
効 力	裁決は、関係行政庁を拘束する（拘束力）。 ※ 認容裁決があると、処分庁は、同一事情・同一理由で同一内容の処分をなし得ない（**拘束力の消極的効果**）。 ※ **拘束力の積極的効果**として、申請に基づいてした処分が手続の違法、若しくは不当を理由として裁決で取り消された場合、処分庁は、裁決の趣旨に従い、**改めて申請に対する処分をしなければならない**。

行政法

※	棄却裁決には、拘束力は認められない。	
※	その他、裁決・決定は行政行為なので、原則として、公定力、不可争力、自力執行力なども生じ、また、不可変更力、形成力も生じる。	

基礎 審査請求に対する裁決の種類 (45条)

種　類		意　義
却下裁決	処　分	処分についての審査請求が**法定の期間経過後**にされたものである場合その他不適法である場合には、審査庁は、裁決で、当該審査請求を却下する。
	不作為	不作為についての審査請求が当該不作為に係る処分についての申請から相当の期間が経過しないでされたものである場合その他不適法である場合には、審査庁は、裁決で、当該審査請求を却下する。
棄却裁決	処　分	処分についての審査請求が**理由がない**場合には、審査庁は、裁決で、当該審査請求を棄却する。
	不作為	不作為についての審査請求が**理由がない**場合には、審査庁は、裁決で、当該審査請求を棄却する。
事情裁決	処　分	審査請求に係る処分が**違法又は不当**ではあるが、これを取り消し、又は撤廃することにより公の利益に著しい障害**を生ずる場合**において、審査請求人の受ける損害の程度、その損害の賠償又は防止の程度及び方法その他一切の事情を考慮した上、処分を取り消し、又は撤廃することが公共の福祉に適合しないと認めるときは、審査庁は、裁決で、当該審査請求を棄却することができる。この場合には、審査庁は、裁決の主文で、**当該処分が違法又は不当であることを宣言**しなければならない。
	不作為	
認容裁決	審査請求が理由があるときに、認容する裁決	

審査請求の認容裁決の内容は複雑なので上記表には組み込まず、独立した表として次ページにまとめました。

対 象		キー ワード	審査庁が処分庁	審査庁が上級庁	審査庁が 左記以外
処 分	処分（事実 上の行為以 外）	取消し	審査庁は、裁決で、当該処分の全部若しくは一部を取り消す。		
			法令に基づく申請を却下し、又は棄却する処分の全部又は一部を取り消す場合において		
			審査庁は、当該申請に対して**一定の処分をすべきものと認めるとき**は、当該処分をする。	審査庁は、当該申請に対して**一定の処分をすべきものと認めるとき**は、当該処分庁に対し、当該処分をすべき旨を命ずる。	
		変 更	審査庁は、裁決で、当該処分の全部若しくは一部を変更する。		
	事実上の 行為	撤 廃	審査庁は、裁決で、当該事実上の行為が違法又は不当である**旨を**宣言するとともに		
			当該事実上の行為の全部若しくは一部を撤廃する。	当該処分庁に対し、当該事実上の行為の全部若しくは一部を撤廃すべき旨を命ずる。	
		変 更	当該事実上の行為の全部若しくは一部を変更する。	当該処分庁に対し、当該事実上の行為の全部若しくは一部を変更すべき旨を命ずる。	
不作為		宣 言	審査庁は、裁決で、当該不作為が違法又は不当である旨を宣言する。		
			審査庁は、当該申請に対して**一定の処分をすべきものと認めるとき**は、当該処分をする。	審査庁は、当該申請に対して**一定の処分をすべきものと認めるとき**は、当該不作為庁に対し、当該処分をすべき旨を命ずる。	

※ 審査庁は、審査請求人の不利益に当該処分を変更し、又は当該事実上の行為を変更すべき旨を命じ、若しくはこれを変更することはできない（不利益変更の禁止）。

行政法

却下決定	再調査の請求が法定の期間経過後にされたものである場合その他不適法である場合には、処分庁は、決定で、当該再調査の請求を却下する。	
棄却決定	再調査の請求が**理由がない**場合には、処分庁は、決定で、当該再調査の請求を棄却する。	
認容決定	処分（事実上の行為を除く）	再調査の請求が**理由がある**場合には、処分庁は、決定で、当該処分の全部若しくは一部を取り消し、又はこれを変更（**不利益変更禁止**）する。
	事実上の行為	再調査の請求が**理由がある**場合には、処分庁は、決定で、当該事実上の行為が違法又は不当**である旨を**宣言するとともに、当該事実上の行為の全部若しくは一部を撤廃し、又はこれを変更（**不利益変更禁止**）する。

却下裁決	再審査請求が法定の期間経過後にされたものである場合その他不適法である場合には、再審査庁は、裁決で、当該再審査請求を却下する。	
棄却裁決	再審査請求が**理由がない**場合には、再審査庁は、裁決で、当該再審査請求を棄却する。	
	再審査請求に係る原裁決（審査請求を却下し、又は棄却したものに限る）**が違法又は不当である場合**において、当該再審査請求に係る処分が違法又は不当のいずれでもない**とき**は、再審査庁は、裁決で、当該再審査請求を棄却する。	
事情裁決	再審査請求に係る原裁決等が**違法又は不当**ではあるが、これを取り消し、又は撤廃することにより公の利益に著しい障害**を生ずる場合**において、再審査請求人の受ける損害の程度、その損害の賠償又は防止の程度及び方法その他一切の事情を考慮した上、原裁決等を取り消し、又は撤廃することが公共の福祉に適合しないと認めるときは、再審査庁は、裁決で、当該再審査請求を棄却することができる。この場合には、再審査庁は、裁決の主文で、**当該原裁決等が違法**又は不当であることを宣言しなければならない。	
認容裁決	処分（事実上の行為を除く）	再審査請求が**理由がある**場合には、再審査庁は、裁決で、当該原裁決等の全部又は一部を取り消す。
	事実上の行為	再審査請求が**理由がある**場合には、再審査庁は、裁決で、当該事実上の行為が違法又は不当**である旨を**宣言するとともに、処分庁に対し、当該事実上の行為の全部又は一部を撤廃すべき旨を命ずる。

基礎 **教示** (82条)

教示義務が生じる場合	教示内容	教示方法
不服申立て（審査請求若しくは再調査の請求又は他の法令に基づく不服申立て）**をすることができる処分を書面でする場合**	① 不服申立てをすることができる旨 ② 不服申立てをすべき行政庁 ③ 不服申立てをすることができる期間	書 面
利害関係人（処分の相手方を含む）**から教示を求められた場合**	① 当該処分が不服申立てをすることができる処分かどうか 当該処分が不服申立てをすることができるものであるときは、 ② 不服申立てをすべき行政庁 ③ 不服申立てをすることができる期間	口頭でも構わないが、書面による教示を**求められたときは、書面**でしなければならない。

基礎 **教示をしなかった場合の不服申立て** (83条)

不服申立書の提出先	処分について不服のある者は、処分庁に不服申立書を提出することができる。	
処分庁の措置	当該処分が処分庁以外の行政庁に対し審査請求又は他の法令に基づく不服申立てをすることができる処分であるとき	速やかに、**当該不服申立書を当該行政庁に送付**しなければならない。送付されたときは、初めから当該行政庁に審査請求又は当該法令に基づく不服申立てがされたものとみなす。
	上記以外	初めから当該処分庁に審査請求又は当該法令に基づく不服申立てがされたものとみなす。

基礎 **教示を誤った場合の救済**

A 不服申立てが認められていないのに、不服申立てをできる旨を教示した

1 審査請求が認められていないのにできる旨を教示した。

当該教示に従ってなされた審査請求は不適法なものとして却下されることとなる。

そこで、行政庁が誤って審査請求をすることができる旨を教示した場合において、審査

請求があったときは、処分取消訴訟は、その審査請求をした者については、これに対する裁決があったことを知った日から6か月を経過したとき又は当該裁決の日から1年を経過したときは、提起することができない。ただし、正当な理由があるときは、この限りでない（行政事件訴訟法14条3項）。

すなわち、取消訴訟の出訴期間を「処分」ではなく、「裁決」を基準として計算することにより救済する。

2　再調査の請求が認められていないのにできる旨を教示した。

当該処分庁に再調査の請求がされたときは、処分庁は、速やかに、**再調査の請求書等を審査庁となるべき行政庁に送付**し、かつ、その旨を**再調査の請求人**に通知しなければならない。

※　再調査の請求書等が審査庁となるべき行政庁に送付されたときは、初めから審査庁となるべき行政庁に審査請求がされたものとみなす。

B　不服申立てが認められているのに、不服申立てをできる旨を教示しなかった

1　審査請求が認められているのに再調査の請求のみできる旨を教示した。

当該処分庁に再調査の請求がされた場合であって、**再調査の請求人から申立て**があったときは、処分庁は、速やかに、**再調査の請求書等及び関係書類その他の物件を審査庁となるべき行政庁に送付**しなければならない。この場合において、その送付を受けた行政庁は、速やかに、その旨を**再調査の請求人**及び**当該再調査の請求に参加する者**に通知しなければならない。

※　再調査の請求書等が審査庁となるべき行政庁に送付されたときは、初めから審査庁となるべき行政庁に審査請求がされたものとみなす。

2　再調査の請求が認められているのに審査請求のみできる旨を教示した。

審査請求がされた場合であって、**審査請求人から申立て**があったときは、審査庁は、速やかに、**審査請求書等を処分庁に送付**しなければならない。ただし、審査請求人に対し弁明書が送付された後においては、この限りでない。

そして、審査請求書等の送付を受けた処分庁は、速やかに、その旨を**審査請求人及び参加人**に通知しなければならない。

※　審査請求書等が処分庁に送付されたときは、初めから処分庁に再調査の請求がされたものとみなす。

C　審査庁を誤って教示した

その教示された行政庁に書面で審査請求がされたときは、当該行政庁は、速やかに、**審査請求書を①処分庁又は②審査庁となるべき行政庁に送付**し、かつ、その旨を**審査請求人**に通知しなければならない。

そして、処分庁に審査請求書が送付されたときは、処分庁は、速やかに、これを審査庁となるべき行政庁に送付し、かつ、その旨を審査請求人に通知しなければならない。

※　審査請求書が審査庁となるべき行政庁に送付されたときは、初めから審査庁となるべき行政庁に審査請求がされたものとみなす。

D　不服申立期間を誤って長く教示した

不服申立期間を徒過したことに「正当な理由」があるものとして救済する。

	審査請求のみできる場合		再調査の請求・審査請求ができる場合	
	誤った審査庁を教示 (22条1項) C	再調査の請求ができる旨教示 (22条3項) A2	審査請求ができる旨を教示せず (22条4項) B1	再調査の請求ができる旨を教示せず (55条) B2
申立てがあったときに手続移行	× 当然移行	× 当然移行	○	○
送付対象	審査請求書	再調査の請求書又は録取書	再調査の請求書又は録取書及び**関係書類その他の物件**	審査請求書又は録取書
送付先	処分庁又は**本来の審査庁**	審査庁	審査庁	処分庁
通知機関	送付した側	送付した側	送付を受けた側	送付を受けた側
通知相手	不服申立人	不服申立人	不服申立人 **参加人**	不服申立人 **参加人**
効　果	初めから適法な審査請求がされたものとみなす			初めから適法な再調査の請求がされたものとみなす
備　考	送付を受けた処分庁は本来の審査庁に送付し、通知			弁明書送付**後は移行できない**

※　A・B・Cは前表のタイトルとのリンク

基礎 **不服申立ての情報提供・公表** (84条、85条)

情報提供	不服申立て（審査請求、再調査の請求若しくは再審査請求又は他の法令に基づく不服申立て）につき裁決等（裁決、決定その他の処分）をする権限を有する行政庁は、不服申立てをしようとする者又は不服申立てをした者の求めに応じ、不服申立書の記載に関する事項その他の不服申立てに必要な**情報の提供に努めなければならない。**
公　表	不服申立てにつき裁決等をする権限を有する行政庁は、当該行政庁がした裁決等の内容その他当該行政庁における不服申立ての処理状況について**公表するよう努めなければならない。**

行政法

94 行政事件訴訟法総則

重要度 **A**

応用 行政訴訟と民事訴訟・刑事訴訟との区別に関する判例

行政訴訟と民事訴訟との区別に関する判例	
	判旨概要
大阪国際空港公害訴訟（国営空港の供用差止め）（最大判昭56.12.16）	民事上の請求として一定の時間帯につき航空機の離着陸のためにする国営空港の供用の差止めを求める訴えの適否について次のように判示した。 本件空港の離着陸のためにする供用は運輸大臣（当時）の有する空港管理権と航空行政権という二種の権限の、総合的判断に基づいた不可分一体的な行使の結果であるとみるべきである。 行政訴訟の方法により何らかの請求をすることができるかどうかはともかくとして、**通常の民事上の請求として本件空港を航空機の離着陸に使用させることの差止めを求めるような不作為の給付請求権を有するとの主張の成立すべきいわれはない**というほかはない。
厚木基地訴訟（航空基地の供用差止め）（最判平5.2.25）	民事上の請求として自衛隊の使用する航空機の離着陸等の差止め及び航空機の騒音の規制を求める訴えの適否について次のように判示した。 必然的に防衛庁長官に委ねられた自衛隊機の運航に関する権限の行使の取消変更ないしその発動を求める請求を包含することになるものといわなければならないから、行政訴訟としてどのような要件の下にどのような請求をすることができるかはともかくとして、**民事上の請求としての差止請求は不適法**というべきである。
行政訴訟と刑事訴訟との区別に関する判例	
検察審査会の起訴議決（最決平22.11.25）	検察審査会法に基づく検察審査会による起訴をすべき旨の議決については、行政事件訴訟を提起して争うことはできず、これを本案とする行政事件訴訟法25条2項の執行停止の申立てをすることもできない。

主観訴訟	抗告訴訟（行政庁の公権力の行使に関する不服の訴訟をいう）	① **処分取消訴訟** 処分（行政庁の処分その他公権力の行使にあたる行為〔②の裁決、決定その他の行為を除く〕）の取消しを求める訴訟をいう。 ② **裁決取消訴訟** 裁決（審査請求その他の不服申立て（以下単に「審査請求」という）に対する行政庁の裁決、決定その他の行為）の取消しを求める訴訟をいう。 ③ **無効等確認訴訟** 処分若しくは裁決の**存否又はその効力の有無**の確認を求める訴訟をいう。 ④ **不作為の違法確認訴訟** 行政庁が法令に基づく申請に対し、**相当の期間**内に何らかの処分又は裁決をすべきであるにかかわらず、これをしないことについての違法の確認を求める訴訟をいう。 ⑤ **非申請型義務付け訴訟** 行政庁が一定の処分をすべきであるにもかかわらずこれがされない場合（⑥に掲げる場合を除く）において、行政庁が**その処分又は裁決をすべき**旨を命ずることを求める訴訟をいう。 ⑥ **申請型義務付け訴訟** 行政庁に対し一定の処分又は裁決を求める旨の法令に基づく**申請又は審査請求**がされた場合に、当該行政庁がその処分又は裁決をすべきであるにもかかわらずこれがされないときにおいて、行政庁が**その処分又は裁決をすべき**旨を命ずることを求める訴訟をいう。 ⑦ **差止訴訟** 行政庁が一定の処分又は裁決をすべきでないにもかかわらずこれがされようとしている場合において、行政庁が**その処分又は裁決をしてはならない**旨を命ずることを求める訴訟をいう。 ⑧ **法定外（無名）抗告訴訟** 行政事件訴訟法に類型化されていない抗告訴訟をいう。
	当事者訴訟	① **形式的当事者訴訟** 当事者間の法律関係を確認し又は形成する**処分又は裁決**に関する訴訟で法令の規定により**その法律関係の当事者の一方を被告とするもの**をいう。 ② **実質的当事者訴訟** 公法上の法律関係に関する**確認**の訴えその他の公法上の法律関係に関する訴訟をいう。
客観訴訟	民衆訴訟	国又は公共団体の機関の法規に適合しない行為の**是正を求める**訴訟で、**選挙人たる資格その他自己の法律上の利益にかかわらない**資格で提起するものをいう。
	機関訴訟	国又は公共団体の**機関相互**間における権限の存否又はその行使に関する紛争についての訴訟をいう。

※ 私法上の法律関係に関する訴訟において、処分若しくは裁決の存否又はその効力の有無が争われている場合、これを争点訴訟という。争点訴訟は行政事件訴訟法45条に規定はあるが、民事訴訟である。

行政法

95 取消訴訟

📖Chapter 7 3 4 5 6

重要度 **AA**

基礎 処分取消訴訟と裁決取消訴訟との関係

原 則	原処分に対する取消訴訟も裁決取消訴訟もどちらを提起することもできる（自由選択主義）。	
	原処分主義	自由選択主義の場合には、**裁決の取消しの訴え**においては、処分**の違法**を理由として取消しを求めることができない。
例 外	原処分に対する取消訴訟を提起することはできず、裁決取消訴訟のみが許される（裁決主義）。個別法によって導入される。	

基礎 取消訴訟の訴訟要件

処分性	行政庁の処分その他公権力の行使にあたる行為があること
原告適格	取消訴訟を提起することができる資格
訴えの利益（狭義）	原告適格が肯定されたとして、実際にその人が裁判で勝訴することで救済される利益のこと
被告適格	原則として、処分・裁決をした行政庁の所属する国又は公共団体
出訴期間	① 処分又は裁決があったことを知った日から6か月以内に提起 ② 処分又は裁決の日から1年以内に提起
審査請求前置	① 原 則 → 自由選択主義 ② 例 外 → 審査請求前置主義

基礎 処分性

定 義	行政庁の法令に基づく行為のすべてを意味するものではなく、①公権力の主体たる国又は公共団体が行う行為のうち、②その行為によって、直接国民の権利義務を形成し又はその範囲を確定することが法律上認められているものをいう（最判昭39.10.29）。
特 徴	1 公権力性 → **法が認めた優越的地位**に基づき、行政庁が法の執行としてする権力的な意思活動 2 国民の権利義務に対する直接具体的な法的規律

	処分性肯定	処分性否定
一般論	① 行政行為 ② 国民の自由を拘束する権力的・継続的な事実行為 ③ 不服申立てに対する裁決・決定 ④ 行政代執行法の戒告	① 命令・条例の制定（原則） ② 行政契約 ③ 行政指導（原則）
判例	① 供託官の供託金取戻請求に対する却下処分（最大判昭45.7.15） ② 所得税法に基づく税務署長の納税の告知（最判昭45.12.24） ③ 旧関税定率法の輸入禁制品該当の通知（最判昭54.12.25・最大判昭59.12.12） ④ 土地区画整理組合の設立の認可（最判昭60.12.17） ⑤ 市町村営土地改良事業の施行の認可（最判昭61.2.13） ⑥ 第2種市街地再開発事業における事業計画決定（最判平4.11.26） ⑦ 建築基準法42条2項所定のいわゆるみなし道路の指定（最判平14.1.17） ⑧ 労災就学援護費の支給に関する決定（最判平15.9.4） ⑨ 登録免許税法による過誤納金の還付に関する通知請求を拒否する通知（最判平17.4.14） ⑩ **医療法に基づく病院開設中止の勧告**（最判平17.7.15） ⑪ **土地区画整理事業計画決定**（最大判平20.9.10） ⑫ **保育所廃止条例**（最判平21.11.26）	① 建築許可に対する消防長の同意拒否（最判昭34.1.29） ② 国有財産の売渡し（最判昭35.7.12） ③ 海難審判庁の原因解明裁決（最大判昭36.3.15） ④ **ごみ焼却場の設置処分**（最判昭39.10.29） ⑤ **通達**（最判昭43.12.24　p.272参照） ⑥ 運輸大臣（当時）が日本鉄道建設公団（当時）に対して行った成田新幹線工事実施計画の認可（最判昭53.12.8） ⑦ 都市計画法上の用途地域の指定（最判昭57.4.22） ⑧ 採用内定の取消し（最判昭57.5.27） ⑨ 道路交通法による反則金納付の通告（最判昭57.7.15） ⑩ 地区計画の決定（最判平6.4.22） ⑪ 都市計画法に基づく開発許可の前提としての公共施設管理者の同意の拒否（最判平7.3.23） ⑫ 住民票に世帯主との続柄を記載する行為（最判平11.1.21） ⑬ **簡易水道料金値上げを定める条例**（最判平18.7.14） ⑭ 子につき住民票の記載を求める親からの申出に対する区長の記載をしない旨の応答（最判平21.4.17） ⑮ 公営福祉施設の民間移管に係る事業者選考の応募者に対する「決定に至らなかった」旨の通知（最判平23.6.14） ⑯ 校長による起立・国歌斉唱・ピアノ伴奏の職務命令（最判平24.2.9）

行政法

ごみ焼却場設置行為の処分性 （最判昭39.10.29）

1 旧行政事件訴訟特例法１条にいう行政庁の処分とは、行政庁の法令に基づく行為のすべてを意味するものではなく、**公権力の主体たる国又は公共団体が行う行為のうち、その行為によって、直接国民の権利義務を形成し又はその範囲を確定することが法律上認められているものをいう**ものであることは、当裁判所の判例とするところである。

2 ところで、本件ごみ焼却場は、被上告人都がさきに私人から買収した都所有の土地の上に、私人との間に対等の立場に立って締結した**私法上の契約**により設置されたものであり、被上告人都において本件ごみ焼却場の設置を計画し、その計画案を都議会に提出した行為は被上告人都自身の**内部的手続行為**にとどまると解するのが相当である。

3 それゆえ、当該設置行為は、被上告人都が公権力の行使により直接上告人らの権利義務を形成し、又はその範囲を確定することを法律上認められている場合に該当するものということを得ない。

病院開設中止勧告の処分性 （最判平17.7.15）

1 医療法及び健康保険法の規定の内容やその運用の実情に照らすと、医療法の規定に基づく**病院開設中止の勧告は、医療法上は当該勧告を受けた者が任意にこれに従うことを期待してされる行政指導として定められているけれども、当該勧告を受けた者に対し、これに従わない場合には、相当程度の確実さをもって、病院を開設しても保険医療機関の指定を受けることができなくなるという結果をもたらすもの**ということができる。そして、いわゆる国民皆保険制度が採用されている我が国においては、健康保険、国民健康保険等を利用しないで病院で受診する者はほとんどなく、保険医療機関の指定を受けずに診療行為を行う病院がほとんど存在しないことは公知の事実であるから、**保険医療機関の指定を受けることができない場合には、実際上病院の開設自体を断念せざるを得ない**ことになる。

2 このような医療法の規定に基づく病院開設中止の勧告の保険医療機関の指定に及ぼす効果及び病院経営における保険医療機関の指定の持つ意義を併せ考えると、**この勧告は、行政事件訴訟法３条２項にいう「行政庁の処分その他公権力の行使に当たる行為」にあたる**と解するのが相当である。

土地区画整理事業計画決定の処分性 （最大判平20.9.10）

1 施行地区内の宅地所有者等は、**事業計画の決定がされることによって、規制を伴う土地区画整理事業の手続に従って換地処分を受けるべき地位に立たされるもの**ということができ、その意味で、その**法的地位に直接的な影響が生ずる**ものというべきであり、**事業計画の決定に伴う法的効果が一般的、抽象的なものにすぎないということはできない**。

2 もとより、**換地処分**を受けた宅地所有者等やその前に**仮換地の指定**を受けた宅地所有者等は、**当該換地処分等を対象として取消訴訟を提起することができる**が、換地処分等がされた段階では、実際上、既に工事等も進ちょくし、換地計画も具体的に定められるなどしており、その時点で事業計画の違法を理由として当該換地処分等を取り消した場

合には、事業全体に著しい混乱をもたらすことになりかねない。それゆえ、**換地処分等の取消訴訟において、宅地所有者等が事業計画の違法を主張し、その主張が認められたとしても、当該換地処分等を取り消すことは公共の福祉に適合しないとして事情判決**(行政事件訴訟法31条1項)**がされる可能性が相当程度あるのであり、**換地処分等がされた段階でこれを対象として取消訴訟を提起することができるとしても、**宅地所有者等の被る権利侵害に対する救済が十分に果たされるとはいい難い。**そうすると、事業計画の適否が争われる場合、実効的な権利救済を図るためには、事業計画の決定がされた段階で、これを対象とした取消訴訟の提起を認めることに合理性があるというべきである。

3 　したがって、**上記事業計画の決定は、行政事件訴訟法3条2項にいう「行政庁の処分その他公権力の行使に当たる行為」にあたる**と解するのが相当である。

基礎 給水条例無効確認等請求事件 （最判平18.7.14）

1 　抗告訴訟の対象となる行政処分とは、行政庁の処分その他公権力の行使にあたる行為をいうものである。**本件改正条例**は、旧高根町が営む簡易水道事業の水道料金を一般的に改定するものであって、**そもそも限られた特定の者に対してのみ適用されるものではなく、**本件改正条例の制定行為をもって行政庁が法の執行として行う処分と実質的に同視することはできないから、本件改正条例の制定行為は、**抗告訴訟の対象となる行政処分にはあたらない**というべきである。

2 　**本件改正条例における水道料金の設定方法は、**別荘給水契約者と別荘以外の給水契約者との間の**基本料金の大きな格差を正当化するに足りる合理性を有するものではない。**以上によれば、本件改正条例のうち別荘給水契約者の基本料金を改定した部分は、**地方自治法244条3項に違反するものとして無効**というべきであり、別荘給水契約者に係る本件別表所定の基本料金と本件改正条例による改定前の基本料金との差額分に関する未払水道料金の**債務不存在確認**及び支払済みの水道料金相当額の**不当利得返還**並びに被上告人らのうち未払水道料金がある者に対する簡易水道の**給水停止の禁止**を求める被上告人らの請求は**認容することができる。**

基礎 保育所廃止条例の処分性 （最判平21.11.26）

1 　**条例の制定は、**普通地方公共団体の議会が行う立法作用に属するから、**一般的には、抗告訴訟の対象となる行政処分にあたるものでない**ことはいうまでもないが、**本件改正条例は、**本件各保育所の廃止のみを内容とするものであって、他に行政庁の処分を待つことなく、その施行により各保育所廃止の効果を発生させ、当該保育所に現に入所中の児童及びその保護者という限られた特定の者らに対して、**直接、**当該保育所において保育を受けることを期待し得る**法的地位を奪う結果を生じさせるものであるから、その制定行為は、行政庁の処分と実質的に同視し得る**ものということができる。

2 　また、市町村の設置する保育所で保育を受けている児童又はその保護者が、当該保育所を廃止する条例の効力を争って、当該市町村を相手に当事者訴訟ないし民事訴訟を提起し、勝訴判決や保全命令を得たとしても、これらは訴訟の当事者である当該児童又はその保護者と当該市町村との間でのみ効力を生ずるにすぎないから、これらを受けた市町村としては当該保育所を存続させるかどうかについての実際の対応に困難を来すこと

にもなり、処分の取消判決や執行停止の決定に第三者効（行政事件訴訟法32条）が認められている取消訴訟において当該条例の制定行為の適法性を争い得るとすることには合理性がある。

3　以上によれば、本件改正条例の制定行為は、抗告訴訟の対象となる行政処分にあたると解するのが相当である。

基礎　原告適格の条文構造 （9条）

1　条文の文言は「法律上の利益」

まず、前提は9条1項の「法律上の利益」という言葉の解釈である。

2　法律上の利益の有無を判断する要素

「法律上の利益」については、「法律上保護された利益」であると考えるのが判例・通説であり、そして、法律上保護されているか否かの判断をするにあたっては、以下の要素に留意する必要がある。

→　当該処分又は裁決の根拠となる法令の文言のみではなく、
①　当該根拠法令の趣旨及び目的、並びに、
②　当該処分において考慮されるべき利益の内容及び性質を考慮する。

3　具体的ガイドライン

さらに、2で述べた①、②を考慮する際のガイドラインが定められている。

i　上記の①を考慮するにあたっては、当該法令と目的を共通にする関係法令があるときはその趣旨及び目的をも参酌する。

ii　上記の②を考慮するにあたっては、当該処分又は裁決がその根拠となる法令に違反してなされた場合に害されることとなる利益の内容及び性質並びにこれが害される態様及び程度をも勘案する。

応用　原告適格を認めた判例

①　公衆浴場業の新規許可の取消しを求める既存業者（最判昭37.1.19）

②　放送局の開設免許が競願者に付与された場合には、自己の放送局免許拒否処分の取消しだけでなく、競願者への免許処分の取消しを求める点についても原告適格が認められる（東京12チャンネル事件　最判昭43.12.24）。

③　保安林指定解除の取消しを求める下流地域住民（長沼ナイキ事件　最判昭57.9.9）

④　航空運送事業の免許の取消しを求める空港周辺住民（新潟空港訴訟　最判平元.2.17）

⑤　原子炉設置許可の取消しを求める周辺住民（もんじゅ原発訴訟　最判平4.9.22）

⑥　開発許可処分取消しを求める、都市計画法に基づく開発許可によるマンション建設によって、がけ崩れ等による被害が直接的に及ぶことが予想される住民（最判平9.1.28）

⑦　林地開発行為許可処分取消しを求める、土砂の流出又は崩壊、水害等の災害により生命、身体等に直接的な被害を受けることが予想される範囲の地域に居住する者（最判平13.3.13）

⑧ 建築基準法に基づく総合設計許可の取消しを求める、同許可に係る建築物の倒壊、炎上等により直接的な被害を受けることが予想される範囲の地域に存する建築物に居住し又はこれを所有する者（最判平 14.1.22）

⑨ 小田急線連続立体交差事業（鉄道事業）認可処分の取消しを求める、鉄道事業に係る関係地域内である住所地に居住している者（小田急高架化訴訟　最大判平 17.12.7）

⑩ **場外車券発売施設設置許可処分**取消しを求める、場外車券発売施設の設置、運営に伴い著しい業務上の支障が生ずるおそれがあると位置的に認められる区域に**文教施設又は医療施設を開設する者**（サテライト大阪事件　最判平 21.10.15）

⑪ 滞納者と他の共有者との共有に係る不動産の滞納者の持分に対する差押処分の取消しを求める、他の共有者（最判平 25.7.12）

⑫ 市町村長から一定の区域につき既に廃棄物処理法 7 条に基づく**一般廃棄物処理業の許可又はその更新を受けている者**は、当該区域を対象として**他の者に対してされた一般廃棄物処理業の許可処分又は許可更新処分**について、その取消しを求めるにつき法律上の利益を有する者として、**原告適格を有する**（最判平 26.1.28）。

⑬ 産業廃棄物処分業及び特別管理産業廃棄物処分業の許可更新処分の取消しなどを求める、産業廃棄物の最終処分場の周辺に居住する住民のうち、当該最終処分場から有害な物質が排出された場合にこれに起因する大気や土壌の汚染、水質の汚濁、悪臭等による**健康又は生活環境に係る著しい被害を直接的に受けるおそれのある者**（最判平 26.7.29）

応用　原告適格を否定した判例

① 質屋営業の新規許可の取消しを求める既存業者（最判昭 34.8.18）

② **公有水面埋立免許及び竣功認可**の取消しを求める**埋立水面の周辺において漁業権を有するにすぎない者**（伊達火力発電所事件　最判昭 60.12.17）

③ 私鉄特急料金値上げの認可の取消しを求める利用者（近鉄特急事件　最判平元.4.13）

④ 史跡指定解除処分の取消しを求める学術研究者（伊場遺跡保存訴訟　最判平元.6.20）

⑤ 風俗営業（パチンコ店）許可の取消しを求める周辺住民（最判平 10.12.17）

⑥ 墓地経営許可の取消しを求める周辺住民（最判平 12.3.17）

⑦ 鉄道の連続立体交差化にあたり付属街路を設置することを内容とする都市計画事業（付属街路事業）の認可の取消しを求める、付属街路事業の事業地内に権利を有しない者（小田急高架化訴訟　最大判平 17.12.7）

⑧ **場外車券発売施設設置許可処分**取消しを求める、設置許可がされた場外車券発売施設の周辺において**居住し又は事業（文教施設又は医療施設に係る事業を除く）を営む者や、周辺に所在する文教施設又は医療施設の利用者**（サテライト大阪事件　最判平 21. 10.15）

参考—不服申立適格を否定した判例

果実飲料等の表示に関する公正競争規約の認定の取消しを求める**消費者団体及び一般消費者**（主婦連ジュース不当表示事件　最判昭 53.3.14）

1　不当景品類及び不当表示防止法にいう「公正取引委員会の処分について不服があるもの」とは、当該処分について不服申立てをする法律上の利益がある者、すなわち、**当該処分により自己の権利若しくは法律上保護された利益を侵害され又は必然的に侵害されるおそれのある者**をいう。

2　ところで、先の**法律上保護された利益とは、行政法規が私人等権利主体の個人的利益を保護することを目的として行政権の行使に制約を課していることにより保障されている利益**であって、それは、行政法規が他の目的、特に公益の実現を目的として行政権の行使に制約を課している結果たまたま一定の者が受けることとなる反射的利益とは区別されるべきものである。

3　単に一般消費者であるというだけでは、公正取引委員会による公正競争規約の認定につき不服申立てをする**法律上の利益を持つ者であるということはできない**のである。

基礎 **原告適格の判例比較**

新潟空港訴訟 (最判平元.2.17)	もんじゅ訴訟 (最判平4.9.22)	小田急高架化訴訟 (最大判平17.12.7)
「法律上の利益を有する者」とは、当該処分により自己の権利若しくは法律上保護された利益を侵害され、又は必然的に侵害されるおそれのある者をいうのであり、当該処分を定めた行政法規が、**不特定多数者の具体的利益を専ら一般的公益の中に吸収解消させるにとどめず、それが帰属する個々人の個別的利益としてもこれを保護すべきものとする趣旨を含むと解される場合には、このような利益もここにいう法律上保護された利益にあたり、**当該処分によりこれを侵害され又は必然的に侵害されるおそれのある者は、当該処分の取消訴訟における原告適格を有するものというべきである。		
そして、当該行政法規が、不特定多数者の具体的利益をそれが帰属する個々人の個別的利益としても保護すべきものとする趣旨を含むか否かは、**当該行政法規及びそれと目的を共通する関連法規の関係規定によって形成される法体系の中において、当該処分の根拠規定が、当該処分を通してこのような個々人の個別的利益をも保護すべきものとして位置付けられているとみることができるかどうかによって決すべき**である。	そして、当該行政法規が、不特定多数者の具体的利益をそれが帰属する個々人の個別的利益としても保護すべきものとする趣旨を含むか否かは、**当該行政法規の趣旨・目的、当該行政法規が当該処分を通して保護しようとしている利益の内容・性質等を考慮して判断すべき**である。	そして、処分の相手方以外の者について上記の法律上保護された利益の有無を判断するにあたっては、当該処分の根拠となる法令の規定の文言のみによることなく、当該法令の趣旨及び目的並びに当該処分において考慮されるべき利益の内容及び性質を考慮し、この場合において、当該法令の趣旨及び目的を考慮するにあたっては、当該法令と目的を共通にする関係法令があるときはその趣旨及び目的をも参酌し、当該利益の内容及び性質を考慮するにあたっては、当該処分がその根拠となる法令に違反してされた場合に害されることとなる利益の内容及び性質並びにこれが害される態様及び程度をも勘案すべきものである（9条2項参照）。

この事案では、建設大臣（当時）が都市計画法に基づき東京都に対して行った、①鉄道の連続立体交差化を内容とする都市計画事業（鉄道事業）の認可（鉄道事業認可）と、②それと密接な関連を有する付属街路の設置を内容とする都市計画事業（付属街路事業）の認可（付属街路事業認可）の取消しを求めて住民（いずれも鉄道事業の事業地の周辺地域にある住所地に居住するにとどまり、鉄道事業の事業地内の不動産につき権利を有しない者）が訴訟を提起した。

判例は、まず、都市計画事業認可の取消訴訟の原告適格について次のように述べた。

「都市計画事業の事業地の周辺に居住する住民のうち当該事業が実施されることにより騒音、振動等による健康又は生活環境に係る著しい被害を直接的に受けるおそれのある者は、当該事業の認可の取消しを求めるにつき法律上の利益を有する者として、その取消訴訟における原告適格を有するものといわなければならない。」

その上で、①鉄道事業認可の取消しを求める部分について、次のように判示した。

鉄道事業に係る関係地域内である住所地に居住している者については、鉄道事業が実施されることにより騒音、振動等による健康又は生活環境に係る著しい被害を直接的に受けるおそれのある者にあたると認められるから、**鉄道事業認可の取消しを求める原告適格を有する**ものと解するのが相当である。

これに対して、鉄道事業に係る関係地域外に居住する者については、鉄道事業が実施されることにより騒音、振動等による健康又は生活環境に係る著しい被害を直接的に受けるおそれがあるとはいえず、鉄道事業認可の取消しを求める原告適格を有すると解することはできない。

このように、**判例は、鉄道事業認可の取消訴訟の原告適格については、鉄道事業に係る関係地域内に居住するか否かによって、その有無を判断している。**

※ ここで、関係地域とは、事業者が対象事業を実施しようとする地域及びその周辺地域で当該対象事業の実施が環境に著しい影響を及ぼすおそれがある地域をいう。

一方、②付属街路事業認可の取消しを求める部分について、次のように判示した。

付属街路事業の事業地内の不動産につき権利を有しない者について、付属街路事業が実施されることにより健康又は生活環境に係る著しい被害を直接的に受けるおそれがあると認めることはできない。

したがって、付属街路事業の事業地内の不動産につき権利を有する者は、その付属街路事業の認可の取消しを求める原告適格を有するが、**付属街路事業の事業地内の不動産につき権利を有しない者は、付属街路事業認可の取消しを求める原告適格を有すると解することはできない。**

このように、**判例は、付属街路事業認可の取消訴訟の原告適格については、付属街路事業の事業地内の不動産につき権利を有するか否かによって、その有無を判断している。**

行政法

① 免職された公務員が、免職処分の取消訴訟係属中に公職の候補者として届出をしたときは公務員としての職を辞したものとみなされ、公務員の地位の回復を求めることはできないが、公務員として有するはずであった給料請求権その他の権利・利益を回復する訴えの利益は認められる（最大判昭40.4.28）。

② **競願者に対する免許処分の取消訴訟**において、期間満了後再免許が付与されず、免許が完全に失効した場合は格別として、期間満了後ただちに**再免許**が与えられ、継続して事業が維持されている場合に、**訴えの利益を否定することは相当でない**（最判昭43.12.24）。

③ 原告である当該公務員が訴訟係属中に死亡したとしても、免職処分の取消しによって回復される当該給料請求権等が一身専属的な権利ではなく、相続の対象となり得る性質のものである以上、その訴訟は、原告の死亡により訴訟追行の必要が絶対的に消滅したものとして当然終了するものではなく、相続人において引き続きこれを追行することができるものと解すべきである（最判昭49.12.10）。

④ **土地改良事業の施行認可処分**に基づく**工事及び換地処分がすべて完了**したため、原状回復が社会的・経済的損失の観点からみて、社会通念上不可能であるとしても、このような事情は、行政事件訴訟法31条の適用に関して考慮されるべき事柄であって、本件認可処分の取消しを求める訴えの利益は失われない（最判平4.1.24）。

⑤ **市街化調整区域**内にある土地を開発区域とする**開発許可に関する工事が完了**し、当該工事の検査済証が交付された後においても、当該**開発許可**の取消しを求める訴えの利益は失われない（最判平27.12.14）。

⑥ 行政手続法12条1項の規定により定められ公にされている処分基準において、先行の処分（A処分。業務停止処分をイメージすればよい）を受けたことを理由として後行の処分（B処分。業務停止処分をイメージすればよい）に係る量定を加重（業務停止期間の長期化をイメージすればよい）する旨の不利益な取扱いの定めがある場合には、上記先行の処分（A処分）にあたる処分を受けた者は、将来において上記後行の処分（B処分）にあたる処分の対象となり得るときは、上記**先行の処分**（A処分）にあたる処分**の効果が期間の経過によりなくなった後においても、当該処分基準の定めにより上記の不利益な取扱いを受けるべき期間内はなお当該処分**（A処分）**の取消しによって回復すべき法律上の利益を有する**（最判平27.3.3）。

---

① 皇居外苑使用許可申請の不許可処分の取消しを求める訴えの利益は、訴訟係属中に使用日が経過することによって失われる（最大判昭28.12.23）。

② 生活保護法に基づく保護変更決定の取消しを求める利益は、原告の死亡によって消滅する（朝日訴訟　最大判昭42.5.24）。

③ 税務署長は、更正処分取消訴訟係属後に、訴訟で攻撃されている更正処分の瑕疵を是正するために、第二次更正処分と第三次更正処分をなした。これらの行為は、各々独立の行政処分であり、その取消しの求められていない本件においては、第一次更正処分は第二次更正処分によって取り消され、第三次更正処分は、第一次更正処分とは別個になされた新たな行政処分であると解さざるを得ない。されば、第一次更正処分の取消し

を求めるにすぎない本件訴えは、第二次更正処分の行われた時以降、その利益を失うにいたったものといえる（最判昭42.9.19）。

④ 運転免許停止処分から無違反・無事故で1年が経過した者には、停止処分の取消しを求める利益がない（最判昭55.11.25）。

⑤ 保安林指定解除処分の取消訴訟係属中に、保安林の代替施設が設置された場合には、訴えの利益が失われる（最判昭57.9.9）。

⑥ **建築確認**処分の取消しを求める利益は、建築物の**建築工事が完了**することによって失われる（最判昭59.10.26）。

⑦ **市街化区域**において、**開発行為に関する工事が完了**し、検査済証の交付もされた後においては、開発許可が有する前記のようなその本来の効果は既に消滅しており、他にその取消しを求める法律上の利益を基礎付ける理由も存しないことになるから、**開発許可**の取消しを求める訴えは、その利益を欠くに至るものといわざるを得ないとした（最判平5.9.10）。

⑧ 再入国の許可申請に対する不許可処分を受けた者が再入国の許可を受けないまま本邦から出国した場合には、先の不許可処分の取消しを求める訴えの利益は失われる（最判平10.4.10）。

⑨ 上告人らに係る保育の実施期間はすべて満了しており、本件保育園廃止条例の制定行為の取消しを求める訴えの利益は失われたものというべきである（最判平21.11.26）。

基礎　建築確認と訴えの利益 （最判昭59.10.26）

1　建築確認は、それを受けなければ建築工事をすることができないという法的効果が付与されており、建築関係規定に違反する建築物の出現を未然に防止することを目的としたものということができる。

2　しかしながら、建築確認の存在は、検査済証の交付を拒否し又は違反是正命令を発する上において法的障害となるものではなく、また、たとえ建築確認が違法であるとして判決で取り消されたとしても、検査済証の交付を拒否し又は違反是正命令を発すべき法的拘束力が生ずるものではない。

3　したがって、**建築確認は、それを受けなければ工事をすることができないという法的効果を付与されているにすぎないもの**というべきであるから、**当該工事が完了した場合においては、建築確認の取消しを求める訴えの利益は失われる**ものといわざるを得ない。

基礎　土地改良事業と訴えの利益 （最判平4.1.24）

1　本件事業において、本件認可処分後に行われる換地処分等の一連の手続及び処分は、本件認可処分が有効に存在することを前提とするものであるから、本件訴訟において**本件認可処分が取り消されるとすれば、これにより当該換地処分等の法的効力が影響を受ける**ことは明らかである。

2　そして、本件訴訟において、本件認可処分が取り消された場合に、本件事業施行地域を本件事業施行以前の原状に回復することが、本件訴訟係属中に**本件事業計画に係る工**

事及び換地処分がすべて完了したため、社会的、経済的損失の観点からみて、社会通念
上、不可能であるとしても、このような事情は、**行政事件訴訟法31条（事情判決）の
適用に関して考慮されるべき**事柄である。

3　したがって、**本件認可処分の取消しを求める上告人の法律上の利益を消滅させるもの
ではない**と解するのが相当である。

基礎　審査請求と取消訴訟

自由選択主義 （原　則）	自由選択主義とは、当該処分につき法令の規定により審査請求をすることができる場合、審査請求をするか、直ちに処分の取消請求をするかを自由に選択できることをいう（行政事件訴訟法8条1項本文）。 →　同一の処分に対して取消訴訟と審査請求がともに提起された場合、裁判所は審査請求に対する裁決があるまで、訴訟手続を中止することができる（同条3項）。
審査請求前置 主義 （例　外）	審査請求前置主義とは、法律に審査請求に対する裁決を経た後でなければ取消訴訟を提起することができない旨の規定がある場合には、取消訴訟の前に審査請求の裁決を経る必要があることをいう（8条1項ただし書）。 〈審査請求前置主義の例外〉 ①　審査請求後3か月を経過しても裁決がない場合 ②　**緊急の必要**のある場合 ③　裁決を経ないことに**正当な理由**がある場合

基礎　取消訴訟の出訴期間　(14条、15条)

主観的出訴期間	取消訴訟は、処分又は裁決があったことを知った日から6か月を経過したときは、提起することができない。ただし、正当な理由があるときは、この限りでない。
客観的出訴期間	取消訴訟は、処分又は裁決の日から1年を経過したときは、提起することができない。ただし、正当な理由があるときは、この限りでない。
審査請求をした 者の特例	①処分又は裁決につき審査請求をすることができる場合又は、②行政庁が誤って審査請求をすることができる旨を教示した場合において、**審査請求があったときは**、処分又は裁決に係る取消訴訟は、その**審査請求をした者については**、上記にかかわらず、これに対する裁決があったことを知った日から6か月を経過したとき又は当該裁決の日から1年を経過したときは、提起することができない。ただし、正当な理由があるときは、この限りでない。
被告を誤った場 合の救済	取消訴訟において、原告が故意又は重大な過失によらないで被告とすべき者を誤ったときは、裁判所は、原告の申立てにより、決定をもって、**被告を変更することを許す**ことができる。そして、この決定があったときは、出訴期間の遵守については、新たな被告に対する訴えは、最初に訴えを提起した時に提起されたものとみなす。

基礎 主張制限

原告の主張制限	取消訴訟においては、自己の法律上の利益に関係のない違法を理由として取消しを求めることができない（自己利益関連性　10条1項）。
被告の主張制限（理由の差替え）	
判　例	判旨概要
最判昭56.7.14	不動産の取得価額が申告額より低額であることを更正の理由としてした更正処分の取消訴訟において、課税庁は、当該不動産の販売価額が申告額より多額であることを主張することができる。
最判平11.11.19	1　逗子市情報公開条例が非公開決定の通知に併せてその理由を通知すべきものとしているのは、非公開の理由の有無について実施機関の判断の慎重と公正妥当とを担保してその恣意を抑制するとともに、非公開の理由を公開請求者に知らせることによって、その不服申立てに便宜を与えることを目的としていると解すべきである。 2　そして、そのような目的は非公開の理由を具体的に記載して通知させること自体をもってひとまず実現される。 3　本件条例の規定をみても、当該理由通知の定めが、当該趣旨を超えて、ひとたび通知書に理由を付記した以上、実施機関が当該理由以外の理由を非公開決定処分の取消訴訟において主張することを許さないものとする趣旨をも含むと解すべき根拠はないとみるのが相当である。

基礎 釈明処分の特則・職権証拠調べ（23条の2、24条）

釈明処分の特則	概要	裁判所は、行政庁に対し、 ①　処分又は裁決の内容・根拠となる法令の条項・原因となる事実・理由を明らかにする資料の提出を求めること（23条の2第1項1号） ②　審査請求に係る事件の記録の提出を求めること（同条2項1号） ができる。
	効果	釈明処分がなされても、行政庁の側に資料・記録を提出・送付すべき法的義務が課されるわけではなく、したがって、提出・送付を拒んでも制裁が科されることはない。
職権証拠調べ		裁判所は、必要があると認めるときは、職権で、証拠調べをすることができる。ただし、その証拠調べの結果について、当事者の意見を聴かなければならない。

	取消訴訟	審査請求	民事訴訟
処分権主義	○	○	○
職権証拠調べ	○	○	×（原則）
職権探知主義	×	○	×

応用 審理手続に関する判例

	判旨概要
職権証拠調べの趣旨 （最判昭28.12.24）	旧行政事件訴訟特例法9条は、裁判所が、証拠につき十分の心証を得られない場合、職権で、証拠を調べることができる旨を規定したのであって、裁判所は、証拠につき十分の心証を得られる以上、職権によって更に証拠を調べる必要はない。
伊方原発訴訟 （最判平4.10.29）	1　原子炉設置許可処分についての取消訴訟においては、被告行政庁がした判断に不合理な点があることの**主張、立証責任は、本来、原告が負う**べきものと解される。 2　しかし、当該原子炉施設の安全審査に関する資料をすべて被告行政庁の側が保持していることなどの点を考慮すると、被告行政庁の側において、まず、その依拠した具体的審査基準並びに調査審議及び判断の過程等、被告行政庁の判断に不合理な点のないことを相当の根拠、資料に基づき主張、立証する必要があり、**被告行政庁がこの主張、立証を尽くさない場合には、被告行政庁がした判断に不合理な点があることが事実上推認される**ものというべきである。

基礎 違法判断の基準時

	処分時説（判例・通説）
結　論	処分が行われた時点の法令を基準に判断すべきである。
理　由	取消訴訟の本質は、行政処分をなした時点における行政庁の判断の事後審査、すなわち処分時における行政処分の適法性の審査にとどまるべきであり、処分後の事情を考慮に入れることは、行政庁の一時的判断権を侵すことになる。

原　則	**執行不停止の原則**とは、処分の取消しの訴えの提起は、処分の効力、処分の執行又は手続の続行を妨げないという原則をいう。
例　外	1　執行停止の要件 　①　**本案訴訟の提起** 　　→　本案訴訟が適法に係属していることが必要 　②　**重大な損害を避けるため緊急の必要**があること 　　→　平成16年改正法は、従来の「回復困難な損害」という規定を「重大な損害」に変更した。 　　→　裁判所は、重大な損害を生ずるか否かを判断するにあたっては、損害の回復の困難の程度を考慮するものとし、損害の性質及び程度並びに処分の内容及び性質をも勘案する。 　※　以下ⅰ、ⅱの場合はすることができない。 　　ⅰ　**公共の福祉に重大な影響**を及ぼすおそれがあるとき 　　ⅱ　本案について**理由がない**とみえるとき 2　執行停止の効果 　→　執行停止の決定の確定により、処分の効力、処分の執行又は手続の続行の全部又は一部が停止される。 　→　処分の効力**の停止**は、処分の執行**又は**手続の続行**の停止**によって目的を達することができる場合には、することができない。 3　執行停止の取消し 　→　執行停止の決定が確定した後に、その理由が消滅し、その他事情が変更したときは、裁判所は、相手方の申立てにより、決定をもって、執行停止の決定を取り消すことができる。
内閣総理大臣の異議制度	①　執行停止の申立てがあった場合には、内閣総理大臣は、**執行停止の決定の前後を問わず**、裁判所に対し、異議を述べることができる。 ②　異議には理由を付さなければならず、その理由においては、内閣総理大臣は、処分の効力を存続し、処分を執行し、又は手続を続行しなければ、**公共の福祉に重大な影響を及ぼすおそれ**のある事情を示す。 ③　内閣総理大臣は、やむを得ない**場合**でなければ、異議を述べてはならず、また、異議を述べたときは、次の常会において国会にこれを報告しなければならない。 ④　異議があったときは、裁判所は、執行停止をすることができず、また、既に執行停止の決定をしているときは、これを取り消さなければならない。

行政法

	行政不服審査法		行政事件訴訟法
	審査庁が、処分庁又は上級行政庁	審査庁が、処分庁・上級行政庁以外	
ポイント	行政統制機能		権力分立
	指揮監督権あり	指揮監督権なし	
職　権	あ　り	な　し	な　し
執行停止できる場合	必要があると認める場合 ※　重大な損害を避けるために緊急の必要があると認めるときは必要的		重大な損害を避けるため緊急の必要があるとき
その他の措置	可	不　可	不　可
公共の福祉に重大な影響を及ぼすおそれがあるとき、又は本案について理由がないとみえるとき	執行停止をしなければならないわけではない （執行停止をすることもできる）		執行停止をすることができない
取消し	職権による		申立てが必要

種　類		意　義
却下判決		訴えが訴訟要件を欠いている場合に、訴えを不適法として却下する判決 ※　本案について何ら判断をしていないのであるから、これによって処分の適法性が確定するわけではない。
本案判決	棄却判決	処分の取消しを求める請求に**理由がない**として、請求を排斥する判決
	事情判決	処分を取り消すことにより**公の利益に著しい障害**を生ずる場合において、一定の要件の下に、請求を棄却する判決（31条1項） ※　事情判決をする場合には、判決の主文において、**当該処分又は裁決が違法であることを**宣言しなければならない。 ※　訴訟費用は、被告である行政側が負担する。 ※　事情判決に不服がある場合には、原告・被告共に上訴することができる。
	認容判決 （取消判決）	処分の取消しを求める請求に**理由がある**と認めて、処分を取り消す判決

種　類	意義など
既判力	取消訴訟の当事者及び裁判所が、後の訴訟において、同一事実について、判決の内容と矛盾する主張や判断を行うことが否定される（裁判の**蒸し返し**を防ぐ効力）。 取消判決があった場合、当該処分の違法性が確定する。 ※　行政庁は、後に当該処分の違法を理由とする国家賠償請求訴訟などが提起された場合において、処分が適法であったと主張することはできなくなる。 ※　棄却判決にも既判力はあり、棄却判決があった場合、当該処分の適法性が確定し、原告は、他の違法事由を主張して再び当該処分の取消しを請求することができなくなる。
形成力	処分の取消判決があると、処分の効力は遡及的に消滅し、初めから当該処分が行われなかったのと同様の状態がもたらされる。
拘束力	当事者である行政庁や関係行政庁を拘束する（33条1項）。 ※　認容判決があると、処分庁は、同一事情・同一理由で同一内容の処分をなし得なくなる（**消極的効果**）。 ※　拘束力の**積極的効果**として、申請を却下し、若しくは棄却した処分又は審査請求を却下し、若しくは棄却した裁決が、判決により取り消されたときは、その処分又は裁決をした行政庁は、判決の趣旨に**従い、改めて申請に対する処分又は審査請求に対する裁決をしなければならない**（同条2項）。 ※　棄却判決には、拘束力は認められない。
対世的効力（第三者効）	取消判決の効力が、訴訟当事者以外の第三者に対しても及ぶ（32条1項）。 ※　対世的効力が認められると、訴訟に参加していない第三者の権利が害されるおそれがあるため、第三者に権利を防御する機会を与えるべく、行政事件訴訟法は、第三者の訴訟参加（22条）・第三者の再審の訴え（34条）を規定している。

行政法

取消判決の効力のうち、既判力のみが棄却判決にも認められます。効力の内容だけでなく、どの効力が取消判決・棄却判決に認められるのかも覚えましょう。

96 その他の抗告訴訟

📖 Chapter 7 ⑦

重要度 **A**

基礎 無効等確認訴訟 (36条)

定 義	無効等確認の訴えとは、処分若しくは裁決の存否又はその効力の有無の確認を求める訴訟をいう（3条4項、36条）。
趣 旨	行政処分につき、取消訴訟における出訴期間又は不服申立前置の制約を外された救済手続（時機に後れた取消訴訟）
要 件	1　原告適格 　①　**予防的無効確認訴訟** 　　→　当該処分又は裁決に続く処分により損害を受けるおそれのある者 　②　**補充的無効確認訴訟** 　　→　その他当該処分又は裁決の無効等の確認を求めるにつき法律上の利益を有する者で、当該処分若しくは裁決の存否又はその効力の有無を前提とする現在の法律関係に関する訴えによって目的を達することができないもの 2　被告適格　→　取消訴訟を準用 3　出訴期間　→　なし

応用 無効等確認訴訟に関する判例

	判旨概要
無効確認訴訟における主張・立証責任 （最判昭42.4.7）	行政庁の裁量に任された行政処分の無効確認を求める訴訟においては、その無効確認を求める者**において**、行政庁が当該行政処分をするにあたってした裁量権の行使がその範囲を越え、又は濫用にわたり、しかも、当該瑕疵が重大かつ明白であることを**主張及び立証することを要する。**
民事差止訴訟と無効確認訴訟との関係 （最判平4.9.22）	①　行政事件訴訟法36条にいう「その効力の有無を前提とする現在の法律関係に関する訴えによって目的を達することができない」こととは、当該処分に基づいて生ずる法律関係に関し、処分の無効を前提とする当事者訴訟又は民事訴訟によっては、その処分のため被っている不利益を排除することができない場合はもとより、**当該処分に起因する紛争を解決するための争訟形態として、当該当事者訴訟又は民事訴訟との比較において、当該処分の無効確認を求める訴えのほうがより直せつ的で適切な争訟形態であるとみるべき場合をも意味する。** ②　設置許可申請に係る原子炉の周辺に居住する住民が当該原子炉の設置者に対しその建設ないし運転の差止めを求める民事訴訟を提起している場合における、当該住民が提起した当該原子炉の設置許可処分の無効確認の訴えは、適法である。

不作為の違法確認訴訟 (37条)

定　義	不作為の違法確認訴訟とは、行政庁が法令に基づく申請に対し、相当の期間内に何らかの処分又は裁決をすべきであるにかかわらず、これをしないことについての違法の確認を求める訴訟をいう（3条5項、37条）。
要　件	1　原告適格 　→　**処分又は裁決についての**申請をした者 　→　「申請をした者」とは、現実に申請をした者であり、申請の適法・不適法は問わない。 2　相当期間の経過 　→　行政庁が申請に対し、「相当の期間内」に処分又は裁決を行わないこと 　→　行政手続法6条により、申請に対する処分に関する標準処理期間が設定されている場合、その経過が直ちに「相当の期間」の経過と解することはできないが、裁判所による判断の重要な要素となる。 3　出訴期間 　→　な　し

非申請型義務付け訴訟 (37条の2)

類　型	行政庁が一定の処分をすべきであるにもかかわらずこれがなされない場合（申請型義務付け訴訟に該当する場合を除く）において、行政庁がその処分をすべき旨を命ずることを求める訴訟をいう（3条6項1号、37条の2）。
訴訟要件	①　一定の処分がされないことにより重大な損害を生ずるおそれがあること（重大性） 　→　重大な損害の解釈指針につき、37条の2第2項を参照 ②　その損害を避けるために他に適当な方法がない場合であること（補充性） ③　法律上の利益を有する者からの訴え提起であること（原告適格） 　→　原告適格の解釈につき、9条2項を準用
本案勝訴要件	義務付けの訴えに係る処分につき、 ①　行政庁がその処分をすべきであることがその処分の**根拠となる法令の規定から明らか**であると認められるとき 又は、 ②　行政庁がその処分をしないことがその**裁量権の範囲を超え若しくはその濫用**となると認められるとき 　→　裁判所は、行政庁が当該処分をすべき旨を命ずる判決をする（37条の2第5項）。

行政法

申請型義務付け訴訟 (37条の3)

類　型	行政庁に対し一定の処分又は裁決を求める旨の法令に基づく申請又は審査請求がされた場合において、行政庁が処分又は裁決をすべきであるにもかかわらず、これがなされない場合において、行政庁がその処分又は裁決をすべき旨を命ずることを求める訴訟（3条6項2号、37条の3）（※）
訴訟要件	① 救済の必要性に関して、次のいずれかの要件を満たす必要がある。 　→ 法令に基づく申請又は審査請求に対し、相当期間内に**何らの処分又は裁決がされない**こと（37条の3第1項1号　不作為型） 　→ 法令に基づく申請又は審査請求を却下し又は棄却する旨の処分又は裁決がされた場合において、当該処分又は裁決が**取り消される**べきものであり、又は**無効若しくは不存在**であること（同条1項2号　違法処分型） ② **法令に基づく申請**又は審査請求をした者であること（原告適格） ③ 取消訴訟等と併合提起をすること 　→ 37条の3第1項1号に掲げる要件に該当する場合　不作為型には、不作為の違法確認の訴えと併合提起すること 　→ 37条の3第1項2号に掲げる要件に該当する場合　違法処分型には、**取消訴訟又は無効等確認の訴え**と併合提起すること
本案勝訴要件	① 義務付けの訴えに係る請求に理由があると認められ、かつ、その義務付けの訴えに係る処分又は裁決につき、行政庁がその処分若しくは裁決をすべきであることがその処分若しくは裁決の**根拠となる法令の規定**から明らかであると認められるとき 又は、 ② 義務付けの訴えに係る請求に理由があると認められ、かつ、行政庁がその処分若しくは裁決をしないことがその**裁量権の範囲**を超え**若しくはその**濫用となると認められるとき 　→ 裁判所は、その義務付けの訴えに係る処分又は裁決をすべき旨を命ずる判決をする（37条の3第5項）。

※　裁決の義務付けの訴えは裁決主義の場合にのみ可（37条の3第7項）

差止訴訟 (37条の4)

定　義	行政庁が一定の処分又は裁決をすべきでないにかかわらず、これがされようとしている場合において、行政庁がその処分又は裁決をしてはならない旨を命ずることを求める訴訟をいう。
訴訟要件	① 重大な損害を生ずるおそれがある場合（重大性　積極的要件） 　→ 「重大な損害」という規定は、非申請型義務付け訴訟と同様であり、解釈基準も基本的には同様である。 　→ 「重大な損害を生ずるおそれがある」と認められるためには、処分がされることにより生ずるおそれのある損害が、**処分がされた後に取消訴訟等を提起して執行停止の決定を受けることなどにより容易に救済を受**

	けることができるものではなく、**処分がされる前に差止めを命ずる方法によるのでなければ救済を受けることが困難なもの**であることを要する（最判平24.2.9）。
	② 損害を避けるため他に適当な方法がない場合（補充性　消極的要件）
	→ 非申請型義務付け訴訟の規定とは異なり、ただし書として定められている。
	→ 民事訴訟の提起が可能であるという理由のみによって、直ちにこの要件が満たされなくなるわけではない。
	③ 行政庁が一定の処分又は裁決をしてはならない旨を命ずることを求めるにつき**法律上の利益を有すること**（原告適格）
	→ 「法律上の利益」の有無については、取消訴訟の原告適格の判断基準と同じ解釈基準による。
本案勝訴要件	①行政庁がその処分若しくは裁決をすべきでないことがその処分若しくは裁決の**根拠となる法令の規定から明らか**であると認められ、又は②行政庁がその処分若しくは裁決をすることがその**裁量権の範囲を超え若しくはその濫用**となると認められるとき

差止訴訟に関する判例

	判旨概要
起立斉唱・ピアノ伴奏（最判平24.2.9）	1　事実関係等の概要 本件は、都立学校の教職員として勤務する在職者である上告人らが、 ⅰ　卒業式や入学式等の式典における国歌斉唱の際に国旗に向かって起立して斉唱する義務のないこと及びピアノ伴奏をする義務のないことの確認（職務命令に基づく上記義務の不存在の確認を求める趣旨の訴え **本件確認の訴え**） ⅱ　上記国歌斉唱の際に国旗に向かって起立しないこと若しくは斉唱しないこと又はピアノ伴奏をしないことを理由とする懲戒処分の差止め（職務命令に従わないことを理由とする懲戒処分の差止めを求める趣旨の訴え **本件差止めの訴え**） を求めた事案である。 2① まず、ⅱ本件差止めの訴えの適法性について検討する。 　(1)　本件差止めの訴えのうち**免職処分の差止めを求める訴え**は、当該処分がされる蓋然性を欠き、**不適法**というべきである。 　(2)　そこで、本件差止めの訴えのうち、**免職処分以外の懲戒処分（停職、減給又は戒告の各処分）の差止めを求める訴え**の適法性について検討するに、本件通達を踏まえた本件職務命令の違反を理由として一連の累次の懲戒処分がされることにより生ずる損害は、「重大な損害を生ずるおそれ」があると認められるというべきである。したがって、被上告人らに対する本件差止めの訴えのうち免職処分以外の懲戒処分の差止めを求める訴えは、**いずれも適法**というべきである。 ② そこで、被上告人らに対する本件差止めの訴えのうち免職処分以外の

行政法

懲戒処分の差止めを求める訴えに係る請求（以下「当該差止請求」という）の当否について検討するに、当該差止請求は、**いずれの本案要件も満たしておらず**、理由がない。

③　したがって、被上告人らに対する本件差止めの訴えのうち、**免職処分の差止めを求める訴えを却下**、また、**免職処分以外の懲戒処分の差止めを求める訴えは理由がなく棄却**を免れない。

3①　次にⅰ本件確認の訴えの公法上の当事者訴訟としての適法性について検討する。

本件職務命令に基づく公的義務の不存在の確認を求める本件確認の訴えは、公法上の法律関係に関する確認の訴えとしては、その目的に即した有効適切な争訟方法であるということができ、確認の利益を肯定することができるものというべきである。したがって、被上告人東京都に対する本件確認の訴えは、公法上の当事者訴訟としては、**適法**というべきである。

②　そこで、公法上の当事者訴訟としての被上告人東京都に対する本件確認の訴えに係る請求の当否について検討するに、その確認請求の対象は本件職務命令に基づく公的義務の存否であるところ、本件職務命令が違憲無効であってこれに基づく公的義務が不存在であるとはいえないから、上記訴えに係る**請求は理由がない**。

③　したがって、被上告人東京都に対する本件確認の訴えは理由がなく棄却を免れない。

厚木基地供用差止め （最判平28.12.8）	1　原告らの主張する自衛隊機の運航により生ずるおそれのある損害は、処分がされた後に取消訴訟等を提起することなどにより容易に救済を受けることができるものとはいえず、本件飛行場における自衛隊機の運航の内容、性質を勘案しても、運航差止請求に係る訴えについては**「重大な損害を生ずるおそれ」がある**と認められる。 2　自衛隊が設置する飛行場における自衛隊機の運航に係る防衛大臣の権限の行使が、行政事件訴訟法37条の4第5項の差止めの要件である、行政庁がその処分をすることがその裁量権の範囲を超え又はその濫用となると認められるときにあたるか否かについては、同権限の行使が、防衛大臣の裁量権の行使としてされることを前提として、それが社会通念に照らし著しく妥当性を欠くものと認められるか否かという観点から審査を行うのが相当であり、その検討にあたっては、当該飛行場において継続してきた自衛隊機の運航やそれによる騒音被害等に係る事実関係を踏まえた上で、当該飛行場における自衛隊機の運航の目的等に照らした公共性や公益性の有無及び程度、自衛隊機の運航による騒音により周辺住民に生ずる被害の性質及び程度、当該被害を軽減するための措置の有無や内容等を総合考慮すべきものと考えられる。 　そして、本件飛行場における自衛隊機の運航に係る防衛大臣の権限の行使が、行政事件訴訟法37条の4第5項の行政庁がその処分をすることが**その裁量権の範囲を超え又はその濫用となると認められるときにあたる**ということはできない。

	主観訴訟					当事者訴訟
	抗告訴訟					
取消訴訟	無効等確認訴訟	不作為の違法確認訴訟	非申請型義務付け訴訟	申請型義務付け訴訟	差止訴訟	
8条 審査請求との関係		○				
9条 原告適格			2項		2項	
10条 理由の制限	2項	2項				
11条 被告適格	○	○	○	○	○	
12条 管轄	○	○	○	○	○	
13条 訴訟の移送	○	○	○	○	○	○
14条 出訴期間						
15条 被告の変更						○
16条 客観的併合	○	○	○	○	○	○
17条 共同訴訟	○	○	○	○	○	○
18条 第三者による追加的併合	○	○	○	○	○	○
19条 原告による追加的併合	○	○	○	○	○	○
20条 同上	○					
21条 訴えの変更	○	○	○	○	○	
22条 第三者の訴訟参加	○	○	○	○	○	

行政法

23条 行政庁の訴訟 参加	○	○	○	○	○	○
23条の2 釈明処分の 特則	○					○
24条 職権証拠調べ	○	○	○	○	○	○
30条 裁量処分の 取消し						
31条 事情判決						
32条 取消判決の 対世効						
33条 取消判決の 拘束力	○	○	○	○	○	1項
34条 第三者再審 の訴え						
35条 訴訟費用の 裁判の効力	○	○	○	○	○	○

応用 仮の救済に関する規定の準用

主観訴訟				
抗告訴訟				
取消訴訟	無効等確認訴訟	非申請型義務付け訴訟	申請型義務付け訴訟	差止訴訟
執行停止制度	執行停止制度	仮の義務付け制度	仮の義務付け制度	仮の差止制度
25条 執行停止	○	5項〜8項	5項〜8項	5項〜8項
26条 執行停止の取消し	○	○	○	○
27条 内閣総理大臣の異議	○	○	○	○
28条 執行停止の管轄裁判所	○	○	○	○
29条 裁決取消訴訟の執行停止	○			
32条 対世効	○			
33条4項・1項 拘束力	○	○	○	○

準用関係の表はすべて覚えるのは大変かもしれません。そこで、まずは取消訴訟以外のすべての抗告訴訟が準用しない14条などを覚えましょう。また、取消判決の効力に関する32条（その他の抗告訴訟で準用なし）と33条（その他の抗告訴訟で準用）とを対比して覚えておきましょう。

行政法

基礎 **当事者訴訟**

	形式的当事者訴訟	実質的当事者訴訟
定 義	当事者間の法律関係を確認し又は形成する処分又は**裁決**に関する訴訟で、法令の規定によりその**法律関係の当事者の一方を被告とするもの**をいう。	公法上の法律関係に関する**確認**の訴え、その他の公法上の法律関係に関する訴訟をいう。
具体例	**土地収用**に関する収用委員会の裁決について、**損失補償額**に争いがある場合、土地所有者と起業者との間で当事者訴訟を提起させる仕組み（**土地収用法133条3項**）等	① 公務員の俸給・手当の請求 ② 公務員の地位確認の訴え等 ③ 形式的当事者訴訟以外の**損失補償請求訴訟**

応用 **当事者訴訟に関する判例**

	判旨概要
在外国民の選挙権に関する確認の訴え （最大判平17.9.14）	在外国民が次回の衆議院議員の総選挙における小選挙区選出議員の選挙及び参議院議員の通常選挙における選挙区選出議員の選挙において在外選挙人名簿に登録されていることに基づいて投票をすることができる地位にあることの確認を求める訴えは、**公法上の法律関係に関する確認の訴えとして、適法である。**
損失補償請求訴訟 （最判平9.1.28）	**土地収用法133条所定の訴訟における補償額についての審理判断の方法は、**裁判所が、収用委員会の補償に関する認定判断に裁量権の逸脱・濫用があるかどうかを審理判断するのではなく、裁決時点における**正当な補償額を客観的に認定**し、裁決に定められた補償額が認定額と異なるときは、これを違法とし、正当な補償額を確定すべきである。

> 実質的当事者訴訟として認められる事例は具体的に覚えていきましょう。また、形式的当事者訴訟の土地収用法133条3項も具体的に覚えておくことが必要です。これは、収用裁決の内容のうち、損失補償額という金額だけの問題を争うのであれば、形式的当事者訴訟によるべきことを規定しています。

基礎 教示 (46条)

教示義務が 生じる場合	教示内容	教示 方法
取消訴訟を提起することができる処分又は裁決を行う場合	① 取消訴訟の被告とすべき者 ② 出訴期間 ③ 審査請求に対する裁決を経なければ取消訴訟を提起できない旨の定めがある場合には、その旨 ※ 処分を口頭でするときは、教示する必要はない。	書面
原処分ではなく裁決に対してのみ取消訴訟を認める裁決主義の場合で、当該原処分を行うとき	裁決主義が採用されている旨 ※ 処分を口頭でするときは、教示する必要はない。	
形式的当事者訴訟を提起できる処分を行う場合	① 形式的当事者訴訟の被告とすべき者 ② 出訴期間 ※ 処分を口頭でするときは、教示する必要はない。	

行政法

裁決は書面によって行われるので、口頭による裁決はありません。

基礎 国家賠償法1条

法的性質	公務員の故意・過失による責任を前提に、その責任を国又は公共団体が代位するものである（代位責任**説**）。
要件	1　国又は公共団体 2　公権力の行使 　→　「公権力の行使」とは、国又は公共団体の作用のうち、**純粋な**私経済的作用**及び国家賠償法2条**にいう営造物の設置又は管理作用**を除くすべての作用**をいう（広義説　判例）。 　→　公権力の行使には、**行政権**のみならず、**立法権及び司法権**の行使も含まれる（判例）。 　→　公権力の行使には、**不作為**（権限の不行使）も含まれる（判例）。 　→　「公権力の行使」には公立学校における教師の教育活動も含まれる（判例）。 3　公務員 　→　身分上の公務員に限定されず、**公権力を行使する権限**を与えられている者は、私人であっても、公務員に含まれる。 4　職務を行うについて 　→　「職務を行うについて」とは、公務員の行為であって、客観**的にみて職務遂行の外形を備えている行為を意味**し、公務員の主観的意図は問わない（外形標準**説**　判例）。 5　故意又は過失 　→　「過失」とは、**一般に公務員の職務上要求される**標準的注意義務**に違反すること**をいう（過失の客観化）。 6　**違法**に他人に損害を加えた 　→　公権力の行使と損害発生との間に**因果関係**が認められることが必要である（判例）。
効果	1　国又は公共団体の責任 　→　国又は公共団体が責任を負う場合、加害者である公務員は**損害賠償の責任を負わない**（判例）。 2　公務員に対する求償権の行使 　→　公務員に故意又は重過失がある場合、国又は公共団体は求償権を行使し得る。

基礎 公権力に関する判例

	判旨概要
裁判と国家賠償責任 (最判昭57.3.12)	裁判に上訴等の訴訟法上の救済方法によって是正されるべき瑕疵が存在するだけでは足りず、裁判官が違法又は不当な目的をもって裁判をしたなど、**裁判官がその付与された権限の趣旨に明らかに背いてこれを行使したものと認め得るような特別の事情があること**を必要とする。

基礎 公務員に関する判例

	判旨概要
最判平19.1.25	**都道府県による措置**に基づき社会福祉法人の設置運営する児童養護施設に入所した児童に対する当該**施設の職員等による養育監護行為は、都道府県の公権力の行使にあたる公務員の職務行為**と解する。
加害行為の特定 (最判昭57.4.1)	公務員による一連の職務上の行為の過程において他人に被害を生ぜしめたが具体的な加害行為を特定することができない場合であっても、**一連の行為のうちのいずれかに故意又は過失による違法行為があったのでなければ、当該被害が生ずることはなかったであろうと認められ、かつ、それがどの行為であるにせよ、これによる被害につき専ら国又は公共団体が国家賠償法上又は民法上賠償責任を負うべき関係が存在するときは、**国又は公共団体は、加害行為の不特定のゆえをもって損害賠償責任を免れることはできない。

基礎 「職務を行うについて」の範囲

	判旨概要
外形標準説 (最判昭31.11.30)	巡査が、専ら自己の利を図る目的で、**制服着用の上、警察官の職務執行を装い**、被害者に対し不審尋問の上、犯罪の証拠物名義でその所持品を預かり、しかも連行の途中、これを不法に領得するため所持の拳銃で同人を射殺したときは、国家賠償法1条にいう、公務員が**その職務を行うについて違法に他人に損害を加えた場合にあたる**ものと解すべきである。

応用 過失の認定

	判旨概要
学校における事故 (最判昭58.2.18)	町立中学校の生徒が課外のクラブ活動中の運動部員の練習の妨げとなる行為をしたとして同部員から顔面を殴打されたことにより左眼を失明した事故につきクラブ活動に立ち会っていなかった顧問の教諭について、教諭がクラブ活動に立ち会っていなかったとしても、**事故の発生する危険性を具体的に予見することが可能であるような特段の事情のない限り、同教諭に過失があるとはいえない。**

	判旨概要
パトカーによる追跡が違法となるための要件 (最判昭61.2.27)	警察官のパトカーによる追跡を受けて車両で逃走する者が惹起した事故により第三者が損害を被った場合において、この追跡行為が国家賠償法1条1項の適用上違法であるというためには、この追跡が現行犯逮捕、職務質問等の**職務の目的を遂行する上で不必要であるか、又は**逃走車両の走行の態様及び道路交通状況等から予測される被害発生の具体的危険性の有無・内容に照らして**追跡の開始、継続若しくは方法が不相当であることを要する。**
芦別国家賠償請求事件 (最判昭53.10.20)	刑事事件において**無罪の判決が確定したというだけで直ちに起訴前の逮捕・勾留、公訴の提起・追行、起訴後の勾留が違法となるということはない。**けだし、逮捕・勾留はその時点において犯罪の嫌疑について相当な理由があり、かつ、必要性が認められる限りは適法であり、**起訴時あるいは公訴追行時における検察官の心証は、**その性質上、**判決時における裁判官の心証と異なり、**起訴時あるいは公訴追行時における各種の証拠資料を総合勘案して合理的な判断過程により**有罪と認められる嫌疑があれば足りる**ものと解するのが相当であるからである。
奈良民商事件 (最判平5.3.11)	税務署長のする所得税の更正は、所得金額を過大に認定していたとしても、そのことから**直ちに違法があったとの評価を受けるものではなく、**税務署長が資料を収集し、これに基づき課税要件事実を認定、判断する上において、**職務上通常尽くすべき注意義務を尽くすことなく漫然と更正をしたと認め得るような事情がある場合に限り、**当該評価を受けるものと解するのが相当である。
最判平25.3.26	建築主事による当該計画に係る建築確認は、例えば、当該計画の内容が建築基準関係規定に明示的に定められた要件に適合しないものであるときに、申請書類の記載事項における誤りが明らかで、当該事項の審査を担当する者として他の記載内容や資料と符合するか否かを当然に照合すべきであったにもかかわらずその照合がされなかったなど、**建築主事が職務上通常払うべき注意**をもって申請書類の記載を確認していればその記載から当該計画の建築基準関係規定への不適合を発見することができたにもかかわらず**その注意を怠って漫然と**その不適合を看過した結果当該計画につき建築確認を行ったと認められる場合に、国家賠償法1条1項の適用上違法となる。

基礎 **権限不行使が違法という評価を受けるか**

	判旨概要
最判平元.11.24	① 宅地建物取引業法所定の免許基準に適合しない免許の付与ないし更新をした知事の行為は、宅地建物取引業者の不正な行為により損害を被った取引関係者に対する関係において、直ちに国家賠償法1条1項にいう違法な行為にあたるものではない。

	② 知事が宅地建物取引業者に対し、業務停止処分、ないし免許取消処分をしなかった場合であっても、具体的事情の下において、**それが著しく不合理と認められるときでない限り**、宅地建物取引業者の不正な行為により損害を被った取引関係者に対する関係において、**違法の評価を受けない。**
薬 害 (最判平7.6.23)	医薬品の副作用による被害の発生を防止するための権限を行使しなかったことについて、当該医薬品に関するその時点における医学的、薬学的知見の下において、**薬事法の目的及び厚生大臣に付与された権限の性質等に照らし、その許容される限度を逸脱して著しく合理性を欠くと認められるときは、違法となる。**
関西水俣病訴訟 (最判平16.10.15)	1 国の責任について 　昭和35年1月以降、水質二法に基づく規制権限を行使しなかったことは、上記規制権限を定めた**水質二法の趣旨、目的や、その権限の性質等に照らし、著しく合理性を欠くもの**であって、国家賠償法1条1項の適用上**違法**というべきである。 2 県の責任について 　熊本県知事は、水俣病にかかわる諸事情について国と同様の認識を有し、又は有し得る状況にあったのであり、同知事には、昭和34年12月末までに県漁業調整規則32条に基づく規制権限を行使すべき作為義務があり、昭和35年1月以降、**この権限を行使しなかったことが著しく合理性を欠くものである。**
労働安全規制 (最判平16.4.27)	① 通商産業大臣が昭和35年4月以降、鉱山保安法に基づく保安規制の権限を直ちに行使しなかったことは、**その趣旨、目的に照らし、著しく合理性を欠くもの**であって、国家賠償法1条1項の適用上**違法**というべきである。 ② 不法行為により発生する損害の性質上、加害行為が終了してから相当の期間が経過した後に損害が発生する場合には、当該損害の全部又は一部が発生した時から進行する。

> **応用** 相当期間内に応答処分されることにより焦燥、不安の気持ちを抱かされない利益

	判旨概要
水俣病認定遅延損害賠償請求事件 (最判平3.4.26)	① 公害に係る健康被害の救済に関する特別措置法又は公害健康被害補償法に基づき水俣病患者認定申請をした者が、相当期間内に応答処分されることにより**焦燥、不安の気持ちを抱かされない利益**は、内心の静穏な感情を害されない利益として、**不法行為法上の保護の対象になる。** ② 認定申請を受けた処分庁が応答処分をすべき条理上の作為義務に違反したといえるための要件としては、客観的に処分庁がその処分のために手続上必要と考えられる期間内に処分ができなかったことだけでは足りず、その期間に比して**更に長期間にわたり遅延が続き、かつ、その間、**処分庁として通常期待される努力によって遅延を解消できたのに、これを**回避するための努力を尽くさなかったことが必要である。**

行政法

	判旨概要
公務員自身の 個人責任 （最判昭30.4.19）	公権力の行使にあたる公務員の職務行為に基づく損害については、国 又は公共団体が賠償の責に任じ、**職務の執行にあたった公務員は、行 政機関としての地位においても、個人としても、被害者に対しその責 任を負担するものではない。**
芦別国家賠償 請求事件 （最判昭53.10.20）	公権力の行使にあたる国の公務員がその職務を行うにつき故意又は過 失によって違法に他人に損害を与えた場合には、国がその被害者に対 して賠償の責に任じ、公務員個人はその責を負わない。
最判平19.1.25	国又は公共団体以外の者の被用者が第三者に損害を加えた場合であっ ても、当該被用者の行為が国又は公共団体の公権力の行使にあたると して国又は公共団体が被害者に対して国家賠償法1条1項に基づく損 害賠償責任を負う場合には、**被用者個人が民法709条に基づく損害賠 償責任を負わないのみならず、使用者も同法715条に基づく損害賠償 責任を負わないと解する。**
交通犯罪捜査 （最判昭54.7.10）	**都道府県警察の警察官**がいわゆる交通犯罪の捜査を行うについて違法 に他人に加えた損害について、国は、原則として、国家賠償法1条1 項による賠償責任を負わない。

	判旨概要
最判昭36.4.21	国家賠償の請求をするについては、**あらかじめ当該行政処分につき 取消し又は無効確認の判決**を得なければならないものではない。
最判平22.6.3	行政処分が違法であることを理由として国家賠償請求をするについ ては、**あらかじめ当該行政処分について取消し又は無効確認の判決 を得なければならないものではない。**このことは、**当該行政処分が 金銭を納付させることを直接の目的**としており、その違法を理由と する国家賠償請求を認容したとすれば、結果的に当該行政処分を取 り消した場合と同様の経済的効果が得られるという場合であっても **異ならない**というべきである。

基礎 国家賠償法2条

要件	1 **公の営造物** → 「公の営造物」とは、国又は公共団体によって公の目的のために利用に供されているものをいう。 → 管理の主体は、国又は公共団体であるが、その管理権は、必ずしも**法律上の根拠**があることを要せず、事実上管理する場合も含む(判例)。 → 国又は公共団体の管理する有体物であっても、公の目的に供されないものは、公の営造物には該当しない。 2 **設置又は管理の瑕疵** → 「設置又は管理の瑕疵」とは、営造物が通常有すべき安全性を欠いている**こと**をいう。そして、瑕疵があったとみられるかどうかは、当該営造物の構造、用法、場所的環境及び利用状況等諸般の事情を総合考慮して**具体的個別的**に判断する(判例)。
効果	① 国又は公共団体の責任 ② 他の責任者に対する求償権の行使

行政法

基礎 道路管理

	判旨概要
落石事故 (最判昭45.8.20)	① 営造物の設置又は管理の瑕疵とは、**営造物が通常有すべき安全性を欠いていること**をいい、これに基づく国及び公共団体の賠償責任については、その**過失の存在を必要としない**。 ② 本件道路は、いつなんどき落石や崩土が起こるかも知れず、本件道路を通行する人及び車は絶えずその危険におびやかされていたにもかかわらず、道路管理者においては、「落石注意」等の標識を立て、あるいは竹竿の先に赤の布切をつけて立て、これによって通行車に対し注意を促す等の処置を講じたにすぎず、**本件道路は、その通行の安全性の確保において欠け、その管理に瑕疵があったものというべきである**。 ③ 本件道路における防護柵を設置するとした場合、その費用の額が相当の多額にのぼり、県としてその**予算措置に困却するであろうことは推察できるが、それにより直ちに道路の管理の瑕疵によって生じた損害に対する賠償責任を免れうるものと考えることはできない**のであり、その他、本件事故が不可抗力ないし回避可能性のない場合であることを認めることができない。

赤色灯標柱転倒 （最判昭50.6.26）	事故発生当時、道路管理者が設置した工事標識板、バリケード及び赤色灯標柱が道路上に倒れたまま放置されていたのであるから、道路の安全性に欠如があったといわざるを得ないが、それは夜間、しかも事故発生の直前に先行した他車によって惹起されたものであり、道路管理者が時間的に遅滞なくこれを原状に復し道路を安全良好な状態に保つことは不可能であったというべく、このような状況の下においては、**道路管理に瑕疵がなかった**と認めるのが相当である。
故障車放置 （最判昭50.7.25）	幅員7.5メートルの国道の中央線近くに駐車中の故障した大型貨物自動車を約87時間放置していた。道路管理者がこれを知らず、道路の安全保持のために必要な措置を全く講じなかった事実関係の下においては、**道路の管理に瑕疵がある**というべきである。

基礎 河川管理

	判旨概要
大東水害訴訟 （最判昭59.1.26）	① 河川の管理についての瑕疵の有無は、過去に発生した水害の規模、発生の頻度、発生原因、被害の性質、降雨状況、流域の地形その他の**自然的条件**、土地の利用状況その他の**社会的条件**、改修を要する**緊急性**の有無及びその程度等諸般の事情を**総合的に考慮**し、河川管理における**財政的、技術的及び社会的諸制約の下での同種・同規模の河川の管理の一般水準及び社会通念**に照らして是認し得る安全性を備えていると認められるかどうかを基準として、判断すべきである。 ② 既に改修計画が定められ、これに基づいて現に改修中である河川については、**改修計画が全体として①の見地からみて格別不合理なものと認められないとき**は、その後の事情の変動により未改修部分につき水害発生の危険性が特に顕著となり、早期の改修工事を施行しなければならないと認めるべき特段の事由が生じない限り、当該部分につき改修がいまだ行われていないとの一事をもって**当該河川の管理に瑕疵があるということはできない**。
多摩川水害訴訟 （最判平2.12.13）	① 河川の管理についての瑕疵の有無は、過去に発生した水害の規模、発生の頻度、発生原因、被害の性質、降雨状況、流域の地形その他の**自然的条件**、土地の利用状況その他の**社会的条件**、改修を要する**緊急性**の有無及びその程度等諸般の事情を**総合的に考慮**し、河川管理における**財政的、技術的及び社会的諸制約の下での同種・同規模の河川の管理の一般的水準及び社会通念**に照らして是認し得る安全性を備えていると認められるかどうかを基準として判断すべきである。 ② 工事実施基本計画が策定され、当該計画に準拠して改修、整備がされ、あるいは当該計画に準拠して**新規の改修、整備の必要がないものとされた河川の改修、整備の段階に対応する安全性とは、同計画に定める規模の洪水における流水の通常の作用から予測される災害の発生を防止するに足りる安全性をいうもの**と解すべきである。また、水害

発生当時においてその発生の危険を通常予測することができたとしても、危険が改修、整備がされた段階においては予測することができなかったものであって、当該改修、整備の後に生じた河川及び流域の環境の変化、河川工学の知見の拡大又は防災技術の向上等によってその予測が可能となったものである場合には、直ちに、河川管理の瑕疵があるとすることはできない。

③　許可工作物の存在する河川部分における河川管理の瑕疵の有無は、**当該河川部分の全体について、安全性を備えていると認められるかどうかによって判断すべき**ものである。

基礎　機能的瑕疵

	判旨概要
大阪国際空港公害訴訟 （最大判昭56.12.16）	営造物の設置又は管理の瑕疵とは、営造物が有すべき安全性を欠いている状態をいうのであるが、そこにいう安全性の欠如、すなわち、他人に危害を及ぼす危険性のある状態とは、①当該営造物を構成する物的施設自体に存する物理的、外形的な欠陥ないし不備によって一般的にこのような危害を生ぜしめる危険性がある場合のみならず、**その営造物が供用目的に沿って利用されることとの関連において危害を生ぜしめる危険性がある場合をも含み**、また、②その危害は、営造物の利用者に対してのみならず、**利用者以外の第三者に対するそれをも含む**ものと解すべきである。すなわち、当該営造物の利用の態様及び程度が一定の限度にとどまる限りにおいてはその施設に危害を生ぜしめる危険性がなくても、**これを超える利用**によって危害を生ぜしめる危険性がある状況にある場合には、**そのような利用に供される限りにおいて営造物の設置、管理には瑕疵がある。**

基礎　異常な行動に起因する事故

	判旨概要
ガードレールからの転落 （最判昭53.7.4）	本件防護柵は通行時における転落防止の目的からみればその安全性に欠けるところがない。転落事故は、被害者が当時危険性の判断能力に乏しい6歳の幼児であったとしても、本件道路及び防護柵の**設置管理者である道路管理者において通常予測することのできない行動**に起因するものであったということができる。 したがって、その営造物につき本来それが具有すべき安全性に欠けるところがあったとはいえず、被害者のしたような通常の用法に即しない行動の結果生じた事故につき、設置管理者としての責任を負うべき理由はない。

行政法

校庭開放中の 事故 （最判平5.3.30）	幼児が、テニスの審判台に前部階段から昇り、その後部から座席部分の背当てを構成している左右の鉄パイプを両手で握って降りようとしたために転倒した審判台の下敷きになって死亡した。 本件事故時の幼児の行動は極めて異常なもの、本件審判台の本来の用法と異なることはもちろん、**設置管理者の通常予測し得ない**ものであったといわなければならない。そして、このような使用をすれば、本来その安全性に欠けるところのない設備であっても、何らかの危険を生ずることは避け難いところである。幼児が異常な行動に出ることのないようにしつけるのは、保護者の側の義務であり、このような通常予測し得ない異常な行動の結果生じた事故につき、保護者から設置管理者に対して責任を問うというのは、もとより相当でない。

応用 **新たに開発された安全施設の不設置**

	判旨概要
点字ブロックの 不存在 （最判昭61.3.25）	新たに開発された視力障害者用の安全設備である点字ブロックが日本国有鉄道（当時）の駅のホームに敷設されていないことによって生じた視覚障害者の転落事故の事案において、新たに開発された視力障害者用の安全設備を駅のホームに設置しなかったことをもって当該駅のホームが通常有すべき安全性を欠くか否かを判断するにあたっては、その安全設備が、視力障害者の転落等の事故防止に有効なものとして、その素材、形状及び敷設方法等において相当程度**標準化されて**全国ないし当該地域における道路、駅のホーム等に**普及しているかどうか**、当該駅のホームにおける構造又は視力障害者の利用度から予測される視力障害者の事故発生の**危険性の程度**、事故を未然に防止するため安全設備を設置する**必要性の程度**及び安全設備の設置の**困難性の有無**等の諸般の事情を**総合考慮**することを要するとした。

応用 **費用負担者 (3条) に関する判例**

	判旨概要
鬼ヶ城 転落事件 (最判昭50. 11.28)	1 国又は公共団体が国家賠償法2条1項の規定によって責任を負う場合につき、同法3条1項が、当該造物の設置若しくは管理にあたる者とその設置若しくは管理の費用の負担者とが異なるときは、その双方が損害賠償の責に任ずべきであるとしているのは、もしそのいずれかのみが損害賠償の責任を負うとしたとすれば、被害者たる国民が、そのいずれに賠償責任を求めるべきであるかを必ずしも明確にし得ないため、賠償の責に任ずべき者の選択に困難を来すことがあり得るので、対外的には双方に損害賠償の責任を負わせることによってこのような困難を除去しようとすることにあるのみでなく、危険責任の法理に基づく同法2条の責任につき、同一の法理に立って、被害者の救済を全からしめようとするためでもある。 2 同法3条1項所定の設置費用の負担者には、当該造物の設置費用につき法律上負担義務を負う者のほか、この者と同等若しくはこれに近い設置費用を負担し、実質的にはこの者と当該造物による事業を共同して執行していると認められる者であって、当該造物の瑕疵による危険を効果的に防止し得る者も含まれると解すべきである。 3 公の営造物の設置者に対してその費用を単に贈与したにすぎない者は同項所定の設置費用の負担者に含まれるものではないが、法律の規定上当該造物の設置をなし得ることが認められている国が、自らこれを設置するにかえて、特定の地方公共団体に対しその設置を認めた上、当該造物の設置費用につき当該地方公共団体の負担額と同等若しくはこれに近い経済的な補助を供与する反面、当該地方公共団体に対し法律上当該造物につき危険防止の措置を請求し得る立場にあるときには、国は、同項所定の設置費用の負担者に含まれるものというべきである。 4 国は、自然公園法により三重県に対し、国立公園に関する公園事業の一部の執行として本件かけ橋を含む本件周回路の設置を承認し、その際設置費用の半額に相当する補助金を交付し、その後の改修にも度々相当の補助金の交付を続け、国の設置費用の負担の割合は2分の1近くにも達しているというのであるから、本件周回路の設置費用の負担者というべきである。
最判平21. 10.23	市町村が設置する中学校の教諭がその職務を行うについて故意又は過失によって違法に生徒に損害を与えた場合において、当該教諭の給料その他の給与を負担する都道府県が国家賠償法1条1項、3条1項に従い上記生徒に対して損害を賠償したときは、当該都道府県は、同条2項に基づき、賠償した損害の全額を当該中学校を設置する市町村に対して求償することができる。

行政法

「失火ノ責任ニ関スル法律」の適用の有無（4条）

	判旨概要
最判昭53.7.17	1　国又は公共団体の損害賠償の責任について、**失火責任法は**、失火者の責任条件について民法709条の特則を規定したものであるから、**国家賠償法4条の「民法」に含まれる**と解する。 2　したがって、公権力の行使にあたる公務員の失火による国又は公共団体の損害賠償責任については、当該公務員に**重大な過失**のあることを必要とするものといわなければならない。

国家賠償法は判例ばかりに目が行きがちですが、条文知識をおろそかにしてはいけません。

1条1項　国又は公共団体の公権力の行使に当る公務員が、その職務を行うについて、故意又は過失によつて違法に他人に損害を加えたときは、国又は公共団体が、これを賠償する責に任ずる。

2項　前項の場合において、公務員に故意又は重大な過失があつたときは、国又は公共団体は、その公務員に対して求償権を有する。

2条1項　道路、河川その他の公の営造物の設置又は管理に瑕疵があつたために他人に損害を生じたときは、国又は公共団体は、これを賠償する責に任ずる。

2項　前項の場合において、他に損害の原因について責に任ずべき者があるときは、国又は公共団体は、これに対して求償権を有する。

3条1項　前2条の規定によつて国又は公共団体が損害を賠償する責に任ずる場合において、公務員の選任若しくは監督又は公の営造物の設置若しくは管理に当る者と公務員の俸給、給与その他の費用又は公の営造物の設置若しくは管理の費用を負担する者とが異なるときは、費用を負担する者もまた、その損害を賠償する責に任ずる。

2項　前項の場合において、損害を賠償した者は、内部関係でその損害を賠償する責任ある者に対して求償権を有する。

4条　国又は公共団体の損害賠償の責任については、前3条の規定によるの外、民法の規定による。

5条　国又は公共団体の損害賠償の責任について民法以外の他の法律に別段の定があるときは、その定めるところによる。

6条　この法律は、外国人が被害者である場合には、相互の保証があるときに限り、これを適用する。

たったの6条です。しっかりおさえていきましょう。

102 地方公共団体

📖 Chapter 10 ②

重要度 **A**

基礎 地方公共団体

性質	地方公共団体は、法人とする。			
種類	普通地方公共団体	市町村		**基礎的**な地方公共団体
		都道府県		市町村を包括する広域の地方公共団体
	特別地方公共団体	特別区		地方自治法上は、**都の区**（東京都の23区） **基礎的**な地方公共団体
		地方公共団体の組合	一部事務組合	普通地方公共団体及び特別区は、その**事務の一部を共同処理**するため、一部事務組合を設けることができる。
			広域連合	普通地方公共団体及び特別区は、その事務で**広域にわたり処理することが適当**であると認めるものに関し、広域計画（広域にわたる総合的な計画）を作成し、その事務の管理及び執行について広域計画の実施のために必要な連絡調整を図り、並びにその事務の一部を広域にわたり総合的かつ計画的に処理するため、**広域連合**を設けることができる。
		財産区		① 市町村及び特別区の一部で財産を有し若しくは公の施設を設けているもの（旧財産区） ② 市町村及び特別区の廃置分合若しくは境界変更の際に市町村及び特別区の一部が財産を有し若しくは公の施設を設けるものとなるもの（新財産区）

行政法

大都市等特例

	指定都市	中核市
指定要件	人口50万人以上	人口20万人以上
事務配分の特例	都道府県が処理する事務のうち、一定の事務等を処理する。	指定都市が処理することができる事務のうち、一定のものを処理できる。
都道府県の関与	都道府県知事の許可等の処分や指示等を要しない。	都道府県知事の指示等を要しない。 → 指定都市とは異なり、許可等に関する特例はない。
行政区	設置義務がある（条例で行政区に代えて、総合区を設けることができる）。	設置できない

※ 行政区：指定都市は、市長の権限に属する事務を分掌させるため、条例で、その区域を分けて区を設けなけれならない。

※ 総合区：指定都市は、その行政の円滑な運営を確保するため必要があると認めるときは、市長の権限に属する事務のうち特定の行政区の区域内に関するものを**総合区長**に執行させるため、条例で、当該行政区に代えて総合区を設けることができる。

特別区と行政区との比較

	特別区	行政区
どこにあるか	地方自治法上、都	指定都市
地方公共団体か否か	**地方公共団体である** （特別地方公共団体）	**地方公共団体ではない** （単なる区域割）
機能	市町村とほぼ同じ	市の行政事務処理の便宜を図るものにすぎない。
議会	直接選挙で選ばれた議員によって構成される。	な し
区長	直接選挙で選ばれる	市長の任命による

	一部事務組合	広域連合
構　成	都道府県・市町村・特別区 ※　複合的一部事務組合の場合は、市町村・特別区	
目　的	事務の一部の共同処理	① 広域的行政需要に適切、かつ効率的に対応 ② 国又は都道府県からの**権限委譲の受け皿**
事務権限の委任	できない	① 国又は都道府県は、広域連合に対して権限・事務の委任ができる。 ② 都道府県の加入する広域連合は、国に対して、その他の広域連合は、都道府県に対して、権限・事務の委任を要請できる。
事務内容	原則：**構成団体共通の事務** 例外：複合的一部事務組合	**広域にわたり処理することが適当な事務** 構成団体共通である必要はない。
直接請求 直接選挙	（規約で定めれば）できる	できる
設立の方法	都道府県が加入するものについては、総務大臣の許可、その他のものについては、都道府県知事の許可を必要とする。	
組　織	**議会・管理者**	**議会・長（長に代えて理事会も可）**
議員選出方法	規約の定めにより、選挙・選任	直接公選又は間接選挙
解散の方法	総務大臣**又は**都道府県知事に届出	総務大臣**又は**都道府県知事の許可

地方公共団体が広域連携をとる方法には、法人格を有する①一部事務組合と②広域連合のほか、法人格を有しない方式である③「普通地方公共団体相互間の協力」もあります。具体的には、ⅰ連携協約、ⅱ協議会、ⅲ機関等の共同設置、ⅳ事務の委託、ⅴ事務の代替執行、ⅵ職員の派遣です。

行政法

103 地方公共団体の事務、条例・規則

Chapter 13 ①②

重要度 **B**

基礎 普通地方公共団体の事務

定　義	地域における事務及びその他の事務で、法律又はこれに基づく政令により処理することとされるもの
事務配分の原則	1　都道府県は、普通地方公共団体の事務のうち、①**広域**にわたるもの、②市町村に関する**連絡調整**に関するもの及び③その規模又は性質において一般の市町村が処理することが適当でないと認められるものを処理する。 2　市町村は、都道府県が処理するものとされているものを除き、一般的に、普通地方公共団体の事務を処理する。また、特別区は、原則として市町村が処理するものとされている事務を処理する。

種　類	自治事務	地方公共団体が処理する事務のうち、**法定受託事務以外のもの** 自治事務に対しては、国は、地方公共団体が地域の特性に応じて当該事務を処理することができるよう特に配慮しなければならない。
	法定受託事務	1　都道府県、市町村又は特別区が処理することとされる事務のうち、国が本来果たすべき役割に係るものであって、国においてその適正な処理を特に確保する必要があるものとして法律又はこれに基づく政令に特に定めるもの（第一号法定受託事務） 2　市町村又は特別区が処理することとされる事務のうち、都道府県が本来果たすべき役割に係るものであって、都道府県においてその適正な処理を特に確保する必要があるものとして法律又はこれに基づく政令に特に定めるもの（第二号法定受託事務）
事務処理		1　地方公共団体は、その事務を処理するにあたっては、**住民の福祉の増進**に努めるとともに、**最少の経費で最大の効果**を挙げるようにしなければならない。 2　地方公共団体は、法令に違反してその事務を処理してはならない。なお、市町村及び特別区は、都道府県の条例に違反してその事務を処理してはならない。これに違反して行った地方公共団体の行為は、これを無効とする。

国の関与の基本類型のゴロ合わせ

次ページの「自治事務と法定受託事務との比較」の表を参照しながら、次のゴロ合わせを利用しましょう。

まずは、自治事務・法定受託事務の共通項を**キョウ**（協議）、**ジョゲン**（助言又は勧告）**シテ**（資料の提出の要求）、それから、法定受託事務に対する関与を**ドウ**（同意）**キョ**（許可・認可・承認）**シ**（指示）**タイ**（代執行）。そして、最後に自治事務に対する関与の**ゼ**（是正の要求）。つなげてみると、「今日、助言して同居したいぜ！」。

358

	自治事務	法定受託事務
条例による議決事項の追加	条例で議決事項を追加できる。	国の安全に関することその他の事由により議会の議決すべきものとすることが適当でないものとして政令で定めるものを除き、**条例で議決事項を追加できる。**
条例制定権	あ　り	
国等に対する行政不服審査	原則として、**審査請求不可**	原則として、**審査請求可**
国の関与の基本類型	①　助言又は勧告　　②　資料の提出の要求　　③　協議	
	④　是正の要求（※）	④　同意 ⑤　許可・認可・承認 ⑥　指示 ⑦　代執行

※　第二号法定受託事務については、是正の要求をすることもできる。

基礎 条例と規則との比較

	条　例		規　則
制定者	地方公共団体の議会		地方公共団体の長
制定対象	①　**地方公共団体の事務**に関すること ②　**義務を課し、又は権利を制限する**には、原則として条例によらなければならない。		長の権限に属する事務に関すること
制定範囲	法令に違反しないこと		
罰　則	①　**2年以下の拘禁刑** ②　**100万円以下の罰金** ③　**拘留** ④　**科料** ⑤　**没収** ⑥　**5万円以下の過料**		**5万円以下の過料**
制定手続	①　議会の議長は、条例の制定又は改廃の議決があったときは、その日から**3日**以内にこれを長に送付 ②　長は、送付を受けた場合、再議**その他の措置を講じたとき**を除き、その日から**20日**以内にこれを公布		
	原則として公布の日から起算して**10日**を経過した日から施行		

行政法

基礎 選挙権・被選挙権

		年齢要件	住所要件	日本国民である必要
議員・長の選挙権		18歳以上	あり（3か月）	あり
被選挙権	議会の議員	25歳以上	あり（3か月）	あり
	市町村長 特別区長	25歳以上	なし	あり
	都道府県知事	30歳以上	なし	あり

基礎 直接請求の種類と手続

要件	種類	請求先	請求後の対応
有権者の50分の1以上の連署	条例の制定・改廃請求（※1）	長	長は**20日**以内に議会を招集し、付議（※2）。結果を代表者に通知し公表
	事務の監査請求（※3）	監査委員	監査後、結果を公表
有権者の3分の1以上の連署（※4）	議会の解散請求	選挙管理委員会	選挙人の投票 ↓ **過半数の同意** ↓ 解散・失職
	議員の解職請求		
	長の解職請求		
	役員の解職請求（※5）	長	議会において3分の**2以上**の議員が出席し、4分の**3以上**の同意があると失職

※1 **地方税の賦課徴収、分担金・使用料・手数料の徴収**に関する条例については、請求できない。

※2 議会は、条例案を修正して議決することができる。

※3 原則として、**すべての事務**が、請求の対象となる。財務会計上の行為に限らない。

※4 直接請求制度をより利用しやすくするため、平成24年の法改正により、有権者の3分の1以上という署名数要件は、算定の基礎となる有権者総数が**40万**から**80万**の部分については6分の1、**80万**を超える部分については8分の1とそれぞれ緩和されている。

※5 対象となる役員には、**副知事、副市町村長、指定都市の総合区長、選挙管理委員、監査委員、公安委員会の委員**がある。

代表者の資格制限	選挙権を有する者であっても、 ① 公職選挙法27条1項の規定により選挙人名簿に表示をされている者（選挙権の停止・失権、転出） ② 選挙人名簿の登録が行われた日以後に公職選挙法28条の規定により選挙人名簿から抹消された者（死亡、国籍喪失等） ③ 請求に係る普通地方公共団体の選挙管理委員会の委員又は職員である者 は、直接請求の代表者となり、又は代表者であることができない。 ※ **公務員であっても、①～③にあたらない限り、請求代表者となることができる。** ただし、直接請求の請求者の署名に関し、公務員が、その**地位を利用**して署名運動をしたときは、**2年以下の禁錮又は30万円以下の罰金**に処する。	
解職請求の期間制限	議会の解散請求	議員の一般選挙があった日から1年間、解散投票のあった日から1年間は請求することができない。
	議員・長の解職請求	就職の日から1年間、解職投票の日から1年間は請求することができない。 ※ ただし、無投票当選者については1年以内でも請求することができる。
	役員の解職請求 — 副知事・副市町村長・総合区長	就職の日から1年間、解職に関する議決の日から1年間は請求することができない。
	役員の解職請求 — 選挙管理委員・監査委員・公安委員会の委員	就職の日から6か月間、解職に関する議決の日から6か月間は請求することができない。

行政法

住民監査請求・住民訴訟

重要度 **AA**

基礎 住民監査請求

意　義	**普通地方公共団体**の住民は、**違法若しくは不当な**財務会計上の行為があると認めるとき、又は**違法若しくは不当に怠る**事実があると認めるときは、これらを証する書面を添え、**監査委員**に対し、監査を求め、当該行為を防止し、若しくは是正し、若しくは当該怠る事実を改め、又は当該行為若しくは怠る事実によって当該普通地方公共団体の被った損害を補塡するために必要な措置を講ずべきことを請求することができる。
請求権者	当該地方公共団体の「住民」 →　市町村の区域内に住所を有する者は、当該市町村及びこれを包括する都道府県の「住民」とする。 →　直接請求と異なり、１人で請求することもできる。

請求先	監査委員
請求対象	**誰 の**
	当該普通地方公共団体の長若しくは委員会若しくは委員又は当該普通地方公共団体の職員
	どのような作為・不作為を対象とする
	①　違法・不当な「財務会計上の行為」 →　公金の支出、財産の取得、管理若しくは処分、契約の締結若しくは履行若しくは債務その他の義務の負担（当該行為がなされることが相当の確実さをもって予測される場合を含む） ②　違法・不当に「怠る事実」 →　公金の賦課若しくは徴収若しくは財産の管理を怠る事実
請求内容	①　違法・不当な「財務会計上の行為」の事前防止措置又は事後是正措置 ②　違法・不当に「怠る事実」を改める措置 ③　「財務会計上の行為」「怠る事実」によって地方公共団体に生じた損害を補塡するために必要な措置
請求期限	請求は、財務会計上の行為のあった日又は終わった日から１年を経過したときは、これをすることができない。ただし、**正当な理由**があるときは、この限りでない。 ※　怠る事実は不作為なので請求期限はない。
監査手続	請求人に証拠の提出及び陳述の機会を保障 監査・勧告についての決定は、**監査委員の合議**による。
監査期間	請求があった日から**60日以内**

監査結果	請求に理由なし	① 理由を付してその旨を書面により請求人に通知するとともに、 ② これを公表
	請求に理由あり	1 ①議会、長その他の執行機関又は職員に対し期間を示して必要な措置を講ずべきことを勧告するとともに、②当該勧告の内容を請求人に通知し、かつ、③これを公表 2 当該勧告を受けた議会、長その他の執行機関又は職員は、当該勧告に示された期間内に必要な措置を講ずるとともに、その旨を監査委員に通知→監査委員は、当該通知に係る事項を請求人に通知し、かつ、これを公表
暫定的停止勧告制度		1 住民監査請求があった場合において、①当該行為が違法であると思料するに足りる相当な理由があり、②当該行為により当該普通地方公共団体に生ずる回復の困難な損害を避けるため緊急の必要があり、かつ、③当該行為を停止することによって人の生命又は身体に対する重大な危害の発生の防止その他公共の福祉を著しく阻害するおそれがないと認めるときは、監査委員は、当該普通地方公共団体の長その他の執行機関又は職員に対し、理由を付して監査手続が終了するまでの間当該行為を停止すべきことを勧告することができる。 2 勧告する場合、監査委員は、当該勧告の内容を請求人に通知し、かつ、これを公表しなければならない。

普通地方公共団体の議会は、**住民監査請求があった後に**、当該請求に係る行為又は怠る事実に関する損害賠償又は不当利得返還の請求権その他の権利の放棄に関する議決をしようとするときは、**あらかじめ監査委員の意見**を聴かなければなりません。

基礎 事務の監査請求・住民監査請求・住民訴訟の比較

	事務の監査請求	住民監査請求	住民訴訟
位置づけ	直接請求	財 務	
請求者	選挙権を有する者の総数の50分の1以上の者の連署	住民各自	住民各自 (住民監査請求前置主義)
請求先	監査委員	監査委員	裁判所
請求対象	普通地方公共団体の事務の執行（財務会計上の行為に限らない）	違法・不当な財務会計上の行為・怠る事実	違法な財務会計上の行為・怠る事実

基礎 住民訴訟

意　義	普通地方公共団体の住民は、住民監査請求をした場合において、監査委員の監査の結果等に不服があるときは、裁判所に対し、住民監査請求請求に係る違法な財務会計上の行為又は怠る事実につき、訴えをもって次に掲げる請求をすることができる。	
請求類型	① 当該執行機関又は職員に対する当該行為の全部又は一部の差止めの請求 　→ 当該行為を差し止めることによって人の生命又は身体に対する重大な危害の発生の防止その他公共の福祉を著しく阻害するおそれがあるときは、裁判所は差止めをすることができない。 ② 行政処分たる当該行為の取消し又は無効確認の請求 ③ 当該執行機関又は職員に対する当該怠る事実の違法確認の請求 ④ 当該職員又は当該行為若しくは怠る事実に係る相手方に損害賠償又は不当利得返還の請求をすることを当該普通地方公共団体の執行機関又は職員に対して求める請求 　→ ④の訴訟が提起された場合には、当該職員又は当該行為若しくは怠る事実の相手方に対して、当該普通地方公共団体の執行機関又は職員は、遅滞なく、その訴訟の告知をしなければならない。	
原告適格	住民訴訟の対象となる違法な財務会計上の行為又は怠る事実について住民監査請求をした住民（住民監査請求前置主義） 　→ 既に住民訴訟が係属しているときは、他の住民は、別訴をもって同一の請求をすることができない。	
出訴できる場合及び出訴期間(※)	監査委員の監査結果又は勧告に不服がある場合	当該監査の結果又は当該勧告の内容の通知があった日から30日以内
	監査委員が監査請求があった日から60日以内に監査若しくは勧告を行わない場合	当該60日を経過した日から30日以内
	議会・長等の措置に不服のある場合	当該措置に係る監査委員の通知があった日から30日以内
	監査委員の勧告を受けた議会・長等が必要な措置を講じない場合	当該勧告に示された期間を経過した日から30日以内
管　轄	当該普通地方公共団体の事務所の所在地を管轄する地方裁判所の管轄に専属	
仮の救済	① 違法な行為又は怠る事実については、民事保全法に規定する仮処分をすることができない。 ② 行政処分たる当該行為の取消し又は無効確認を請求している場合、執行停止を申し立てることができる。	

※ 出訴期間は不変期間

106 地方議会

📖Chapter 12 ①

重要度 **B**

基礎 地方議会の組織

議員定数	条例で定める。
兼職禁止	① **衆議院議員又は参議院議員** ② 地方公共団体の議会の議員並びに常勤の職員及び短時間勤務職員
関係私企業からの隔離	当該普通地方公共団体に対し**請負**をする者及びその支配人等たることはできない。
任 期	4年
町村総会	**町村**は、条例で、議会を置かず、選挙権を有する者の総会を設けることができる。

基礎 地方議会の主要な権限

議決権	1　主な議決事項 　①　**条例**を設け又は改廃すること 　②　**予算**を定めること 　　※　議会は、予算について、**増額**してこれを議決することを妨げない。ただし、**普通地方公共団体の長の予算の提出の権限**を侵すことはできない。 　③　**決算**を認定すること 　④　**権利を放棄**すること 2　法定されたもののほか、普通地方公共団体は、条例で普通地方公共団体に関する事件（法定受託事務に係るものにあっては、国の安全に関することその他の事由により議会の議決すべきものとすることが適当でないものとして政令で定めるものを除く）につき議会の議決すべきものを定めることができる。
百条調査権	1　議会は、当該普通地方公共団体の事務に関する調査を行うことができる。 2　この場合において、当該調査を行うため特に必要があると認めるときは、**選挙人その他の関係人の出頭及び証言並びに記録の提出を請求する**ことができる。 3　出頭又は記録の提出の請求を受けた選挙人その他の関係人が、**正当の理由**がないのに、議会に出頭せず若しくは記録を提出しないとき又は証言を拒んだときは、6か月以下の禁錮又は10万円以下の罰金に処する。ま

行政法

	た、**宣誓**した選挙人その他の関係人が**虚偽の陳述**をしたときは、これを3か月以上5年以下の禁錮に処する。
政務活動費	普通地方公共団体は、条例の定めるところにより、その議会の議員の調査研究その他の活動に資するため必要な経費の一部として、その議会における会派又は議員に対し、**政務活動費**を交付することができる。この場合において、当該政務活動費の交付の対象、額及び交付の方法並びに当該政務活動費を充てることができる経費の範囲は、**条例**で定めなければならない。そして、議長は、政務活動費の使途の**透明性**の確保に努めるものとする。

基礎 議会の招集

招集権者	普通地方公共団体の長
臨時会招集請求	1　議長は、議会運営委員会**の議決**を経て、会議に付議すべき事件を示して臨時会の招集を請求することができる。 2　**議員の定数の**4分の1以上**の者**は、会議に付議すべき事件を示して臨時会の招集を請求することができる。 3　上記の請求があったときは、当該普通地方公共団体の長は、請求のあった日から20日以内に臨時会を招集しなければならない。
補充的招集権者	1　招集請求（1）〈議長による招集請求〉の請求のあった日から20日以内に当該普通地方公共団体の長が臨時会を招集しないときは、議長は、臨時会を招集することができる。 2　招集請求（2）〈議員による招集請求〉の請求のあった日から20日以内に当該普通地方公共団体の長が臨時会を招集しないときは、議長は、請求をした者の申出に基づき、申出日から、都道府県及び市にあっては**10日**以内、町村にあっては**6日**以内に臨時会を招集しなければならない。

基礎 議会の会期

定例会・臨時会	1　定例会は、**毎年**、条例で定める回数これを招集しなければならない。 2　臨時会は、必要がある場合において、その事件に限りこれを招集する。
通年会期	普通地方公共団体の議会は、条例で定めるところにより、定例会及び臨時会とせず、毎年、条例で定める日から翌年の当該日の前日までを会期とすることができる。通年会期を導入した議会は、**条例**で、定例日（定期的に会議を開く日）を定めなければならない。

議案提出	普通地方公共団体の議会の議員は、議会の議決すべき事件につき、文書をもって議会に議案を提出することができる。ただし、予算については、この限りでない。 ※ 議案を提出するにあたっては、議員の定数の12分の1以上の者の賛成がなければならない。
定足数 （原則）	普通地方公共団体の議会は、議員の定数の半数以上の議員が出席しなければ、会議を開くことができない。
表決数 （原則）	普通地方公共団体の議会の議事は、**出席議員の過半数**でこれを決し、可否同数のときは、議長の決するところによる。 ※ 議長は、議員として議決に加わる権利を有しない。
公 開	普通地方公共団体の議会の会議は、これを公開する。ただし、議長又は議員3人以上の発議により、**出席議員の3分の2以上の多数**で議決したときは、秘密会を開くことができる。
会期不継続 の原則	会期中に議決に至らなかった事件は、後会に継続しない。
長等の議場 出席義務	普通地方公共団体の長、行政委員会の代表者等は、議会の審議に必要な説明のため議長から出席を求められたときは、議場に出席しなければならない。ただし、出席すべき日時に議場に出席できないことについて**正当な理由**がある場合において、その旨を議長に届け出たときは、この限りでない。 ※ 通年会期を導入した議会の議長は、議場への出席を求めるにあたっては、普通地方公共団体の執行機関の事務に支障を及ぼすことのないよう配慮しなければならない。

種 類	① 公開の議場における戒告 ② 公開の議場における陳謝 ③ **一定期間の出席停止** ④ 除名
動 議	懲罰の動議を議題とするにあたっては、議員の定数の8分の1以上の者の発議によらなければならない。
除名の議決	**除名**については、当該普通地方公共団体の議会の議員の3分の2以上の者が出席し、その4分の3以上の者の同意がなければならない。 ※ 他の懲罰は、通常の議決事項と同様

行政法

重要度 **A**

基礎 普通地方公共団体の長（都道府県知事・市町村長）の地位と権限

任 期	4年
兼職禁止	① 衆議院議員又は参議院議員 ② 地方公共団体の議会の議員並びに常勤の職員及び短時間勤務職員
関係私企業 からの隔離	当該普通地方公共団体に対し**請負**をする者及びその支配人等たることはできない。
主要担任事務	① 普通地方公共団体の議会の議決を経るべき事件につきその**議案を提出**すること ② 予算を**調製**し、及びこれを**執行**すること ③ 決算を普通地方公共団体の議会の認定に付すること
取消停止権	普通地方公共団体の長は、その管理に属する行政庁の処分が法令、条例又は規則に違反すると認めるときは、その処分を取り消し、又は停止することができる。

応用 補助機関

	副知事	副市町村長	会計管理者（※1）
設置場所	都道府県	市町村	都道府県及び市町村
職 務	長の補佐等		会計事務をつかさどる
人 数	条例で定める（※2）		必ず1人置く
任命手続	長が議会の同意を得て選任		長の補助機関である職員のうちから、長が命ずる
任 期	4 年		
長による解職の可否	できる		

※1 長、副知事、副市町村長、監査委員と、親子、夫婦、兄弟姉妹の関係にある者は、会計管理者となることができない。もし、その関係になった場合には、失職する。
※2 条例で置かないことができる。

付再議権（拒否権　長と議会との関係①）

	一般的拒否権	特別的拒否権		
項　目	議会の議決事件	議決・選挙がその権限を超え又は法令・会議規則違反	法令負担経費・義務に属する経費等の削除・減額	非常災害復旧費等の削除・減額
付再議の要否	裁量的	義務的		
期　間	10日以内	な　し		
方　式	理由を示す			
再議の要件	出席議員の過半数ただし、条例の制定若しくは改廃又は予算に関するものについては、出席議員の3分の2以上	出席議員の過半数		
同じ議決のときの効果	議決確定	都道府県知事にあっては総務大臣、市町村長にあっては都道府県知事に対し、21日以内に審査申立て	長は予算に計上してその経費を支出することができる。	長はその議決を不信任の議決とみなすことができる。

不信任議決（長と議会との関係②）

行政法

<不信任議決の流れ>
不信任議決（1回目―3分の2以上の出席で、4分の3以上の同意）

10日以内に議会を解散する　　　　議会を解散しない　→　10日経過した時に失職する

議会が招集され再び不信任議決
（2回目―3分の2以上の出席で、過半数の同意）

不信任の議決があった旨、議長から長に通知され、
通知された日に失職する

	要　件	処分後の所要措置
法律の規定による専決処分（※）	①　議会が成立しないとき ②　定足数に関する特別規定（地方自治法113条ただし書）によってもなお、議会が開会できないとき ③　普通地方公共団体の長において議会の議決すべき事件について**特に緊急を要するため議会を招集する時間的余裕がないことが明らか**であると認めるとき ④　議会が、議決すべき事件を議決しないとき	次の議会に報告し、承認を受ける必要がある。 ※　条例の制定若しくは改廃又は予算に関する専決処分について、議会が不承認としたときは、長は、**必要と認める措置**を講じ、その旨を議会に報告しなければならない。
議会の委任による専決処分	議会の権限に属する**軽易**な事項で、議決により特に指定したもの	次の議会に報告する（承認**は不要**）。

※　副知事又は副市町村長**及び**指定都市の総合区長の選任の同意を除く。

都道府県	教育委員会 選挙管理委員会 人事委員会（公平委員会） 監査委員	公安委員会 労働委員会 収用委員会 海区漁業調整委員会 内水面漁場管理委員会
市町村		農業委員会 固定資産評価審査委員会

まずは共通して置くもの：**キョ**（教育）**カン**（選挙管理）**ジ**（人事）**コ**（公平）**カ**（監査）
続いて、都道府県に置くもの：**コ**（公安）**ロ**（労働）**シュ**（収用）**カ**（海区漁業調整）**ナ**（内水面漁業管理）
そして、市町村に置くもの：**ノ**（農業）**コ**（固定資産評価審査）
並べて読むと、「**巨漢、事故か。都道府県殺しゅかな。市町村の子**」。

監査委員 となれる 者	① 　**識見を有する者**：人格が高潔で、普通地方公共団体の財務管理、事業の経 　営管理その他行政運営に関し優れた識見を有する者 ② 　**地方議会の議員**
定　　数	① 　**都道府県及び政令で定める市（人口25万以上の市）**：4人。そのうち、議 　員の中から選任する数は、原則として**2人又は1人** ② 　**その他の市及び町村**：2人。そのうち、議員の中から選任する数は、原則 　として**1人** ただし、条例で監査委員の定数を増加することができる。 ※ 　議員の中から選任する数は法定されているため、識見を有する者の数を条 　例によって増やせることとなる。
選任手続	**普通地方公共団体の長**が、**議会の同意**を得て、選任する。
任　　期	識見を有する者のうちから選任される者：**4年** 議員のうちから選任される者：**議員の任期**
罷免手続	普通地方公共団体の長は、監査委員が心身の故障のため職務の遂行に堪えない と認めるとき、又は監査委員に職務上の義務違反その他監査委員たるに適しない 非行があると認めるときは、議会の同意を得て、これを罷免することができる。
職　　務	財務 監査	普通地方公共団体の財務に関する事務の執行及び普通地方公共団体の経 営に係る事業の管理を監査する。
	事務 監査	必要があると認めるときは、普通地方公共団体の事務（自治事務にあっ ては労働委員会及び収用委員会の権限に属する事務で政令で定めるもの を除き、法定受託事務にあっては国の安全を害するおそれがあることそ の他の事由により監査委員の監査の対象とすることが適当でないものと して政令で定めるものを除く）の執行について監査をすることができる。

基礎　**地域自治区**

地域自治区の設置
① 　市町村は、条例で、分けて定める区域ごとに地域自治区を設けることができる。 ② 　地域自治区には**事務所**を置くものとし、事務所の位置、名称及び所管区域は、**条例**で 　定める。

地域協議会

地域自治区には、地域協議会を置く（地方自治法202条の5第1項）。

構成員	地域自治区の区域内に住所を有する者のうちから、市町村長が選任する。 ※ 　市町村長は、選任にあたっては、その構成が地域自治区の区域内に住所を 　有する者の多様な意見が適切に反映されるものとなるように配慮しなければ 　ならない。
権　限	市町村長等により諮問されたもの又は必要と認めるものについて、審議し、市 町村長等に**意見を述べる**ことができる。

行政法

基礎 **公の施設**

定　義	公の施設とは、住民の福祉を増進**する目的**をもって、その利用に供するための施設をいう。公民館、公園等は該当するが、刑務所等は該当しない。
設　置	1　区域内設置 　→　原則として、公の施設の設置に属する事項は条例で定めなければならない。 2　区域外設置 　→　地方公共団体は、その区域外においても、**関係普通地方公共団体との協議**により、公の施設を設けることができる。
管　理	1　条例に基づく管理 　→　原則として、公の施設の管理に関する事項は、条例で定めなければならない。 2　指定管理者**制度** 　→　地方公共団体は、条例の定めるところにより、法人、その他の団体であって当該普通地方公共団体が指定する者（指定管理者）に公の施設の管理を行わせることができる。この指定は、あらかじめ、**当該普通地方公共団体の議会の議決**を経なければならず、**期間**を定めて行う。なお、地方公共団体は、適当と認めるときは、指定管理者に**利用料金**（条例の定めるところにより、あらかじめ**地方公共団体の承認**を受けて指定管理者が定める）を当該指定管理者の収入として収受させることができる。
利　用	1　利用拒否の禁止 　→　地方公共団体は、**正当な理由**がない限り、住民が公の施設を利用することを拒んではならない。 2　差別的取扱いの禁止 　→　住民が公の施設を利用することについて**不当な差別的取扱い**をしてはならない。 3　他の地方公共団体の公の施設の利用 　→　地方公共団体は、**他の地方公共団体との協議**により、当該他の団体の公の施設を自己の住民の利用に供させることができる。
廃止・長期 独占利用	地方公共団体は、条例で定める重要な公の施設のうち条例で定める特に重要なものについて、これを廃止し、又は条例で定める長期かつ独占的な利用をさせようとするときは、議会において出席議員の３分の２以上の者の同意を得なければならない。

基礎 普通地方公共団体に対する国等の関与

定　義	地方公共団体に対する国等の関与とは、地方公共団体の事務の処理に関し、国等の行政機関が行う以下の内容の行為をいう。
基本類型	「自治事務と法定受託事務との比較」（p.359）参照
関与の法定主義	地方公共団体は、その事務の処理に関し、**法律又はこれに基づく政令**によらなければ、地方公共団体に対する国又は都道府県の関与を受け、又は要することとされることはない。
基本原則	1　最小限度の原則 　→　国は、法律又はこれに基づく政令により、国等による地方公共団体に対する関与の規定を設ける場合、その目的を達成するために**必要な最小限度**のものとしなければならず、また、この際、地方公共団体の**自主性及び自立性に配慮**しなければならない。 　→　この最小限度の原則は、自治事務と法定受託事務に共通する原則である。 2　一般法主義の原則 　→　自治事務・法定受託事務ともに、できる限り「**基本類型以外の関与**」を設けることのないようにしなければならない。 3　特定の類型の関与に係る原則 　→　その他、①協議、②同意、③許可、認可又は承認、④指示、⑤代執行について、それぞれの基本原則が定められている。 　→　これらの関与の基本原則において、自治事務と法定受託事務ではその取扱いが大きく異なり、自治事務については、①「**代執行**」については（できる限り）設けないように制限され、また、②「**同意**」、「**許可、認可又は承認**」、「**指示**」については、一定の場合を除き、設けないように制限されている。

行政法

代執行等の流れ

①	勧 告	各大臣は、都道府県知事の**法定受託事務の管理・執行**が法令の規定若しくは当該各大臣の処分に違反するものがある場合又は当該法定受託事務の管理・執行を怠るものがある場合、代執行等以外の方法によってその是正を図ることが困難であり、かつ、それを放置することにより著しく公益を害することが明らかであるときは、文書により、当該都道府県知事に対して、その旨を指摘し、期限を定めて、当該違反を是正し、又は当該怠る法定受託事務の管理若しくは執行を改めるべきことを勧告することができる。
②	指 示	各大臣は、都道府県知事が①の期限までに勧告に係る事項を行わないときは、文書により、当該都道府県知事に対し、期限を定めて当該事項を行うべきことを指示することができる。
③	裁 判	各大臣は、都道府県知事が②の期限までに当該事項を行わないときは、高等裁判所に対し、訴えをもって、当該事項を行うべきことを命ずる旨の裁判を請求することができる。 そして、当該高等裁判所は、各大臣の請求に理由があると認めるときは、当該都道府県知事に対し、期限を定めて当該事項を行うべきことを命ずる旨の裁判をしなければならない。
④	代執行	各大臣は、都道府県知事が③の裁判に従い期限までに、なお、当該事項を行わないときは、当該都道府県知事に**代わって当該事項を行うことができる**。この場合においては、各大臣は、あらかじめ当該都道府県知事に対し、当該事項を行う日時、場所及び方法を**通知**しなければならない。

国による不作為の違法確認訴訟

誰が	**是正の要求又は指示を行った大臣**
どのようなとき	地方公共団体の長その他の執行機関が当該是正の要求又は指示に関する**国地方係争処理委員会の審査の申出をせず**、かつ、当該**是正の要求に応じた措置又は指示に係る措置を講じない**とき等
どこに対して	高等裁判所
誰を被告として	当該是正の要求又は指示を受けた普通地方公共団体の不作為に係る**普通地方公共団体の行政庁**
何を求める	**訴え**をもって当該普通地方公共団体の**不作為の違法の確認**

設　置	**総務省**に設置される。
審査の対象と なる国の関与	① 是正の要求、許可の拒否その他国の**公権力の行使**としての関与 　→　ただし、代執行手続における指示や代執行行為などは対象外と 　　なる。 ② 国の**不作為** ③ 国との**協議が調わない**とき
審査の申出	**期　限**	原則として、関与があった日から**30日以内** 　→　不作為や協議に係る審査の申出については、期間制限の規定は 　　ない。
	申出の方法	**文書**による。
審査期限		審査申出があった日から**90日以内**
審査後の手続	関与が**違法 又は不当**で あるとき （※1）	① 国の行政庁に対して、**理由**を付し、かつ、**期間**を示して、必要な 　措置を講ずべきことを**勧告**する。 　※　国の行政庁は、勧告に即して必要な措置をとらなければならず、 　　その旨を委員会に通知しなければならない。 ② 地方公共団体の長その他の執行機関に通知し、公表する。
	関与が**適法 かつ正当**で あるとき	地方公共団体の長など及び国の行政庁に対して、**理由**を付して**通知**し、 **公表**する。
	調　停	国地方係争処理委員会が、審査の過程で当該事実が調停によって解決 できるものと判断した場合には、職権によって、調停案を作成し、両 当事者に提示し、その受諾を勧告するとともに、理由を付してその要 旨を公表することができる。
訴訟の提起（※2）	**訴訟の対象**	① 国地方係争処理委員会の審査の結果又は勧告に不服があるとき ② 国地方係争処理委員会の勧告を受けた国の行政庁が講じた措置に 　不服があるとき ③ 国地方係争処理委員会が90日以内に審査又は勧告を行わないと 　き ④ 国地方係争処理委員会の勧告を受けた国の行政庁が所定の期間内 　に措置を講じないとき
	期　限	措置の通知、審査の結果の通知等があった日から**30日以内**
	管　轄	高等裁判所

※1　正確には、自治事務に関しては**違法又は不当**、法定受託事務に関しては**違法**であるとき
※2　**審査申出前置主義**が採用されている。

行政法

110 公務員法

重要度 **B**

基礎 公務員法総論

公務員概念	国家公務員法・地方公務員法ともに、公務員を**一般職**と**特別職**に分類し、その上で、それぞれの法律は、一般職の公務員の権利や義務について規律している。
人事行政機関	一般職の任命権は、国の場合、**内閣、各大臣、各外局の長**などに属する。また、地方の場合、**地方公共団体の長、各行政委員会の長**などに属する。そして、これらの者は、一般職の日常的な服務について監督を行い、懲戒権も有する。 一方で、公務員法は、国レベルで人事院（内閣の所轄の下に置かれる。人事官3人をもって組織される）を、地方レベルで人事委員会・公平委員会を設置し、政治的中立性の確保や科学的人事管理の遂行を図っている。
勤務条件法定主義	国家公務員の場合、国家公務員法及び他の法律に基づいて定められる職員の給与、勤務時間その他勤務条件に関する基礎事項は、国会により社会一般の情勢に適応するように、随時これを変更することができる。また、職員の勤務条件その他職員の服務に関し必要な事項は、人事院規則でこれを定めることができる。これに対して、地方公務員法の場合、職員の給与、勤務時間その他の勤務条件は、条例で定める。
給与法定主義	国家公務員の場合、職員の給与は、別に定める**法律**に基づいてなされ、これに基づかずには、いかなる金銭又は有価物も支給することはできない。これに対して、地方公務員の場合、職員の給与は、給与に関する**条例**に基づいて支給されなければならず、又、これに基づかずには、いかなる金銭又は有価物も職員に支給してはならない。

一般職の職員を免職できるのは、国の場合は**国家公務員法又は人事院規則**が定める事由によるときに限り、地方の場合は**地方公務員法**で定める事由によるときに限り、認められる。

なお、免職等の不利益処分を受けた職員は、人事院（**人事委員会又は公平委員会**）に対してのみ審査請求をすることができる。

分限免職		職員に対する責任追及・制裁の要素を含まない免職。退職手当は全額支給される。
	国家公務員法に規定する事由	① 人事評価又は勤務の状況を示す事実に照らして、勤務実績がよくない場合 ② 心身の故障のため、職務の遂行に支障があり、又はこれに堪えない場合 ③ その他その官職に必要な適格性を欠く場合 ④ 官制若しくは定員の改廃又は予算の減少により廃職又は過員を生じた場合
懲戒免職		職員の非行を原因とし、その者に対する責任追及・制裁を要素とする免職。退職手当について、**全部又は一部が支給されないことがある**。 なお、国家公務員について、懲戒に付せられるべき事件が、刑事裁判所**に係属する間においても**、人事院又は人事院の承認を経て任命権者は、同一事件について、適宜に、**懲戒手続を進めることができる**。国家公務員法による懲戒処分は、当該職員が、同一又は関連の事件に関し、**重ねて刑事上の訴追を受けることを妨げない**。
	国家公務員法に規定する事由	① 国家公務員法若しくは国家公務員倫理法又はこれらの法律に基づく命令に違反した場合 ② 職務上の義務に違反し、又は職務を怠った場合 ③ 国民全体の奉仕者たるにふさわしくない非行のあった場合

行政法

基礎
知識

基礎 行政書士法の目的

① 行政に関する手続の円滑な実施に寄与すること
② 国民の利便に資すること
③ 国民の権利利益の実現に資すること

基礎 行政書士の法定業務

書類作成業務 （独占業務）	① **官公署に提出する書類** ② **権利義務に関する書類** ③ **事実証明に関する書類**（実地調査に基づく図面類を含む）
提出手続 代理業務	行政書士が作成することができる官公署に提出する書類を官公署に提出する手続について代理すること
意見陳述 手続代理	官公署に提出する書類に係る**許認可等に関して行われる**聴聞又は弁明の機会の付与の手続その他の意見陳述のための手続において当該官公署に対してする行為（弁護士法72条に規定する法律事件に関する法律事務に該当するものを除く）について代理すること
不服申立代理 （特定行政書士 に限る）	①行政書士が作成した官公署に提出する書類に係る許認可等に関する審査請求等行政庁に対する不服申立ての手続について代理し、及び②その手続について官公署に提出する書類を作成すること
契約（書作成） 代理	行政書士が作成することができる契約その他に関する書類を代理人として作成すること
書類作成相談	行政書士が作成することができる書類の作成について相談に応ずること

基礎 行政書士登録

資格要件	① 行政書士試験に合格した者 ② **弁護士・弁理士・公認会計士・税理士**となる資格を有する者 ③ 国又は地方公共団体の公務員として**行政事務**を担当した期間等が通算して**20年**以上（高等学校を卒業した者等にあっては**17年**以上）になる者
欠格事由	① **未成年者** ② **破産手続開始の決定**を受けて復権を得ない者

	③ 禁錮以上の刑に処せられ、その執行を終わり、又は執行を受けることがなくなってから**3年**を経過しない者 ④ 公務員で**懲戒免職の処分**を受け、当該処分の日から**3年**を経過しない者 ⑤ **登録の取消しの処分**を受け、当該処分の日から**3年**を経過しない者 ⑥ **業務の禁止の処分**を受け、当該処分の日から**3年**を経過しない者 ⑦ 懲戒処分により、弁護士会から除名され、公認会計士の登録の抹消の処分を受け、弁理士、税理士、司法書士若しくは土地家屋調査士の業務を禁止され、又は社会保険労務士の失格処分を受けた者で、これらの処分を受けた日から**3年**を経過しないもの等
登録手続	登録を受けようとする者は、**日本行政書士会連合会**（以下「日行連」という）**に対し**、その事務所の所在地の属する都道府県の区域に設立されている**行政書士会を経由**して、登録の申請をしなければならない。
行政書士 名簿への 登録	日行連は、申請者が行政書士となる資格を有し、かつ、次のいずれにも該当しない者であると認めたときは行政書士名簿に登録しなければならない。 ① **心身の故障**により行政書士の業務を行うことができない者 ② 行政書士の**信用又は品位を害するおそれ**がある者その他行政書士の職責に照らし行政書士としての適格性を欠く者 ※ 日行連は、申請者が行政書士となる資格を有せず、又は上記①又は②に該当する者であると認めたときは**登録を拒否**しなければならない。

基礎 登録の取消しと抹消

登録取消処分		日行連は、行政書士の登録を受けた者が、**偽りその他不正の手段**により当該登録を受けたことが判明したときは、当該登録を取り消さなければならない。
登録抹 消処分	義務的抹 消処分	日行連は、行政書士の登録を受けた者が次のいずれかに該当する場合には、その登録を抹消しなければならない。 ① **欠格事由**（②③④⑥⑦）のいずれかに該当するに至ったとき ② その業を**廃止**しようとする旨の届出があったとき ③ **死亡**したとき ④ **登録取消処分**を受けたとき
	裁量的抹 消処分	日行連は、行政書士の登録を受けた者が次のいずれかに該当する場合には、その登録を抹消することができる。 ① 引き続き**2年**以上行政書士の業務を行わないとき ② **心身の故障**により行政書士の業務を行うことができないとき

基礎知識

事務所の設置義務	業務を行うための事務所を設けなければならない。また、事務所を2つ以上設けてはならない。
帳簿の備付及び保存	業務に関する帳簿（事件簿）を備えなければならない（帳簿閉鎖の時から2年間保存）。
報酬額の掲示	**事務所の見やすい場所**に、その業務に関し受ける報酬の額を掲示しなければならない。
依頼応諾義務	**正当な事由**がある場合でなければ、依頼を拒むことができない。
業務取扱いの順序及び迅速処理	**正当な事由**がない限り、依頼の順序に従って、すみやかにその業務を処理しなければならない。
守秘義務	**正当な理由**がなく、その業務上取り扱った事項について知り得た秘密を漏らしてはならない。
他人による業務取扱いの禁止	原則として業務を他人に行わせてはならない。
領収証	依頼人から報酬を受けたときは、正副2通の領収証を作成し、正本は、これに記名し職印を押して当該依頼人に交付し、副本は、作成の日から5年間保存しなければならない。

都道府県知事による懲戒処分	行政書士が、行政書士法若しくはこれに基づく命令、規則その他都道府県知事の処分に違反したとき又は行政書士たるにふさわしくない重大な非行があったときは、都道府県知事は、当該行政書士に対し、次に掲げる処分をすることができる。 ① 戒告 ② 2年以内の業務の停止 ③ 業務の禁止
行政書士会による注意勧告	行政書士会は、その会員が行政書士法又は行政書士法に基づく命令、規則その他都道府県知事の処分に違反するおそれがあると認めるときは、当該会員に対して、注意を促し、又は必要な措置を講ずべきことを勧告することができる。

112 戸籍法

📖Chapter 2

重要度 **A**

基礎 戸籍

戸籍の編製	戸籍は、市町村の区域内に本籍を定める一の夫婦及びこれと氏を同じくする子ごとに、これを編製する。
戸籍謄本等の交付請求	**戸籍に記載されている者**又はその**配偶者**、**直系尊属**若しくは**直系卑属**は、その**戸籍の謄本**若しくは抄本又は戸籍に記載した事項に関する証明書（以下「戸籍謄本等」という）の交付の請求をすることができる。 市町村長は、請求があった場合、その請求が**不当な目的**によることが明らかなときは、これを拒むことができる。 ※　除籍謄本等の交付の請求をする場合にも準用

基礎 戸籍の主な記載事項

① 本籍
② 氏名
③ 出生の年月日
④ **戸籍に入った原因及び年月日**
⑤ **実父母の氏名**及び実父母との続柄
⑥ 養子であるときは、**養親の氏名**及び養親との続柄
⑦ 夫婦については、**夫又は妻である旨**

応用 主な新戸籍の編製

婚姻による新戸籍の編製	婚姻の届出があったときは、夫婦について新戸籍を編製する。
子を有するに至ったことによる新戸籍の編製	戸籍の筆頭に記載した者及びその配偶者以外の者がこれと同一の氏を称する子又は養子を有するに至ったときは、その者について新戸籍を編製する。
分　籍	成年に達した者は、分籍をすることができる。分籍の届出があったときは、新戸籍を編製する。

基礎知識

報告的届出とは、既に発生している事実又は法律関係について行う届出をいう。例えば、出生届はこれに該当する。報告的届出は、届出義務、**届出期間**があり、期間内に義務が不履行の場合、過料が課される。

創設的届出とは、届出がされることによって、一定の身分関係が形成され、又は戸籍法上の効力が発生するものをいう。例えば、婚姻届はこれに該当する。創設的届出には、**届出義務はない**。

出　生	出生の届出は、14日以内（国外で出生があったときは、3か月以内）にこれをしなければならない。
養子縁組	縁組をしようとする者は、その旨を届け出なければならない。
婚　姻	婚姻をしようとする者は、その旨を届け出なければならない。
死　亡	死亡の届出は、届出義務者が、死亡の事実を知った日から7日以内（国外で死亡があったときは、その事実を知った日から3か月以内）に、これをしなければならない。
氏の変更	やむを得ない事由によって氏を変更しようとするときは、戸籍の筆頭に記載した者及びその配偶者は、**家庭裁判所の許可**を得て、その旨を届け出なければならない。
名の変更	正当な事由によって名を変更しようとする者は、**家庭裁判所の許可**を得て、その旨を届け出なければならない。

基礎 住民基本台帳の備付け及び作成

市町村は、住民基本台帳を備え、市町村長は、個人を単位とする住民票を世帯ごとに編成して、住民基本台帳を作成しなければならない。

基礎 住民票の主な記載事項

① 氏名
② 出生の年月日
③ 男女の別
④ **世帯主**についてはその旨、世帯主でない者については世帯主の氏名及び世帯主との**続柄**
⑤ **戸籍**の表示。ただし、本籍のない者及び本籍の明らかでない者については、その旨
⑥ 住民となった年月日
⑦ 住所及び一の市町村の区域内において新たに住所を変更した者については、その住所を定めた年月日
⑧ 新たに市町村の区域内に住所を定めた者については、その住所を定めた旨の届出の年月日及び従前の住所
⑨ **個人番号**
⑩ 選挙人名簿に登録された者については、その旨
⑪ **住民票コード**等

基礎 写しの交付

住民票の写し等の交付	市町村が備える住民基本台帳に記録されている者は、当該市町村の市町村長に対し、自己又は自己と同一の世帯に属する者に係る住民票の写し又は**住民票記載事項証明書**の交付を請求することができる。
住民票の除票の写し等の交付	市町村が保存する除票に記載されている者は、当該市町村の市町村長に対し、その者に係る除票の写し又は**除票記載事項証明書**の交付を請求することができる。

基礎知識

作　成	市町村長は、その市町村の区域内に本籍を有する者につき、その戸籍を単位として、戸籍の附票を作成しなければならない。
記載事項	① 戸籍の表示 ② 氏名 ③ 住所 ④ 住所を定めた年月日 ⑤ 出生の年月日 ⑥ 男女の別
附票の写しの交付	市町村が備える戸籍の附票に記録されている者又はその配偶者、直系尊属若しくは直系卑属は、当該市町村の市町村長に対し、これらの者に係る戸籍の附票の写しの交付を請求することができる。
附票の除票の写しの交付	市町村が保存する戸籍の附票の除票に記載されている者又はその配偶者、直系尊属若しくは直系卑属は、当該市町村の市町村長に対し、これらの者に係る戸籍の附票の除票の写しの交付を請求することができる。

転入届	転入（新たに市町村の区域内に住所を定めることをいい、出生による場合を除く）をした者は、転入をした日から14日以内に市町村長に届け出なければならない。
転居届	転居（一の市町村の区域内において住所を変更することをいう）をした者は、転居をした日から14日以内に市町村長に届け出なければならない。
転出届	転出をする者は、あらかじめ、市町村長に届け出なければならない。
世帯変更届	その属する世帯又はその世帯主に変更があった者は、その変更があった日から14日以内に市町村長に届け出なければならない。

基礎 労働基準法総論

差別的取扱いの禁止	均等待遇	使用者は、労働者の**国籍**、**信条**又は**社会的身分**を理由として、賃金、労働時間その他の労働条件について、差別的取扱いをしてはならない。
	男女同一賃金の原則	使用者は、労働者が女性であることを理由として、賃金について、男性と差別的取扱いをしてはならない。
定 義	労働者	職業の種類を問わず、事業又は事務所（以下「事業」という）に**使用される者で、賃金を支払われる者**をいう。
	使用者	事業主又は事業の経営担当者その他その事業の**労働者に関する事項について、事業主のために行為をするすべての者**をいう。
	賃金	賃金、給料、手当、賞与その他名称の如何を問わず、**労働の対償として使用者が労働者に支払うすべてのもの**をいう。

基礎 労働契約

労働基準法違反の契約		労働基準法で定める基準に達しない労働条件を定める労働契約は、その部分については無効とする（**強行的効力**）。この場合において、無効となった部分は、**労働基準法で定める基準による**（**直律的効力**）。
不当な人身拘束の禁止	契約期間の制限	労働契約は、期間の定めのないものを除き、一定の事業の完了に必要な期間を定めるもののほかは、3年（一定の労働契約にあっては、**5年**）を超える期間について締結してはならない。
	賠償予定の禁止	使用者は、労働契約の不履行について違約金を定め、又は損害賠償額を予定する契約をしてはならない。
	前借金相殺の禁止	使用者は、前借金その他労働することを条件とする前貸の債権と賃金を相殺してはならない。
	強制貯金の禁止	使用者は、労働契約に附随して貯蓄の契約をさせ、又は貯蓄金を管理する契約をしてはならない。
労働条件の明示		使用者は、労働契約の締結に際し、労働者に対して賃金、労働時間その他の労働条件を明示しなければならない。 → 明示された労働条件が事実と相違する場合においては、労働者は、**即時に労働契約を解除することができる**。

解雇の規制	解雇の制限	使用者は、①労働者が**業務上**負傷し、又は疾病にかかり療養のために休業する期間及びその後30日間並びに②**産前産後**の女性が休業する期間及びその後30日間は、解雇してはならない。 ただし、使用者が、**打切補償**を支払う場合又は**天災事変その他やむを得ない事由**（行政官庁の認定が必要）のために事業の継続が不可能となった場合においては、この限りでない。
	解雇の予告	使用者は、労働者を解雇しようとする場合においては、原則として、少なくとも30日前にその予告をしなければならない。
	解雇の濫用	解雇は、客観的に合理的な理由を欠き、社会通念上相当であると認められない場合は、その権利を濫用したものとして、無効とする。

基礎 賃金支払いの原則

① 通貨払いの原則
② 直接払いの原則
③ 全額払いの原則
④ 毎月1回以上一定期日払いの原則

基礎 労働時間、休憩、休日及び年次有給休暇

労働時間の上限の原則	1週間について40時間（休憩時間を除く） 1日について8時間（休憩時間を除く）
休憩の原則	労働時間6時間超：少なくとも45分 労働時間8時間超：少なくとも1時間
休日の原則	**週休制**の原則：毎週少なくとも1回の休日 **変形週休制**：4週間を通じ4日以上の休日
36協定	使用者は、労働組合（又は労働者の過半数を代表する者）との**書面による協定**をし、これを**行政官庁に届け出た**場合、労働時間を延長し、又は休日に労働させることができる。 延長できる労働時間の限度時間は、原則として1か月について45時間及び1年について360時間である（労働基準法36条4項）。
時間外、休日及び深夜の割増賃金	時間外労働：通常の労働時間の賃金の計算額の2割5分以上の率で計算した割増賃金（当該延長して労働させた時間が1か月について60時間を超えた場合においては、その超えた時間の労働については、通常の労働時間の賃金の計算額の5割以上の率で計算した割増賃金） 休日労働：通常の労働日の賃金の計算額の3割5分以上の率で計算した割増賃金 深夜労働（原則、午後10時から午前5時まで）：通常の労働時間の賃金の計算額の2割5分以上の率で計算した割増賃金

	雇入れの日から起算して6か月間継続勤務し全労働日の8割以上出勤した労働者に対して10労働日の有給休暇を与えなくてはならない。						
年次有給休暇	6か月経過日から起算した継続勤務年数	1年	2年	3年	4年	5年	6年以上
	労働日	1労働日	2労働日	4労働日	6労働日	8労働日	10労働日

基礎 就業規則

作成及び届出の義務	常時10人以上の労働者を使用する使用者は、就業規則を作成し、**行政官庁に届け出**なければならない。
法令及び労働協約との関係	就業規則は、法令又は当該事業場について適用される労働協約に反してはならない。
労働契約との関係	就業規則で定める基準に達しない労働条件を定める労働契約は、その部分については、無効とする。この場合において、無効となった部分は、**就業規則で定める基準**による。

応用 不当労働行為

使用者が以下の不当労働行為をすることは労働組合法上禁止されている。
① 労働者が労働組合の組合員であること、労働組合に加入し、若しくはこれを結成しようとしたこと若しくは労働組合の正当な行為をしたことの故をもって、その労働者を解雇し、その他これに対して不利益な取扱いをすること（**不利益取扱い**）又は労働者が労働組合に加入せず、若しくは労働組合から脱退することを雇用条件とすること（**黄犬契約**）
② 使用者が雇用する労働者の代表者と団体交渉をすることを正当な理由がなくて拒むこと（**団体交渉拒否**）
③ 労働者が労働組合を結成し、若しくは運営することを支配し、若しくはこれに介入すること（**支配介入**）、又は労働組合の運営のための経費の支払につき経理上の援助を与えること（**経費援助**）
④ 労働者が労働委員会に対し使用者が不当労働行為をした旨の申立てをしたこと等を理由として、その労働者を解雇し、その他これに対して不利益な取扱いをすること（**報復的不利益取扱い**）

基礎知識

効力発生	労働組合と使用者又はその団体との間の労働条件その他に関する労働協約は、**書面に作成**し、両当事者が署名し、又は記名押印することによってその効力を生ずる。
労働契約との関係	労働協約に定める労働条件その他の労働者の待遇に関する基準に違反する労働契約の部分は、**無効**とする。この場合において無効となった部分は、基準の定めるところによる。

115 税　法

重要度　**B**

基礎　税の用語

課税物件	課税物件とは、課税の対象とされる物・行為又は事実をいう。例えば、所得税の課税物件は所得であり、消費税の課税物件は資産の譲渡及び貸付け並びに役務の提供である。
課税標準	課税標準とは、課税物件を具体的に数量や金額で示したものをいう。一般的に、**課税標準×税率＝税額**となる。
担税者	担税者とは、租税を最終的に負担する者をいう。納税者と担税者は必ずしも一致するものではなく、例えば、所得税では、納税者は同時に担税者であるが、消費税では、納税者は事業者であるが、担税者は一般消費者である。
比例税率と累進税率	比例税率とは、課税標準の量と税額との割合が常に比を保つ、すなわち課税標準の量の多さにかかわらず税率が同一のものであり、一方、累進税率とは、課税標準の量が増えるに従って税率が高くなっていくものである。

基礎　税の分類

国税と地方税	課税権の主体による分類で、国税は、課税権の主体が国であるのに対し、地方税はそれが地方公共団体である。 地方税は、更に道府県税と市町村税とに分かれる。 例えば、個人の所得に対しては、国税として所得税、道府県税として道府県民税、市町村税として市町村民税が課せられる。
直接税と間接税	直接税とは、税金を負担する者が、直接その税金を納めることを予定して立法されたものをいう。例えば、所得税は直接税である。 これに対して、間接税とは、税金を負担する者が、税金を納める者と異なることを予定して立法されたものをいう。例えば、消費税は間接税である。
普通税と目的税	普通税とは、特に使途が特定されるものではなく、一般の経費に充てる目的で課される税であり、目的税とは、特定の経費に充てる目的で課される税である。例えば、固定資産税は普通税であり、都市計画税は目的税である。

基礎 税法の種類

国税については、まず、各税の基本的な事項や共通的な事項を定める通則として**国税通則法**が定められ、そして、国税の徴収を図るための手続法として**国税徴収法**が定められ、各国税（所得税、法人税、消費税、相続税等）について、その課税要件等を定める個別法（所得税法、法人税法、消費税法、相続税法等）が制定されている。

※　贈与税については、相続税法に規定されている。

これに対して、地方税については、地方税に関する通則的内容、徴収手続に関する規定及び各地方税（道府県民税、市町村民税、不動産取得税、固定資産税等）の課税要件等の内容をまとめて、**地方税法**という1つの法律が定められている。

基礎 議院内閣制と大統領制

	議院内閣制	大統領制
具体例	イギリス・日本	アメリカ
権力分立の程度	**緩やかな分離**	**厳格な分離**
民主主義との関係	内閣の中心となる首相は**議会（下院）**により選出される。	大統領は、**国民の間接選挙**によって選出される（アメリカの場合）。
議会との関係	○内閣不信任制度あり ○解散制度あり	○内閣不信任制度なし ○解散制度なし
大臣の選出	大臣は原則として**議員**の中から首相が任免	大臣（長官）は**議員以外**の者から大統領が任免
議会への出席	いつでも議会に出席して発言する権利・義務あり	議会に出席して発言する権利・義務なし
法案提出権	内閣に法案提出権**あり**	大統領に法案提出権**なし** ※ ただし、大統領は議会に**教書**を送り、必要な法案の審議の勧告が可能 議会が可決した法案の**拒否権**あり

基礎 日本の政治制度

	中央政府	地方政府
議会と行政府の関係	○国会が**最高機関** ○解散権あり ○不信任決議あり ○**議院内閣制**	○議会と長は**対等** ○解散権あり（制限あり） ○不信任決議あり（厳格） ○**首長制**（長の公選制）
民主制	○**間接民主制**が原則 ○**直接民主制**は例外 → 憲法改正、地方自治特別法、国民審査	○**間接民主制**が原則 ○**直接民主制**も多く採用 → 地方自治特別法の住民投票、直接請求等
代表制	○民意の統合を重視 ○議員の特権**あり**	○民意の反映を重視 ○議員の特権**なし**

基礎知識

要　件	内　容	反対概念
普通選挙	財力、教育、差別などを選挙権の要件としない制度 日本国憲法は、「公務員の選挙については、成年者による普通選挙を保障する。」（15条3項）	制限選挙
平等選挙	選挙権の価値は平等、すなわち1人1票を原則とする制度 現在は、選挙権の数的な平等の原則のみならず、投票の価値的な平等の要請をも含むものと考えられている。	複数選挙 等級選挙
自由選挙	棄権しても罰金、公民権の停止、氏名の公表などの制裁を受けない制度	強制投票
秘密選挙	誰に投票したかを秘密にする制度 憲法は、「すべて選挙における投票の秘密は、これを侵してはならない。選挙人は、その選択に関し公的にも私的にも責任を問われない。」（15条4項）と定めて、この原則を確認している。	公開投票
直接選挙	選挙人が公務員を直接に選挙する制度	間接選挙 複選制

基礎 現在の国政選挙の仕組み

	衆議院	参議院
選挙制度	小選挙区比例代表並立制	選挙区・比例代表制
任　期	**4　年**	**6年**（**3年**ごとに**半数改選**）
定　数	小選挙区：289名 比例区：176名	選挙区：148名 比例区：100名
比例代表制の方式	拘束名簿式**比例代表制** →　各党の当選者は、あらかじめ政党自身がつけた名簿順位の上位者から決定される。 →　議席配分は**ドント方式**	非拘束名簿式**比例代表制** →　各党の候補者には順位をつけず、当選者は各候補者が獲得した票数によって事後的に順位を決める。 →　議席配分は**ドント方式**
重複立候補制度	あり →　小選挙区で、**供託金没収点未満**の得票だった候補者には、比例代表で当選する「復活当選」は認められない。	な　し
近年の投票率	55.93%（2021年10月）	52.05%（2022年7月）

名　称	長　所	短　所
小選挙区	○二大政党となり政局が安定 ○選挙費用が節約できる。 ○候補者の情報を得やすい。	○**死票**が多くなる。 ○競争が熾烈になりやすい。 ○**ゲリマンダー**（恣意的な選挙区割り）が起こる可能性がある。
大選挙区	○**死票**が減少する。 ○広い視野を持った候補者が得やすくなる。	○選挙運動費用がかさむ。 ○小党分立により、政局が不安定になりやすい。 ○候補者についての情報を得難い。
比例代表	○**死票**が減少する。 ○民意を反映しやすい。	○政局の不安定化 ○政党本位の投票がなされる（必ずしも短所とはいえない）。

基礎 **公共事業に対する市場メカニズムの活用**

第3セクター	政府や自治体（**第1セクター**）と民間（**第2セクター**）とが都市開発、公共施設管理等の業務を行うことを目的に、共同出資して設立する経営組織体をいう。 ○ 1986年、中曽根内閣の時に「民間事業者の能力による特定施設の整備の促進に関する臨時措置法」が施行され、これにより第3セクターの設立は活発になった。 ○ 1991年の地方自治法改正によって、自治体は公の施設の管理を第3セクターに委託できるようになり、第3セクターの活動に対しては、知事、市町村長や監査委員等は、一定の条件の下でチェックすることができた。
PFI（private finance initiative）	公共サービスを、民間企業の資金やノウハウを導入することにより実施しようとする事業方式をいい、1992年**イギリスのメージャー政権によって初めて導入された**。 ○ PFIのメリット →　①事業費削減、②予算制約の範囲外での社会資本整備 ○公共事業に民間の能力を導入しようという点では第3セクターと同様であるが、第3セクターは公共と民間のリスク分担、役割分担が不明確であったことから経営不振に陥った反省を踏まえて、新しい社会資本整備の手段として、**日本でも1999年「PFI法」**が成立した。 ○第3セクターとの違いは、公共資本の民間所有を促すことにあり従来の民間委託のみならず、公共施設の所有をも民間に委ね、行政は賃料を支払って借り受けることも視野に入れる。

市場化テスト （官民競争入札 制度）	これまで国等（各府省の内部部局、外局、地方支分部局に加え、独立行政法人、特殊法人等を含む）が提供してきた、又は、今後提供する予定になっている公共サービスについて、透明・中立・公正な競争条件の下、**官と民との間で競争入札**を実施し、その提供主体、提供手法を決めていく新たな制度をいう。 ○市場化テストは、既に多くの先進諸国において実施されており、例えば、失業者の就労支援、刑務所の運営、旅券申請の受領や手数料の徴収などの様々な公共サービスが対象となっている。 ○「規制改革・民間開放推進会議」を中心に、2005年度にはハローワーク（公共職業安定所）関連、社会保険庁（現、日本年金機構）関連、刑事施設関連の分野において試行的に導入され、2006年度にはハローワーク関連、社会保険庁（現、日本年金機構）関連の分野で本格的に実施された。

重要度 **A**

基礎 予算の種類

種類			内　容
本予算	一般会計	歳入	租税印紙収入、公債金収入等
		歳出	社会保障費、国債費、地方交付税交付金、公共事業等
	特別会計		財政法が**予算単一の原則**の例外として設置し、一般会計とは異なる歳入歳出予算の形式や財務処理の特例を認めているもの ※ 従来、31の特別会計であったが、2023年現在、「特別会計に関する法律」の本則では12（附則を含めると13）の特別会計が設置されている。
	政府関係機関予算		政府関係機関の収入と支出を定めたもの ※ 特別の法律によって設立された法人で、その資本金の多く（又は全額）が政府出資であり、予算について国会の議決を必要とする機関であり、現在では、日本政策金融公庫、国際協力銀行等がこれにあたる。
暫定予算			何らかの理由で年度開始までに国会の議決を得られず本予算が成立しない場合に、本予算が成立するまでの間の必要な経費の支出のために暫定的な予算を編成するもの ※ その性質上、予算計上されるのは、本予算成立までの必要最小限度の支出に限られ、本予算が成立すれば**失効**し、**本予算に吸収**される。
補正予算			本予算の執行の過程において、天災地変・経済情勢の変化あるいは政策の変更により、当初の予算のとおり執行することが困難又は不適切になる場合に、国会の議決を経て、当初の本予算の内容を変更するもの ※ 補正予算の編成に回数制限はなく、一会計年度に2回以上組まれることもある。

基礎 国債発行の原則

建設国債の原則	公共事業費、出資金及び貸付金の財源に充てる場合にのみ国債を発行できるという原則 → 建設国債の発行によっても歳入不足が見込まれる場合には、公共事業費等以外に充てる資金を調達することを目的として特例国債（赤字国債）を発行することができる。 → 特例国債は、その都度、**単年度立法**による法律（公債の発行の特例に関する法律）に基づき発行される。

基礎知識

市中消化の原則	国債の日本銀行引受けによる発行は禁止されるという原則 → 日本銀行が国債を引き受けることにより、貨幣の量が増加し、インフレが発生することを避けるためである。 ※ ただし、一度企業や個人が買った国債を日本銀行が買い取ることは可能であり、また、政府短期証券については日本銀行も新規に引き受けることが可能である。 ※ 特別な理由がある場合には、国会の議決を経た金額の範囲内で、日本銀行が保有している国債の償還分に対応する借換債の引受け（国債の乗換え）が認められている。 借換債とは、国債の償還財源を調達するため新たに国債（借換債）を発行することをいう。

基礎 国債発行の現実

	内　容
1949年	**ドッジ・ライン → 均衡財政（緊縮財政）主義**
1965年	特例国債の発行（初の特例国債、実質は建設国債）
1966年	以降毎年、**建設国債**発行
1975年	1989年まで毎年、**特例国債**発行
1994年	以降毎年、**特例国債**発行
財政赤字の問題	公債発行が続くと、今後の金利の動向によっては、利払い費が増加し、一般歳出を圧迫して、**財政の硬直化**が深刻化するばかりでなく、**クラウディング・アウト**や**インフレ**を生じさせるおそれがある。
クラウディング・アウト	財政支出の増加による民間資金の押出し、締出し効果のことをいう。 → 公共事業の資金に充てるため、政府が国債を大量に発行して金融市場から資金を調達すると、金融機関の貸出金利が上昇し、民間の資金調達が阻害されるので、これによって民間投資が減少するなら、全体として需要はあまり増加しないことになる。

基礎 地方財政の現状

地方財政の現状	地方自治体は、自主財源となる地方税収入が総収入の4割程度にすぎず、残りの6割を配分される地方交付金や国庫支出金等に依存しているのが現状である（**3割自治・4割自治**）。 → 地方交付金と国庫支出金の見直しは、地方行政が国の政策に大きな影響を与えることを意味するが、財政基盤の弱い地方自治体にとっては、地方税のみでは十分な財源を確保できず住民に対し十分なサービスを提供することができなくなってしまう。 → 地方交付税制度は国の財政も圧迫しているのが現状であり、現在、一般会計予算の**約15%**を占めている。

地方税	地方自治体が独自に課す税をいい、地方自治体の歳入のうちおよそ40%を占める。 ○課税徴収に関する基本的事項については**地方税法**により税目と税率が定められているが、具体的な細目については各地方自治体がそれぞれの事情により条例で定める。 ○地方自治体独自の課税も認められており、具体的には、地方税法で定められた住民税、事業税等の各税目以外に条例で普通税（使途制限なし）を課税できる法定外普通税については、総務大臣の許可制から**同意を要する事前協議制**に変更になった。 ○特定の使用目的や事業の経費とするために、地方税法に定められていない税目を、各地方自治体が条例を定めて設ける法定外目的税として設けることもできる。これも**同意を要する事前協議制**が採用されている。
地方交付税	地方自治体間の財源の水準維持と地方自治体に必要な財源を確保するため、使途を限定せずに地方自治体に交付するものをいい、地方交付税は、地方自治体の歳入のうち**約20%**を占める。 ○国税である**所得税・法人税**の33.1%、**酒税**の50%、**消費税**の19.5%、**地方法人税**の全額が地方自治体の一般財源として配分される。 ○地方交付税には、①普通交付税と、②特別交付税がある。特別交付税は、地方交付税のおよそ**6%**を占め、災害等、特別な財政需要がある地方自治体のみに交付される。 ○普通交付税の額の算定方法 　各団体の普通交付税額　＝（基準財政需要額−基準財政収入額）＝　財源不足額 　基準財政需要額　＝　単位費用（法定）×　測定単位（国調人口等）×　補正係数 　基準財政収入額　＝　標準的税収入見込額　×　基準税率（75%） ○収入が財政需要よりも多い地方自治体には、地方交付税は交付されず、地方交付税が交付されていない地方自治体を、不交付団体という。
地方債	地方自治体がその経費をまかなうために行う借金のうち、債券を発行するものをいい、令和3年度地方財政計画で地方自治体歳入のうち、地方債は**約12.5%**を占めている。 ○地方自治体が地方債を発行してもよい事業を**適債事業**といい、適債事業は交通・ガス等の公営企業や災害対策事業・学校・道路等の建設事業であるが、1970年代以降**一般財源**の不足を補充するための財源対策債も発行されている。 ○地方債の発行に関しては、2005年度までは許可制であったが、2006年度より**協議制度**が導入され、さらに、2012年度には、財政状況について一定の基準を満たす地方公共団体については、原則として協議を必要としない、**事前届出制**が導入された。

基礎知識

118 社会保障

📖Chapter 6 ①

重要度 **A**

基礎 日本の社会保障制度の体系

制　度	意　味	具体例
社会保険	生活を脅かす様々な事故に対して給付を行う体系 → 1961年、日本では国民皆年金・国民皆保険体制が実現	① **医療**（健康保険・国民健康保険・後期高齢者医療制度等） ② **年金**（国民年金・厚生年金等） ③ **雇用**（雇用保険） ④ **労災**（労働者災害補償保険） ⑤ **介護**（介護保険）
社会福祉	社会的弱者が安定した社会生活を送れるように援助を行う体系	児童福祉法、身体障害者福祉法、老人福祉法、母子及び父子並びに寡婦福祉法、知的障害者福祉法、生活保護法等
公的扶助	生活困窮者に対して最低限度の所得を保障する体系	**生活保護法**に基づく８つの扶助（生活・教育・住宅・医療・介護・出産・生業・葬祭）
公衆衛生	国民の保健・衛生を向上させるための体系	予防接種・公害対策・下水道の整備等

基礎 社会保険制度の体系

制　度	自営業者等	民間企業の従業員	公務員等
医療保険	国民健康保険	健康保険（**業務外**）	**各種**共済組合**等**
年金保険	（国民年金基金）	厚生年金保険　（※）	
	国民年金（基礎年金）		
雇用保険	×	○	×
労働者災害補償保険	原則× ただし、特別加入者制度あり	○ （業務上・通勤時）	国家公務員災害補償等
介護保険	○		

※　2015年９月まで公務員は共済年金に加入していたが、2012年に被用者年金制度一元化法が成立し、2015年10月より共済年金は厚生年金に統一された。

3階	確定拠出年金 （個人）（※2）			確定拠出年金 （個人）（※2）		確定拠出年金 （個人）（※2）
			確定拠出年金 （個人）（※2）	確定拠出年金 厚生年金基金 確定給付企業年金		退職等年金給付
2階	国民年金基金			厚生年金保険（※1）		
1階	国民年金（基礎年金）					
	第1号被保険者	第3号被保険者		第2号被保険者		
	自営業者・学生	第2号被保険者 の被扶養配偶者		民間企業の従業員		公務員

※1 厚生年金・共済年金は、2012年に閣議決定した被用者年金制度一元化法により、2015年10月から一元化された。

※2 2017年1月から、第3号被保険者や公務員も、**個人型確定拠出年金（iDeCo）**に加入可能となった。

基礎 **公的年金①（国民年金）**

国民年金
全国民を対象にして、その老齢、障害、又は死亡に関して必要な給付を行う制度

内　容	
保険者	政府
被保険者	① 第1号被保険者 　→ **20歳以上60歳未満の者で、第2号、第3号以外の被保険者** ② 第2号被保険者 　→ **被用者年金各法の被保険者等** ③ 第3号被保険者 　→ **第2号被保険者の被扶養配偶者**であって、**20歳以上60歳未満の者**
保険料	**第1号被保険者**のみ直接負担 ※ ただし、法定免除、申請免除（全額免除・半額免除・4分の3免除・4分の1免除）、学生納付特例制度等の各種免除制度あり
費用負担	国庫負担あり

基礎知識

公的年金② (厚生年金保険)

厚生年金保険
原則、適用事業所に使用される被用者や公務員等の老齢、障害、又は死亡に関し、必要な保険給付を行い、勤労者及びその遺族の生活の安定と、福祉の向上に寄与することを目的とする制度

内　容	
保険者	政府
被保険者	原則、適用事業所に使用される被用者
保険料	報酬額に応じた保険料を**事業主と被用者が2分の1ずつ負担**
費用負担	国庫負担あり

📖Chapter 7 ④

重要度 **A**

基礎 個人情報保護法の目的等

目的	個人情報保護法は、**行政機関等の事務及び事業の適正かつ円滑な運営を図り**、並びに個人情報の適正かつ効果的な活用が新たな産業の創出並びに活力ある経済社会及び豊かな国民生活の実現に資するものであることその他の**個人情報の有用性に配慮しつつ**、個人の権利利益を保護することを目的とする。
体系	個人情報保護法は全8章で構成されている。 そのうち、第1章から第3章が、個人情報保護に関する**基本法**の内容となっており、第4章が**民間事業者の義務等に関する一般法**、第5章が**行政機関等の義務等に関する一般法**となっている。 第4章の民間事業者の義務については、そこから、大きく、①**個人情報取扱事業者の義務**、②**個人関連情報取扱事業者の義務**、③**仮名加工情報取扱事業者等の義務**、④**匿名加工情報取扱事業者等の義務**、⑤**認定個人情報保護団体**について規定される。なお、①個人情報取扱事業者の義務については、ⅰ個人情報を対象とした義務、ⅱ個人データを対象とした義務、ⅲ保有個人データを対象とした義務（本人の保有個人データに関する請求権を含む）と更に細分化される。 一方、第5章の行政機関等の義務等については、そこから、大きく、①個人情報を対象とした義務、②保有個人情報を対象とした義務、③個人関連情報を対象とした義務、④仮名加工情報を対象とした義務、⑤個人情報ファイルを対象とした義務、⑥本人の保有個人情報に関する請求権（開示・訂正・利用停止の手続）、⑦行政機関等匿名加工情報の提供等について規定される。 なお、第6章は**個人情報保護委員会**について規定され、第7章は雑則、第8章は**罰則**となっている。
適用範囲	個人情報保護法は、個人情報取扱事業者、仮名加工情報取扱事業者、匿名加工情報取扱事業者又は個人関連情報取扱事業者が、**国内にある者に対する物品又は役務の提供に関連して、国内にある者を本人とする個人情報**、当該個人情報として取得されることとなる個人関連情報又は当該個人情報を用いて作成された仮名加工情報若しくは匿名加工情報**を、外国において取り扱う場合についても、適用する。**

基礎 個人情報保護法の定義（法全般）

個人情報	生存する個人に関する情報であって、次のいずれかに該当するものをいう。 ① 当該情報に含まれる**氏名、生年月日**その他の記述等（文書、図画若しくは電磁的記録に記載され、若しくは記録され、又は音声、動作その他の方法を用いて表された一切の事項（個人識別符号を除く）をいう）により**特定の個人を識別することができるもの**（他の情報と容易に照合することができ、それにより

基礎知識

	特定の個人を識別することができることとなるものを含む）
	② 個人識別符号が含まれるもの ※ 個人識別符号とは、例えば、旅券法の旅券（パスポート）の番号、国民年金法の基礎年金番号、道路交通法の免許証の番号、住民基本台帳法の住民票コード、番号法の個人番号（マイナンバー）等が該当する。
要配慮 個人情 報	本人の**人種、信条、社会的身分、病歴、犯罪の経歴、犯罪により害を被った事実**等が含まれる個人情報をいう。 → 上記の他、身体障害、知的障害、精神障害（発達障害を含む）等があること、健康診断等の結果が含まれる個人情報も要配慮個人情報に該当する。
本人	個人情報によって識別される特定の個人をいう。
仮名加 工情報	次に掲げる個人情報の区分に応じて、それぞれに定める措置を講じて**他の情報と照合しない限り特定の個人を識別することができないように個人情報を加工して得られる**個人に関する情報をいう。 → 仮名加工情報は、事業者が自社内でのみ取り扱うことを想定している。個人情報と匿名加工情報の中間のようなイメージを持つとよい。 ① 個人情報の定義①に該当する個人情報 当該個人情報に含まれる**記述等の一部を削除**すること（他の記述等に置き換えることを含む） ② 個人情報の定義②に該当する個人情報 当該個人情報に含まれる**個人識別符号の全部を削除**すること（他の記述等に置き換えることを含む）
匿名加 工情報	次に掲げる個人情報の区分に応じて、それぞれに定める措置を講じて**特定の個人を識別することができないように個人情報を加工して得られる**個人に関する情報**であって、当該個人情報を復元することができないようにしたもの**をいう。 → 匿名加工情報は、「個人情報」ではない。 ① 個人情報の定義①に該当する個人情報 当該個人情報に含まれる**記述等の一部を削除**すること（他の記述等に置き換えることを含む） ② 個人情報の定義②に該当する個人情報 当該個人情報に含まれる**個人識別符号の全部を削除**すること（他の記述等に置き換えることを含む）
個人関 連情報	**生存する個人に関する情報**であって、個人情報、仮名加工情報**及び**匿名加工情報のいずれにも該当しないものをいう。 → 個人関連情報は、それを保有する個人関連情報取扱事業者にとっては「個人情報」に該当しないが、この事業者から個人関連情報の提供を受ける事業者にとっては「個人情報」に該当する可能性のあるものをいう。
行政 機関	① 法律の規定に基づき内閣に置かれる機関（内閣府を除く）及び内閣の所轄の下に置かれる機関 ② 内閣府、宮内庁並びに内閣府の外局の委員会及び庁 ③ 行政組織のため置かれる国の行政機関としての省、委員会及び庁 ④ 会計検査院 等
独立行 政法人 等	独立行政法人及び個人情報保護法別表第一に掲げる法人をいう。 → 個人情報保護法別表第一に掲げる法人は、①沖縄科学技術大学院大学学園、②沖縄振興開発金融公庫、③外国人技能実習機構、④株式会社国際協力銀行、⑤株式会社日本政策金融公庫、⑥株式会社日本貿易保険、⑦金融経済教育推進機構、⑧原子力損害賠償・廃炉等支援機構、⑨国立大学法人、⑩大学共同利用

	機関法人、⑪脱炭素成長型経済構造移行推進機構、⑫日本銀行、⑬日本司法支援センター、⑭日本私立学校振興・共済事業団、⑮日本中央競馬会、⑯日本年金機構、⑰農水産業協同組合貯金保険機構、⑱福島国際研究教育機構、⑲放送大学学園、⑳預金保険機構である。
行政機関等	① 行政機関 ② 地方公共団体の機関（議会を除く） ③ 独立行政法人等（個人情報保護法別表第二に掲げる法人を除く） → 個人情報保護法別表第二に掲げる法人は、ⅰ沖縄科学技術大学院大学学園、ⅱ国立研究開発法人、ⅲ国立大学法人、ⅳ大学共同利用機関法人、ⅴ独立行政法人国立病院機構、ⅵ独立行政法人地域医療機能推進機構、ⅶ福島国際研究教育機構、ⅷ放送大学学園である。なお、これらの法人は、原則として民間事業者（個人情報取扱事業者等）として扱われるが、行政機関等を対象とする義務規定も一部適用される。 ④ 地方独立行政法人（一部除く）

基礎 個人情報取扱事業者等を対象にした規定の定義

個人情報 データベース等	個人情報を含む情報の集合物であって、次に掲げるものをいう。 → 例外的に、市販の電話帳、住宅地図、職員録、カーナビゲーションシステム等は、個人情報データベース等に該当しない。 ① 特定の個人情報を電子計算機を用いて検索することができるように体系的に構成したもの ② ①に掲げるもののほか、特定の個人情報を容易に検索することができるように体系的に構成したものとして政令で定めるもの → 政令（施行令4条2項）では、「目次、索引その他検索を容易にするためのものを有するもの」と規定されている。 → 業務に関して取り扱った個人情報データベース等を自己若しくは第三者の不正な利益を図る目的で提供し、又は盗用したときは、1年以下の拘禁刑又は50万円以下の罰金に処する。国外犯にも適用される。また、両罰規定であり、違反者の使用者が個人である場合には50万円以下の罰金刑を、法人である場合には1億円以下の罰金刑を科する。
個人情報取扱事業者	個人情報データベース等を事業の用に供している者をいう。ただし、①国の機関、②地方公共団体、③独立行政法人等、④地方独立行政法人を除く。
個人データ	個人情報データベース等を構成する個人情報をいう。
保有個人データ	個人情報取扱事業者が、①開示、②内容の訂正、追加又は削除、③利用の停止、消去及び④第三者への提供の停止を行うことのできる権限を有する個人データであって、その存否が明らかになることにより公益その他の利益が害されるものとして政令で定めるもの以外のものをいう。
仮名加工情報取扱事業者	仮名加工情報データベース等を事業の用に供している者をいう。ただし、①国の機関、②地方公共団体、③独立行政法人等、④地方独立行政法人を除く。 → 仮名加工情報データベース等とは、①仮名加工情報を含む情報の集合物であって、特定の仮名加工情報を電子計算機を用いて検索することができるように体系的に構成したもの、②その他特定の仮名加工情報を容易に検索する

	ことができるように体系的に構成したものとして政令で定めるものをいう。
匿名加工情報取扱事業者	**匿名加工情報データベース等を事業の用に供している者**をいう。ただし、①国の機関、②地方公共団体、③独立行政法人等、④地方独立行政法人を除く。 → 匿名加工情報データベース等とは、①匿名加工情報を含む情報の集合物であって、特定の匿名加工情報を電子計算機を用いて検索することができるように体系的に構成したもの、②その他特定の匿名加工情報を容易に検索することができるように体系的に構成したものとして政令で定めるものをいう。
個人関連情報取扱事業者	**個人関連情報データベース等を事業の用に供している者**をいう。ただし、①国の機関、②地方公共団体、③独立行政法人等、④地方独立行政法人を除く。 → 個人関連情報データベース等とは、①個人関連情報を含む情報の集合物であって、特定の個人関連情報を電子計算機を用いて検索することができるように体系的に構成したもの、②その他特定の個人関連情報を容易に検索することができるように体系的に構成したものとして政令で定めるものをいう。
学術研究機関等	大学その他の学術研究を目的とする機関若しくは団体又はそれらに属する者をいう。

基礎 **行政機関等を対象にした規定の定義**

保有個人情報	**行政機関等の職員（独立行政法人等及び地方独立行政法人にあっては、その役員を含む）が職務上作成し、又は取得した個人情報であって、当該行政機関等の職員が組織的に利用するものとして、当該行政機関等が保有しているもの**をいう。ただし、行政文書、法人文書又は地方公共団体等行政文書（以下「**行政文書等**」という）に記録されているものに限る。 ※ 行政文書とは、行政機関の職員が職務上作成し、又は取得した文書、図画及び電磁的記録であって、当該行政機関の職員が組織的に用いるものとして、当該行政機関が保有しているものをいう（一定の除外はある。行政機関情報公開法2条2項）。 ※ 法人文書とは、独立行政法人等の役員又は職員が職務上作成し、又は取得した文書、図画及び電磁的記録であって、当該独立行政法人等の役員又は職員が組織的に用いるものとして、当該独立行政法人等が保有しているものをいう（一定の除外はある。独立行政法人等情報公開法2条2項）。 → その業務に関して知り得た保有個人情報を自己若しくは第三者の不正な利益を図る目的で提供し、又は盗用したときは、1年以下の拘禁刑又は50万円以下の罰金に処する。国外犯にも適用される。 → 行政機関等の職員がその職権を濫用して、専らその職務の用以外の用に供する目的で個人の秘密に属する事項が記録された文書、図画又は電磁的記録を収集したときは、1年以下の拘禁刑又は50万円以下の罰金に処する。国外犯にも適用される。
個人情報ファイル	保有個人情報**を含む情報の集合物**であって、次に掲げるものをいう。 ① 一定の事務の目的を達成するために特定の保有個人情報を**電子計算機を用いて検索することができるように体系的に構成したもの**（電算処理ファイル）

	→ 行政機関等の職員等が、正当な理由がないのに、個人の秘密に属する事項が記録された電算処理ファイルを提供したときは、2年以下の拘禁刑又は100万円以下の罰金に処する。国外犯にも適用される。 ② ①に掲げるもののほか、一定の事務の目的を達成するために氏名、生年月日、その他の記述等により特定の保有個人情報を**容易に検索することができるように体系的に構成したもの**（マニュアル処理ファイル）
行政機関等匿名加工情報	原則として、一定の**個人情報ファイルを構成する保有個人情報の全部又は一部を加工して得られる匿名加工情報**をいう。
行政機関等匿名加工情報ファイル	行政機関等匿名加工情報を含む情報の集合物であって、次に掲げるものをいう。 ① 特定の行政機関等匿名加工情報を電子計算機を用いて検索することができるように体系的に構成したもの ② ①に掲げるもののほか、特定の行政機関等匿名加工情報を容易に検索することができるように体系的に構成したものとして政令で定めるもの
条例要配慮個人情報	地方公共団体の機関又は地方独立行政法人が保有する個人情報（要配慮個人情報を除く）のうち、地域の特性その他の事情に応じて、本人に対する不当な差別、偏見その他の不利益が生じないようにその取扱いに特に配慮を要するものとして**地方公共団体が条例で定める記述等が含まれる個人情報**をいう。

応用 個人情報保護委員会の主要な規定

設 置	委員会は、内閣府の外局であり、内閣総理大臣の所轄に属する。
主な所掌事務	① 個人情報取扱事業者における個人情報の取扱い等に関する監督、行政機関等における個人情報等の取扱いに関する監視並びに個人情報等の取扱いに関する苦情の申出についての必要なあっせん及びその処理を行う事業者への協力に関すること ② 認定個人情報保護団体に関すること
秘密保持義務	委員長、委員、専門委員及び事務局の職員は、職務上知ることのできた秘密を漏らし、又は盗用してはならない。その職務を退いた後も、同様とする。この規定に違反して秘密を漏らし、又は盗用した者は、2年以下の拘禁刑又は100万円以下の罰金に処する。国外犯にも適用される。
施行の状況の公表	委員会は、行政機関の長等に対し、この法律の施行の状況について報告を求めることができる。そして、毎年度、その報告を取りまとめ、その概要を公表するものとする。
国会に対する報告	委員会は、毎年、内閣総理大臣を経由して国会に対し所掌事務の処理状況を報告するとともに、その概要を公表しなければならない。
地方公共団体との関係	委員会は、地方公共団体から求めがあったときは、必要な情報の提供又は技術的な助言を行う。また、地方公共団体の長から個人情報の保護に関する条例を定めた旨の届出があったときは当該届出に係る事項を公表しなければならない。

基礎 **個人情報取扱事業者の主要な義務（個人情報について）**

項　目	内　容	適用除外の有無
利用目的の特定	1　個人情報取扱事業者は、個人情報を取り扱うにあたっては、その**利用目的をできる限り特定**しなければならない。 2　個人情報取扱事業者は、利用目的を変更する場合には、**変更前の利用目的と関連性を有すると合理的に認められる範囲**を超えて行ってはならない。	無
目的外利用の禁止	1　個人情報取扱事業者は、**あらかじめ本人の同意**を得ないで、利用目的の達成に必要な範囲を超えて、個人情報を取り扱ってはならない。 2　主な適用除外 ①　当該個人情報取扱事業者が**学術研究機関等**である場合であって、当該個人情報を**学術研究目的**で取り扱う必要があるとき（**個人の権利利益を不当に侵害するおそれがある場合を除く**） ②　**学術研究機関等**に個人データを提供する場合であって、当該学術研究機関等が当該個人データを**学術研究目的**で取り扱う必要があるとき（**個人の権利利益を不当に侵害するおそれがある場合を除く**）	有
不適正な利用の禁止	個人情報取扱事業者は、**違法又は不当な行為を助長し、又は誘発するおそれがある方法**により個人情報を**利用**してはならない。	無
不正取得の禁止	個人情報取扱事業者は、**偽りその他不正の手段**により個人情報を**取得**してはならない。	無
要配慮個人情報の取得	1　個人情報取扱事業者は、**あらかじめ本人の同意**を得ないで、要配慮個人情報を取得してはならない。 2　主な適用除外 ①　当該個人情報取扱事業者が**学術研究機関等**である場合であって、当該要配慮個人情報を**学術研究目的**で取り扱う必要があるとき（**個人の権利利益を不当に侵害するおそれがある場合を除く**） ②　**学術研究機関等**から当該要配慮個人情報を取得する場合であって、当該要配慮個人情報を**学術研究目的**で取得する必要があるとき（**個人の権利利益を不当に侵害するおそれがある場合を除く**）（当該個人情報取扱事業者と当該学術研究機	有

項　目	内　容	適用除外の有無
	等が**共同して学術研究を行う場合に限る**） ③　当該要配慮個人情報が、**本人、国の機関、地方公共団体、学術研究機関等により公開されている場合**	
取得に際しての利用目的の通知等	1　個人情報取扱事業者は、**個人情報を取得した場合**は、あらかじめその利用目的を公表している場合を除き、速やかに、その**利用目的を、本人に通知し、又は公表**しなければならない。 2　個人情報取扱事業者は、本人との間で契約を締結することに伴って**契約書**等に記載された当該本人の個人情報を取得する場合その他**本人から直接書面に記載された当該本人の個人情報を取得する場合**は、あらかじめ、本人に対し、その**利用目的を明示**しなければならない。 3　個人情報取扱事業者は、**利用目的を変更した場合**は、変更された利用目的について、**本人に通知し、又は公表**しなければならない。	有
苦情の処理	個人情報取扱事業者は、個人情報の取扱いに関する苦情の適切かつ迅速な処理に努めなければならない。また、そのために必要な体制の整備に努めなければならない。	無

個人情報取扱事業者の主要な義務（個人データについて）

項　目	内　容	適用除外の有無
データ内容の正確性の確保等	個人情報取扱事業者は、利用目的の達成に必要な範囲内において、**個人データを正確かつ最新の内容に保つ**とともに、利用する必要がなくなったときは、当該個人データを遅滞なく**消去**するよう努めなければならない。	無
安全管理措置	1　総　論 　　個人情報取扱事業者は、その取り扱う個人データの漏えい、滅失又は毀損の防止その他の個人データの安全管理のために必要かつ適切な措置を講じなければならない。 2　**従業者の監督** 　　個人情報取扱事業者は、個人データの安全管理が図られるよう、個人データを取り扱う**従業者に対する必要かつ適切な監督**を行わなければならない。 3　**委託先の監督** 　　個人情報取扱事業者は、個人データの取扱いを委託する場合は、個人データの安全管理が図られるよう、**委託を受けた者に対する必要かつ適切な監督**を行わなければならない。 4　漏えい等の報告等 ①　個人情報取扱事業者は、その取り扱う個人データの漏えい、滅失、毀損その他の**個人データの安全の確保に係る事態であって個人の権利利益を害するおそれが大きいもの**として個人情報	無

	保護委員会規則で定めるものが生じたときは、原則として当該事態が生じた旨を**個人情報保護委員会に報告**しなければならない。 ② また、この場合には、個人情報取扱事業者は、原則として、**本人に対し**、当該事態が生じた旨を**通知**しなければならない。	
第三者提供の制限 （原則）	1　本人の同意 　　個人情報取扱事業者は、**あらかじめ本人の同意**を得ないで、個人データを第三者に提供してはならない。 2　第三者（次項目「オプトアウト」でも同様） 　　①個人情報取扱事業者から個人データの取扱いの委託を受けた者、②個人情報取扱事業者から合併その他の事由による事業の承継に伴って個人データを取得した者、③個人データを個人情報取扱事業者と共同利用する者は、「第三者」に該当しない。 　→　共同利用のためには、共同利用する旨、法人にあってはその代表者の氏名等について、あらかじめ、本人に通知し、又は本人が容易に知り得る状態に置いている必要がある。この措置を講じていない場合は、共同利用者も「第三者」に該当することになり、本人の事前同意なく、個人データのやり取りをすることができない。 3　主な適用除外 ①　当該個人情報取扱事業者が**学術研究機関等**である場合であって、当該個人データの提供が**学術研究の成果の公表又は教授のためやむを得ないとき**（個人の権利利益を不当に侵害するおそれがある場合を除く） ②　当該個人情報取扱事業者が**学術研究機関等**である場合であって、当該個人データを**学術研究目的で提供する必要があるとき**（個人の権利利益を不当に侵害するおそれがある場合を除く）（当該個人情報取扱事業者と当該第三者が**共同して学術研究を行う場合に限る**） ③　当該第三者が**学術研究機関等**である場合であって、当該第三者が当該個人データを**学術研究目的で取り扱う必要があるとき**（個人の権利利益を不当に侵害するおそれがある場合を除く）	有
オプト アウト	1　オプトアウトによる第三者提供の方法 　　個人情報取扱事業者は、第三者に提供される個人データについて、①**本人の求めに応じて当該本人が識別される個人データの第三者への提供を停止することとしている場合**であって、②**一定事項について、あらかじめ、本人に通知し、又は本人が容易に知り得る状態に置く**とともに、③**個人情報保護委員会に届け出たとき**は、当該個人データを第三者に提供することができる。 2　本人に通知し、又は本人が容易に知り得る状態に置く主な事項 ①　第三者への提供を行う**個人情報取扱事業者の氏名又は名称及び住所**並びに法人にあっては、その**代表者の氏名** ②　**第三者に提供される個人データの取得の方法** ③　本人の求めを受け付ける方法	無

	3 オプトアウトによる第三者提供ができないもの ① 個人データが**要配慮個人情報**である場合 ② 個人データが**不正取得**されたものである場合 ③ 個人データが**他の個人情報取扱事業者からオプトアウトにより提供されたもの**（その全部又は一部を複製し、又は加工したものを含む）である場合	
外国にある第三者への提供の制限	1 原 則 あらかじめ外国にある第三者への提供を認める旨の**本人の同意が必要**であり、オプトアウトによる方法は認められない。 2 例 外 ① 「外国」が、「個人の権利利益を保護する上で我が国と同等の水準にあると認められる個人情報の保護に関する制度を有している外国として個人情報保護委員会規則で定めるもの」である場合 ② 「第三者」が、「個人データの取扱いについて個人情報取扱事業者が講ずべきこととされている措置に相当する措置を継続的に講ずるために必要なものとして個人情報保護委員会規則で定める基準に適合する体制を整備している者」である場合 → この外国にある第三者にオプトアウトで個人データを提供した場合、個人情報取扱事業者は、当該第三者による相当措置の継続的な実施を確保するために必要な措置を講ずるとともに、本人の求めに応じて当該必要な措置に関する情報を当該本人に提供しなければならない。 3 参考情報等の提供 個人情報取扱事業者は、本人の同意を得ようとする場合には、あらかじめ、**当該外国における個人情報の保護に関する制度**、当該第三者が講ずる個人情報の保護のための措置その他当該本人に**参考となるべき情報を当該本人に提供**しなければならない。	無
トレーサビリティの確保	1 第三者提供に係る記録の作成等 個人情報取扱事業者は、個人データを**第三者**（民間事業者のみ）に提供したときは、原則として当該個人データを提供した年月日、当該第三者の氏名又は名称等に関する**記録を作成**しなければならない（保存期間は原則として3年間）。本人は、この第三者提供記録の開示を請求することができる。 2 第三者提供を受ける際の確認等 個人情報取扱事業者は、**第三者から個人データの提供を受けるに際しては**、原則として、当該第三者の氏名又は名称、当該第三者による当該個人データの取得の経緯等の**確認**を行わなければならない。そして、この確認を行ったときは、当該個人データの提供を受けた年月日、当該確認に係る事項等に関する**記録を作成**しなければならない（保存期間は原則として3年間）。本人は、この第三者提供記録の開示を請求することができる。	有

基礎知識

公　表	個人情報取扱事業者は、保有個人データに関し、次に掲げる事項について、本人の知り得る状態（本人の求めに応じて遅滞なく回答する場合を含む）に置かなければならない。 ① 当該個人情報取扱事業者の氏名又は名称及び住所並びに法人にあっては、その代表者の氏名 ② 全ての保有個人データの利用目的（一部除外あり） ③ 利用目的の通知の求め又は開示等の請求に応じる手続（手数料の額を定めたときは、その手数料の額を含む）　等
利用目的の通知の求め	1　個人情報取扱事業者は、本人から、保有個人データの利用目的の通知を求められたときは、原則として、これを通知しなければならない。 2　例外的に利用目的を通知しない旨の決定をしたときは、その旨を通知しなければならない。そして、この通知をする場合には、その**理由を説明**するよう努めなければならない。
開　示	1　開示請求 　　本人は、個人情報取扱事業者に対し、保有個人データの**電磁的記録の提供による方法等による開示を請求**することができる。 2　開示義務の原則 　　開示請求を受けた場合、個人情報取扱事業者は、**本人が請求した方法（当該方法による開示に多額の費用を要する場合その他の当該方法による開示が困難である場合にあっては、書面の交付による方法）**により、当該保有個人データを開示しなければならない。 3　開示しない場合等の措置 　　個人情報取扱事業者は、保有個人データについて**開示しない旨の決定**をしたとき、当該保有個人データが**存在しない**とき、又は**本人が請求した方法による開示が困難**であるときは、その旨を**通知**しなければならない。そして、この通知をする場合には、その**理由を説明**するよう努めなければならない。
訂正等	1　訂正等請求 　　本人は、個人情報取扱事業者に対し、保有個人データの内容が事実でないときは、当該保有個人データの内容の**訂正、追加又は削除**（以下「訂正等」という）**を請求**することができる。 2　事業者の対応 　　訂正等請求を受けた場合、個人情報取扱事業者は、必要な**調査**を行い、その結果に基づき、訂正等を行わなければならない。 3　**本人に対する通知** 　　個人情報取扱事業者は、保有個人データの内容の訂正等を行ったとき、又は訂正等を行わない旨の決定をしたときは、本人に対し、その旨（訂正等を行ったときは、その内容を含む）を通知しなければならない。そして、訂正等を行わない旨の通知をする場合には、その**理由を説明**するよう努めなければならない。
利用停止等	1　利用停止等請求 ① **目的外利用、不適正利用、不正取得等がある場合** 　　本人は、個人情報取扱事業者に対し、保有個人データが目的外利用、不

適正利用されているとき、又は不正取得等されたものであるときは、当該保有個人データの**利用の停止又は消去**（以下「利用停止等」という）**を請求**することができる。

② **本人の権利又は正当な利益が害されるおそれがある場合等**

本人は、個人情報取扱事業者に対し、保有個人データを当該個人情報取扱事業者が**利用する必要がなくなった場合、漏えい、滅失、毀損その他の保有個人データの安全の確保に係る事態が生じた場合**その他保有個人データの取扱いにより当該本人の権利又は正当な利益が害されるおそれがある場合には、当該保有個人データの**利用停止等を請求**することができる。

2 事業者の対応

利用停止等請求を受けた場合、個人情報取扱事業者は、その請求に理由があることが判明したときは、原則として、（1の①の場合は、違反を是正するために必要な限度で、②の場合は、本人の権利利益の侵害を防止するために必要な限度で）当該保有個人データの利用停止等を行わなければならない。

3 **本人に対する通知**

個人情報取扱事業者は、保有個人データについて利用停止等を行ったとき又は利用停止等を行わない旨の決定をしたときは、本人に対し、その旨を通知しなければならない。そして、利用停止等を行わない旨の通知をする場合には、その**理由を説明**するよう努めなければならない。

第三者提供の停止	1 第三者提供停止請求 ① **事前に本人の同意を得ていない場合** 　本人は、個人情報取扱事業者に対し、保有個人データがあらかじめ当該本人の同意を得ずに第三者に提供されているときは、当該保有個人データの**第三者への提供の停止を請求**することができる。 ② **本人の権利又は正当な利益が害されるおそれがある場合等** 　本人は、個人情報取扱事業者に対し、保有個人データを当該個人情報取扱事業者が**利用する必要がなくなった場合、漏えい、滅失、毀損その他の保有個人データの安全の確保に係る事態が生じた場合**その他保有個人データの取扱いにより当該本人の権利又は正当な利益が害されるおそれがある場合には、当該保有個人データの**第三者への提供の停止を請求**することができる。 2 事業者の対応 　第三者提供停止請求を受けた場合、個人情報取扱事業者は、その請求に理由があることが判明したときは、原則として、（1の②の場合は、本人の権利利益の侵害を防止するために必要な限度で）当該保有個人データの第三者への提供を停止しなければならない。 3 **本人に対する通知** 　個人情報取扱事業者は、保有個人データについて第三者への提供を停止したとき又は第三者への提供を停止しない旨の決定をしたときは、本人に対し、その旨を通知しなければならない。そして、第三者提供停止を行わない旨の通知をする場合には、その**理由を説明**するよう努めなければならない。

基礎知識

手続の設定等	1　手続の設定 　　個人情報取扱事業者は、利用目的の通知の求め・開示請求・訂正等請求・利用停止等請求・第三者提供停止請求（以下「開示等の請求等」という）に関し、これらを**受け付ける方法を定める**ことができる。この場合において、本人は、当該方法に従って、開示等の請求等を行わなければならない。 2　請求等対象の特定 　　個人情報取扱事業者は、本人に対し、開示等の請求等に関し、その対象となる保有個人データを**特定するに足りる事項の提示を求める**ことができる。この場合において、個人情報取扱事業者は、本人が容易かつ的確に開示等の請求等をすることができるよう、当該保有個人データの**特定に資する情報の提供その他本人の利便を考慮した適切な措置**をとらなければならない。 3　**手数料の徴収** 　　個人情報取扱事業者は、**利用目的の通知の求め**又は**開示請求**を受けたときは、当該措置の実施に関し、手数料を徴収することができる。
裁判による請求	本人は、開示請求・訂正等請求・利用停止等請求・第三者提供停止請求に係る訴えを提起しようとするときは、その訴えの被告となるべき者に対し、あらかじめ当該請求を行い（**事前請求**）、かつ、その到達した日から2週間を経過した後でなければ、原則としてその訴えを提起することができない。すなわち、訴えを提起する前に、事前請求をする必要がある。

応用　個人関連情報取扱事業者の義務

項　　目	内　　容	適用除外の有無
第三者提供の制限等	個人関連情報取扱事業者は、**第三者が個人関連情報**（個人関連情報データベース等を構成するものに限る）**を個人データとして取得することが想定されるとき**は、原則として、次に掲げる事項について、**あらかじめ確認することをしないで、当該個人関連情報を当該第三者に提供してはならない**。なお、この確認についても記録の作成は義務付けられている（記録の保存期間は原則として3年間）。 ①　当該第三者が個人関連情報取扱事業者から個人関連情報の提供を受けて本人が識別される個人データとして取得することを認める旨の当該**本人の同意**が得られていること ②　外国にある第三者への提供にあっては、①の本人の同意を得ようとする場合において、あらかじめ、当該外国における個人情報の保護に関する制度、当該第三者が講ずる個人情報の保護のための措置その他当該本人に参考となるべき情報が当該本人に提供されていること	有

仮名加工情報取扱事業者等の主要な義務

仮名加工情報の作成	個人情報取扱事業者は、仮名加工情報（仮名加工情報データベース等を構成するものに限る）を作成するときは、他の情報と照合しない限り特定の個人を識別することができないようにするために必要なものとして個人情報保護委員会規則で定める基準に従い、個人情報を加工しなければならない。
第三者提供の制限	仮名加工情報取扱事業者は、法令に基づく場合を除くほか、仮名加工情報（個人情報であるものを除く）を第三者に提供してはならない。

匿名加工情報取扱事業者等の主要な義務

匿名加工情報の作成	個人情報取扱事業者は、匿名加工情報（匿名加工情報データベース等を構成するものに限る）を作成するときは、特定の個人を識別すること及びその作成に用いる個人情報を復元することができないようにするために必要なものとして個人情報保護委員会規則で定める基準に従い、当該個人情報を加工しなければならない。 → 作成された匿名加工情報は、事業者が自ら利用する他、第三者に提供することが想定される。また、第三者提供を受けた情報を自らが第三者提供することも考えられる。
匿名加工情報の提供	個人情報取扱事業者又は匿名加工情報取扱事業者は、あらかじめ、第三者に提供される匿名加工情報に含まれる個人に関する情報の項目及びその提供の方法について公表するとともに、当該第三者に対して、当該提供に係る情報が匿名加工情報である旨を明示しなければならない。
識別行為の禁止	個人情報取扱事業者又は匿名加工情報取扱事業者は、匿名加工情報を取り扱うにあたっては、当該匿名加工情報の作成に用いられた個人情報に係る本人を識別するために、当該匿名加工情報を他の情報と照合してはならない。

認定個人情報保護団体

個人情報保護委員会による認定	個人情報取扱事業者等の個人情報等の適正な取扱いの確保を目的として業務を行おうとする法人は、**個人情報保護委員会の認定**を受けることができる。この認定は、対象とする個人情報取扱事業者等の**事業の種類その他の業務の範囲を限定して行うことができる。**
対象事業者の除外	認定個人情報保護団体は、指導、勧告等をしたにもかかわらず、対象事業者（認定個人情報保護団体の業務の対象となる個人情報取扱事業者等）が個人情報保護指針を遵守しないときは、当該対象事業者を認定業務の対象から除外することができる。
苦情の処理	認定個人情報保護団体は、本人その他の関係者から対象事業者の個人情報等の取扱いに関する苦情について解決の申出があったときは、その相談に応じ、申出人に必要な助言をし、その苦情に係る事情を調査するとともに、当

基礎知識

	該対象事業者に対し、その苦情の内容を通知してその迅速な解決を求めなければならない。

基礎 適用除外される民間事業者等

適用除外	個人情報取扱事業者等及び個人関連情報取扱事業者のうち次に掲げる者については、その個人情報等及び個人関連情報を取り扱う目的の全部又は一部がそれぞれに掲げる目的で個人情報等及び個人関連情報を取り扱うときは、民間事業者に対する各種規定を適用しない。 ① 放送機関、新聞社、通信社その他の報道機関（報道を業として行う個人を含む）　報道の用に供する目的 ② 著述を業として行う者　著述の用に供する目的 ③ 宗教団体　宗教活動（これに付随する活動を含む）の用に供する目的 ④ 政治団体　政治活動（これに付随する活動を含む）の用に供する目的
学術研究機関等の責務	個人情報取扱事業者である学術研究機関等は、学術研究目的で行う個人情報の取扱いについて、個人情報保護法の規定を遵守するとともに、その適正を確保するために必要な措置を自ら講じ、かつ、当該措置の内容を公表するよう努めなければならない。

応用 個人情報取扱事業者等の監督

報告及び立入検査	個人情報保護委員会は、個人情報取扱事業者、仮名加工情報取扱事業者、匿名加工情報取扱事業者又は個人関連情報取扱事業者（以下「個人情報取扱事業者等」という）その他の関係者に対し、個人情報、仮名加工情報、匿名加工情報又は個人関連情報（以下「個人情報等」という）の取扱いに関し、必要な報告若しくは資料の提出を求め、又はその職員に、当該個人情報取扱事業者等その他の関係者の事務所その他必要な場所に立ち入らせ、個人情報等の取扱いに関し質問させ、若しくは帳簿書類その他の物件を検査させることができる。 ※ 違反には罰則（両罰規定）あり
指導及び助言	個人情報保護委員会は、個人情報取扱事業者等に対し、個人情報等の取扱いに関し必要な指導及び助言をすることができる。
違反是正措置勧告	個人情報保護委員会は、個人情報取扱事業者等が個人情報保護法に違反した場合において個人の権利利益を保護するため必要があると認めるときは、当該個人情報取扱事業者等に対し、当該違反行為の中止その他違反を是正するために必要な措置をとるべき旨を勧告することができる。
違反是正措置命令	個人情報保護委員会は、違反是正措置勧告を受けた個人情報取扱事業者等が正当な理由がなくてその勧告に係る措置をとらなかった場合において個人の重大な権利利益の侵害が切迫していると認めるときは、当該個人情報取扱事業者等に対し、その勧告に係る措置をとるべきことを命ずることができる。

緊急措置命令	個人情報保護委員会は、個人情報取扱事業者等が個人情報保護法に違反した場合において個人の重大な権利利益を害する事実があるため緊急に措置をとる必要があると認めるときは、当該個人情報取扱事業者等に対し、（勧告をすることなく）当該違反行為の中止その他違反を是正するために必要な措置をとるべきことを命ずることができる。
命令違反者の公表	個人情報保護委員会は、違反是正措置命令・緊急措置命令をした場合において、その命令を受けた個人情報取扱事業者等がその命令に違反したときは、その旨を公表することができる。
命令違反者への罰則	違反是正措置命令・緊急措置命令に違反した場合には、当該違反行為をした者は、1年以下の拘禁刑又は100万円以下の罰金に処する。**両罰規定**であり、違反者の使用者が個人である場合には100万円以下の罰金刑を、法人である場合には1億円以下の罰金刑を科する。
権限行使の制限	1　個人情報保護委員会は、個人情報取扱事業者等に対し報告若しくは資料の提出の要求、立入検査、指導、助言、勧告又は命令を行うにあたっては、**表現の自由**、**学問の自由**、**信教の自由**及び**政治活動の自由**を妨げてはならない。 2　個人情報保護委員会は、個人情報取扱事業者等が、①放送機関、新聞社、通信社その他の報道機関（報道を業として行う個人を含む）、②著述を業として行う者、③宗教団体、④政治団体に対して個人情報等を提供する行為については、その権限を行使しないものとする。

応用　認定個人情報保護団体の監督

報告の徴収	個人情報保護委員会は、認定個人情報保護団体に対し、認定業務に関し報告をさせることができる。 ※　違反には罰則（両罰規定）あり
命　　令	個人情報保護委員会は、認定個人情報保護団体に対し、認定業務の実施の方法の改善、個人情報保護指針の変更等を命ずることができる。
認定の取消し	委員会は、認定個人情報保護団体が欠格事由に該当するとき等は、その認定を取り消すことができる。

基礎　行政機関等の個人情報を対象とした主要な義務

利用目的の特定	行政機関等は、個人情報を保有するにあたっては、法令（条例を含む）の定める所掌事務又は業務を遂行するため必要な場合に限り、かつ、その利用目的をできる限り特定しなければならない。
保有の制限	行政機関等は、特定された利用目的の達成に必要な範囲を超えて、個人情報を保有してはならない。
利用目的の変更	行政機関等は、利用目的を変更する場合には、変更前の利用目的と相当の関連性を有すると合理的に認められる範囲を超えて行ってはならない。

利用目的の明示	行政機関等は、本人から直接書面（電磁的記録を含む）に記録された当該本人の個人情報を取得するときは、原則として、あらかじめ、本人に対し、その利用目的を明示しなければならない。
不適正な利用の禁止	行政機関の長、地方公共団体の機関、独立行政法人等及び地方独立行政法人（以下「行政機関の長等」という）は、違法又は不当な行為を助長し、又は誘発するおそれがある方法により個人情報を利用してはならない。
適正な取得	行政機関の長等は、偽りその他不正の手段により個人情報を取得してはならない。
従事者の義務	個人情報の取扱いに従事する行政機関等の職員若しくは職員であった者等は、その業務に関して知り得た個人情報の内容をみだりに他人に知らせ、又は不当な目的に利用してはならない。

基礎 行政機関等の保有個人情報を対象とした主要な義務

正確性の確保	行政機関の長等は、利用目的の達成に必要な範囲内で、保有個人情報が過去又は現在の事実と合致するよう努めなければならない。
安全管理措置	行政機関の長等は、保有個人情報の漏えい、滅失又は毀損の防止その他の保有個人情報の安全管理のために必要かつ適切な措置を講じなければならない。 ※ 行政機関等から個人情報の取扱いの委託を受けた者（再委託等を受けた者を含む）についても、同様の安全管理義務がある。
漏えい等の報告等	行政機関の長等は、保有個人情報の漏えい、滅失、毀損その他の保有個人情報の安全の確保に係る事態であって個人の権利利益を害するおそれが大きいものとして個人情報保護委員会規則で定めるものが生じたときは、当該事態が生じた旨を個人情報保護委員会に報告しなければならない。また、この場合、原則として、本人に対しても、当該事態が生じた旨を通知しなければならない。
利用及び提供の制限	行政機関の長等は、原則として、利用目的以外の目的のために保有個人情報を自ら利用し、又は提供してはならない。
保有個人情報の提供を受ける者に対する措置要求	行政機関の長等は、保有個人情報を提供する場合において、必要があると認めるときは、保有個人情報の提供を受ける者に対し、必要な制限を付し、又はその漏えいの防止その他の個人情報の適切な管理のために必要な措置を講ずることを求めるものとする。 ※ 行政機関の長等が個人関連情報の提供をする場合にも同様の規定がある。
外国にある第三者への提供の制限	行政機関の長等は、原則として、外国にある第三者に利用目的以外の目的のために保有個人情報を提供する場合には、あらかじめ外国にある第三者への提供を認める旨の本人の同意を得なければならない。

開示請求手続等

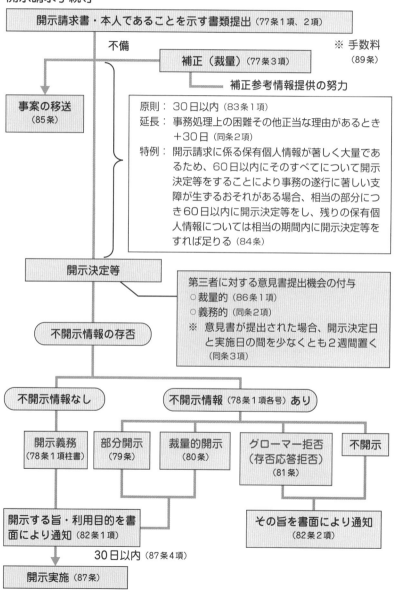

開示請求書・本人であることを示す書類提出（77条1項、2項）

不備 　　　　　　　　　　　　　　　　　　　　　　※ 手数料（89条）

補正（裁量）（77条3項）

補正参考情報提供の努力

事案の移送（85条）

原則： 30日以内（83条1項）
延長： 事務処理上の困難その他正当な理由があるとき ＋30日（同条2項）
特例： 開示請求に係る保有個人情報が著しく大量であるため、60日以内にそのすべてについて開示決定等をすることにより事務の遂行に著しい支障が生ずるおそれがある場合、相当の部分につき60日以内に開示決定等をし、残りの保有個人情報については相当の期間内に開示決定等をすれば足りる（84条）

開示決定等

第三者に対する意見書提出機会の付与
○ 裁量的（86条1項）
○ 義務的（同条2項）
※ 意見書が提出された場合、開示決定日と実施日の間を少なくとも2週間置く（同条3項）

不開示情報の存否

不開示情報なし　　　　　不開示情報（78条1項各号）あり

開示義務（78条1項柱書）　部分開示（79条）　裁量的開示（80条）　グローマー拒否（存否応答拒否）（81条）　不開示

開示する旨・利用目的を書面により通知（82条1項）　　その旨を書面により通知（82条2項）

30日以内（87条4項）

開示実施（87条）

基礎知識

訂正請求手続等

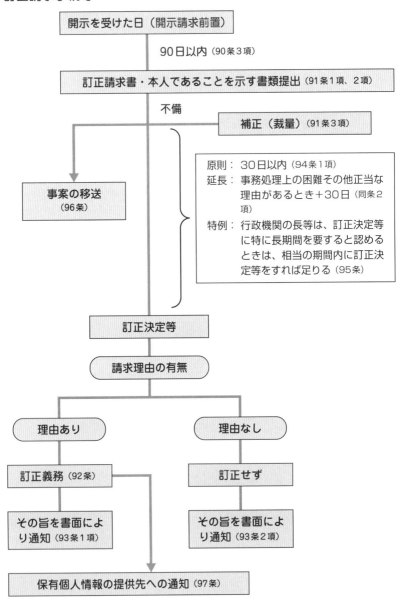

開示を受けた日（開示請求前置）

90日以内（90条3項）

訂正請求書・本人であることを示す書類提出（91条1項、2項）

不備

補正（裁量）（91条3項）

事案の移送
（96条）

原則： 30日以内（94条1項）
延長： 事務処理上の困難その他正当な
　　　 理由があるとき＋30日（同条2項）
特例： 行政機関の長等は、訂正決定等
　　　 に特に長期間を要すると認める
　　　 ときは、相当の期間内に訂正決
　　　 定等をすれば足りる（95条）

訂正決定等

請求理由の有無

理由あり

理由なし

訂正義務（92条）

訂正せず

その旨を書面により通知（93条1項）

その旨を書面により通知（93条2項）

保有個人情報の提供先への通知（97条）

利用停止請求手続等

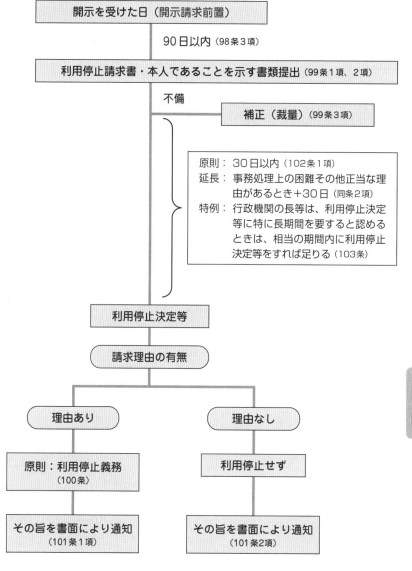

開示を受けた日（開示請求前置）

90日以内（98条3項）

利用停止請求書・本人であることを示す書類提出（99条1項、2項）

不備

補正（裁量）（99条3項）

原則：　30日以内（102条1項）
延長：　事務処理上の困難その他正当な理由があるとき＋30日（同条2項）
特例：　行政機関の長等は、利用停止決定等に特に長期間を要すると認めるときは、相当の期間内に利用停止決定等をすれば足りる（103条）

利用停止決定等

請求理由の有無

理由あり

理由なし

原則：利用停止義務
（100条）

利用停止せず

その旨を書面により通知
（101条1項）

その旨を書面により通知
（101条2項）

基礎知識

応用 行政機関等の仮名加工情報を対象とした主要な義務

第三者提供の制限	行政機関の長等は、原則として、仮名加工情報（個人情報であるものを除く）を第三者に提供してはならない。

応用 行政機関等の個人情報ファイルを対象とした主要な義務

個人情報ファイルの保有等に関する事前通知	行政機関（会計検査院を除く）が個人情報ファイルを保有しようとするときは、原則として、当該行政機関の長は、あらかじめ、個人情報保護委員会に対し、個人情報ファイルの名称や利用目的等を通知しなければならない。 → 電算処理ファイルのみに関する義務である。
個人情報ファイル簿の作成及び公表	行政機関の長等は、行政機関等が保有している個人情報ファイルについて、原則として、個人情報ファイルの名称や利用目的等を記載した帳簿（「個人情報ファイル簿」という）を作成し、公表しなければならない。 → 電算処理ファイル、マニュアル処理ファイル問わず適用

応用 行政機関等匿名加工情報を対象とした主要な規制

作　成	行政機関の長等は、行政機関等匿名加工情報を作成するときは、特定の個人を識別することができないように及びその作成に用いる保有個人情報を復元することができないようにするために必要なものとして個人情報保護委員会規則で定める基準に従い、当該保有個人情報を加工しなければならない。
提　供	次の手続によって行政機関等匿名加工情報は提供される。 ①行政機関等の長による提案募集→②行政機関等匿名加工情報をその事業の用に供しようとする者からの提案→③提案の審査→④審査結果の通知→⑤手数料納付・行政機関等匿名加工情報の利用に関する契約の締結→⑥提供

応用 行政機関等の監視

資料の提出の要求及び実地調査	個人情報保護委員会は、行政機関の長等（会計検査院長を除く）に対し、資料の提出及び説明を求め、又はその職員に実地調査をさせることができる。
指導及び助言	個人情報保護委員会は、行政機関の長等に対し、行政機関等における個人情報等の取扱いについて、必要な指導及び助言をすることができる。
勧　告	1　個人情報保護委員会は、行政機関の長等に対し、行政機関等における個人情報等の取扱いについて勧告をすることができる。 2　個人情報保護委員会は、勧告をしたときは、当該行政機関の長等に対し、とった措置について報告を求めることができる。

▗▖ 編者紹介

伊藤塾（いとうじゅく）

毎年、行政書士、司法書士、司法試験など法律科目のある資格試験や公務員試験の合格者を多数輩出している受験指導校。社会に貢献できる人材育成を目指し、司法試験の合格実績のみならず、合格後を見据えた受験指導には定評がある。1995年5月3日憲法記念日に、法人名を「株式会社 法学館」とし設立。憲法の心と真髄をあまねく伝えること、また、一人一票を実現し、日本を真の民主主義国家にするための活動を行っている。
（一人一票実現国民会議：https://www2.ippyo.org/）

志水 晋介（しみず・しんすけ）

伊藤塾行政書士試験科主任講師。桐蔭横浜大学非常勤講師。東京都行政書士会 特定行政書士特別委員会副委員長。
1975年生まれ、横浜市出身。
2000年より宅建士試験等の受験指導を開始。
2003年の伊藤塾行政書士試験科立上げ当初から、法律初学者にはわかりやすく、再受験生にはより深い知識と思考力を鍛える講義で、多くの合格者を輩出している。また、全国各地の教え子等、士業とのネットワークも持ち、行政書士試験受験業界から行政書士業界まで幅広く活動している。
行政書士をはじめ、マンション管理士・海事代理士・ビジネス実務法務エグゼクティブ®の資格を持つ。伊藤塾編の『うかる！行政書士 総合テキスト』『勉強法の王道』（日本経済新聞出版）等、数多くの教材を執筆している。

伊藤塾　〒150-0031　東京都渋谷区桜丘町17-5　https://www.itojuku.co.jp/

うかる！ 行政書士 必修項目120

2024年5月22日　1版1刷

編　者	志水晋介／伊藤塾	©Shinsuke Shimizu, Ito-juku, 2024
発行者	中川ヒロミ	
発　行	株式会社日経BP	
	日本経済新聞出版	
発　売	株式会社日経BPマーケティング	
	〒105-8308　東京都港区虎ノ門4-3-12	
装　丁	斉藤よしのぶ	
組　版	朝日メディアインターナショナル	
印刷・製本	シナノ印刷	

ISBN 978-4-296-12035-2
Printed in Japan